托幼一体化与儿童视角教材系列

国家社会科学基金教育学重点课题"我国学前教育可持续发展的路径与对策研究"（课题批准号：AHA200010）项目成果

学前教育政策法规

蔡迎旗　编著

中国教育出版传媒集团
高等教育出版社·北京

内容简介

良法是善治的前提，学前教育健康发展需要政策法规保驾护航。知法于心，才能守法于行。知晓、理解并践行学前教育政策法规，具备法律素养，是党和国家对幼儿园教师的基本要求，也是幼儿园教师依法执教、涵养良好师德师风和教育家精神的根本保证。

全书分十章，勾画了我国学前教育政策法规的发展历史和概貌，挖掘了其中的基本精神，探析了我国学前教育事业发展的动态与前景，内容涉及了学前教育政策法规概述、幼儿权利与保护、幼儿园教师、幼儿园保教工作（安全与卫生保健、保教活动）、幼儿园环境资源与建筑设施、幼儿园对外沟通与合作、幼儿园开办与管理、学前教育事业发展与管理体制、0—3 岁婴幼儿托育等方面的政策法规。

本书坚持“以人为本”和“以学生为中心”，阐释并维护幼儿园教师及其他相关从业人员的合法权益，为幼儿园各类教职工舒心、守法工作出谋划策；为幼儿园合法办园，依法维权提供务实建议；为我国学前教育事业发展奉献专业智慧。本书既可作为高等学校学前教育专业教材，也可作为学前教育管理、教育教学与培训、科学研究等方面的参考资料。

图书在版编目（CIP）数据

学前教育政策法规 / 蔡迎旗编著. -- 北京：高等教育出版社，2025. 8. --ISBN 978-7-04-062589-9

Ⅰ. G619. 20；D922. 16

中国国家版本馆 CIP 数据核字第 2024EF1107 号

策划编辑　王雅君　　责任编辑　王雅君　　封面设计　李沛蓉　　版式设计　杜微言
责任绘图　裴一丹　　责任校对　胡美萍　　责任印制　刘弘远

出版发行	高等教育出版社	网　　址	http://www.hep.edu.cn
社　　址	北京市西城区德外大街 4 号		http://www.hep.com.cn
邮政编码	100120	网上订购	http://www.hepmall.com.cn
印　　刷	河北吉祥印务有限公司		http://www.hepmall.com
开　　本	787mm×1092mm　1/16		http://www.hepmall.cn
印　　张	21		
字　　数	420 千字	版　　次	2025 年 8 月第 1 版
购书热线	010-58581118	印　　次	2025 年 8 月第 1 次印刷
咨询电话	400-810-0598	定　　价	46.00 元

本书如有缺页、倒页、脱页等质量问题，请到所购图书销售部门联系调换

物 料 号　62589-00

前言

随着《中华人民共和国学前教育法》的颁布，我国学前教育进入“有专门法可依”的新阶段。为保障适龄儿童接受学前教育，促进学前教育普及普惠安全优质发展，党的十八大以来，我国不断加强学前教育法治建设。学前教育政策法规作为党和国家规范、促进、支持和引导学前教育事业健康稳定发展的规范性文件，对我国学前教育事业发展与改革起着保驾护航的作用。学前教育政策法规体现了国家的意志，是国家学前教育观、儿童观和教师观的集中体现，也是我国学前教育事业诸方面可持续发展的“指南针”与“导航图”，指引并推动我国学前教育高质量可持续发展。

一、编写背景

“学前教育政策法规”这门课程是《教师教育课程标准（试行）》中提出的教师教育必修课程。法律素养是学前教师的核心素养，学前教育政策法规为教师依法执教提供遵循。我国有关学前教育政策法规方面的教材、教学和相关研究虽然起步较晚，但学前教育领域的学者们勤于耕耘，经过积累，可资借鉴的成果渐趋丰富。华中师范大学学前教育系开设本科生和研究生两个层次的“学前教育政策法规”课程已有近20年的历史，在教材与课程资源建设、教学改革与相关研究方面都取得了一系列成果。本人一直从事学前教育政策法规方面的教学与研究工作，是我校本科生和研究生“学前教育政策法规”课程的“首席教授”和第一负责人。2014年6月，受到高等教育出版社的鼓励，在整理讲稿和研究成果的基础上，我编写了《幼儿教育政策法规》一书。教材发行至今，深受广大读者好评。

但在这过去的十余年中，我国学前教育事业已今非昔比，发生了翻天覆地的可喜的变化：2024年11月《中华人民共和国学前教育法》正式颁布；国家出台了大量学前教育政策法规并修订了部分法规；国家高度重视3岁以下婴幼儿照护，近三年以国家卫健委为主导，密集出台了多项促进我国3岁以下婴幼儿照护事业发展和0—6岁托幼一体化的政策法规。

据此，重新编写一本托幼一体化的学前教育政策法规的教材提上了议事日程。

二、本书内容

本书编写历时 3 年，我们在《幼儿教育政策法规》的基础上重写了大部分内容。综合考虑我国现有的学前教育政策法规体系，此次书名定为《学前教育政策法规》。本书共十章，各章内容的安排经过反复推敲，形成严密的逻辑体系。第一章为学前教育政策法规概述，旨在厘清法律、法规与政策的概念，提炼学前教育政策法规的基本精神，追溯我国学前教育政策法规发展历程；第二章为幼儿权利与保护，体现儿童优先、儿童利益至上的原则，内容包括幼儿权利的基本内容、幼儿权利保护的一般原则及其法律责任、我国幼儿权利保护的中长期目标及实现途径，以及特殊幼儿权利保护；第三章着重探讨了与幼儿园教师职业相关的要求，详细阐述了幼儿园教师的资格、专业素质与职务，职业道德、权利与义务、教师教育政策等内容；第四章至第五章，分别阐述幼儿园安全与卫生保健、幼儿园保教活动等规范幼儿园保教工作的相关法规；第六章幼儿园环境资源与建筑设施着重介绍幼儿园总体规划、环境与建筑，室内环境与玩教具，户外环境与设施，以及周边环境安全与卫生的相关法规；第七章幼儿园对外沟通与合作，主要分析幼儿园与家庭、社区合作和幼小衔接的相关法规；第八章幼儿园开办与管理和第九章学前教育事业发展与管理体制，则分别从微观和宏观两方面，阐述我国幼儿园管理和学前教育事业发展的相关法规。为反映我国学前教育 0—6 岁托幼一体化趋势和充分概括 0—3 岁婴幼儿托育事业发展方针与相关法规，本书专设第十章 0—3 岁婴幼儿托育，对我国托育机构的设置与管理、保育、人员，建筑、环境与资源，还有托育服务事业发展与管理等政策法规进行概括与阐述。

三、使用建议

本书虽然以学前教育政策法规为主题，但理论联系实际，既关注我国学前教育重大战略，也关照我国学前教育事业发展与改革的现实需要和问题，所以学起来并不枯燥，也不艰深。当然，如果学习者希望深入学习研究其中涉及的学前教育政策法规专题，则需要一定的学前教育管理学和法理学基础。建议学习者在学习时，阅读书中提及的大量的政策法规原文，以便更好、更深入地理解教材内容；注意活学活用，用所学政策法规知识分析和解决学前教育活动中的各种现象与问题，提升个人师德风尚，自觉尊重并维护学前教育活动各主体的合法权益。具体而言，我们设计了以下栏目，有助于学习者更好地学习本门课程（表 1）。

表 1 教材栏目设计

位置	栏目	作用
章前	本章要点	了解本章重点内容
	案例	情境导入，开启本章所学
文内	二维码	有助于学习者原汁原味地快速了解相关政策原文
	案例	基于案例深入理解政策法规要求
章后	政策聚焦	回顾本章重点政策法规
	思考与练习	总结本章所学

四、编写分工

本人独自完成了书稿主体部分的写作任务。我的 12 名博士研究生和 1 名硕士研究生（毕佳欣）参与了书稿的扩充、修改和校对工作。具体分工如下：第一章（黄海燕、黄玉娇）；第二章（张春艳、张媛聆）；第三章（唐锋、丁春艳）；第四章（林朝湃、丁春艳、王嘉逸）；第五章（占淑玮、毕佳欣）；第六章（占淑玮、黄晓敏、胡梓滟）；第七章（李丹、林朝湃）；第八章（唐锋、彭谦俊）；第九章（张春艳、彭永汉、黄茹萍）；第十章（王淼、唐锋、李永涛）。由衷感谢参与书稿修订和校对的各位研究生！

在此，我还要衷心感谢高等教育出版社给予的出版支持！同时，感谢在过去二十多年的教学与科研工作中给予我诸多帮助的老师、同学和朋友们！还要特别感谢书中所涉及文献资料的作者！

由于水平与能力有限，书中应还存在不足，恳请读者在使用中给予我们反馈，以便我们进一步完善本教材。反馈建议和教学课件索取可联系本书责任编辑王雅君（wangyj@hep.com.cn）。

蔡迎旗

2025年1月

武汉桂子山·华中师范大学教育学院

目录

1

第一章　学前教育政策法规概述　/ 1

第一节　法律、法规与政策的内涵及关系　/ 3

第二节　学前教育政策法规体系　/ 11

第三节　学前教育政策法规的基本精神　/ 15

第四节　学前教育政策法规的发展　/ 27

2

第二章　幼儿权利与保护　/ 53

第一节　幼儿权利的基本内容　/ 55

第二节　幼儿权利保护的一般原则　/ 61

第三节　幼儿权利保护主体的法律责任　/ 67

第四节　幼儿权利保护的目标与实现途径　/ 74

第五节　特殊幼儿权利保护　/ 80

3

第三章　幼儿园教师　/ 91

第一节　幼儿园教师资格、专业素质与职务　/ 93

第二节　幼儿园教师职业道德　/ 99

第三节　幼儿园教师权利与义务　/ 103

第四节　幼儿园教师教育　/ 111

4

第四章　幼儿园安全与卫生保健　/ 123

第一节　幼儿一日活动安全与保育　/ 125

第二节　幼儿接送安全　/ 127

第三节　幼儿园食品安全　/ 132
第四节　幼儿园卫生防疫、健康检查与安全服药制度　/ 136

5

第五章　幼儿园保教活动　/ 145
第一节　幼儿学习与发展目标、幼儿园保教目标　/ 147
第二节　幼儿园保教活动的基本原则　/ 150
第三节　幼儿园各领域教育内容与教育建议　/ 161
第四节　幼儿园保教资源的开发与利用　/ 167
第五节　幼儿园保教质量的监测与评估　/ 170

6

第六章　幼儿园环境资源与建筑设施　/ 179
第一节　幼儿园总体规划、环境与建筑　/ 181
第二节　幼儿园室内环境与玩教具　/ 190
第三节　幼儿园户外环境与设施　/ 196
第四节　幼儿园周边环境安全与卫生　/ 199

7

第七章　幼儿园对外沟通与合作　/ 207
第一节　幼儿园与家庭的沟通与联系　/ 209
第二节　幼儿园与社区的合作　/ 217
第三节　幼儿园与小学的衔接及合作　/ 221

8

第八章　幼儿园开办与管理　/ 229
第一节　幼儿园的设立　/ 231
第二节　幼儿园的权利与义务　/ 237
第三节　幼儿园内部管理　/ 241
第四节　幼儿园园长专业发展　/ 257

9

第九章　学前教育事业发展与管理体制　/ 267
第一节　学前教育的地位与性质　/ 269
第二节　学前教育事业发展目标与方针　/ 273
第三节　学前教育财政投入　/ 275

第四节　学前教育管理体制与综合治理　/ 278

10

第十章　0—3 岁婴幼儿托育　/ 287

第一节　托育机构的设置与管理　/ 289

第二节　托育机构的保育　/ 294

第三节　托育机构人员　/ 305

第四节　托育机构建筑、环境与资源　/ 309

第五节　托育服务事业发展与管理　/ 315

主要参考文献　/ 322

第一节　法律、法规与政策的内涵及关系
第二节　学前教育政策法规体系
第三节　学前教育政策法规的基本精神
第四节　学前教育政策法规的发展

第一章 学前教育政策法规概述

1

本章要点

1. 法律、法规与政策的概念辨析。
2. 学前教育法规的内涵及其调整对象、法律关系。
3. 学前教育政策法规的地位与基本原则。
4. 中国学前教育政策法规发展简史。

案例导入

《中华人民共和国学前教育法》正式颁布

2024年11月8日，第十四届全国人民代表大会常务委员会第十二次会议表决通过《中华人民共和国学前教育法》。该法共9章85条，自2025年6月1日起施行。

《中华人民共和国学前教育法》对学前教育事业的发展具有重大意义，立法把党对学前教育的主张转化为国家意志，把实践成果上升为法律制度，用法治方式破解突出问题，为学前教育高质量发展提供了法律保障。该法明确，国家建立健全学前教育保障机制，推进普及学前教育，构建覆盖城乡、布局合理、公益普惠、安全优质的学前教育公共服务体系。

《中华人民共和国学前教育法》

现今，我国正抓紧推进《中华人民共和国学前教育法》的普及和推广工作，加强学前教育法治建设。学前教育政策法规是教育法规体系乃至国家法律体系的一个重要组成部分，与国家其他政策法规相互联系和支持，共同作用于社会生活。学前教育政策法规是对学前教育中的各种关系和行为具有法律约束力的规则，具有其自身特有的调整对象、基本特征、基本原则以及形成和发展的历史。

第一节　法律、法规与政策的内涵及关系

有时，人们会将政策与法规混在一起论述。但是在本门课程学习之初，我们有必要厘清有关概念，了解不同概念的联系与区别，这样才有利于后续课程的学习。

一、法律、法规与政策的内涵

法律、法规与政策，三者的内涵既有联系又有区别，共同影响人们的生活。

（一）法律

在了解法律的概念之前，可以先从词源学上对法律进行考察。据东汉《说文解字》的解释："灋（fǎ），刑也。平之如水，从水；廌（zhì），所以触不直者去之，从去。""灋，刑也"表明，法与刑通用；"平之如水，从水"表明，法不仅象征公平，而且含有"裁判"的功能；"廌，所以触不直者去之，从去"表明，法有"明断曲直"之意和"神明裁判"之威严。据说廌为一种独角神兽，性中正，辨是非。在古代文献中，"法"除了与"刑"通用外，也与"律"通用。据《尔雅·释诂》记载，"法"与"律"二字已同义，都有常规、均布、划一的意思。"法"与"律"复合，成为复合词"法律"，在古代文献中偶尔出现过，但主要是近现代以来的用法。清末以来，法与法律是并用的。①

从法学角度而言，法律有广义与狭义之分。广义的法律指"国家制定或认可，并由国家以强制力保证实施的行为规范的总和"②。广义的法律等同于"法规"，是法的整体，包括法律、有法律效力的解释以及行政机关为执行法律而制定的规范性文件（如规章）。狭义的法律仅指全国人民代表大会（以下简称"全国人大"）及其常务委员会（以下简称常委会）制定的法律。③

同样，教育法律也有广义和狭义之分。广义的教育法律包括教育法规，即国家制定或认可的，并由国家以强制力保证实施的、调整和规范教育活动和关系的规范体系，是有关教育方面的法律、法令、条例、规章等规范性文件的总称。狭义的教育法律则是由全国人大及其常委会依照立法程序制定的有关教育的规范性文件。

---

① 《法理学》编写组. 法理学[M]. 2版. 北京：人民出版社，2021：32.

② 夏征农，陈至立. 辞海[M]. 上海：上海辞书出版社，2011：1084.

③ 张文显. 法理学[M]. 5版. 北京：高等教育出版社，2018：66.

（二）法规

法规，即国家制定或认可，并由国家以强制力保证实施的行为规范的总和，是国家政党、各级政治权力机关和社会政治团体制定的规范性文件的总称。法规主要包括国务院、地方人大及其常委会、民族自治机关等制定的规范性文件，如我国国务院制定和颁布的行政法规，省、自治区、直辖市人大及其常委会制定和颁布的地方性法规，也包括我国各级政府及其职能部门制定的各种规章。

教育法规则是法规中涉及教育的有关内容。

为大力促进地方学前教育事业的发展，我国许多省份已经制定了系列学前教育法规。如《江苏省学前教育条例》第一条指出，为了促进和保障学前教育健康发展，规范学前教育，维护学龄前儿童、保育与教育人员和学前教育机构的合法权益，根据《中华人民共和国教育法》等法律、行政法规，结合本省实际，制定本条。

（三）政策

“政策”一词的英文为policy，其核心意思是为实现一定目标而制定的行为准则。政策是“正式的社会组织，包括政府也包括其他各种类型的组织，为了有计划地处理某些事务，解决某些问题、做出某些改变等，有意识、有目的地设计的行动目标、原则和方案。这些行动原则和行动方案形式化的表达方式可以是法律、法令、规划、计划、条例、规章、规定、指示等”①。政策一般是政权机关、政党组织和其他社会政治集团核准或制定的，用于指导、发动或制止某一行为的规则。

政治性和时效性是政策的两大主要特征。政策是在一定的历史和社会条件下推行的行为准则，故随着时间的推移和任务的完成，一旦目标实现，政策就会发生相应的改变，甚至被取消。

教育政策，即执政党和各级政府及其职能部门为实现一定历史时期的教育发展目标和任务，依据党和国家在一定历史时期的基本任务、基本方针而制定的关于教育的行动准则。

二、法律、法规和政策三者的关系

法律、法规、政策三者之间既有联系，又有区别。

① 杨伟民. 社会政策导论[M]. 北京：中国人民大学出版社，2019：82.

（一）法律与法规

广义的“法律”等同于“法规”。其核心内涵为：

第一，广义的法律或法规是由国家制定和认可的规范性文件。在法律的实施过程中，国家立法机关也会应实际之需进行立法的事前解释和事后解释。所以，也有人认为制定、认可和解释是法的三种创制方式。国家通过制定、认可和进一步的解释法律法规来规范人们的行为，保证权利得以享受、义务得以履行、禁令得以遵守。

第二，广义的法律或法规是国家以强制力保证实施的行为规范。如果没有国家的强制力作保障，再完善的法律法规终究会变为一纸空文。

第三，广义的法律或法规将权利、义务的双向规定作为调整机制。权利和义务贯穿法律现象逻辑联系的各个环节、法的一切部门和法律运行的全部过程。权利与义务是相互关联、对立统一的。我们可以把权利和义务的关系概述为结构上的相关关系、数量上的等值关系、功能上的互补关系、价值上的主次关系。权利和义务既有其独特之处，又有相互补充的功能；权利和义务的地位并非不分伯仲，而是有主要与次要、主导和非主导之分的。[①] 总体而言，没有无义务的权利，也没有无权利的义务。

广义的法律与法规虽然同义，但法规和狭义的法律之间存在包含与被包含的关系。法规的层级与类型可以划分为宪法、全国人大及其常委会制定的法律、国务院制定的行政法规、地方国家权力机关制定的地方性法规、民族自治地方的人大制定的自治条例和单行条例等。法规可以由政党、政府各级权力机关制定，而狭义的法律专指全国人大及其常委会依据立法程序制定的规范性文件。

（二）法律与政策

受政治体制的影响，我国法律和政策在阶级本质、经济基础、指导思想、基本原则、社会目标等方面都高度一致，其联系主要表现为政策和法律之间可以相互转化。一定时期和领域内的政策经过实践的检验，得以完善、稳定下来，被民众普遍接受，并逐步得到普及，经过法定程序可以被上升为法律。反过来，法律在执行过程中，为应对某一时期的特定目标和任务，为人们提供具体的行动建议，也可以衍生出支持该项法律的一系列政策。如我国的《中华人民共和国义务教育法》，该法出台之前，全国各地已颁布了一些相关政策，进行了许多有益的尝试，为该法的立法积累了宝贵经验。该法颁布之后，国家和地方也相继出台了多项教育政策，以保证分阶段、分区域地贯彻落实该法。由此可见，政策与法律相互支持且可以相互转化。

---

① 张文显. 法理学[M]. 5版. 北京：高等教育出版社，2018：134-136.

尽管如此，法律与政策还是有明显区别的，主要表现在以下几个方面：

第一，制定主体和约束力不同。狭义的法律是全国人大及其常委会依据立法程序制定或认可的规范性文件。而政策的制定主体，既可以是党的组织，也可以是国家各级权力机关，在一些分权国家，政策还可以来自某个社会政治团体。政策作为国家、政党或社会政治团体为了实现一定历史时期的路线和任务而制定的行动准则，不一定代表民众的普遍利益与需求，而法律代表了全国民众的共同意志和根本利益，在其适用范围内具有普遍的约束力。

第二，制定程序不同。法律的制定必须严格依照法定程序进行，如具有法定提案权的机构或人员提出议案，法定机构进行审议、表决，最终通过并颁布实施。而政策是党政领导机关与个人、社会政治团体提出的行动准则，政策出台的基础、条件和程序等方面都没有固定程序，比较灵活。

第三，表现形式不同。法律制定以后，通常以法律、条例、规定、办法、规章、实施细则等规范性形式出现。法律由规则构成，对人的权利、义务界定非常清楚。在语言表达方式上，法律条文一般采用直陈式，比较规范化和定型化。人们一看就明白必须做什么、可以做什么、不能做什么。

政策通常以决议、决定、纲要、通知、意见等文件形式出现，其表述形式多种多样。许多政策主要或完全由原则性的规定组成，只规定行动的方向而不规定行为的具体规则，具有一定的灵活性。政策可能是一种行动准则和措施，表现为一种引导、支持、鼓励和赞许的行为，也可能只是抽象地、泛泛地确认某种价值选择，不涉及具体可行的措施、办法。换言之，政策即政党、政府选择作为或不作为的行为。

第四，实施方式不同。法律的实施主要依靠国家的强制力规范人们和团体的行为，它不是可做可不做，而是必须做的行为，一个人如果违反了相关法律，必须承担相应的法律责任；而政策主要依靠宣传教育、深入细致的思想工作、组织工作、部分团体和个人的表率作用等形式，影响和带动群众贯彻执行，一般不具有强制性。

第五，适用范围和稳定程度不同。法律调整的范围主要是该领域的具有法律意义的关系与行为，对于该领域许多具体的活动，则无须法律形式规定；政策调整的社会关系范围比法律广泛而细致，它渗透到社会生活的各个领域中发挥作用。法律一般比政策稳定程度更高。法律是在广泛集中群众智慧和意志之后确定下来的规范性文件，它具有长期性、稳定性，只有经过法定程序才能变动；政策可随社会政治、经济形势的发展而变化，某些具体政策可以随任务的变化而作出相应的调整与修订，具有较强的针对性和灵活性。

当前，我国各项政策也是在广泛征求民意、经历深入的科学研究和考证、遵循严密公正的程序基础上制定得出的。政策的规范性、稳定性和科学性逐步提高。

（三）政策与法规

有关政策与法规的关系，主要有三种不同的理解。

第一，层级关系。这里有两种对立观点：一种观点认为，政策的层级高于法规。政策是原则性要求，对法规的制定和实施起指导作用，而法规是政策的具体化、条文化和定型化，是保障政策贯彻落实的主要手段。另一种观点则认为，法规的层级高于政策。法规是对人们行为的一般规范，是制定政策的依据，也是保障政策贯彻落实的强制性要求。政策是法规在特定时期和领域的具体化，法规是政策制定与贯彻执行的基本原则与基础。

第二，包含关系。也有人认为，法规包含政策，政策只是法规的一部分。法规中那些稳定性较弱而目标、任务指向非常明确的规范性文件即政策。法规和政策各有侧重。法规侧重调整某一社会生活领域的基本社会关系和行为，政策侧重于某一具体目标、任务的达成。

第三，交叉关系。还有人认为，法规与政策部分交叉重合。政策可以法规的形式呈现出来，也可以会议纪要、通知、领导人讲话等形式呈现出来；政策的传达可以口头、书面途径进行，也可以电子传媒、网络、电视的方式传播。法规是规范性文件的总称，其内容可能是政策，也可能是对社会关系和行为的一般界定。法规可以指向明确的目标任务，也可以没有明确的指向。事实上，在不同国家、不同时期和不同领域，政策与法规的关系可以发生改变，两者的关系并不稳定，边界也不清晰。同一个领域的政策和法规，通常是价值追求相同，角度不同，功能互补的。在依法治国的形势下，法规的层级和效力大于政策。

当前，我国各领域的管理工作从管理观念、管理职能以及管理方式上都发生了两个重要转变：一是由依政策治国改为依法治国；二是由单一运用行政手段转为综合运用法律、经济、行政、教育、舆论等手段治理国家和社会。

三、学前教育政策法规的内涵

要实现依法治教，就应当了解和掌握学前教育政策法规的基础知识和原理，如什么是学前教育政策、什么是学前教育法规等，这些基础知识和原理有利于我们深刻理解学前教育政策法规的精髓。

学前教育政策，即一个政党和国家为实现一定历史时期的学前教育发展目标和任务，依据党和国家在一定历史时期的基本任务、基本方针而制定的关于学前教育的行动准则。学前教育政策法规，即有关学前教育方面的法律、法令、条例、规章等规范性文件的总称，也是对人们的学前教育行为具有法律约束力的行为规则的总和。学前教育指的是对从初生到 6 岁左右，入小学前这一阶段的儿童所进行的教育。[①]“学前教育”这一概念有广义与狭义之分。广义的学前教育包括针对学前儿童的社会专门机构的教育、社区教育和家庭教育。狭义的学前教育只是社会专门机构的教育。[②]本书取狭义的学前教育概念，侧重于公共的专门机构的学前教育行为，但也兼顾社会和家庭中的学前教育行为。同时，本书侧重于3—6岁儿童的学前教育政策法规，也涉及少量的0—3岁婴幼儿的托育服务政策法规。

了解法律调整的对象有利于我们更好地把握学前教育政策法规的调整对象。

第一，法律调整的是社会关系。社会关系即社会中人与人之间关系的总称。从关系的双方来讲，社会关系包括个人之间的关系、个人与群体之间的关系、个人与国家之间的关系，以及群体与群体之间的关系、群体与国家之间的关系等。法律不调整自然过程、物理过程、化学过程、生物过程等。

第二，法律调整的是通过人的意志发生的关系，如经济关系、婚姻关系等。法律不能调整处于睡眠状态、心理不健全状态下的人（如精神疾病患者、未成年人）作出的行为，也不能调整人的生理上不受意志控制而必须作出的行为（如呼吸、打喷嚏等）。不以人的意志为转移的关系如血缘关系、事实上的亲子关系是不能改变的，但是，人们可以通过意志表示脱离或承认这种关系。可见，法律关系与事实关系的最大差异在于：法律关系是通过人的意志形成的关系，这正是法律要调整的对象。

第三，法律只调节客观上要求调节的重要的社会关系。所谓重要的社会关系，即不运用国家权力就不能保证个人利益服从集体利益、局部利益服从整体利益、当前利益服从长远利益之类的社会关系。社会中许多关系并不需要法律调整，如爱情、友谊等都不属于法律调整的对象，而由社会的道德、习俗、风气等予以调整。

（一）学前教育政策法规的调整对象

学前教育政策法规以学前教育机构内部和外部关系为调整对象。学前教育关系是在学前教育活动过程中，活动主体之间结成的关系。学前教育政策法规通过确定各种学前教育活动主体之间相互的权利和义务，对各种学前教育关系进行规范和约束，实现对学前教育关系的调整。

学前教育中的社会关系主要包括学前教育机构的外部关系（图1-1-1）和学前教育机构的内部关系（图1-1-2）。学前教育机构的外部关系，即学前教育机构与各级政府及其职能部门、家庭、社区、社会其他团体组织和其他各级各类学前教育机构之间的社会关系。我国管理学前教育的各级政府职能部门包括教育、编制、民政、人力资源和社会保障、财政、物价、自然资源、卫生、妇儿工委等。

---

① 黄人颂. 学前教育学[M]. 北京：人民教育出版社，2015：3.

② 蔡迎旗. 学前教育原理[M]. 武汉：华中师范大学出版社，2017：1.

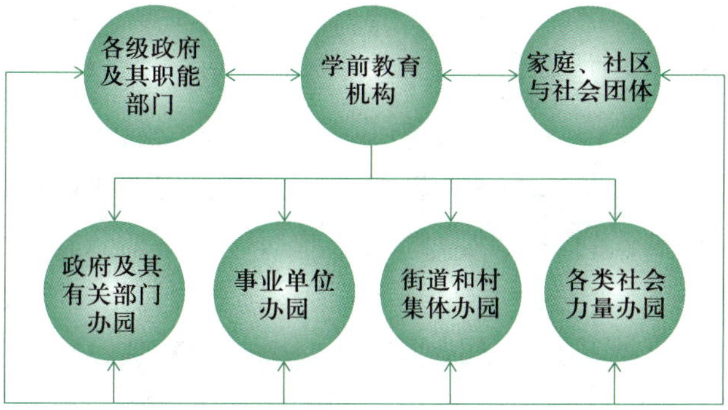

图1-1-1　学前教育机构的外部关系

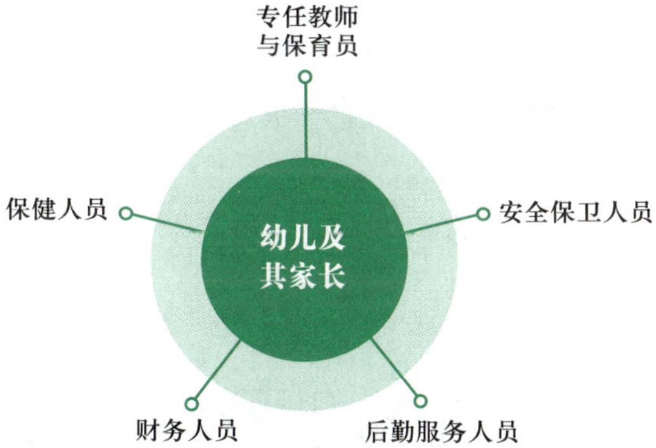

图1-1-2　学前教育机构的内部关系

我国学前教育机构内部的社会关系包括幼儿园教职工之间的工作关系、教职工与幼儿之间的师生关系和幼儿之间的同伴关系。公办学前教育机构内部还存在行政关系。学前教育机构的教职工包括专任教师与保育员、保健人员、财务人员、后勤服务人员、安全保卫人员等，他们之间构成了同事关系；所有的教职工与幼儿之间都构成了师生关系；而幼儿与幼儿之间构成了同伴关系、幼儿与班集体之间也构成了个人与集体的关系。由于家园合作，幼儿及其家长也参与到幼儿教育机构的内部关系中（图 1-1-2）。

（二）学前教育机构涉及的法律关系

尽管学前教育机构的内外部关系错综复杂，但从法学角度而言，依据其特征的不同可以分为两类：一类是纵向型的法律关系，一般也称为教育行政法律关系或教育行政关系；另一类是横向型的法律关系，一般也称为教育民事法律关系或教育民事关系。[①]

1. 教育行政关系

教育行政关系是国家行政机关在实施教育行政的过程中发生的关系，其实质是

① 薄建国，梁朝伟，杜建国. 教育法学[M]. 北京：科学出版社，2016：40.

国家如何领导、组织和管理教育活动。教育行政关系与一般行政关系相比，既有共性，也有差异性，主要原因在于学校活动是在民主化、科学化的要求下进行的。因此，教育行政关系与一般行政关系的领导与服从、命令与执行的隶属关系不同，它必须同时体现教学民主与学术民主。教育行政关系主要通过国家宏观指导的管理运作机制来实现，国家通过制定大政方针及培养目标、规划教育事业的发展规模、拨放教育经费以及对学校工作进行评估、督导等措施来调控指导学校工作。[①]因此，教育法规在调整教育行政关系时，不能将它与一般的行政关系简单对等。学前教育机构中的教育行政关系具体体现在以下几个方面：

（1）行政机关与学前教育机构的关系。这里的行政机关是与学前教育机构具有隶属关系的机关，如教育部门。

（2）行政机关与学前教育机构教职工的关系。如学前教育机构中的园长、专任教师、保育员、保健人员、炊事人员、财会人员、保安人员等与上级行政机关之间的关系。

（3）学前教育机构与教职工的关系。主要包括学前教育机构与园长、专任教师、保育员、保健人员、炊事人员、财会人员以及保安人员等工作人员的关系。

2. 教育民事关系

与教育行政关系不同，教育民事关系则是在不具有行政隶属关系的学校与行政机关、企事业组织、社会团体、个人之间，在教育活动过程中发生的社会关系，这类关系涉及面很广，例如财产、人身、土地、学校环境、人才培养合同、智力成果转让等，都会产生民事所有和流转上的必然联系。当然，其中相当一部分社会关系应由民法加以调整，但也有一些具有明显教育特征的民事关系，往往不属于民法的调整范围。在这种情况下，就需要教育法和民法来共同完成这一任务。学前教育也不例外，也需要学前教育法规来调整学前教育中的民事关系，具体包括以下几个方面：

（1）学前教育机构与行政机关的关系。此处行政机关指与学前教育机构不具有行政隶属关系的行政机关，如编制、民政、财政、价格、建设、国土、卫生等部门与学前教育机构之间的关系。

（2）学前教育机构与幼儿及其家长之间的关系。

（3）学前教育机构与其他幼儿教育机构之间的关系。

（4）学前教育机构与社区和其他社会团体的关系。

当然，现代教育法规对教育关系的调整具有广泛性的特点。这里的广泛性指包括各种类型的教育关系，而不是指全部的教育关系。在实践中并非所有的教育关系都以教育法规来作为调整手段。教育政策、教育道德和国家主导的思想政治观念等，也参与调整教育关系。同样，学前教育法规也不能调整学前教育领域中所有的教育

---

① 劳凯声. 教育法学[M]. 沈阳：辽宁大学出版社，2000：39.

关系，必要时也需要借助其他手段来进行调整。如家庭教育，家庭教育的目标具有很强的主观性，主要由家长根据自身的价值取向作出选择，国家不可能采取强制性的手段规范其教育内容。但是，国家可以通过一定途径，如举办家长学校、开展亲职教育，或授权学校、教师指导家庭教育等对家庭教育实施干预。①

托幼机构中的有些关系，如师幼关系、幼儿同伴关系、教师之间的同事关系、园领导与教师之间的关系等，既可以运用学前教育法规进行调整，也可以运用民法、未成年人保护法、劳动合同法、教师法、母婴保健法等其他法规予以调整。

第二节　学前教育政策法规体系

自 1903 年我国第一所官办的公共学前教育机构——湖北幼稚园创立至今，学前教育已走过百余年的历程。伴随着《中华人民共和国学前教育法》的正式颁布，我国学前教育法律体系也实现了从无到有的历史性跨越。这标志着具有中国特色的学前教育法律制度框架和法规体系已基本形成，内容日渐丰富完善，层级逐步提高，高层立法逐渐增多，基本构成了中国教育法中一个相对独立的部分。

一、法的渊源

法的渊源，简称“法源”，指法的来源或根源。本书所使用的法的渊源，即法的形式，是指具有法律效力的法的直接表现形式，主要指法由何种国家机关制定或者认可，具有何种表现形式或效力等级。法的渊源大致分以下几种：

（一）宪法

宪法是国家最高权力机关经由特殊程序制定和修改的，综合性规定国家、社会和公民生活的根本问题的法，具有最高法的效力。它在法的形式体系中居于最高的核心地位，是国家的一级大法和根本大法。

（二）法律

法律是由全国人大及其常委会依法制定、修改的，规定和调整国家、社会和公

① 李晓燕. 教育法学[M]. 北京：高等教育出版社，2006：36.

民生活中某一方面带根本性的社会关系或基本问题的一种法。法律的地位和效力仅次于宪法而高于其他法，是法的形式体系中的二级大法。

（三）行政法规

行政法规是由国家最高行政机关国务院依法制定、修改的有关行政管理和其他事项的规范性文件的总称。行政法规在中国法的形式体系中具有承上启下的作用，它低于宪法和法律而高于地方性法规。

（四）地方性法规

地方性法规是由特定地方国家机关依法制定和修改的，效力不超出本行政区域范围的规范性文件。此类法规作为地方司法依据之一，在法的体系中具有基础性作用。现阶段，省、自治区、直辖市、省级政府所在地市、经由国务院批准的较高层级的人大及其常委会，可根据本地实际需要制定地方性法规。

（五）行政规章

行政规章是有关行政机关依法制定的事关行政管理的规范性法律文件的总称。行政规章分为部门规章和政府规章两种。部门规章是国务院所属部委根据法律和国务院行政法规、决定、命令，在本部门的权限内，所发布的各种行政性的规范性文件，也称为部委规章，如教育部发布的有关法规。政府规章是有权制定地方性法规的人民政府根据法律和行政法规制定的规范性法律文件，亦称地方政府规章。

另外，自治区法规、经济特区法规、特别行政区法规、军事法规、国际条约等，在我国相应区域和范围内也具有法律的效力。

二、教育法的层级与效力

法的层级即法从高到低的纵向层次结构。依据法的渊源，中国各种教育法规，依据其性质和制定者的不同，可以分为从高到低的六个层级，具体如表 1-2-1 所示。

表 1-2-1　教育法的层级

层级	形式	制定机关	举例
第一层级	宪法中关于教育的条款	全国人大	宪法第四十六条
第二层级	教育基本法律	全国人大	《中华人民共和国教育法》
第三层级	教育单行法律	全国人大常委会	《中华人民共和国学前教育法》

续表

<table>
<tr><th>层级</th><th colspan="2">形式</th><th>制定机关</th><th>举例</th></tr>
<tr><td>第四层级</td><td colspan="2">教育行政法规</td><td>国务院</td><td>《幼儿园管理条例》</td></tr>
<tr><td>第五层级</td><td>地方性教育法规</td><td rowspan="2">国家部委教育规章</td><td rowspan="2">省、自治区、直辖市人大或其常委会；教育部；省、自治区、直辖市、人民政府及其职能部门</td><td rowspan="2">《江苏省学前教育条例》《幼儿园工作规程》《托儿所幼儿园卫生保健管理办法》《浙江省学前教育发展第四轮行动计划（2021—2025年）》</td></tr>
<tr><td>第六层级</td><td>地方政府教育规章</td></tr>
</table>

法的效力，即法的约束能力，指法在适用对象、时间、空间三个方面的效力范围。从立法机关和立法依据分析，我国现有的教育法规在效力上的从属关系如图 1-2-1 所示：

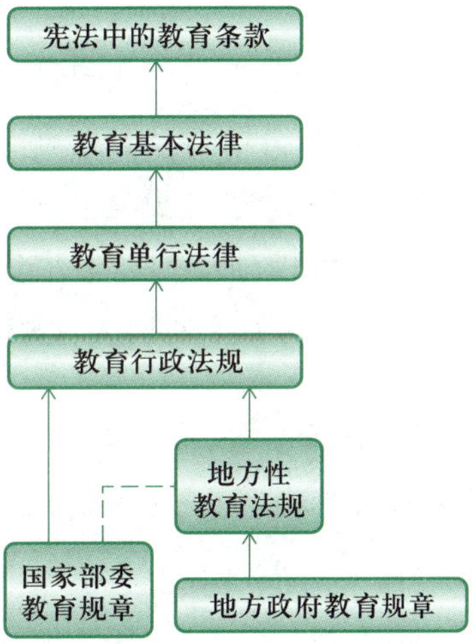

图1-2-1　中国教育法的效力从属关系

从表 1-2-1 可以看出，下级的教育法规从属于本级以上的教育法规。宪法中的法律条款具有最高的法律效力；教育基本法律，即《中华人民共和国教育法》的效力仅次于宪法而高于其他所有教育法规；教育单行法律，如《中华人民共和国学前教育法》的效力低于宪法、教育基本法而高于教育行政法规、地方性教育法规、国家部委教育规章、地方政府教育规章；教育行政法规的效力低于教育单行法律，但高于地方性教育法规和国家部委教育规章；地方性教育法规的效力次于教育行政法规而高于地方政府教育规章，与国家部委教育规章不存在效力高低之分；国家部委教育规章与地方政府教育规章之间具有同等效力；地方政府教育规章效力最低，必须从属于地方性教育法规及以上的所有教育法规。同一层级的教育法规之间属于平行关系，必须保持规范内容的兼容与互补，下一级的教育法规不能与以上各级教育法规相抵触。

三、中国学前教育法规的形式和纵向层级

我国学前教育的法规体系已具备基本层级，具体如下：

（一）宪法中关于学前教育的条款

《中华人民共和国宪法》第十九条规定“国家举办各种学校，普及初等义务教育，发展中等教育、职业教育和高等教育，并且发展学前教育”。

（二）教育基本法律中关于学前教育的条款

2021年修正的《中华人民共和国教育法》第十七条规定，国家实行学前教育、初等教育、中等教育、高等教育的学校制度。2020年修订的《中华人民共和国未成年人保护法》第八十四条规定“各级人民政府应当发展托育、学前教育事业，办好婴幼儿照护服务机构、幼儿园，支持社会力量依法兴办母婴室、婴幼儿照护服务机构、幼儿园”。

《中华人民共和国教育法》

（三）学前教育的单行法律

学前教育单行法是根据宪法和教育基本法原则制定的调整学前教育关系的教育法律。如《中华人民共和国学前教育法》，就属于学前教育的单行法。另外，《中华人民共和国教师法》《中华人民共和国母婴保健法》《中华人民共和国食品卫生法》《中华人民共和国残疾人保障法》等多种法律适用或者涉及学前教育。

（四）教育行政法规中关于学前教育的条款

教育行政法规，即由国务院及其办公厅颁布或转发的，贯彻落实国家教育法律或者行政法规的规范性文件。这些文件通常以“条例”“规定”“暂行规定”“办法”“意见”等名称呈现。

如《幼儿园管理条例》《关于学前教育深化改革规范发展的若干意见》《关于大力推进幼儿园与小学科学衔接的指导意见》《幼儿园教师违反职业道德行为处理办法》以及其他各种有关学前教育事业发展和园所内部管理的规范性文件。

《幼儿园管理条例》《关于学前教育深化改革规范发展的若干意见》

（五）教育部及其他国家部委制定的有关学前教育的法规

我国专门的学前教育法规，大量来自教育部和其他相关部委。如《托儿所幼儿园卫生保健管理办法》《幼儿园工作规程》《中央财政支持学前教育发展资金管理办法》《关于促进3岁以下婴幼儿照护服务发展的指导意见》等。

《托儿所幼儿园卫生保健管理办法》《幼儿园工作规程》

（六）地方性学前教育法规和地方教育法规中关于学前教育的条款

我国各省、自治区、直辖市，甚至区、县人民政府及其职能部门制定了大量的有关学前教育的地方性法规。学前教育主要由地方负责管理，这些地方性法规对我国各地的学前教育事业的发展起到了良好的规范和引导作用。如《江苏省幼儿园评估标准及评价细则（2020年版）》《湖北省幼儿园收费管理实施细则》等。

四、中国学前教育法规的内容

我国学前教育法规的内容可以分为以下九个方面：幼儿权利与保护、幼儿园教师、幼儿安全与卫生保健、幼儿园保教活动、幼儿园环境资源与建筑设施、幼儿园对外沟通与合作、幼儿园开办与管理、学前教育事业发展与管理体制、0—3 岁婴幼儿托育。本书各章将依次展开论述。

第三节　学前教育政策法规的基本精神

人生百年，始于幼学，立于幼学。理解习近平法治思想和习近平总书记教育重要论述在推进学前教育事业可持续发展和学前教育法治化建设中的时代价值和内在意涵，掌握学前教育政策法规的基本原则，对于增强学前教育工作者的法律法规意识，养成依法治教和依法从教的行为习惯具有重要的方向性意义。

一、学前教育政策法规的根本遵循

（一）习近平法治思想

学前教育夯基固本，须循法而治。习近平法治思想为我国学前教育现代化改革与发展提供了前进的方向、根本遵循与必需路径。习近平法治思想内涵丰富、论述深刻、逻辑严密、系统完备，就其主要方面来讲，集中体现为“十一个坚持”：坚持党对全面依法治国的领导；坚持以人民为中心；坚持中国特色社会主义法治道路；坚持依宪治国、依宪执政；坚持在法治轨道上推进国家治理体系和治理能力现代化；坚持建设中国特色社会主义法治体系；坚持依法治国、依法执政、依法行政共同推进，法治国家、法治政府、法治社会一体建设；坚持全面推进科学立法、严格执法、公正司法、全民守法；坚持统筹推进国内法治和涉外法治；坚持建设德才兼备的高素质法治工作队伍；坚持抓住领导干部这个“关键少数”。[①]

习近平总书记强调：“在整个改革过程中，都要高度重视运用法治思维和法治方式，发挥法治的引领和推动作用，加强对相关立法工作的协调，确保在法治轨道上

---

① 中共中央宣传部中央全面依法治国委员会办公室. 习近平法治思想学习纲要[M]. 北京：人民出版社，2021：7–8.

推进改革。”[1] 法治既是进一步全面深化改革、推进中国式现代化的基本遵循和重要保障，也是中国式现代化的重要目标与不可或缺的“轨道”。我国学前教育事业改革与发展必须全面深入贯彻习近平法治思想。

（二）习近平总书记教育重要论述

习近平总书记教育重要论述是习近平新时代中国特色社会主义思想的重要组成部分，是马克思主义原理同中国教育实践相结合的最新成果，标志着我们党对教育规律的认识达到了新高度。这些新理念新思想新观点，可以概括为“九个坚持”，即坚持党对教育事业的全面领导，坚持把立德树人作为根本任务，坚持优先发展教育事业，坚持社会主义办学方向，坚持扎根中国大地办教育，坚持以人民为中心发展教育，坚持深化教育改革创新，坚持把服务中华民族伟大复兴作为教育的重要使命，坚持把教师队伍建设作为基础工作。“九个坚持”为中国特色社会主义教育事业指明了前进方向，为新时代教育改革发展提供了根本遵循，为加快推进学前教育法治化、办好人民满意的学前教育提供了强大思想武器和行动指南。具体到“学前教育政策法规”课程而言，本部分具体阐释以下方面：

第一，坚持社会主义办学方向。坚持社会主义办学方向，是我国教育最鲜亮的底色。这就要求幼儿园在办园方向上，落实党的路线、方针、政策，同时各项工作的要求、标准等也要反映社会主义办学方向。

第二，坚持以人民为中心发展教育。坚持以人民为中心发展教育，既是党“以人民为中心的发展思想”的重要体现，也是党执政为民的内在要求。习近平总书记强调，“人民对美好生活的向往，就是我们的奋斗目标”。这一论断是我国教育事业改革发展的出发点和落脚点。从“有园上”转向“上好园”成为新时代人民对学前教育的新期望、新追求。坚持以人民为中心发展学前教育，亟须积极推进学前教育法治化建设，在认真贯彻落实各项政策法规中促进学前教育优质普惠发展，保障每个幼儿享有公平高质量的普惠性学前教育。

第三，坚持推进教育公平。教育公平是社会公平的重要基础，党的二十大强调“促进教育公平”。教育发展成果要更多、更公平地惠及全体人民，以教育公平促进社会公平正义。学前教育是基础教育的基础，发展学前教育是促进社会公平正义、绘就民生蓝图的着力点和切入点。

第四，坚持深化教育改革创新。坚持深化教育改革创新，是办好我国教育事业的根本要求和动力。习近平总书记指出，“继续大力推动教育改革发展，使我国教育越办越好、越办越强”。教育要以质量为本，把标准建立起来，把责任落实下去，把机制完善起来，推动教育事业进入提质增效的轨道。深化学前教育改革创新不仅要

[1] 习近平. 把抓落实作为推进改革工作的重点　真抓实干蹄疾步稳务求实效[N]. 人民日报，2014-03-01（1）.

回应人民对更好学前教育的期盼，解决人民关心的学前教育热点问题，更重要的是在全面推进学前教育事业发展中，以依法行政、依法治教引领和推动学前教育综合改革，进一步完善学前教育法律和制度规则体系。

第五，坚持把教师队伍建设作为基础工作。教育大计，教师为本。习近平总书记非常重视教师队伍建设，指出“教师是立教之本、兴教之源，承担着让每个孩子健康成长、办好人民满意教育的重任”。坚持把教师队伍建设作为基础工作，是办好我国教育事业的重要保障；加强幼儿园教师队伍建设，是确保学前教育事业健康可持续发展的前提。

二、学前教育政策法规的基本原则

基本原则贯穿学前教育政策法规始终，是对学前教育政策法规制定和实施起引导和制约作用的指导思想和根本准则。基本原则主要包括如下几个方面：

（一）坚持教育公益性原则

公益性是现代社会教育的重要特征。教育公益性原则要求学前教育政策法规在制定、调整学前教育活动中的社会关系和行为过程中，要以国家和社会的公共利益为出发点，通过学前教育法规的约束力保证公共利益的实现。学前教育政策法规坚持教育公益性原则是学前教育本身具有公共性的必然要求。

坚持教育公益性原则是现代国家对教育活动的基本要求。世界各国教育法规都根据自己的国情，从不同角度规定了教育的公益性原则。例如，《中华人民共和国教育法》第八条规定“教育活动必须符合国家和社会公共利益”。《中华人民共和国学前教育法》第三条规定“学前教育是国民教育体系的组成部分，是重要的社会公益事业”；第六条规定“国家推进普及学前教育，构建覆盖城乡、布局合理、公益普惠、安全优质的学前教育公共服务体系”。《墨西哥联邦教育法》第三条规定“国家及其授权机构、经官方批准或承认的私人办学机构所从事的教育属于公共服务”；日本《教育基本法》规定“教育必须为全体国民服务并对全体国民负责”。2021 年我国修订的《民办教育促进法实施条例》提出坚持民办教育公益性基本原则。学前教育属于准公共产品，理应符合民众的意志和公共利益。党的二十大报告提出“办好人民满意的教育”即有此意。坚持学前教育公益性原则主要包括以下几个方面内容：

1. 学前教育活动必须符合国家和社会的公共利益

在中华人民共和国境内从事学前教育活动，必须符合国家利益和全体人民利益，这是我国教育公益性原则的重要内容，也是我国教育社会主义性质的重要体现。《中华人民共和国教育法》第五条明确规定“教育必须为社会主义现代化建设服务、为人民服务，必须与生产劳动和社会实践相结合，培养德智体美劳全面发展的社会主义事业的建设者和接班人”。2025 年 1 月，中共中央、国务院颁布《教育强国建设规划纲要（2024—2035 年）》，明确强调要“全面把握教育的政治属性、人民属性、战略属性，落实立德树人根本任务”。学前教育作为学校教育制度的基础阶段，必须遵循教育方针，坚持保育与教育相结合的原则，对幼儿实施体、智、德、美、劳等方面全面发展的教育，促进其身心和谐发展。我国的学前教育活动，必须对国家、人民和社会负责，将社会效益、育人功能放在首位。

2. 学前教育机构应当坚持“价平质优”

举办幼儿园及其他学前教育机构的根本目的是培养人，是促进幼儿身心全面和谐发展，任何组织和个人都不得把举办幼儿园及其他学前教育机构作为牟取暴利的工具。《教育强国建设规划纲要（2024—2035 年）》明确指出，要“促进学前教育普及普惠”。学前教育机构应该按照成本收费，不可按照市场供需情况随意调高收费标准。学前教育机构的成本应主要是学前教育机构的教学基本支出。学前教育机构的产业性活动、意外事故、铺张浪费、教职工的休闲娱乐旅游活动等开支不能作为成本。学前教育机构应坚持“价平质优”的普惠性原则，各项开支以“安全、实用、够用”为基本要求。

《教育强国建设规划纲要（2024—2035 年）》

当然，不得以营利为目的举办幼儿园及其他学前教育机构，并不是禁止幼儿园或其他学前教育机构依法收取有关费用。判断幼儿园及其他学前教育机构是否以营利为目的，其标准不在于幼儿园或其他学前教育机构是否有利润，而在于是否将办学和其他经营性活动的收益限定在一定的范围之内并依法用于自身的建设和发展。

3. 学前教育活动必须接受国家和社会的监督和管理

国家和社会特别是幼儿家长对学前教育机构保教活动的监督，是保证学前教育公益性、保证幼儿受教育权利、促进保教质量提高的根本保障。监督和管理学前教育活动既要充分发挥相关政府职能部门，如教育部门、卫生部门、物价部门、公安部门、建设部门、环保部门的监管作用，也要充分发挥幼儿教师专业团体及家长的积极性。

此外，教育公益性原则还体现在教育与宗教相分离上。《中华人民共和国教育法》第八条第二款规定“国家实行教育与宗教相分离”。据此规定，学前教育必须与宗教相分离，任何组织和个人不得利用宗教妨碍学前教育机构保教活动的开展。

（二）保障教育公平的原则

《中华人民共和国教育法》第十一条规定“国家采取措施促进教育公平，推动教育均衡发展”。《中华人民共和国学前教育法》第六条规定：“各级人民政府应当依法履行职责，合理配置资源，缩小城乡之间、区域之间学前教育发展差距，为适龄儿童接受学前教育提供条件和支持。”据此，学前教育政策法规必须坚持保障学前教育公平的原则。

我们可以从不同角度理解教育公平的内涵。从经济学角度分析，教育公平是指教育决策者在政策制定及资源配置时的价值取向。① 从政治学角度看，教育公平是公平理念在教育领域的体现，也是一种涉及教育资源的政策导向与制度分配方式，还是一种表征整体教育质量的社会公平状态。② 从社会学角度看，教育公平一般是指在教育的起点、过程和结果诸阶段，在教育权利平等和教育机会均等等方面，在教育资源分配及教育质量达成等维度，不因种族（民族）、性别、阶级（阶层）等诸多社会因素不同而产生教育领域内不公平现象。③ 从教育学的角度看，在教育领域或教育场域当中，教育公平的最终指向，应该是“好的教育”或“真正的教育”，进而通向每个人美好的生活。④ 瑞典著名教育家胡森提出“起点公平、过程公平、结果公平”三阶段论。

概而言之，学前教育公平主要包括平等的受教育权、平等的发展权利和机会、教育资源公平。

1. 平等的受教育权

国家从法律层面赋予幼儿平等的受教育权。《中华人民共和国宪法》以国家大法的形式赋予公民平等的受教育机会，第四十六条明确规定“中华人民共和国公民有受教育的权利和义务”。在此基础上，《中华人民共和国教育法》第九条和第三十六条分别规定“公民不分民族、种族、性别、职业、财产状况、宗教信仰等，依法享有平等的受教育机会”“受教育者在入学、升学、就业等方面依法享有平等权利”。这里的入学不仅包括义务教育阶段的入学，也包括非义务教育阶段的入学。《中华人民共和国学前教育法》第十三条规定“学前儿童享有生命安全和身心健康、得到尊重和保护照料、依法平等接受学前教育等权利”。据此规定，所有幼儿依法享有平等的受教育机会。

2. 平等的发展权利和机会

国家教育行政部门、学前教育机构、教师及其他学前教育工作者应当平等保护每一个幼儿的受教育权，尤其是处境不利儿童及有特殊需要儿童的受教育权。《中华人民共和国教育法》第三十八条规定：“国家、社会对符合入学条件、家庭经济困难的儿童、少年、青年，提供各种形式的资助。”同时，《中华人民共和国教育法》第三十九条也规定：“国家、社会、学校及其他教育机构应当根据残疾人身心特性和需要实施教育，并为其提供帮助和便利。”禁止任何部门、任何人以任何方式对幼儿的受教育权进

① 胡小勇，许婷，曹宇星，等. 信息化促进新时代基础教育公平理论研究：内涵、路径与策略[J]. 电化教育研究，2020，41(9)：34-40.

② 王立峰. 法政治学视域下的教育公平[J]. 江苏高教，2018(12)：15-20.

③ 陈栋. 新时代教育公平的挑战与想象[J]. 教育研究与实验，2020(6)：16-23.

④ 李政涛. 中国教育公平的新阶段：公平与质量的互释互构[J]. 中国教育学刊，2020(10)：47-52.

行非法限制或差别对待。《幼儿园教育指导纲要（试行）》“组织与实施”部分提出：“幼儿园的教育是为所有在园幼儿的健康成长服务的，要为每一个儿童，包括为有特殊需要的儿童提供积极的支持和帮助。”同时，国家应保障儿童享有平等的发展权利和机会。《中国儿童发展纲要（2021—2030年）》指出，坚持保障儿童平等发展。创造公平社会环境，消除对儿童一切形式的歧视，保障所有儿童平等享有发展权利和机会。

3. 教育资源公平

国家应增加学前教育资源供给，促进学前教育公平。《中华人民共和国学前教育法》第二十三条规定：“各级人民政府应当采取措施，扩大普惠性学前教育资源供给，提高学前教育质量。公办幼儿园和普惠性民办幼儿园为普惠性幼儿园，应当按照有关规定提供普惠性学前教育服务。”《“十四五”学前教育发展提升行动计划》提出，推进教育公平，增加普惠性资源供给，充分考虑出生人口变化、乡村振兴和城镇化发展趋势，逐年做好入园需求测算，完善县（区）普惠性幼儿园布局规划，原则上每三年调整一次。

《“十四五”学前教育发展提升行动计划》

（三）依法保障教育主体合法权益原则

现代法治的基本价值取向之一是以保障公民、法人和其他社会组织的合法权益为本位。学前教育法规以维护和保障教育主体的合法权益为主要价值取向。

《中华人民共和国教育法》确认了教育主体在教育上的自主性、自由权利和尊严，并给予切实的保障。《中华人民共和国学前教育法》第二十一条规定“学前儿童的名誉、隐私和其他合法权益受法律保护，任何单位和个人不得侵犯。幼儿园及其教职工等单位和个人收集、使用、提供、公开或者以其他方式处理学前儿童个人信息，应当取得其父母或者其他监护人的同意，遵守有关法律法规的规定”。第八十二条进一步明确提出：“违反本法规定，侵害学前儿童、幼儿园、教职工合法权益，造成人身损害或者财产损失的，依法承担民事责任；构成违反治安管理行为的，依法给予治安管理处罚；构成犯罪的，依法追究刑事责任。”任何人、任何组织都不得非法侵害教育主体合法的教育权利、人身权利和财产权利。当学前教育工作者、幼儿及学前教育机构的合法权益受到侵害时，有权诉诸法律，寻求国家教育法律法规的保护。

国家教育管理部门要依法保障教育主体的合法权益，不得滥用职权。国家教育管理部门和其他相关部门的所有与学前教育有关的活动都应当有明确的法律法规依据，严格依照法律法规的规定来行使权力，否则就可能导致其行为无效，甚至是违法。当国家教育权力的非法行使造成对公民、法人和其他社会组织的教育权利的侵害时，侵害方有义务和责任依照法定的方式和程序对受侵害方予以国家赔偿。[①]

① 潘世钦，刘小千，颜三忠.教育法学[M].武汉：武汉大学出版社，2010：33.

（四）坚持教育权利和福利一体化的原则

学前教育机构具有教育性和福利性。学前教育既是教育事业的有机组成部分，也是社会福利事业的重要方面。《中华人民共和国学前教育法》第十三条规定“学前儿童享有生命安全和身心健康、得到尊重和保护照料、依法平等接受学前教育等权利”。坚持教育权利和福利一体化的原则，即幼儿保教不仅是幼儿应享有的教育权利，也是幼儿社会福利保障的一个重要内容，学前教育政策法规的制定和实施应坚持教育权利和福利待遇的一体化，将社会专门机构、社区和家庭中的学前教育、保育、卫生安全、福利等整体设计，共同保障幼儿的生存、学习与发展。

2007 年 12 月，联合国召开关于儿童问题特别会议，会议颁布的《关于儿童问题的大会特别会议的后继行动》特别提出，“在一个空前繁荣的世界中，要有足够的资源和承诺来实现各地儿童的权利”①。《儿童权利公约》将儿童基本人权大致分为生存权、受保护权、发展权和参与权，其中发展权就包括儿童的受教育权。

关于“儿童福利”的概念，并没有一个“放之四海而皆准”的说法。每个国家的社会、经济、政治、文化等发展水平不同，儿童福利的内涵也不同。1959 年，联合国在《儿童权利宣言》中明确指出：“凡促进儿童身心健全发展，与正常生活为目的的各种努力、事业及制度均称为儿童福利。”② 儿童福利应为一个整体概念，既包含传统意义的针对处于困境中儿童的“补缺型”儿童福利，也包含覆盖所有儿童的普惠型儿童福利；其内涵不仅有经济救助和物质帮扶，还有身心健康服务；救助、帮扶和服务不仅面向儿童，还面向儿童所在的家庭。③

可见，教育权利是儿童权利和儿童福利共同关注的问题，教育政策法规所保障的儿童受教育权也正是儿童福利的主要内容之一。因此，学前教育政策法规的制定和实施要坚持教育权利与儿童福利一体化的原则，这也正是学前教育政策法规与其他法规的主要区别之一。

（五）坚持普及普惠和就近的原则

普及普惠是构建教育公共服务体系的核心价值目标。学前教育的普及是指所有幼儿在自愿的基础上都有机会接受由国家公共财政支持的学前教育。④ 我国主要通过扩大学前教育规模、提升幼儿入园率等方式来达到学前教育普及的目标。我国学前教育普惠政策坚持的价值选择是解决“入园难”的问题，是普惠弱势群体。⑤ 学前教

---

① 张鸿巍. 儿童福利法论[M]. 北京：中国民主法制出版社，2012：33.

② 张鸿巍. 儿童福利法论[M]. 北京：中国民主法制出版社，2012：40.

③ 童小军.国家亲权视角下的儿童福利制度建设[J]. 中国青年社会科学，2018，37（2）：102-110.

④ 严冷，冯晓霞.美国“普及学前教育”运动的研究与思考[J]. 全球教育展望，2008（5）：50-56.

⑤ 秦旭芳，王默.学前教育普惠政策的价值分析[J]. 教育研究，2011，32（12）：28-31.

育政策法规坚持普及普惠的原则是构建学前教育公共服务体系的必然要求。

1. 坚持普及的原则

2025 年 1 月，中共中央、国务院颁布的《教育强国建设规划纲要（2024—2035 年）》强调，“促进学前教育普及普惠”“提高教育公共服务质量和水平，提升普惠性、可及性、便捷性”。据此，学前教育政策法规必须坚持普及的原则。

其一，国家在学前教育政策法规中规定建成学前教育公共服务体系。2018 年，中共中央、国务院出台《关于学前教育深化改革规范发展的若干意见》，该意见强调“到 2035 年，全面普及学前三年教育，建成覆盖城乡、布局合理的学前教育公共服务体系，形成完善的学前教育管理体制、办园体制和政策保障体系，为幼儿提供更加充裕、更加普惠、更加优质的学前教育”。

其二，我国学前教育政策法规明确实施学前教育工程，提高普及率。为解决入园难的问题，2011—2023 年我国分别实施了四期“学前教育三年行动计划”。2021 年开始实施《“十四五”学前教育发展提升行动计划》，该计划明确了“进一步提高学前教育普及普惠水平，到 2025 年，全国学前三年毛入园率达到 90% 以上，普惠性幼儿园覆盖率达到 85% 以上，公办园在园幼儿占比达到 50% 以上”的学前教育普及目标。中共中央、国务院《关于学前教育深化改革规范发展的若干意见》指出“到 2035 年，全面普及学前三年教育”。

《关于全面深化新时代教师队伍建设改革的意见》

其三，国家在学前教育政策法规中明确扩大学前教育师资培养规模。2018 年，中共中央、国务院出台《关于全面深化新时代教师队伍建设改革的意见》，该意见规定“全面提高幼儿园教师质量，建设一支高素质善保教的教师队伍。办好一批幼儿师范专科学校和若干所幼儿师范学院，支持师范院校设立学前教育专业，培养热爱学前教育事业，幼儿为本、才艺兼备、擅长保教的高水平幼儿园教师”。《“十四五”学前教育发展提升行动计划》鼓励各地结合实际加大农村和欠发达地区幼儿园教师培养力度。

《幼儿园督导评估办法》

其四，我国学前教育政策法规将学前教育普及普惠的目标作为学前教育督导的重要内容。为不断提高学前教育普及普惠水平，更好实现幼有所育，2023 年 12 月，教育部颁布《幼儿园督导评估办法》，该办法提出幼儿园督导评估的内容主要包括办园方向、保育与安全、教育过程、环境条件、队伍建设、内部管理等 6 个方面，共 18 项指标、35 项基本要求。

其五，我国学前教育政策法规将学前教育普及普惠纳入学前教育发展资金的分配。2021 年，财政部和教育部颁布的《支持学前教育发展资金管理办法》明确支持学前教育发展资金采取因素法分配，将学前教育普及普惠作为主要的基础因素。

2. 坚持普惠的原则

党的二十大报告强调“强化学前教育、特殊教育普惠发展”。从社会政策学的层面理解“普惠”，它有四层内涵。在政策立法层面，普惠型的社会政策是基于国家强制立法而建立的一项制度；在政策对象层面，普惠型的社会政策覆盖的对象是所有公民；在政策分配层面，普惠型的社会政策以需要为原则为公民提供完全的保障；在政策筹资层面，普惠型的社会政策以税收和国家财政作为主要的资金来源。[①] 学前教育政策法规的普惠原则主要包含受益主体的多元性、弱势补偿性、保教质量的高水平等三个方面的内涵。[②] 为此，学前教育政策的普惠原则是指由多元主体参与的、面向所有 3—6 岁儿童的学前教育政策坚持不以营利为目的、收费合理、普惠弱势群体的价值选择原则。

案例　幼儿更快乐，家长更放心[③]

最近，重庆市江北区某幼儿园小 2 班的学生家长邓玲，发现六一儿童节后幼儿园又有了新变化：塑胶场地升级了，功能室扩建了，幼儿园比作为非普惠民办园时更漂亮了。

以前幼儿园每月的保教费是 2 240 元，转为普惠性幼儿园后，每月只收 1 000 元。“原来担心高端民办园转为普惠园后，投入会减少，办园质量会下降，现在看来担心是多余的。”邓玲笑着说。

该幼儿园是重庆市江北区学前教育改革发展的一个缩影。2016 年，江北区成为重庆市唯一的“国家学前教育改革发展实验区”，区委区政府随即根据“幼有优育”的学前教育发展目标，逐步构建起完善的普惠体系和保障体系，让学前教育变得更有质量和温度。

从案例可以看出，保证普惠性民办园具有“价平质优”的特点，才能有效推动我国学前教育公共服务体系的发展。发展普惠且有质量的学前教育是我国学前教育改革的根本目标。扩大普惠性民办园的规模，是实现“幼有优育”的有效路径。

2018 年，中共中央、国务院颁布《关于学前教育深化改革规范发展的若干意见》，提出：“完善学前教育体制机制，健全学前教育政策保障体系，推进学前教育普及普惠安全优质发展，满足人民群众对幼有所育的美好期盼。”2019 年，《教育领域中央和地方财政事权和支出责任划分改革方案》将接受普惠性学前教育幼儿的资助列为基本公共服务。2020 年，《县域学前教育普及普惠督导评估办法》指出，要

---

① 张佳华.论社会政策中的“普惠”理念及其实践：以我国适度普惠型儿童福利制度建设为例[J]. 青年学报，2017（1）：85-89.

② 杨卫安，邬志辉.普惠性学前教育的内涵与实现路径[J]. 广西社会科学，2014（10）：199-202.

③ 张国圣，李宏. 幼儿更快乐　家长更放心[N]. 光明日报，2021-06-12（3）. 有删减。

推动县级人民政府履行发展学前教育职责，“不断提高学前教育普及普惠水平，更好实现幼有所育”。至此，我国已出台一系列政策来保障学前教育政策法规的普惠原则。

因此，学前教育政策法规坚持普及普惠安全优质能满足人民群众对高质量学前教育的新需求。其不仅是《中华人民共和国学前教育法》的一项核心原则，同时也是助力我国从“幼有所育”到“幼有优育”的实践之需。

3. 坚持就近的原则

保障适龄儿童“就近入园”是实现教育机会均等，促进教育公平的重要手段。《中华人民共和国义务教育法》确立了保障适龄儿童“就近入学”的原则，强调地方各级人民政府应当保障适龄儿童、少年在户籍所在地学校就近入学。《中华人民共和国学前教育法》第十五条规定“地方各级人民政府应当采取措施，推动适龄儿童在其父母或者其他监护人的工作或者居住的地区方便就近接受学前教育”。我国学前教育政策法规坚持就近入园的原则，持续建设学前教育资源，坚持合理布局和优化配置，有效缓解了入园难的问题，进一步促进“普及有质量的学前教育”目标的实现。

首先，就近入园是为幼儿提供方便就近的学前教育服务。2010 年，国务院《关于当前发展学前教育的若干意见》提出，“必须坚持因地制宜，从实际出发，为幼儿和家长提供方便就近、灵活多样、多种层次的学前教育服务”。

其次，合理布局学前教育资源是保证幼儿就近入园的重要手段。2012 年，国务院颁布的《校车安全管理条例》规定：“县级以上地方人民政府应当合理规划幼儿园布局，方便幼儿就近入园。”2019 年，教育部、住房和城乡建设部颁布的《幼儿园标准设计样图》规定：“幼儿园布局应符合当地学前教育发展规划，结合人口密度、人口发展趋势，城乡建设规划、交通、环境等因素综合考虑，合理布点，保障安全，城镇幼儿园的服务半径为 300 m ~ 500 m”。该样图为合理布局幼儿园提供了政策依据。2021 年，《“十四五”学前教育发展提升行动计划》强调，优化普惠性资源布局，在三孩生育政策实施的背景下，通过修订和调整居住社区人口配套学位标准，推动城市居住社区、易地搬迁安置区配套建设与人口规模相适应的幼儿园，产权及时移交当地政府，进而满足就近入园需要。

最后，学前教育政策法规较为关注残疾幼儿的“就近入园”问题。2021 年修订的《中华人民共和国未成年人保护法》对残疾未成年人就近入园进行了规定，规定了各级人民政府要保障具有接受普通教育能力、能适应校园生活的残疾未成年人在就近幼儿园接受教育。《中华人民共和国学前教育法》第二十八条规定：“县级以上地方人民政府应当根据本区域内残疾儿童的数量、分布状况和残疾类别，统筹实施多种形式的学前特殊教育，推进融合教育，推动特殊教育学校和有条件的儿童福利机构、残疾儿童康复机构增设学前部或者附设幼儿园。”

（六）坚持安全高质的原则

安全高质是提高普惠性学前教育公共服务水平的必然要求。

加强幼儿园安全工作是全面贯彻党的教育方针，保障幼儿健康成长、全面发展的前提和基础。学前教育的安全原则要求学前教育政策法规在幼儿园选址、幼儿生命安全的保护、幼儿身心安全和幼儿园的安全保障等方面对幼儿园的办园行为进行规范和治理。《中华人民共和国学前教育法》第五十一条明确规定“幼儿园应当把保护学前儿童安全放在首位，对学前儿童在园期间的人身安全负有保护责任。幼儿园应当落实安全责任制相关规定，建立健全安全管理制度和安全责任制度”。第六十七条进一步规定“县级以上人民政府及其有关部门应当建立健全幼儿园安全风险防控体系，强化幼儿园周边治安管理和巡逻防控工作，加强对幼儿园安全保卫的监督指导，督促幼儿园加强安全防范建设，及时排查和消除安全隐患，依法保障学前儿童与幼儿园安全”。

高质量发展是我国学前教育现代化的核心表征。高质量的学前教育需要根据影响学前教育质量的主要要素系统化配置相应的资源，主要体现在幼儿园教职工配备充足且整体素质较高，同时园舍建设、玩教具配备等应该符合幼儿身心发展特点和成长需求，坚持以游戏为基本活动且在教育活动中重视并不断提高师幼互动的质量，实现幼儿自主性、创造性等获得充分的发展。[①] 发展高质量的学前教育必将成为解决“人民日益增长的美好生活需要和不平衡不充分的发展之间的矛盾”的重要举措。

1. 坚持安全原则

当前学前教育政策法规主要从建立安全管理制度、加强幼儿园安全管理、对幼儿实施安全教育、保障幼儿食品卫生安全等方面来贯彻学前教育安全的原则。

其一，我国学前教育政策法规明确规定学前教育机构建立安全管理制度，保障幼儿安全。2016 年，教育部颁布《幼儿园工作规程》，该规程对“幼儿园安全”进行专章介绍，规定幼儿园应当严格执行国家和地方幼儿园安全管理的相关规定，建立健全门卫、房屋、设备、消防、交通、食品、药物、幼儿接送交接、活动组织和幼儿就寝值守等安全防护和检查制度，建立安全责任制和应急预案。2021 年修订的《中华人民共和国未成年人保护法》第三十五条提出：“学校、幼儿园应当建立安全管理制度，对未成年人进行安全教育，完善安保设施、配备安保人员，保障未成年人在校、在园期间的人身和财产安全。”

其二，我国出台了一系列政策来加强幼儿园安全管理。相关政策对场所设施安全管理问题进行了安排。园舍的安全和教育活动设施的安全是保障学前教育安全的

---

① 胡马琳，蔡迎旗. 学前教育现代化的中国维度：内涵、特征与路径[J]. 教育研究与实验，2022（2）：95-100.

重要前提。《幼儿园工作规程》强调幼儿园的园舍应当符合国家和地方的建设标准，以及相关安全、卫生等方面的规范，定期检查维护。幼儿园不得设置在污染区和危险区，不得使用危房。2019 年，《幼儿园标准设计样图》规定幼儿园建设必须坚持“以幼儿为本”的原则，符合幼儿生理成长和心理发展规律，园区布局、房屋建筑和设施应功能完善，配置合理，绿色环保，经济美观，具有抵御自然灾害、保障幼儿安全的能力。我国还对上下途中安全事故预防做出了制度安排。2012 年，国务院颁布《校车安全管理条例》，该条例规定：“入园幼儿应当由监护人或者其委托的成年人接送。对确因特殊情况不能由监护人或者其委托的成年人接送，需要使用车辆集中接送的，应当使用按照专用校车国家标准设计和制造的幼儿专用校车。”

其三，学前教育政策法规明确规定对幼儿实施安全教育。2021 年，《中华人民共和国家庭教育促进法》指出家庭的责任之一是“关注未成年人心理健康，教导其珍爱生命，对其进行交通出行、健康上网和防欺凌、防溺水、防诈骗、防拐卖、防性侵等方面的安全知识教育”。

其四，坚持安全的原则还需要保障幼儿食品卫生安全。《食品安全法》规定：“婴幼儿配方食品生产企业应当实施从原料进厂到成品出厂的全过程质量控制，对出厂的婴幼儿配方食品实施逐批检验，保证食品安全。”

2. 坚持高质量的原则

我国学前教育政策法规应坚持高质量的原则。党的二十大报告明确提出“加快建设高质量教育体系”。

2017 年，教育部出台《幼儿园办园行为督导评估办法》，该办法将督导评估内容重点划分为办园条件、安全卫生、保育教育、教职工队伍和内部管理等五个方面，督导评估结果成为幼儿园年检、确定级类和园长评优评先的重要依据。2018 年 3 月，《政府工作报告》提出“发展公平而且有质量的教育”的建议。2019 年，《中国教育现代化 2035》将“普及有质量的学前教育”作为主要发展目标。2020 年，中共中央、国务院印发的《深化新时代教育评价改革总体方案》明确未来一段时期内我国幼儿园评价重点。2021 年 7 月，教育部等六部门颁布《关于推进教育新型基础设施建设构建高质量教育支撑体系的指导意见》，该意见强调以教育新基建壮大新动能、创造新供给、服务新需求，促进线上线下教育融合发展，推动教育数字转型、智能升级、融合创新，支撑教育高质量发展。该意见为加快推进教育新基建，构建高质量教育支撑体系提供政策依据。2021 年 12 月，《“十四五”学前教育发展提升行动计划》提出“全面提升保教质量”“优化完善财政补助政策，逐步提高学前教育财政投入水平，保障普惠性学前教育有质量可持续发展”。

《关于推进教育新型基础设施建设构建高质量教育支撑体系的指导意见》

第四节 学前教育政策法规的发展

学前教育政策法规与所有社会意识形态一样，具有漫长的发展过程。学前教育政策法规的发展水平不仅与教育发展水平，尤其是学前教育发展水平密切相关，也与政策法规的发展水平紧密联系。它正是在学前教育与政策法规相互影响、渗透的发展历程中形成了自己特有的发展轨迹。

一、学前教育政策法规的萌芽时期（1903—1948年）

这一时期我国学前教育法规尚处于萌芽状态，国家并没有颁布能在全国范围内切实贯彻执行的学前教育法规。一些学前教育法规散见于政府制定的学制、课程标准以及各种政策文件中，内容主要涉及学前教育在学制中的地位、学前教育机构的名称、招收对象的要求等方面。

（一）抗日战争之前的学前教育政策法规

1903 年 9 月，我国第一所官办的公共学前教育机构——湖北幼稚园（1904 年更名为武昌蒙养院）在湖北武昌诞生，它标志着学前教育由家庭走向社会。湖北幼稚园由当时的两湖总督张之洞兴办，日本的户野美知惠任园长并拟订了《湖北幼稚园开办章程》。该章程提出该园“重养不重学”，保育幼儿包括发展身体、开发智识、培养行为习惯三个方面。招收的 5 至 6 岁幼儿一年毕业，4 岁以下幼儿的两年毕业。每日保育时间以三点钟为度。[①]

1902 年，管学大臣张百熙起草了《钦定学堂章程》。1903 年，由张百熙、荣庆、张之洞重新修订为《奏定学堂章程》，也称“癸卯学制”，该学制 1904 年初正式实行。《奏定学堂章程》规定，蒙养院学习年限为 4 年，自 3 岁至 7 岁。章程中专门为学前教育制定的《奏定蒙养院章程及家庭教育法章程》，将幼儿公共教育机构定名为蒙养院，附设在育婴堂和敬节堂内，教师称“保姆”，同时，规定“蒙养家教合一”，强调家庭教育。《奏定蒙养院章程及家庭教育法章程》首次将蒙养院放入学制系统中，作为“初等小学堂”之前的一个阶段，但蒙养院不单独开设，而是附设在育婴堂和敬节堂内，其教育性和在学制中的地位都未确定。

1912 年 9 月，南京临时政府教育部公布《学校系统令》，即“壬子学制”。不久，教育部又陆续颁布各种学校令，后人将之合并称为“壬子癸丑学制”。该学制由

① 何晓夏. 简明中国学前教育史[M]. 北京：北京师范大学出版社，2014：71.

时任临时政府教育部第一任总长、教育家蔡元培主持制订。该学制将学前教育机构更名为“蒙养园”，蒙养园不再设立于育婴堂、敬节堂内，而是作为教育机构附设在其他教育机构内或者单独设立，收未满6岁的儿童；明确规定蒙养园是学制体系中的教育机构，但不占学制年限，仍不是学制系统中的一级。

1922年9月，北洋政府教育部召开学制会议，11月公布《学校系统改革令》，又称“壬戌学制”。在这个学制中，“蒙养园”改称“幼稚园”，规定收6岁以下的儿童，并把幼稚园与小学教育统称为初等教育。“这改变了之前学前教育机构在学制中一度地位不明确的状况，确立了它在学制系统中作为国民教育第一阶段的地位。”①

（二）抗日战争时期的学前教育政策法规

1932年10月，《幼稚园课程标准》正式颁布，其内容包括幼稚教育总目标、课程范围及教育方法要点，共三部分。虽然该标准在有些地方还存在一定的缺点和不足，但从总体上来说，在当时不失为一个具有进步意义的规定，这是当时国民政府颁布的第一个有关学前教育的专门法规，但没有在全国范围内贯彻实施。

为规范幼稚园各项工作，1939年12月24日，国民政府教育部公布了《幼稚园规程》，1943年修订了《幼稚园规程》，经呈奉行政院令，改为《幼稚园设置办法》，同年12月20日以国民政府教育部令公布实施。②《幼稚园设置办法》详细规定了幼稚园的设置标准、所招收幼儿的年龄和人数、师生比、园主任与教员资格等要求。这是我国当时国民政府颁布的第二部有关学前教育的规范性文件。可惜由于当时处于抗战时期，《幼稚园设置办法》也没有在全国范围内贯彻落实。

中国共产党对学前教育的探索为新中国成立后学前教育事业的发展积累了一定的经验，是新中国学前教育的胚胎或雏形。

中国共产党领导下的苏区内务人民委员部于1934年2月颁布《托儿所组织条例》，它是红色政权的第一个关于学前教育的指导性、纲领性文件，文件对托儿所的开设目的、功能、规模等均进行了详细规定。

1941年，陕甘宁边区政府在工作报告中，将实行儿童保育列为中心工作，儿童公育制度初步建立起来；同年，又颁布了《陕甘宁边区政府关于保育儿童的决定》，这是继《托儿所组织条例》之后解放区又一个重要的学前教育法规文件。该决定对儿童保育工作的管理体制、保育人员的训练、建立保育院的条件、孕母及产妇的保健待遇、婴儿的保育、保姆的待遇等作出了十分具体的规定。该决定有力地推动了解放区学前教育的发展。

---

① 唐淑. 学前教育史[M]. 北京：人民教育出版社，2013：80–81.

② 唐淑，钟昭华. 中国学前教育史[M]. 北京：人民教育出版社，1993：145.

二、学前教育政策法规的初步形成时期（1949—1977年）

新中国成立以后，整个社会的经济、政治、文化、教育等各项事业发展迅速，学前教育事业也得到蓬勃发展。在这一时期，国家主要围绕学前教育在学制中的地位，托幼机构的办学主体、性质、发展方针和教育目的等方面制定了一系列学前教育法规，如《关于改革学制的决定》《幼儿园暂行规程（草案）》等，这些法规的颁布实施标志着新中国学前教育法规体系的初步形成，也意味着我国学前教育事业开始走向依法治教的道路。

1951 年 10 月 1 日，政务院公布实施《关于改革学制的决定》，这是新中国第一个学制。新学制共分为五个部分：第一部分，幼儿教育；第二部分，初等教育；第三部分，中等教育；第四部分，高等教育；第五部分，各级政治学校和政治训练班。新学制规定“实施幼儿教育的组织为幼儿园。幼儿园收 3 足岁到 7 足岁的幼儿，使他们的身心在入小学前获得健全的发育”，并指出幼儿园应在有条件的城市中首先建立，然后逐步推广。新中国的第一部学制以法令的形式明确规定学前教育作为学制的第一级。

1952 年，教育部颁布《幼儿园暂行规程（草案）》，该规程总结了解放区的学前教育经验，并借鉴了苏联的学前教育理论与实践经验。该规程明确了幼儿园的双重任务和“保教并重”的方针，强调幼儿园教育的目的性和计划性，为全面改革旧教育、建立新中国学前教育新体系奠定了良好的基础。

1956 年 2 月，教育部、卫生部、内务部发布《关于托儿所幼儿园几个问题的联合通知》，提出托儿所和幼儿园的发展方针、办学主体等问题。该联合通知调动了社会各方面力量举办幼儿园的积极性。此后，各类幼儿园得到稳步发展。然而，1958 年后，我国学前教育进入盲目发展阶段。在此阶段，党中央、国务院颁布了具有“左”倾色彩的学前教育法规，如 1958 年 9 月，中共中央、国务院在《关于教育工作的指示》中提出“全国应在三年到五年的时间内”基本完成“使学龄前儿童大多数都能入托儿所、幼儿园的任务”。这使得短时期内，各地幼儿园特别是农村幼儿园剧增，不顾条件，一哄而起。[①]1961 年后，在党的“调整、巩固、充实、提高”方针指引下，学前教育事业才得到了正常的发展。

1966 年到 1976 年的“文化大革命”时期，整个国家全面遭受浩劫，国民经济几乎崩溃。教育领域则是重灾区，学前教育也不例外。新中国成立以来制定的教育方针被严重歪曲，积累起来的学前教育管理体制被彻底破坏，师资培训被全面取消，学前教育法规也不可避免地遭受严重创伤。

---

① 唐淑. 学前教育史[M]. 北京：人民教育出版社，2013：199.

三、学前教育政策法规的重建时期（1978—2009年）

改革开放以来，随着社会主义建设的新发展，学前教育实践得到了长足的进步。国家重新制定了一系列促进学前教育规范化、科学化发展的法规文件，我国学前教育法规体系逐步得以重建。具体可以分为以下三个阶段。

（一）规范化工作阶段（1978—1996年）

在此阶段，国家重新制定了一系列有关学前教育的法规文件，建立了有中国特色的学前教育体系。所制定的法规涉及学前教育工作的多个方面，既有关于农村学前教育工作的法规，也有关于城市幼儿园保教工作的法规；既有对幼儿教育事业宏观管理的法规，也有微观上关于幼儿园内部各项工作的法规；既有规范幼儿园保教活动的法规，也有对托幼机构硬件设施规范的法规。具体内容如下：

1. 事业发展与管理

1983 年 9 月，教育部颁布《关于发展农村幼儿教育的几点意见》，对我国农村幼儿教育首次进行专项规划和部署。国家教育委员会（本部分以下简称国家教委）于 1986 年 6 月印发《关于进一步办好幼儿学前班的意见》。该文件首先强调，开办学前班是现阶段发展农村学前教育的一条重要途径，在城镇地区，也是满足群众送子女接受学前教育要求的一种教育形式。文件对学前班的办班指导思想、教育活动的内容与组织、教师培训、办班条件、领导和管理等方面做出了明确、细致的规定。[①] 这些意见，对城乡学前班的健康发展及农村学前教育受益面扩大具有很强的指导作用。

1987 年 10 月，国务院办公厅转发了《‘关于明确幼儿教育事业领导管理职责分工的请示’的通知》。该文件明确规定学前教育既是“教育事业”又是“福利事业”的双重性质；强调各地必须在政府的统筹领导下，实行“地方负责，分级管理”和有关部门分工负责的学前教育行政管理体系；教育部门作为学前教育的职能部门，具体负责管理学前教育并协调其与其他部门的关系。

1989 年 8 月，《幼儿园管理条例》颁布，从 1990 年 2 月 1 日起施行。该条例是新中国成立以来第一个经国务院批准颁布的有关学前教育的行政法规，对宏观调控幼儿园的管理和发展、加强对学前教育事业的领导具有重要意义，是我国学前教育事业向法制化建设迈进的重要里程碑。

2. 内部管理的法规

1979 年 11 月，教育部颁布了《城市幼儿园工作条例（试行草案）》，这是我国改革开放以后颁布的第一个学前教育法规。该法规对我国幼儿园的性质、任务、主要目

---

① 庞丽娟. 中国教育改革30年：学前教育卷[M]. 北京：北京师范大学出版社，2009：4.

标、六科（语言、常识、计算、音乐、美术、体育）课程与教学原则、办园方式与组织形式等均做出了详细规定，对严格规范我国城市幼儿园教育具有一定的作用。

1981 年 6 月，卫生部妇幼卫生局颁布《三岁前小儿教养大纲（草案）》。[①] 该教养大纲根据 3 岁前小儿身心发展特点，提出了托儿所教养工作的任务、内容等相关要求。

1981 年 10 月，教育部颁布了《幼儿园教育纲要（试行草案）》，对我国学前教育工作进行了全面整顿。该教育纲要包括幼儿年龄特征与幼儿园教育任务、幼儿园教育的内容与要求、幼儿园教育手段和注意事项三部分，作为我国改革开放后第一个幼儿园课程标准，它起到了拨乱反正、促进学前教育规范化的作用。[②]

1986 年 3 月，国家教委颁布了《幼儿园玩教具配备目录》（该目录于 1992 年得以修订），该目录对幼儿园玩教具的种类、各类玩教具的配备数量均做出了规定。该目录要求，各园应结合自身的条件，因地制宜，量力而行，有计划、有步骤地配备玩教具。

1987 年 3 月由劳动人事部、国家教委联合颁布《全日制、寄宿制幼儿园编制标准（试行）》，该标准对幼儿园班级规模、教职工和幼儿的比例、主要教职工的配备比例等均进行了详细的规定。这是有关幼儿园组织编制的较为完备的法规。

1987 年，城乡建设环境保护部、国家教委联合颁布《托儿所、幼儿园建筑设计规范》，对托儿所、幼儿园的基地和总平面、建筑设计和建筑设备等均做出了详细规定。1988 年，国家教委和建设部联合颁布了《城市幼儿园建筑面积定额》，该文件基于 1987 年的《托儿所、幼儿园建筑设计规范》，对城市幼儿园建设提出了更高标准。

1989 年，国家教委颁布了《幼儿园工作规程（试行）》（该规程于 1996 年修订）。该规程对幼儿园内部教学、管理与筹资、师资、硬软件环境等方面都做出了非常详细的界定，是该阶段指导我国学前教育教学工作的最重要法规之一。

1994 年，卫生部、国家教委联合颁布了《托儿所、幼儿园卫生保健管理办法》，其对加强托幼机构保健工作的管理与监督、确保儿童的身心健康具有重要意义。

（二）社会化改革阶段（1997—2002年）

1997 年，国家教委发布了《全国幼儿教育事业“九五”发展目标实施意见》，明确提出了“要逐步推进幼儿教育社会化”。自此，幼儿教育“社会化”成为一个官方公开认可的术语。“幼儿教育社会化”，本意指推进非政府力量与政府携手举办幼儿教育，二者共同提供幼儿教育资源和进行民主管理。然而，由于人们对“幼儿教

① 中国学前教育研究会. 中华人民共和国幼儿教育重要文献汇编[M]. 北京：北京师范大学出版社，1999：146.

② 中国学前教育研究会. 百年中国幼教（1903—2003）[M]. 北京：教育科学出版社，2003：154.

育社会化”这一概念缺乏统一的认识，分歧，甚至错误的理解和做法也就比比皆是。不少人以为，幼儿教育社会化就是将幼儿教育市场化和私营化。在这种情况下，全国多地出现了幼儿园“关、停、并、转、卖”的现象。

从2001年开始，教育部基础教育司学前教育处多次组织全国性的学前教育问卷调查，并到一些地方进行实地调研，就学前教育社会化改革的实效、事业发展面临的困难和问题进行摸底、分析和梳理，并提出相应的解决措施。

为更新观念，提升幼儿园保教质量，2001年9月，教育部颁布《幼儿园教育指导纲要（试行）》。该纲要反映了许多新的学前教育理念，如全面和谐教育观、适宜发展观、综合整体教育观、因材施教观、活动中主动学习观、保教结合观、环境育人观、幼儿园家庭和社区三位一体观、身心整体健康发展观等。

（三）整顿阶段（2003—2009年）

自2003年开始，我国颁布实施了一系列学前教育政策法规，一方面整顿学前教育社会化改革以来学前教育市场的混乱局面，另一方面加强了对各类学前教育机构的管理。

2003年1月27日，国务院办公厅转发《关于幼儿教育改革与发展的指导意见》。该文件进一步明确了我国学前教育改革与发展的目标，提出要进一步完善学前教育管理体制和机制，切实履行政府职责，加强领导与管理，保障学前教育事业的健康发展；要全面实施素质教育，提高学前教育质量；要加强师资队伍建设，努力提高幼儿教师素质等。该文件出台以后，我国由学前教育社会化改革演变而成的市场化、私有化改革和变卖幼儿园风潮暂时有所减缓，学前教育事业大滑坡趋势有所遏制，我国学前教育事业终于重新走上向前发展的道路。

2004年10月至11月，教育部国家教育督导办公室牵头组成六个督导组，分别对北京、江苏、河南、吉林、湖南、山东等六省（市）的学前教育进行专项督导检查。督导工作遍及14个地级市、19个县（市）、62个乡（镇）和街道办事处，抽查了74所幼儿园。总结调查督导结果和专家建议之后，教育部于2007年9月专门发布《关于加强民办学前教育机构管理工作的通知》，针对我国民办学前教育市场的安全隐患与质量参差不齐的问题，提出了一系列整改建议。

教育部、公安部、司法部等部门于2006年9月颁布实施《中小学幼儿园安全管理办法》，该办法对学校安全管理工作、安全管理职责、校内安全管理制度、校园周边安全管理、安全事故处理、奖励与责任进行了具体规定。《中小学幼儿园安全管理办法》对加强幼儿园安全管理，保障幼儿园及幼儿和教职工的人身、财产安全，维护幼儿园正常的教育教学秩序，起到了积极作用。

2007年11月，教育部将学前教育立法工作首次纳入今后5年的立法重点，并在江西、浙江等地开展调研，召开全国学前教育管理工作会议，商讨立法事宜。

四、学前教育政策法规的完善时期（2010年至今）

2010 年后，我国学前教育事业进入快速发展的阶段，党和国家主要围绕学前教育事业的规划、管理、收费、投入、督导等方面出台了一系列学前教育法规。这个时期我国学前教育政策法规经历了扩容提质、深化改革、托幼一体化和科学化发展三个阶段。我国学前教育法规体系逐步系统化，并呈现出新的发展趋势，如学前教育向 0—3 岁延伸、重视学前教育与福利的融合、强调学前教育与特殊教育的融合以及幼儿园、家庭及社区教育一体化等。

（一）扩容提质的阶段（2010—2011年）

这个阶段是启动“学前教育三年行动计划”的重要时期，我国围绕“扩规模，提质量，实现幼有所育”的目标，以解决学前教育学位严重不足、大量黑户幼儿园存在的问题为重点，颁布了有关学前教育事业规划管理、学前教育收费、学前教育财政投入和学前教育质量保障等一系列政策法规。

1. 有关学前教育事业规划管理的政策法规

这个阶段，我国颁布了《国家中长期教育改革和发展规划纲要（2010—2020 年）》，并围绕积极发展学前教育，满足适龄儿童入园需求，促进学前教育事业科学发展等重点领域，颁布了国务院《关于当前发展学前教育的若干意见》和《幼儿园教师专业标准（试行）》等一系列政策法规，加强了学前教育事业规划和幼儿教师队伍建设，进一步明确了各级政府在学前教育事业发展中的责任和地位。

2010 年 7 月，《国家中长期教育改革和发展规划纲要（2010—2020 年）》正式颁布。该纲要专章陈述学前教育，提出“积极发展学前教育，到 2020 年，普及学前一年教育，基本普及学前两年教育，有条件的地区普及学前三年教育。重视 0—3 岁婴幼儿教育”等学前教育发展的中长期目标。

2010 年 11 月，国务院出台《关于当前发展学前教育的若干意见》，该意见要求把发展学前教育放在更加重要的位置；通过多种形式和途径扩大学前教育资源、幼儿教师队伍建设；多种渠道加大学前教育投入；加强幼儿园准入管理；强化幼儿园安全监管；规范幼儿园收费管理；坚持科学保教，促进幼儿身心健康发展；完善工作机制，加强组织领导；统筹规划，实施“学前教育三年行动计划”。可以说，《国家中长期教育改革和发展规划纲要（2010—2020 年）》和国务院《关于当前发展学前教育的若干意见》是对学前教育发展的重要指引。

《关于当前发展学前教育的若干意见》

2011 年，国家启动第一期“学前教育三年行动计划”，该行动计划围绕解决学前教育“入园难”的问题，通过实施四大类七个学前教育项目，支持各地通过新建、改扩建，增设小学附属幼儿园，扶持企事业单位、集体办园和普惠性民办园等形式，扩大普惠性学前教育资源。

2. 有关学前教育收费的政策法规

为规范幼儿园收费行为，保障受教育者和幼儿园的合法权益，本阶段颁布了《幼儿园收费管理暂行办法》，将学前教育收费逐步纳入法制化的轨道。

2011 年，国家发展改革委、教育部、财政部联合颁布《幼儿园收费管理暂行办法》。该办法明确要求规范幼儿园收费，按成本收费，禁收赞助费，禁收书本费，并设立幼儿补助。之后，根据《幼儿园收费管理暂行办法》的相关规定，各地相继出台了相应的幼儿园收费实施细则，如《湖北省幼儿园收费管理实施细则》在全省正式实施。该细则规定湖北省幼儿园收费项目实行省级管理，明确了全省统一的幼儿园收费项目包括保育费、教育费、住宿费、代收费、服务性收费；明确了各类幼儿园收费的定价形式和收费管理权限；要求各级价格主管部门加强对民办幼儿园收费备案的引导。

3. 有关学前教育财政投入的政策法规

本阶段，我国为解决"入园难"问题，围绕财政支持，颁布了国务院《关于进一步加大财政教育投入的意见》《关于加大财政投入支持学前教育发展的通知》《中央财政扶持民办幼儿园发展奖补资金管理暂行办法》等一系列政策法规，对普惠性民办园开展奖补，明确了设立专项资金发展学前教育事业的目标。

2011 年 6 月，国务院出台《关于进一步加大财政教育投入的意见》，强调要拓宽经费来源渠道，多方筹集财政性教育经费；合理安排使用财政教育经费，切实提高资金使用效益。其中专门强调大力支持基本普及学前教育的重点任务。2011 年 9 月，财政部和教育部联合发布《关于加大财政投入支持学前教育发展的通知》，强调充分认识财政支持学前教育发展的重要性和紧迫性，坚持政府主导，社会参与；地方为主，中央奖补；因地制宜，突出重点；立足长远，创新机制等财政支持学前教育发展的基本原则，设立中央专项资金发展学前教育事业。该通知对进一步扩大学前教育资源，着力解决当前存在的"入园难"问题，满足适龄儿童入园需求起到了积极作用。

《关于加大财政投入支持学前教育发展的通知》

2011 年 9 月，财政部和教育部联合颁布《中央财政扶持民办幼儿园发展奖补资金管理暂行办法》。该办法强调通过奖补资金引导，促使民办幼儿园提供普惠性学前教育；促进民办幼儿园自主采取措施，提高办园质量与水平。

4. 有关学前教育质量保障的政策法规

本阶段，我国以规范幼儿园办园行为、防止"小学化"现象为重点，颁布了一系列政策法规。2011 年，教育部颁布《关于规范幼儿园保育教育工作防止和纠正"小学化"现象的通知》。该通知要求幼儿园保育、教育要遵循幼儿身心发展规律，纠正"小学化"教育内容和方式；创设适宜幼儿发展的良好条件，整治"小学化"

教育环境；严格执行义务教育招生政策，严禁一切形式的小学入学考试；加强业务指导和动态监管，建立长效机制；加大社会宣传，营造良好社会氛围。

案例　推行游戏化教学，提升乡村幼儿园保教质量①

过去，某中心园教师陈老师主要教孩子们识字、背古诗、唱儿歌。现在，她主要教孩子们玩耍。

玩耍还用教？走进孩子们的课堂，记者一探游戏教学的究竟。

在幼儿园教室外的“沙水区”，在一片约20平方米的区域内，填满了约30厘米厚的沙土，踩上去软软的。小朋友们手拿铁铲，三五结伴玩挖沙游戏。有的想用沙土盖城堡，有的想挖迷宫，6岁的小朋友可可想法独特：“昨天我和爸爸、妈妈去了大禹渡，看到了好长好长的黄河，我今天也要挖一条‘黄河’！”

“你自己挖吗？那得挖到什么时候？”见可可有些腼腆，陈老师在一旁引导，“是不是需要叫上几个小伙伴？”

可可又叫来3个小伙伴，很快挖出一条两米多长的蜿蜒“河道”，并在“河道”边画上了“农田”，用沙土垒起了“房屋”。接着，小“男子汉”轩轩、贝贝拎着水桶到旁边的水龙头接水，来回跑了好几趟，胸前的衣服湿了，“河道”里还是没多少水。

“遇到困难要多想办法，咱们看一下周边，还有没有更好的办法？”听了陈老师的话，轩轩、贝贝沿着沙土区转了一圈，发现水龙头下方的柜子里有一根长长的软管，便把软管连上水龙头，河道内的“黄河水”随即哗啦啦流动起来。

“肯动脑筋，还独立解决了问题，真棒！”陈老师给轩轩、贝贝送去鼓励的掌声。两个小朋友信心倍增：“明天我们还要挖一个黄河的‘几’字弯。”

陈老师说：“不同于传统的上课说教，我们在陪伴孩子参与游戏的过程中，观察、记录他们的表现，分析他们的心理活动、性格特征，并在情境教学中帮助他们独立思考、解决问题，塑造性格。”

从案例可以看出，在乡村幼儿园中推行游戏化教学，实施“以游戏为基本活动”的幼儿园教学改革，是纠正农村幼儿园“小学化”倾向，提升农村幼儿园保教手段的必要手段。中共中央、国务院《关于学前教育深化改革规范发展的若干意见》提出：“坚持以游戏为基本活动，珍视幼儿游戏活动的独特价值，保护幼儿的好奇心和学习兴趣。”

5. 有关学前教育安全、卫生的政策法规

本阶段，我国围绕托幼机构卫生保健工作的监督与指导等重点领域颁布了一系

---

① 乔栋. 村里娃家门口的幼儿园[N]. 人民日报，2022-07-08(13). 有删减。

列政策文件，有力保障了儿童的身心安全健康发展。

2010 年，卫生部和教育部出台《托儿所幼儿园卫生保健管理办法》。该办法强调，托幼机构应当贯彻保教结合、预防为主的方针，认真做好卫生保健工作；县级以上各级人民政府卫生行政部门应当将托幼机构的卫生保健工作作为公共卫生服务的重要内容，加强监督和指导。该办法的颁布实施对提高托儿所、幼儿园卫生保健工作水平，预防和减少疾病发生，保障儿童身心健康等都起到了积极作用。

（二）学前教育体制机制深化改革阶段（2012—2016年）

党的十八大以来，我国学前教育政策法规注重全面提升学前教育。本阶段，我国围绕学前教育体制机制改革，确保学前教育健康稳定发展，确保幼有善育等重点领域，颁布了关于学前教育事业规划管理、学前教育师资队伍建设和关于促进家园合作等方面的政策法规。

1. 有关学前教育事业规划管理的政策法规

本阶段围绕提升学前教育质量、加强学前教育规范管理、加大普惠性学前教育的投入以及深化学前教育的改革等重点，颁布了《关于实施第二期学前教育三年行动计划的意见》、国务院《关于鼓励社会力量兴办教育促进民办教育健康发展的若干意见》等一系列政策法规，以加强幼儿园科学管理，促进学前教育的健康持续发展。

2014 年，教育部、国家发展改革委、财政部联合发布的《关于实施第二期学前教育三年行动计划的意见》，明确了扩大总量、调整结构、健全机制、提升质量等发展学前教育的重点任务，进一步深入推进学前教育改革发展。

2016 年，国务院出台《关于鼓励社会力量兴办教育促进民办教育健康发展的若干意见》。该意见明确了加强对民办学校的领导，以及创新体制机制、完善扶持制度、加快现代学校制度建设、提高教育教学质量和提高管理服务水平等重点任务，为进一步规范管理办园行为提供了政策依据。

2. 有关学前教育质量的政策法规

本阶段在学前教育长足发展的背景下，进一步提高对幼儿园教育质量的要求，颁布了《学前教育督导评估暂行办法》《3—6 岁儿童学习与发展指南》《幼儿园工作规程》，这些文件对之后的幼儿园质量提升产生了深远影响。

2012 年 2 月，教育部颁布《学前教育督导评估暂行办法》。该办法要求由国家教育督导团对地方人民政府学前教育三年行动计划进度进行督导评估，督导评估要坚持发展性原则、激励性原则、客观性原则和实效性原则。该办法有利于实现学前教育督导的制度化、恒常化和专业化，有效地促进地方人民政府及相关部门切实履行发展学前教育的职责，全面实施学前教育三年行动计划，加快推进学前教育事业发展。

2012 年 10 月，教育部颁布《3—6 岁儿童学习与发展指南》，该指南以为幼儿后继学习和终身发展奠定良好素质基础为目标，以促进幼儿各方面的协调发展为核心，通过提出 3—6 岁各年龄段儿童学习与发展目标和相应的教育建议，帮助幼儿园教师、幼儿家长和社会相关工作人员了解 3—6 岁幼儿学习与发展的基本规律和特点，建立对幼儿发展的合理期望，实施科学的保育和教育，让幼儿度过快乐而有意义的童年。

《3—6 岁儿童学习与发展指南》

2015 年 12 月，教育部颁布修订版的《幼儿园工作规程》，该规程明确了加强幼儿园的科学管理，规范办园行为，提高保育和教育质量的重点任务，对幼儿入园和编班、安全、卫生保健、教育、园舍、设备、教职工、经费等方面均提出了更为严格和明确的要求。修订《幼儿园工作规程》是新形势下加强学前教育规范管理的需要、推进幼儿园管理规范化和科学化的需要和落实依法治教的需要。

3. 有关幼儿安全的政策法规

2012 年，国务院颁布《校车安全管理条例》，教育部等 20 部门是校车安全管理部际联席会议成员单位。该条例强调入园幼儿应当由监护人或者其委托的成年人接送。对确因特殊情况不能由监护人或者其委托的成年人接送，需要使用车辆集中接送的，应当使用按照专用校车国家标准设计和制造的幼儿专用校车，并遵守该条例校车安全管理的规定。该条例从政策层面进一步加强校车安全管理，保障乘坐校车幼儿的人身安全。

2015 年 4 月，《中华人民共和国食品安全法》明确规定国家对保健食品、特殊医学用途配方食品和婴幼儿配方食品等特殊食品实行严格监督管理。婴幼儿配方食品生产企业应当实施从原料进厂到成品出厂的全过程质量控制，对出厂的婴幼儿配方食品实施逐批检验，保证食品安全。该法为保证婴幼儿食品安全，保障婴幼儿身体健康和生命安全提供了法律依据。

4. 有关学前教育师资队伍建设的政策法规

本阶段，我国围绕幼儿园合格教师专业素质的基本要求、学前教育师资队伍建设、幼儿园教职工配备标准、幼儿园园长专业素质的基本要求、乡村幼儿园教师能力素质等方面，颁布了系列文件，进一步促进了幼儿园教师的专业可持续发展。

2012 年 2 月，教育部颁布了《幼儿园教师专业标准（试行）》，该标准以师德为先、幼儿为本、能力为重和终身学习为基本理念，从专业理念与师德、专业知识和专业能力三个维度，对幼儿园教师提出了相应的要求。该标准是国家对幼儿园合格教师专业素质的基本要求，是幼儿园教师实施教育教学行为的基本规范，是引领幼儿园教师专业发展的基本准则，是幼儿园教师培养、准入、培训、考核等工作的重要依据。2012 年

《幼儿园教师专业标准（试行）》

11 月，教育部等四部门出台《关于加强幼儿园教师队伍建设的意见》，该意见强调，要“补足配齐”幼儿园教师、完善幼儿园教师资格制度、建立幼儿园园长任职资格制度、完善幼儿园教师职务（职称）评聘制度、提高幼儿园教师培养质量、建立幼儿园教师待遇保障机制、确保各项措施落实到位。

2013 年，教育部出台了《幼儿园教职工配备标准（暂行）》，该标准重点对幼儿园教职工与幼儿的比例、专任教师和保育员配备及其他人员配备进行了详细安排，其政策目标是规范幼儿园办园行为，促进幼儿园教师队伍建设。该标准的颁布和实施使幼儿园教职工配备有法可依，较好地满足了幼儿园的办园需要。

2015 年 2 月，教育部颁布了《幼儿园园长专业标准》，该标准明确了规划幼儿园发展、营造育人文化、领导保育教育、引领教师成长、优化内部管理和调适外部环境等六个方面的重点任务。该标准明确了幼儿园园长专业素质的基本要求，是引领幼儿园园长专业发展的基本准则，是制订幼儿园园长任职资格标准、培训课程标准、考核评价标准的重要依据。

《幼儿园园长专业标准》

2015 年 8 月，教育部和财政部联合出台《“中西部项目和幼师国培项目”实施方案》，围绕对乡村中小学幼儿园教师进行 2 ～ 3 年的周期性支持，持续提升乡村教师能力素质的重点，强调实施置换脱产研修，建立乡村教师培训团队，建立乡村教师专业发展支持服务体系，形成区域与校本研修常态化运行机制。

（三）托幼一体化和全面依法治教阶段（2017年至今）

本阶段，我国围绕促进园、校（小学）、家、社一体化协同育人，0—3 岁婴幼儿发展和 3—6 岁学前教育的一体化，幼小衔接和托幼一体化发展等重点领域颁布了关于学前教育管理、学前教育财政投入、学前教育质量保障和家庭教育的政策法规，进一步促进托幼一体化和学前教育科学化发展。

1. 有关学前教育管理的政策法规

本阶段，我国围绕普惠性幼儿园发展、健全学前教育管理体制等重点领域，颁布了关于增加普惠性资源供给、深化体制机制改革、提供普惠性学前教育资助、健全学前教育管理体制、加强小区配套园治理等内容的一系列政策法规，旨在促进学前教育事业规范化和高质量发展。

2017 年，教育部等四部门颁布《关于实施第三期学前教育行动计划的意见》，该意见明确增加普惠性资源供给、深化体制机制改革、提升保育教育质量等持续推进学前教育改革的重要任务。

2017 年，国务院颁布《“十三五”推进基本公共服务均等化规划》。该规划进一步明确各级政府的学前教育财政事权和支出责任，将普惠性学前教育资助列为基本公共教育项目等重点任务，提出服务标准为“减免保育教育费，补助伙食费，具体资助方式和资助标准由省级人民政府结合本地实际自行制定”，强调按照“地方先行，中央补助”的原则开展相关工作。该规划进一步强调了地方人民政府对普惠性学前教育资助的责任。

2018 年，中共中央、国务院颁布《关于学前教育深化改革规范发展的若干意见》。该意见明确健全学前教育的管理体制的任务重点，提出“健全管理体制。认真落实“国务院领导、省市统筹、以县为主”的学前教育管理体制。积极推动各地理顺机关、企事业单位办幼儿园的办园体制，实行属地化管理”。该意见首次对国家、地方政府、县级政府、城市街道办事处、乡（镇）政府各级政府部门的组织领导责任进行详细安排。

2019 年，国务院办公厅印发《关于开展城镇小区配套幼儿园治理工作的通知》。该通知强调对小区配套幼儿园规划、建设、移交、办园等环节存在的突出问题展开治理，明确城镇小区严格依标配建幼儿园、确保小区配套幼儿园如期移交、规范小区配套幼儿园使用的工作任务。

2024 年，《中华人民共和国学前教育法》颁布，该法明确规定了学前教育的法律属性和定位、管理体制和发展原则等。贯彻落实学前教育法，是在法治轨道上推进学前教育高质量发展的重要基础，也是促进教育治理体系和治理能力现代化的有力支撑。该法的颁布标志着学前教育全面进入依法治教阶段。

2. 有关学前教育财政投入的政策法规

本阶段，我国围绕明确学前教育的经费投入机制、加强支持学前教育经费管理等重点领域，颁布了关于明确学前教育幼儿资助范围、规范和加强支持学前教育发展资金管理等内容的一系列政策法规，以更有效地管理学前教育发展资金的规范性。

2019 年，国务院颁布《教育领域中央与地方财政事权和支出责任划分改革方案》。该方案明确了学前教育领域中央与地方财政事权和支出责任划分的重点，并指出：“学前教育、普通高中教育、职业教育、高等教育等其他教育，实行以政府投入为主、受教育者合理分担、其他多种渠道筹措经费的投入机制，总体为中央与地方共同财政事权，所需财政补助经费主要按照隶属关系等由中央与地方财政分别承担，中央财政通过转移支付对地方统筹给予支持。”

该方案还明确学生资助的范围覆盖学前教育，将学前教育幼儿资助列为专项，提出现阶段由地方负责落实幼儿资助政策并承担支出责任，确保接受普惠性学前教育的家庭经济困难儿童、孤儿和残疾儿童得到资助，中央财政给予奖补支持等重点，适时研究探索建立国家幼儿资助制度，所需经费主要由中央与地方财政分担。该方案为学前教育实行以政府投入为主、受教育者合理分担、其他多种渠道筹措经费的投入机制提供了政策依据。

《教育领域中央与地方财政事权和支出责任划分改革方案》

2021 年，财政部、教育部颁布《中央财政支持学前教育发展资金管理办法》。该办法围绕规范和加强支持学前教育发展资金管理，提高资金使用效益的重点，强调支持学前教育发展资金有支持地方补足普惠性资源短板、支持地方健全普惠性学前教育经费投入机制、支持地方巩固幼儿资助制度、支持地方提高保教质量等用途。

3. 有关教师队伍建设的政策法规

这一阶段，我国聚焦幼儿园教师队伍建设、职业行为准则、职业道德行为等重点领域，颁布了关于完善学前教育师资培养模式、规范幼儿园教师职业行为、促进学前教育专业师范生教师职业能力发展、加强托育机构师资培训、弘扬教育家精神等内容的一系列政策法规，进一步促进了学前教育教师队伍的建设，保障了学前教育教师高层次职前培养和在职教育体系的完善。

2018 年 1 月，中共中央、国务院颁布《关于全面深化新时代教师队伍建设改革的意见》，指出要“办好一批幼儿师范专科学校和若干所幼儿师范学院，支持师范学院设立学前教育专业”。该意见进一步完善学前教育师资培养模式，强调创新幼儿园教师培养模式，前移培养起点，大力培养初中毕业起点的五年制专科层次幼儿园教师。该意见明确规定将学前教师培养放在整个教育事业中的优先地位。

2018 年 10 月，教育部颁布《新时代幼儿园教师职业行为十项准则》，提出坚定政治方向、自觉爱国守法、传播优秀文化、潜心培幼育人、加强安全规范、关心爱护幼儿、遵循幼教规律、秉持公平诚信、坚持廉洁自律和规范保教行为的教师职业行为准则。为规范幼儿园教师职业行为，保障教师、幼儿的合法权益，2018 年 11 月，教育部又配套出台了《幼儿园教师违反职业道德行为处理办法》。该办法将公办幼儿园教师和民办幼儿园教师均纳入了幼儿园教师的范围，明确了 11 项幼儿园教师违反职业道德的行为，及其处理办法。

2021 年 4 月，为贯彻落实党的十九届五中全会精神，建立师范生教育教学能力考核制度，教育部颁布了《学前教育专业师范生教师职业能力标准（试行）》。该标准从师德践行能力、保育和教育实践能力、综合育人能力、自主发展能力等维度对学前教育专业师范生职业能力提出要求。该标准为学前教育专业师范生教师职业能力的发展提供了政策的指引。

近年来，我国开始加强 0—3 岁托育机构师资的培训。2021 年 8 月，国家卫健委组织制定了《托育机构负责人培训大纲（试行）》和《托育机构保育人员培训大纲（试行）》。《托育机构负责人培训大纲（试行）》强调通过培训，使参训托育机构负责人端正办托思想，正确理解贯彻党和国家的托育服务方针政策；规范办托行为，具备履行岗位职责必备的基本知识与能力；增强管理能力，能够科学组织与管理托育机构。《托育机构保育人员培训大纲（试行）》强调通过培训，使参训保育人员熟

《托育机构保育人员培训大纲（试行）》

悉托育服务法规与政策，树立法治意识与规范保育思想；学习保育工作的基本技能与方法，强化安全保育意识；掌握婴幼儿早期发展与回应性照护的知识与策略，提升科学保育素养。以上两个大纲为托育机构服务人才队伍的建设提供了政策依据。

2024 年 8 月，中共中央、国务院颁布《关于弘扬教育家精神加强新时代高素质专业化教师队伍建设的意见》，该意见旨在大力弘扬教育家精神，加强新时代高素质专业化教师队伍建设，进一步营造尊师重教良好氛围。针对学前教育领域，该意见明确提出多项措施，包括强化高层次教师培养，为幼儿园重点培养本科及以上层次教师，强化幼儿园教师工资待遇保障等，以打造一支师德高尚、业务精湛、结构合理、充满活力的高素质专业化幼儿园教师队伍，为加快教育现代化、建设教育强国、办好人民满意的教育提供坚强支撑。

《关于弘扬教育家精神加强新时代高素质专业化教师队伍建设的意见》

4. 有关学前教育质量保障的政策法规

本阶段，我国围绕完善普惠性学前教育保障机制、建设高质量教育体系的重点，颁布了全面提升保教质量、建立保教质量监测体系、纠正“小学化”倾向、推进幼小衔接、促进家园共育、开展幼儿园保教质量科学评估等方面的一系列政策法规。

第一，本阶段围绕完善学前教育督导评估的重点，颁布了《幼儿园办园行为督导评估办法》《加快推进教育现代化实施方案（2018—2022 年）》《幼儿园责任督学挂牌督导办法》等一系列政策法规，进一步提升了学前教育的保教质量。

2017 年，教育部出台《幼儿园办园行为督导评估办法》。该办法明确推动各地加强对薄弱幼儿园的指导和监督管理的重点任务，强调引导幼儿园遵循幼儿身心发展特点和规律，加强自身建设，提高保育与教育质量的原则。

2019 年 2 月，中共中央办公厅、国务院办公厅印发《加快推进教育现代化实施方案（2018—2022 年）》。该方案强调“推进学前教育普及普惠发展，健全学前教育管理机构和专业化管理队伍，加强幼儿园质量监管与业务指导”。

2019 年 6 月，教育部印发《幼儿园责任督学挂牌督导办法》。该办法围绕督促幼儿园规范办园行为的重点，明确责任督学监督指导幼儿园安全管理情况、监督指导幼儿园规范办园情况、监督指导幼儿园师德师风建设情况、完成教育督导部门交办的其他工作任务等职责。

案例　助力创建，做有温度的责任督学①

无锡市新吴区的某幼儿园成立于 2014 年 9 月，是一所普惠性民办幼儿园，开园第一年通过了市合格幼儿园的验收，2019 年通过了市优质园的评估验收，2020 年开始进行省优质园的创建。我作为这所幼儿园的责任督学，在前期的创建工作

① 姚丽娟. 助力创建，做有温度的责任督学[J]. 早期教育，2022（1）：40-41. 有删减。

中给予了他们很多帮助。之前，这所幼儿园管理相对滞后，师资比较薄弱，要完成省优质园创建绝非易事。

2020年5月，我接到该园园长的电话。“姚老师，下半年要进行省优质园的创建，可资料如何准备？环境如何创设？游戏如何调整？……我来这所幼儿园一年还不到，没有创建经验。刚下达一些任务，老师们就有抵触情绪，烦躁、焦虑。你知道我园本来底子就弱，教师流动性大，现在创建步伐刚迈开，教师队伍就出现不稳定现象，以后那么多工作怎么开展呢？你帮帮我吧！”

从园长焦急的话语中，我能感受到她害怕教师流失的恐慌，渴求得到帮助的迫切。只有了解现状，才能指点迷津，在接到电话的第二天，我就到幼儿园深度调研，把脉问诊，助力创建。

通过观察环境、随机交流、查阅资料等一番深入调研，我明显感到该幼儿园在创建中存在着“三不够、四缺乏”现象。“三不够”主要表现在对创建细则的解读领悟不够，对创建重点的把握聚焦不够，对创建过程的统筹协调不够。“四缺乏”主要表现在缺乏科学有效的人员分工，缺乏张弛有度的日常安排，缺乏循序渐进的过程实施，缺乏人文关怀的智慧管理。

发现问题症结后，我给幼儿园开出了“一订、两合、三聚”的创建良方。“一订”即制订一份计划，以确保大家思路清晰、方向明确、推进有序。“两合”即发挥两个团队的合力，一是本园的团队力量，二是园外的专家团队力量。“三聚”即聚焦三个重点，一是评估资料，力求做到全面、精准、精炼；二是园所环境，力求做到融“安全、艺术、童趣、教育”为一体；三是一日活动，力求凸显儿童本位观念、课程游戏化理念。经过大家的努力，该园也成功被认定为省优质园。

从案例可以看出，案例中的责任督学不仅完成了教育行政部门规定的监督指导幼儿园规范办园的任务，并且对所负责幼儿园的幼儿园园长领导力的提升、幼儿园教师队伍建设、幼儿园课程建设等园所管理进行了有效指导，进一步加强了该薄弱园的自身建设和保教质量与管理质量的提升。

2019年2月，国务院颁布《中国教育现代化2035》，提出“普及有质量的学前教育”“完善学前教育保教质量标准”，强调以农村为重点提升学前教育普及水平，建立更为完善的学前教育管理体制、办园体制和投入体制，大力发展公办园，加快发展普惠性民办幼儿园。

2021年，教育部、国家发展改革委员会、公安部等九部联合颁布《“十四五”学前教育发展提升行动计划》。该计划坚持强化公益普惠、坚持巩固提高、推进科学保教和提升治理能力的精神，重点强调我国学前教育在补齐普惠资源短板、完善普惠保障机制和全面提升保教质量的三大任务。

2022年，教育部颁布《幼儿园保育教育质量评估指南》，该指南坚持遵循幼儿发展规律和教育规律，完善以促进幼儿身心健康发展为导向的学前教育质量评估体系，切实扭转不科学的评估导向，强化评估结果运用，推动树立科学保育教育理念，全面提高幼儿园保育教育水平的指导思想，提出持以促进幼儿身心健康发展为导向，聚焦幼儿园保育教育过程质量，从办园方向、保育与安全、教育过程、环境创设、教师队伍等五个维度对评估内容进行了要求。该指南为加快建立健全教育评价制度，促进学前教育高质量发展提供了教育实践的政策依据。

第二，本阶段围绕科学保教，颁布了一系列政策法规，以全面提升学前教育保教质量，特别是幼小衔接质量。

为深化基础教育课程改革，建立幼儿园与小学科学衔接的长效机制，全面提高教育质量，2021 年 3 月，教育部颁布《关于大力推进幼儿园与小学科学衔接的指导意见》，该意见强调从幼儿园做好入学准备教育、小学实施入学适应教育、建立联合教研制度、完善家园校共育机制、加大综合治理力度等五个维度来推进幼儿园与小学科学有效衔接。配套颁布的《幼儿园入学准备教育指导要点》，从身心准备、生活准备、社会准备、学习准备等四个维度对幼儿园入学准备教育提出了对幼儿实现入学准备的合理期望和教育建议。该文件有利于促进幼儿园和小学科学衔接，全面做好入学准备和入学适应教育工作，确保儿童顺利实现从幼儿园向小学生活过渡，对其身心健康和终身发展具有重要意义。配套颁布的《小学入学适应教育指导要点》，以促进儿童身心全面适应为目标，围绕儿童进入小学所需的关键素质，提出身心适应、生活适应、社会适应和学习适应四个方面的内容。

2021 年 9 月，国务院颁布《中国儿童发展纲要（2021—2030 年）》，提出注重科学保教，建立健全幼儿园保教质量监测体系，坚决克服和纠正“小学化”倾向，全面提升保教质量。

5. 有关幼儿安全的政策法规

本阶段，我国围绕加强幼儿园和托育机构安全管理的重点，颁布了关于完善幼儿园安全风险预防体系、健全幼儿园安全风险管控机制、保障幼儿和教职工在园集中用餐的食品安全、加强托育机构消防安全管理等内容的一系列政策法规，旨在为幼儿园和托育机构的安全、健康、可持续发展提供政策指引。

《关于加强中小学幼儿园安全风险防控体系建设的意见》

2017 年，国务院出台的《关于加强中小学幼儿园安全风险防控体系建设的意见》，从完善学校安全风险预防体系、健全学校安全风险管控机制、完善学校安全事故处理和风险化解机制和强化领导责任和保障机制等方面提出了相关意见。

《学校食品安全与营养健康管理规定》

2019 年，教育部、国家市场监督管理总局和国家卫健委联合颁布《学校食品安全与营养健康管理规定》，强调：“中小学、幼儿园应当建立集中用餐陪餐制度，每餐均应当有学校相关负责人与学生共同用餐，做好陪餐记录，及时发现和解决集中用餐过程中存在的问题。有条件的中小学、幼儿园应当每周公布学生餐带量食谱和营养素供给量。幼儿园应当培养学生健康的饮食习惯。”该规定为保障幼儿和教职工在园集中用餐的食品安全与营养健康，加强监督管理提供了政策依据。

2022 年，国家卫健委颁布《托育机构消防安全指南（试行）》。该指南围绕规范托育机构消防安全工作，提升消防安全管理水平的重点，明确了托育机构的消防安全基本条件、消费安全管理、用火用电用气安全管理、易燃可燃物安全管理、安全疏散管理、应急处置管理等内容。该指南为进一步加强托育机构消防安全管理工作，确保婴幼儿的安全和健康提供了政策依据。

6. 有关家庭教育的政策法规

党的十八大以来，习近平总书记就家庭教育作出了一系列重要指示。本阶段，我国围绕科学开展家庭教育，颁布了关于加强家庭教育工作的科学指导服务、家庭责任和社会协同、新时期家庭教育工作高质量发展等内容的一系列政策法规，进一步明确了家庭、幼儿园在学前家庭教育中的责任和义务。

2010 年 2 月，全国妇联、教育部等部门颁布了《全国家庭教育指导大纲》。为深入贯彻落实习近平总书记的重要指示精神，强化品德教育在家庭教育中的核心地位，适应新时代家庭教育发展的新需求，《全国家庭教育指导大纲》于 2019 年进行修订。该大纲分阶段对新婚夫妇、孕妇、18 岁以下儿童家长（父母或其他监护人）的家庭教育提出了指导建议。

2015 年 10 月，教育部颁布了《关于加强家庭教育工作的指导意见》，该意见对加强家庭教育工作提出了五点意见：一是充分认识加强家庭教育工作的重要意义；二是进一步明确家长在家庭教育中的主体责任；三是充分发挥学校在家庭教育中的重要作用；四是加快形成家庭教育社会支持网络；五是完善家庭教育工作保障措施。这为家园协同科学开展家庭教育工作提供了科学指引。

2021 年，《中华人民共和国家庭教育促进法》出台，分为总则、家庭责任、国家支持、社会协同、法律责任、附则六个部分。2021 年，为发扬中华民族重视家庭教育的优良传统，引导全社会注重家庭、家教、家风，增进家庭幸福与社会和谐，培养德智体美劳全面发展的社会主义建设者和接班人，我国颁布了《中华人民共和国家庭教育促进法》。该法所称的家庭教育，是指父母或者其他监护人为促进未成年人全面健康成长，对其实施的道德品质、身体素质、生活技能、文化修养、行为习惯等方面的培育、引导和影响。该法第三条指出，家庭教育以立德树人为根本任务，培育和践行社会主义核心价值观，弘扬中华民族优秀传统文化、革命文化、社会主义先进文化，促进未成年人健康成长。同时，该法对未成年人的父母或者其他监护人、国家、社会应当承担的责任进行了说明：“未成年人的父母或者其他监护人负责实施家庭教育。国家和社会为家庭教育提供指导、支持和服务。国家工作人员应当带头树立良好家风，履行家庭教育责任。”该法提出家庭教育应当符合以下要求：尊重未成年人身心发展规律和个体差异；尊重未成年人人格尊严，保护未成年人隐私权和个人信息，保障未成年人合法权益；遵循家庭教育特点，贯彻科学的家庭教育理念和方法；家庭教育、学校教育、社会教育紧密结合、协调一致；结合实际情况采取灵活多样的措施。该法还提出要建立健全家庭学校社会协同育人机制，要求县级以上人民政府负责妇女儿童工作的机构，组织、协调、指导、督促有关部门做好家庭教育工作。强调对家园合作中幼儿园的责任进行了明确规定，强调幼儿园可以采取建立家长学校等方式，针对不同年龄段未成年人的特点，定期组织公益性家庭教育指导服务和实践活动，并及时联系、督促未成年人的父母或者其他监护人参加。

2022 年，教育部颁布《幼儿园保育教育质量评估指南》，该指南将“家园共育”作为幼儿园保育教育质量评估的关键指标。该指南将幼儿园与家长建立平等互信关系，家长有机会体验幼儿园的生活、参与幼儿园管理，幼儿园通过家长会、家长开放日等多种途径帮助家长解决育儿困惑以及积极构建协同育人机制等内容作为考查要点。

《幼儿园保育教育质量评估指南》

7. 有关 0—3 岁婴幼儿托育服务的政策法规

自 2019 年以来，我国围绕 0—3 岁婴幼儿托育服务的事业管理、师资队伍建设、保教质量、建筑卫生等方面，陆续颁布了一系列政策法规，进一步规范发展多种形式的婴幼儿照护服务。

2019 年 4 月，国务院颁布《关于促进 3 岁以下婴幼儿照护服务发展的指导意见》，该意见秉持“家庭为主，托育补充”“政策引导，普惠优先”“安全健康，科学规范”“属地管理，分类指导”等基本精神，提出“到 2025 年，婴幼儿照护服务的政策法规体系和标准规范体系基本健全，多元化、多样化、覆盖城乡的婴幼儿照护服务体系基本形成，婴幼儿照护服务水平明显提升，人民群众的婴幼儿照护服务需求得到进一步满足”的发展目标，强调加强对家庭照护婴幼儿的支持和指导，加大对社区婴幼儿照护服务的支持力度，规范发展多种形式的婴幼儿照护服务机构等重要任务。

《关于促进 3 岁以下婴幼儿照护服务发展的指导意见》

2019 年 10 月，围绕规范托幼机构的管理，国家卫健委颁布了《托育机构设置标准（试行）》和《托育机构管理规范（试行）》。《托育机构设置标准（试行）》对托幼机构的设置要求、场地设施和人员规模等内容进行专门设计，为建立专业化、规范化的托育机构提供了政策依据。《托育机构管理规范（试行）》坚持儿童优先的原则，对托幼机构的备案管理、收托管理、保育管理、健康管理、安全管理、人员管理、监督管理等内容进行专章设计，该规范为加强托育机构的规范管理提供了科学的政策依据。

2021 年 1 月，国家卫健委颁布《托育机构保育指导大纲（试行）》。该大纲秉持尊重儿童、安全健康、积极回应、科学规范等基本精神，强调保育重点应当包括营养与喂养、睡眠、生活与卫生习惯、动作、语言、认知、情感与社会性等内容。该大纲为指导托育机构给 3 岁以下婴幼儿提供科学、规范的照护服务，促进婴幼儿健康成长提供了政策依据。

案例　幼有所托，解后顾之忧①

两孩妈妈李南右手抱娃，左手拎包。下车后，李南走到高楼林立的商务区一角，拐进一间温馨小屋。这里是她的小儿子虎虎所在的济南庆龄汇美托育中心逸家校区，“托育中心在一楼，我们公司在四楼，上下班接送孩子很方便。”

33 岁的李南是济南市历下区某企业职员，也是两个孩子的母亲。8 岁的大儿子正在读小学，去年小儿子虎虎出生，幸福的烦恼也随之而来：小两口是双职工，双方父母要么身体不好，要么需照料老人分身乏术，产假结束后谁来帮着带娃？“孩子小，送幼儿园还没到龄；雇保姆，花费大不说，还有点放心不下。”2021 年 10 月，公司楼下开设的这家托育中心解了李南的燃眉之急。

从案例可以看出，各地建立 0—3 岁婴幼儿照护服务体系是减轻婴幼儿父母照料负担的必要方式。首先，各地应出台扶持托育服务机构的政策，促进托育机构健康发展。其次，各地需发展多种形式的托育服务机构，尤其是进一步发展普惠性的托育服务机构，进而满足不同家庭的需求。我国多地出台了“推进 3 岁以下婴幼儿照护服务发展的实施方案”，旨在未来几年建立一定数量的功能健全和设施完善的示范性婴幼儿照护服务机构。

2021 年 1 月，国家卫健委颁布《托育机构婴幼儿伤害预防指南（试行）》。该指南主要针对窒息、跌倒伤、烧烫伤、溺水、中毒、异物伤害、道路交通伤害等 3 岁以下婴幼儿常见的伤害类型，为托育机构管理者和工作人员在安全管理、改善环境、加强照护等方面开展伤害预防提供技术指导和参考。

《托育机构婴幼儿伤害预防指南（试行）》

2021 年 12 月，国家卫健委颁布《托育综合服务中心建设指南（试行）》。该指南涉及托育综合服务中心建设规模、选址与规划布局、建筑与建筑设备等内容，为托育综合服务中心的建设提供技术指导。

2022 年 1 月，国家卫健委颁布《托育机构婴幼儿喂养与营养指南（试行）》，该指南对 6—24 月龄婴幼儿喂养与营养要点、24—36 月龄

① 王沛，李蕊. 幼有所托，解后顾之忧[N]. 人民日报，2022-08-19（13）. 有删减。

幼儿的喂养与营养要点以及婴幼儿食育、喂养和膳食管理等内容进行设计，为进一步加强对托育机构工作的指导，提高托育机构服务质量提供了政策依据。

2022 年 11 月，国家卫健委印发《3 岁以下婴幼儿健康养育照护指南（试行）》。该指南主要由 3 个部分和 4 个附件组成，聚焦 0—3 岁这一关键阶段，强化医疗机构通过养育风险筛查与咨询指导、父母课堂、亲子活动、随访等形式，指导养育人掌握科学育儿理念和知识，为婴幼儿提供良好的养育照护和健康管理，为儿童未来的健康成长奠定基础。

2022 年 11 月，国家卫健委印发《托育从业人员职业行为准则（试行）》。为进一步增强托育从业人员的责任感、使命感和荣誉感，规范职业行为，该准则围绕“坚定政治方向、自觉爱国守法、传播优秀文化、注重情感呵护、提供科学照护、保障安全健康、践行家托共育、提升专业素养、加强团队协作、坚守诚信自律”十大方面进行了详细规定。

2023 年 10 月，国家卫健委印发《托育机构质量评估标准》。该标准明确指出，托育机构是由单位（事业单位、社会组织、企业等）或个人举办，由专业人员为 3 岁以下婴幼儿提供全日托、半日托、计时托、临时托等照护服务的机构。针对办托条件，该标准从托育机构资质、环境空间、设备设施、玩具材料等方面进行了规定。

2024 年 1 月，国家发展改革委、住房城乡建设部、自然资源部联合印发《城市社区嵌入式服务设施建设导则（试行）》，导则坚持全龄友好、功能集成，安全可靠、服务便捷，因地制宜、探索创新三个基本原则，从规划选址、规划布局、建设规模、建设形式、建设方式等方面提出相应建设要点，旨在通过社区嵌入式服务设施建设，让更多群众享受到身边和“家门口”的优质普惠公共服务。

《城市社区嵌入式服务设施建设导则（试行）》

2024 年 10 月，国家发展改革委，国家卫健委联合印发《关于进一步完善价格形成机制、支持普惠托育服务体系建设的通知》。该通知重点围绕“明确普惠托育服务机构范围、分类制定收费管理方式、明确收费标准制定原则、建立目录清单制度、完善收费政策评估优化机制、强化组织实施”六方面进行了规定，旨在大力发展普惠托育服务，支持扩大普惠托育服务供给，提升服务可及性，有效减轻人民群众托育负担。

《关于进一步完善价格形成机制、支持普惠托育服务体系建设的通知》

根据我国上述一系列托育服务政策文件的出台，可以看出我国托育服务的政策法规、标准规范及服务供给体系正逐步完善，工作起步稳健且效果显著。

8\. 有关学前教育信息化的政策法规

本阶段，我国聚焦于信息技术赋能教育改革与发展，在建构网络化、数字化、智能化教育体系，人工智能助推教师队伍建设，人工智能和大数据在教学中的深度应用等重点领域颁布了一系列政策文件，为学前教育领域开展人工智能技术应用提供了政策依据。

《教育信息化2.0行动计划》

2018年，教育部颁布《教育信息化2.0行动计划》。该计划强调随着信息技术特别是智能技术的发展，要积极推进“互联网+教育”，坚持信息技术与教育教学深度融合的核心理念，坚持应用驱动和机制创新的基本方针，建立健全教育信息化可持续发展机制，构建网络化、数字化、智能化、个性化、终身化的教育体系，并且还对数字资源服务普及行动、网络学习空间覆盖行动、网络扶智工程攻坚行动、教育治理能力优化行动等内容进行专门设计。

《国家新一代人工智能创新发展试验区建设工作指引》

2019年8月，科技部颁布《国家新一代人工智能创新发展试验区建设工作指引》。该指引文件强调围绕地方经济发展和民生改善的迫切需求，在制造、农业农村、物流、金融、商务、家居、医疗、教育、政务、交通、环保、安防、城市管理、助残养老、家政服务等领域开展人工智能技术应用示范，拓展应用场景，加快推进人工智能与实体经济深度融合，促进人工智能在社会民生领域的广泛应用。该文件为学前教育领域开展人工智能技术应用提供了政策依据。

2019年8月，科技部等六部门颁布《关于促进文化和科技深度融合的指导意见》。该意见提出要创新公共文化服务供给模式，重点研发智慧型呈现技术，开发数字化文化产品，充分发挥公共文化机构的研究、展示和教育功能。

2021年，中央网络安全和信息化委员会颁布《“十四五”国家信息化规划》。该规划明确提出推动人工智能和大数据在教学中的深度应用，开展教育社会实验，研究人工智能对教育模式和教育对象的影响，探索人工智能融入教育对社会的影响。

《数字中国建设整体布局规划》

2023年，中共中央、国务院印发《数字中国建设整体布局规划》。该规划指出，建设数字中国是数字时代推进中国式现代化的重要引擎，是构筑国家竞争新优势的有力支撑。要强化数字中国关键能力，一是构筑自立自强的数字技术创新体系；二是筑牢可信可控的数字安全屏障。到2035年，数字化发展水平进入世界前列，数字中国建设取得重大成就。

2024年，国家互联网信息办公室发布《国家信息化发展报告（2023年）》。该报告提出：现代化建设，信息化先行；世界之变、时代之变、历史之变正以前所未有的方式展开，信息化发展前景广阔、大有可为。这为数字化转型背景下思考学前教育事业的高质量发展提供了指引。

2025年1月，《教育强国建设规划纲要（2024—2035年）》颁布，并明确强调

“以教育数字化开辟发展新赛道、塑造发展新优势”“实施国家教育数字化战略”“促进人工智能助力教育变革”“制定完善师生数字素养标准，深化人工智能助推教师队伍建设。打造人工智能教育大模型。建设云端学校等。建立基于大数据和人工智能支持的教育评价和科学决策制度。加强网络安全保障，强化数据安全、人工智能算法和伦理安全”。

《教育强国建设规划纲要（2024—2035年）》

9. 有关儿童生存与发展的政策法规

这一阶段，我国围绕优化儿童发展环境，保障儿童生存、发展、受保护和参与权利等重点领域颁布了一系列政策文件，进一步健全了儿童生存与发展的法律法规政策体系，完善了儿童生存与发展的工作机制，全面提升了学前儿童的综合素质。

2020年，修订的《中华人民共和国未成年人保护法》从保障未成年人的生存权、发展权、受保护权、参与权等权利的角度来对儿童的生存与发展的权利进行安排。该法从家庭保护、学校保护、社会保护、网络保护、政府保护、司法保护、法律责任等层面来保障儿童的各种权利。

2021年9月，国务院颁布了《中国儿童发展纲要（2021—2030年）》。该纲要提出：儿童享有更加均等和可及的基本公共服务，享有更加普惠和优越的福利保障，享有更加和谐友好的家庭和社会环境；总体目标是儿童在健康、安全、教育、福利、家庭、环境、法律保护等领域的权利进一步实现，思想道德素养和全面发展水平显著提升，获得感、幸福感、安全感明显增强。该纲要进一步健全了儿童权利的法律法规政策体系，完善了儿童发展的工作机制。

《中国儿童发展纲要（2021—2030年）》

案例　育儿新考题①

当70后、80后家长遇到00后、10后的孩子，一些过去被证明强有力的家庭教育方法，如今不管用了？复旦大学家庭发展研究中心主任沈亦斐是两个孩子的母亲。她问孩子想要什么新年礼物，本希望借用物质激励、对孩子进行一番教育，不料被“泼了一盆冷水”——“我什么都不需要，只要你不来烦我，让我玩一天就行”。沈亦斐的这番分享，一定程度上代表了当下70后、80后家长遭遇的困境：面对从小在物质条件相对优渥环境中成长起来的00后、10后，试图用简单的物质奖励来鼓励孩子的教育方式收效甚微。“做家长，真的太难了！”这是不少父母的心声。有学者从教育学和心理学的层面归结：家庭是孩子人生的“第一所学校”，但越来越多的家长陷入育儿“本领恐慌”，不知道该怎样影响孩子、把自己的人生经验传递给孩子，给他们铺就一条坦荡的人生之路。跟随社会的发展趋势，家长如何

① 张鹏. 文化反哺，成为70、80后家长育儿新考题[N]. 文汇报，2022-01-04（2）. 有删减。

转变心态，将自己的焦虑控制在合理的范围？沈亦斐认为，在“文化反哺”的后喻时代，父母的角色也要有所转变，要从家庭的“权威者”转变为家庭的支持者。随着孩子年龄不断增长，家长还要从“守门员”，转变为“教练”“啦啦队”甚至对于青春期的孩子而言，家长只要守住“观众席”就已经成功了。

从案例可以看出，家长如何科学育儿是亟待解决的问题。首先，在文化反哺的背景下，幼儿家长需转变家庭教育的角色，由“权威者”转变为“支持者”。其次，幼儿家长教育的目标应该反映《中华人民共和国家庭教育促进法》中的培养目标，加强对幼儿道德品质、身体素质、生活技能、文化修养、行为习惯等方面的培养，不能过分强调知识和技能的习得。最后，家长需重构自己的“知识观”“学习观”“教育观”，幼儿园需积极开展家园合作，通过家长会、育儿讲座的方式缓解家长“育儿恐慌”，指导幼儿家长科学育儿。

政策聚焦

本章建议重点研读以下政策法规（表 1-5-1），以对学前教育政策法规有初步了解。

表 1-5-1　本章重点研读的政策法规一览表

政策法规	颁布时间	颁布机构
《中华人民共和国教育法》	1995 年颁布，2021 年第 3 次修正	全国人大
《中华人民共和国教师法》	1993 颁布，2009 年修正，2021 年发布了修订草案的征求意见稿	全国人大常委会
《中华人民共和国学前教育法》	2024 年	全国人大常委会
《中华人民共和国家庭教育促进法》	2021 年	全国人大常委会
《教育强国建设规划纲要（2024—2035 年）》	2025 年	中共中央、国务院
《中国教育现代化 2035》	2019 年	中共中央、国务院
《关于学前教育深化改革规范发展的若干意见》	2018 年	中共中央、国务院
《“十四五”学前教育发展提升行动计划》	2021 年	教育部等九部门

思考与练习

（一）单选题

1. 政策的两大主要特征是（　　）。

A. 政治性和时效性　　B. 普及、普惠性

C. 安全性和优质　　D. 高质量和公平性

2. 下列不属于当代中国法的形式有（　　）。

A. 宪法　　B. 法律

C. 行政法规　　D. 各类通知

3. 学前教育机构与幼儿及其家长的关系属于（　　）。

A. 教育行政关系　　B. 教育民事关系

C. 教育经济关系　　D. 教育法律关系

4. 1977—2009 年属于学前教育政策法规的哪个时期（　　）。

A. 萌芽时期　　B. 初步形成时期

C. 重建时期　　D. 完善时期

5. 下列强调 0—3 岁托幼机构规范管理的政策是（　　）。

A.《托育机构保育指导大纲（试行）》

B.《托幼机构管理规范（试行）》

C.《托育综合服务中心建设指南（试行）》

D.《托育机构婴幼儿伤害预防指南（试行）》

6. 下列不属于《托育综合服务中心建设指南（试行）》的内容是（　　）。

A. 项目构成与建设规模　　B. 选址与规划布局

C. 建筑与建筑设备　　D. 托幼机构的备案管理

（二）简答题

1. 简述学前教育政策法规的调整对象。
2. 简述法律、法规与政策的区别与联系。
3. 简述中国学前教育政策法规的基本精神。

（三）论述题

1. 论述我国不同时期有关学前教育质量发展的政策。

2. 概括《中华人民共和国学前教育法》的基本内容，论述如何实现学前教育普惠、高质量发展。

（四）案例分析题

缘何留得住？[①]

近年来，国家频繁打出“组合拳”，以大力支持乡村教师发展，确保教师“下得去、留得住、教得好”。那么在现有条件下，是什么让乡村教师投身于农村教育事业？是什么让他们如此坚定和执着？

随着国家政策的大量出台和学前教育三年行动计划的推进，农村民办幼儿园教师的待遇、地位、培训机会等逐渐得到保障。正如A教师所说：“现在民办园的发展越来越受到国家的重视，我们幼儿园与市机关幼儿园结成一对一帮扶，我也有很多外出培训的机会，这些都让我对职业未来发展充满信心。”B教师表示：“我的待遇比前几年好多了，现在一个月差不多五千，幼儿园还给我们买了社保。”

园所是教师工作的主要地点，幼儿园环境时刻影响着教师的工作状态，良好的幼儿园环境尤其是精神环境也是教师安心工作的重要影响因素。园所给予教师较多的机会和福利，秉持人文化管理理念，赋予教师更多的参与权，能为教师安心从教营造氛围、创造条件。C教师表示：“园长对我们挺好的，特别关心我们的生活和工作，大家经常一起吃饭、唱歌、聊天，其乐融融，像一家人；还让我担任小班年级组组长，给了我很多外出学习的机会。我还是比较感谢幼儿园的，再加上家是本地的，也没想过辞职或者跳槽。”

请结合以上案例，从学前教育政策的角度分析以下两个问题：

1. 从政策层面分析幼儿园教师在乡村留得住的原因。
2. 从政策层面对乡村幼儿园教师的待遇、专业培训和地位提升给出相应建议。

第一章答案

① 孔露，冯江英，何等红. 缘何“留得住”：农村民办幼儿园教师坚守岗位的动因分析[J]. 早期教育，2022（Z4）：40-44. 有删减。

第一节　幼儿权利的基本内容
第二节　幼儿权利保护的一般原则
第三节　幼儿权利保护主体的法律责任
第四节　幼儿权利保护的目标与实现途径
第五节　特殊幼儿权利保护

第二章 幼儿权利与保护

本章要点

1. 幼儿权利的基本内容。
2. 幼儿权利保护的一般原则。
3. 幼儿权利保护的主体及其法律责任。
4. 我国幼儿权利保护的目标与实现途径。
5. 特殊幼儿的康复救助与随班就读。

案例导入

合力推进新时代未成年人保护工作高质量发展[①]

2021年9月24日，国务院未成年人保护工作领导小组办公室、民政部召开全国未成年人保护工作推进会暨示范创建动员部署会。

会议指出，未成年人保护工作关系未成年人健康成长，关系国家和民族未来，是习近平总书记和党中央关心、全社会关注的重大民生问题。近年来，各地各有关部门持续加强和改进未成年人保护工作，法律制度不断完善，创新实践蓬勃开展，工作基础不断夯实，取得了历史性成就。同时，与未成年人保护工作需要相比，我国未成年人保护制度还存在不少短板弱项，需要认真研究谋划，突出重点、抓住关键，不断改进提升。

会议要求，各地各有关部门要高度重视，把全国未成年人保护示范创建作为当前和今后一个时期做好未成年人保护工作的重要抓手，以县（市、区、旗）为主体，以依法保护未成年人合法权益、促进未成年人全面发展为目标，以构建“六位一体”的未成年人保护工作体系为重点，坚持问题导向，坚持探索创新，用心打造、努力形成具有本地特色和全国推广价值的未成年人保护工作模式，推进未成年人保护工作体系化建构，形成立体化、全方位保护体系。

会上表彰了全国农村留守儿童关爱保护和困境儿童保障工作199个先进集体和400名先进个人。

儿童是国家的未来、民族的希望，同时也是脆弱的群体，我国高度重视儿童健康成长，全社会关心和支持儿童保护工作。

作为独立的个体，儿童具有基本的人权；作为社会新生的一代，儿童是人类的未来，是社会可持续发展的重要资源。儿童的地位与命运，体现一个国家和民族文明程度。儿童是人类社会最有价值的（valuable）资源，但也是最脆弱的（vulnerable）资源，即为“双V资源”。儿童需要成人的保护，尤其是0—6岁的幼儿更应受到特别的保护。

① 国务院未保办，民政部. 合力推进新时代未成年人保护工作高质量发展[J]. 社会福利，2021（10）：15. 有删减。

第一节　幼儿权利的基本内容

幼儿有权利吗？回答自然是肯定的。我们经常探讨如何促进幼儿身心发展，幼儿园教师和幼儿园、家长和家庭、社会应该为幼儿做些什么，所有这些都暗含着幼儿的权利。在此，主要依据《中华人民共和国未成年人保护法》《中华人民共和国母婴保健法》《中国儿童发展纲要（2021—2030 年）》《儿童权利公约》等文件的相关内容，探讨幼儿权利问题。

幼儿享有生存权、发展权、受保护权、参与权、受教育权等权利。《中华人民共和国未成年人保护法》“总则”第三条明确指出，“国家保障未成年人的生存权、发展权、受保护权、参与权等权利。未成年人依法平等地享有各项权利，不因本人及其父母或者其他监护人的民族、种族、性别、户籍、职业、宗教信仰、教育程度、家庭状况、身心健康状况等受到歧视”。

《中华人民共和国未成年人保护法》

一、幼儿的生存权

幼儿享有生命安全和生存保障的权利，以及有尊严地、健康快乐地生活的权利。生存权的具体内容如下：

1. 固有的生命权

生命权指的是生命安全和生命尊严受法律保护的权利，为人格权之首。[①] 它包括维护生命安全、排除妨害和请求司法保护。没有生命就没有生活，就没有活生生的人，一切人权就无从谈起，故生命权是作为人享受人权的基础。幼儿生命权是其他权利的前提条件。《中华人民共和国民法典》第一千零二条规定，“自然人享有生命权。自然人的生命安全和生命尊严受法律保护。任何组织或者个人不得侵害他人的生命权”，幼儿作为自然人也享有生命权。《中华人民共和国未成年人保护法》规定应为幼儿提供安全的环境，保障幼儿人身安全，公共场所发生突发事件时应先救护幼儿。《中国儿童发展纲要（2021—2030 年）》提出创建儿童安全环境，减少儿童伤害死亡率。1948 年联合国大会通过的《世界人权宣言》第三条指出，“人人享有生命、自由和人身安全”。1966 年联合国在《世界人权宣言》

《中国儿童发展纲要（2021—2030 年）》

《儿童权利公约》

① 刘士国. 民法典必修课[M]. 上海：上海人民出版社，2021：163.

基础上通过的《公民权利和政治权利国际公约》第六条指出，“人人有固有的生命权。这个权利应受法律的保护，不得任意剥夺任何人的生命”。1989 年联合国大会通过的《儿童权利公约》第六条强调，“每个儿童均有固有的生命权”，要“最大限度地确保儿童的存活与发展”。

在我国，幼儿的生命权自出生那刻起便受到明确的法律保护。同时，法律同样给予了胎儿充分的重视与保障。这种法律保护主要通过确保孕产妇的健康、禁止非法堕胎、提供必要的医疗保健服务，以及实施预防胎儿受害措施等方式来实现。《中华人民共和国母婴保健法》强调孕产妇健康的重要性，倡导进行科学的孕产管理和实施出生缺陷的预防措施。此外，《中华人民共和国人口与计划生育法》第三十九条明确禁止非医学需要的胎儿性别鉴定和选择性别的人工终止妊娠。《中华人民共和国职业病防治法》第三十八条规定，用人单位不得安排孕期或哺乳期的女职工从事对本人和胎儿、婴儿有害的作业。这些法律规定的制定与执行，确保了每个生命从孕育之始就能在一个充满尊重、安全和健康的环境中成长。

2. 最高标准的健康权

健康权是自然人享有的以身心受法律保护为内容的重要人格权。① 健康权包括健康维护权、劳动能力保护权和健康利益支配权。健康权与生命权和身体权密切相关，同时又有明显的区别。生命是身体和健康的前提与基础；身体是生命和健康存在的载体；健康则是公民享有生命权和身体权的重要保证，也是公民享有高质量的生命权和身体权的一项重要指标。如果健康受到损伤，势必对生命权和身体权的行使造成不利影响。

《中华人民共和国民法典》第一千零四条规定，“自然人享有健康权。自然人的身心健康受法律保护。任何组织或者个人不得侵害他人的健康权”。按照我国《3—6岁儿童学习与发展指南》的规定，健康是指人在身体、心理和社会适应方面的良好状态；发育良好的身体、愉快的情绪、强健的体质、协调的动作、良好的生活习惯和基本生活能力是幼儿身心健康的重要标志。

《中华人民共和国未成年人保护法》规定：不得使幼儿处于无人看护状态，禁止监护人虐待、遗弃、非法送养幼儿或者对幼儿实施家庭暴力；保护幼儿的身心健康，创造良好网络环境；对幼儿进行卫生保健和营养指导，提供卫生保健服务。

《中国儿童发展纲要（2021—2030 年）》提出：保障新生儿安全与健康；降低儿童伤害死亡率；强化儿童疾病防治，有效控制儿童近视；增强儿童身体素质；改善儿童营养状况。

《儿童权利公约》第二十四条指出，“缔约国确认儿童有权享有可达到的最高标准的健康，并享有医疗和康复设施。缔约国应努力确保没有任何儿童被剥夺获得这

---

① 中共中央宣传部宣传教育局，全国人大常委会法制工作委员会民法室，司法部普法与依法治理局.《中华人民共和国民法典》人格权编学习读本[M]. 北京：中国民主法制出版社，2021：37.

种保健服务的权利”。

《儿童权利公约》进一步强调，各国应致力充分实现这一权利，特别是应采取适当措施，以降低婴幼儿死亡率；确保向所有儿童提供必要的医疗援助和保健，侧重发展初级保健；消除疾病和营养不良现象，包括在初级保健范围内利用现有可得的技术，提供充足的营养食品和清洁饮水，要考虑到环境污染的危险和风险；确保母亲得到适当的产前和产后保健；确保向社会各阶层，特别是向父母和儿童介绍有关儿童保健和营养、母乳育婴优点、个人卫生和环境卫生及防止意外事故的基本知识，使他们得到这方面的教育并帮助他们应用这种基本知识；开展预防保健、对父母的指导以及计划生育教育和服务；废除对儿童健康有害的传统习俗；有关当局应对儿童身心健康状况定期审查；等等。

对幼儿健康权的维护，应从父母受孕成功、胎儿形成之时就开始。《中华人民共和国母婴保健法》第一条指明，为了保障母亲和婴儿健康，提高出生人口素质，应重视婴儿出生前后的卫生保健活动，包括婚前保健和孕产期保健。

婚前法定保健服务包括：婚前卫生指导，涉及关于性卫生知识、生育知识和遗传病知识的教育；婚前卫生咨询，针对有关婚配、生育保健等问题提供医学意见；婚前医学检查，对准备结婚的男女双方可能影响结婚和生育的疾病进行医学检查，如严重遗传性疾病、指定传染病、精神病等。

孕产期法定保健服务包括：母婴保健指导，针对孕育健康后代以及严重遗传性疾病和碘缺乏病等地方病的发病原因、治疗和预防方法提供医学意见；孕妇和产妇保健，为孕妇、产妇提供卫生、营养、心理等方面的咨询和指导，以及产前定期检查等医疗保健服务；胎儿保健，对胎儿的生长发育进行监护；新生儿保健，为新生儿生长发育、哺乳和护理提供医疗保健服务等。

另外，为保障婴儿出生以后的健康成长，要强化儿童营养膳食、卫生防疫、食品、医疗、儿童物品等方面的安全管理。

3. 充分的生活水准权

幼儿应该具有过上充足的或者相当质量的生活水平的权利，而不是勉强维持生命。高质量的生活不仅是物质上的充足，还包括良好的心理与精神环境、道德条件与社会条件。《中华人民共和国未成年人保护法》规定，未成年人父母或者其他监护人应关注未成年人的生理、心理状况和情感需求。《中国儿童发展纲要（2021—2030年）》提出：家长应尊重儿童主体地位、建立平等和谐的亲子关系；全社会应建设儿童友好城市和社区，提供更多有益于儿童全面发展的高质量精神文化产品。《儿童权利公约》第二十七条指出，“缔约国确认每个儿童均有权享有足以促进其生理、心理、精神、道德和社会发展的生活水平”“父母或其他负责照顾儿童的人负有在其能力和经济条件许可范围内确保儿童发展所需生活条件的首要责任”“缔约国按照本国条件并在其能力范围内，应采取适当措施帮助父母或其他负责照顾儿童的人实现此项权利，并在需要时提供物质援助和支持方案，特别是在营养、衣着和住房方面”。

二、幼儿的发展权

发展权是指个人、民族和国家积极、自由和有意义地参与政治、经济、社会和文化的发展并公平地享有发展所带来的利益的权利。①

1. 姓名权、国籍权等

幼儿发展权内涵非常广泛，一般包括姓名权、国籍权、肖像权、名誉权、隐私权、独特的身心权、活动权、休息与闲暇权等。《中华人民共和国民法典》规定自然人享有姓名权、肖像权、隐私权，自然人的个人信息受法律保护，民事主体享有名誉权、荣誉权，幼儿作为自然人和民事主体其上述权利也应受到法律保障。《中华人民共和国未成年人保护法》第四条规定应尊重未成年人人格尊严、隐私权和个人信息，第四十九条规定新闻媒体采访报道涉及幼儿事件应当客观、审慎和适度，不得侵犯幼儿的名誉、隐私和其他合法权益。《中国儿童发展纲要（2021—2030年）》指出，“保障儿童平等参与自身和家庭事务的权利”“保障儿童休息、锻炼、闲暇和娱乐的权利”“尊重儿童的知情权、参与权，重视听取并采纳儿童的合理意见”“依法保障涉案未成年人的隐私权、名誉权以及知情权、参与权等诉讼权利”“依法保障儿童和胎儿的继承权和受遗赠权。依法保护儿童名誉、隐私和个人信息等人格权”。《儿童权利公约》第七条第一款指出，“儿童出生后应立即登记，并有自出生起获得姓名的权利，有获得国籍的权利，以及尽可能知道谁是其父母并受其父母照料的权利”；第八条第一款指出，“缔约国承担尊重儿童维护其身份包括法律所承认的国籍、姓名及家庭关系而不受非法干扰的权利。如有儿童被非法剥夺其身份方面的部分或全部要素，缔约国应提供适当协助和保护，以便迅速重新确立其身份”。

幼儿具有独特的身心特点与规律，家庭、幼儿园及社会应该尊重幼儿的年龄特点和个体差异，尊重幼儿家庭差异和文化背景的不同，让幼儿拥有快乐的童年和健康的生活。《中华人民共和国未成年人保护法》指出，各项有关未成年人的工作都要“适应未成年人身心健康发展的规律和特点”。《儿童权利公约》第二十九条第一款指出，教育儿童的目的应是“最充分地发展儿童的个性、才智和身心能力”；第三十一条第一款指出，“缔约国确认儿童有权享有休息和闲暇，从事与儿童年龄相宜的游戏和娱乐活动，以及自由参加文化生活和艺术活动”。

2. 受教育权

发展权包括了受教育权。受教育权是公民接受教育的机会和获得受教育的物质

① 王麟.人权论衡.第一卷[M].北京：中国民主法制出版社.2018：63.

帮助的权利。[①] 为保障幼儿身心的全面和谐发展，幼儿必须接受一定的教育。幼儿接受的教育可以来自幼儿家庭、幼儿园、托育服务机构和社区。我国尚未执行学前义务教育制度，但我国倡导大力拓展学前教育资源，举办多种形式的学前教育，完善学前教育公共服务体系，逐步提高学前教育的普及率；让幼儿就近入园，接受基本的、有质量的学前教育；促进学前教育公平。

《中华人民共和国宪法》第四十六条规定，“中华人民共和国公民有受教育的权利和义务。国家培养青年、少年、儿童在品德、智力、体质等方面全面发展”；第十九条第二款指出，“国家举办各种学校，普及初等义务教育，发展中等教育、职业教育和高等教育，并且发展学前教育”。《中华人民共和国教育法》第十七条规定，“国家实行学前教育、初等教育、中等教育、高等教育的学校教育制度”；第三十七条规定，“受教育者在入学、升学、就业等方面依法享有平等权利”。

《中华人民共和国学前教育法》第十三条规定，学前儿童享有依法平等接受学前教育的权利，第十六条进一步明确指出“父母或其他监护人应依法履行抚养与教育儿童的义务，为适龄儿童接受学前教育提供必要条件”。与此同时，《中华人民共和国学前教育法》还强调“学前教育是国民教育体系的组成部分，是重要的社会公益事业”“国家推进普及学前教育，构建覆盖城乡、布局合理、公益普惠、安全优质的学前教育公共服务体系”。这些规定为保障学龄前儿童受教育权构建了的坚实法律基础，为幼儿的健康成长和全面发展提供了强有力的制度支持。

三、幼儿的受保护权

受保护权是未成年人权益保护的重要内容，指未成年人享有免受歧视、虐待和忽视的权利，具体包括保护未成年人免受歧视、剥削、酷刑、暴力或疏忽照料，以及对困境中的未成年人的特别保护。[②]

幼儿应受到保护，一是基于其道德和法律上的权利，幼儿拥有与成人一样的尊严和权利；二是因为幼儿的心智和体力较成人弱势，尚处于发育阶段，具有幼稚性、不成熟、未定型的特点，幼儿自身并不具有足够的自我保护和行使权利的知识与能力，他们的权利的实现有赖于成人社会的保护。幼儿的受保护权表现为成人社会要为幼儿提供安全的生存环境，包括家庭和社会环境，禁止对幼儿的任何形式的虐待和忽视，保护幼儿免受经济、精神、药物、色情、贩卖等伤害。

《中华人民共和国宪法》第四十九条第一款规定，“婚姻、家庭、母亲和儿童受国家的保护”。《中华人民共和国未成年人保护法》第六条也指出，“保护未成年人，是国家机关、武装力量、政党、人民团体、企业事业单位、社会组织、城乡基层群

① 劳凯声. 受教育权新论[J]. 教育研究，2021，42(8)：23-34.

② 张旭东. 守护成长[M]. 北京：中国青年出版社，2019：9.

众性自治组织、未成年人的监护人和其他成年人的共同责任”。

《中华人民共和国学前教育法》对幼儿的受保护权进行了详细规定：第十三条规定“学前儿童享有生命安全和身心健康、得到尊重和保护照料、依法平等接受学前教育等权利。学前教育应当坚持最有利于学前儿童的原则，给予学前儿童特殊、优先保护”；第五十一条规定“幼儿园应当把保护学前儿童安全放在首位”；第五十三条明确要求“幼儿园建立科学合理的一日生活制度，保证户外活动时间，做好儿童营养膳食、体格锻炼、全日健康观察、食品安全、卫生与消毒、传染病预防与控制、常见病预防等卫生保健管理工作，防治，加强健康教育”。

此外，第二十一条特别强调对学前儿童名誉、隐私及其他合法权益的保护，要求幼儿园在处理儿童个人信息时，必须事先获得监护人同意，并严格遵守相关法律法规，防止信息泄露和滥用。为防止虐待和忽视，第七十九条专门规定，若幼儿园因管理疏忽或放任发生体罚、虐待、歧视、侮辱、性侵害等行为，将面临责令限期改正、警告，甚至停止招生、吊销办学许可证等法律责任。

1989 年在联合国大会通过的《儿童权利宣言》指出，“儿童因身心尚未成熟，在其出生以前和以后均需要特殊的保护和照料，包括法律上的适当保护”。《儿童权利公约》对儿童免受各种形式的伤害进行了明确的规定：保护儿童免遭一切形式的色情剥削和性侵犯之害（第三十四条）；防止为任何目的或以任何形式诱拐、买卖或贩运儿童（第三十五条）；保护儿童免遭有损儿童福利的任何方面的一切其他形式的剥削之害（第三十六条）；不得非法或任意剥夺任何儿童的自由（第三十七条）；让遭受伤害的儿童身心得以康复并重返社会，且这种康复和重返社会应在一种能促进儿童的健康、自尊和尊严的环境中进行（第三十九条）。

四、幼儿的参与权

参与权指幼儿参与家庭、文化和社会生活的权利。① 幼儿的参与权在幼儿园表现为幼儿作为生活与学习的主人，可以按照自己的需要如厕和喝水；可以在教师的支持与指导下自主选择游戏活动并自由游戏；可以在保教活动中自主表现、探索和体验，富有创造性与想象力；教师应满足幼儿合理而正当的需要等。幼儿在家庭和社会生活中的参与权表现为表达的自由、寻求和获得信息的自由、自主选择生活学习和娱乐的自由等。当然，幼儿的参与权不是绝对的，而是有限制的，是在成人支持与指导下的参与权。

我国《中华人民共和国学前教育法》从教育活动的设计和实施层面，为幼儿的参与权提供了坚实保障。第十四条规定：“实施学前教育应当从学前儿童身心发展特点和利益出发，尊重学前儿童人格尊严，倾听、了解学前儿童的意见，平等对待

---

① 刘颖. 学前教育财政政策价值取向的规范分析：基于儿童权利的视角[J]. 基础教育，2018，15（6）：46-53.

每一个学前儿童，鼓励、引导学前儿童参与家庭、社会和文化生活，促进学前儿童获得全面发展。”该条文保障了幼儿的参与权，强调了幼儿在教育过程中的主动性和主体地位，以法律的形式确保幼儿在学习和生活中的参与机会。这不仅可以促进幼儿的自主探索和积极表达，还有利于增强其社会责任感和互动能力，从而实现其身心的全面和谐发展。《中国儿童发展纲要（2021—2030年）》指出，要保障儿童参与的权利。尊重儿童参与自身事务、家庭、社会、文化生活的权利，创造有利于儿童参与的社会环境，培养儿童参与意识和能力。《儿童权利公约》第十二条第一款提出，“缔约国应确保有主见能力的儿童有权对影响到其本人的一切事项自由发表自己的意见，对儿童的意见应按照其年龄和成熟程度给以适当的看待”；第十二条第二款提出，“儿童特别应有机会在影响到儿童的任何司法和行政诉讼中，以符合国家法律的诉讼规则的方式，直接或通过代表或适当机构陈述意见”；第十三条提出，“儿童应有自由发表言论的权利；此项权利应包括通过口头、书面或印刷、艺术形式或儿童所选择的任何其他媒介，寻求、接受和传递各种信心和思想的自由，而不论国界”。此项权利的行使“可受某些限制约束，但这些限制仅限于法律所规定并为以下目的所必需：尊重他人的权利和名誉；保护国家安全或公共秩序或公共卫生或道德”。

最后，需要指出，儿童权利是一种历史和文化现象，是一种理念与追求，也是一种制度。儿童权利的实现，需要社会的道德建设和法制建设，需要法治与民众意识同步跟上。幼儿权利的实现亦然。

第二节　幼儿权利保护的一般原则

幼儿权利保护的一般原则，即所有的幼儿法规必须遵循的基本要求与准则，是有关幼儿的一切工作必须贯彻的基本精神。

本书结合《中华人民共和国未成年人保护法》《中国儿童发展纲要（2021—2030年）》和联合国《儿童权利公约》对儿童权利保护基本原则的规定，归纳出幼儿权利保护的五项原则。

一、儿童优先原则

儿童优先原则，即在制定法律法规、政策规划和部署工作等方面优先考虑儿童的利益和发展需求。[①] 在处理涉及儿童的事务中，儿童的利益应首先得到考虑，并确保儿童利益最大化。《中国儿童发展纲要（2021—2030 年）》中“基本原则”的第二条就是“坚持对儿童发展的优先保障”。明确指出“在出台法律、制定政策、编制规划、部署工作时优先考虑儿童的利益和发展需求”。《中华人民共和国学前教育法》第十三条明确指出“学前教育应当坚持最有利于学前儿童的原则，给予学前儿童特殊、优先保护”。具体而言，“儿童优先”包含以下四层意思：

第一，在资源分配中，儿童应该被摆在首要位置。国家和国际社会应该尽一切努力，实现儿童权益保障的最大可能，保障儿童拥有充足的生存与发展资源。《中华人民共和国未成年人保护法》第四十四条第一款规定，“爱国主义教育基地、图书馆、青少年宫、儿童活动中心、儿童之家应当对未成年人免费开放；博物馆、纪念馆、科技馆、展览馆、美术馆、文化馆、社区公益性互联网上网服务场所以及影剧院、体育场馆、动物园、植物园、公园等场所，应当按照有关规定对未成年人免费或者优惠开放”，国家鼓励爱国主义教育基地、博物馆、美术馆等公共场馆为未成年人提供有针对性的服务，第四十五条规定，“城市公共交通以及公路、铁路、水路、航空客运等应当按照有关规定对未成年人实施免费或者优惠票价”。《中国儿童发展纲要（2021—2030 年）》提出，“全面落实儿童乘坐公共交通工具和游览参观票价优惠政策，推进采取年龄标准优先、身高标准补充的儿童票价优待政策”。《儿童权利公约》第四条指出，“缔约国应采取一切适当的立法、行政和其他措施以实现本《公约》所确认的权利。关于经济、社会及文化权利，缔约国应根据其现有资源所允许的最大限度并视需要在国际合作范围内采取此类措施”。

第二，在利益冲突中，兼顾儿童利益。与成人相比，儿童处于弱势，需要成人保护。在成人主导的社会中，当成人利益与儿童利益相冲突，当长辈与后代在资源占有和使用相冲突的情况下，成人应该考虑人类生存与发展资源的有限性，努力建设环境友好型、资源节约型社会，注意代际之间的公平。《中华人民共和国教育法》第十八条指出，“国家制定学前教育标准，加快普及学前教育，构建覆盖城乡，特别是农村的学前教育公共服务体系”。《中国儿童发展纲要（2021—2030 年）》提出，“将儿童教育、医疗卫生、福利保障事项优先纳入基本公共服务清单”。

第三，在危险情况下，首先救护儿童。儿童是成人保护的对象，儿童本身缺乏足够的发现和应对危险的能力，从生存机会最大化和生存机会均等的角度考虑，儿童要被优先救助。《中华人民共和国未成年人保护法》第五十六条第三款规定：“公共场所发生突发事件时，应当优先救护未成年人”。《儿童权利公约》总论部分也指明，“确认世界各国都有生活在极端困难下的儿童，对这些儿童需要给予特别的照顾”“在制定突发事件应急预案时统筹考虑儿童的特殊需求。制定儿童防护用品标

① 贺连辉，陈涛. 我国社区儿童保护和服务机制发展新走向[J]. 中国青年社会科学，2018，37（3）：111-119.

准，应急处置期间，优先保证儿童食品、药品、用品供给”“公共场所发生突发事件时，应优先救护儿童。在灾后恢复与重建阶段，针对儿童特点采取优先救助和康复措施，将灾害事故对儿童的伤害降到最低程度”。我国《幼儿园教师专业标准（试行）》第四十三条规定，幼儿园教师应“有效保护幼儿，及时处理幼儿的常见事故，危险情况优先救护幼儿”，这就是儿童优先原则的体现。

第四，实现儿童利益最大化。任何国家、家庭、成人在处理与儿童相关的事务时，均应考虑综合多方资源、尽最大努力和一切可能，充分保障儿童拥有的各种权利，要从儿童身心发展特点和利益出发处理与儿童相关的具体事务。《中华人民共和国未成年人保护法》第一百零七条规定，人民法院在审理涉及未成年子女抚养的离婚案件时，应视父母双方具体情况，按照最有利于未成年子女的原则依法处理；第一百一十条规定，“人民法院开庭审理涉及未成年人案件，未成年被害人、证人一般不出庭作证；必须出庭的，应当采取保护其隐私的技术手段和心理干预等保护措施”；第一百一十二条规定，“公安机关、人民检察院、人民法院办理未成年人遭受性侵害或者暴力伤害案件，在询问未成年被害人、证人时，应当采取同步录音录像等措施，尽量一次完成；未成年被害人、证人是女性的，应当由女性工作人员进行”。《儿童权利公约》第三条指出，“关于儿童的一切行为，不论是由公私社会福利机构、法院、行政当局或立法机构执行，均应以儿童的最大利益为一种首要考虑”；第二十一条说明，“凡承认和（或）许可收养制度的国家应确保以儿童的最大利益为首要考虑”。

许多儿童教育服务机构写有标语“为了一切儿童，为了儿童的一切，一切为了儿童”。其实，这三者并不是平行关系，只有我们做到了“一切为了儿童”，才有可能实现“为了一切儿童”和“为了儿童的一切”。

二、平等无歧视原则

平等无歧视原则，即创造公平的社会环境，确保儿童不因户籍、地域、性别、民族、信仰、受教育状况、身体状况和家庭财产状况等受到任何歧视，所有儿童享有平等的权利与机会。儿童在尊严和权利上一律平等，不能因其天然条件，包括其自身和父母的因素而受到任何形式的歧视。“平等意味着无歧视，但并不完全等同于无歧视。从内涵上来说，平等保护比无歧视更加周全，也更积极。同时，平等不是等同，就像差别不等于歧视一样；平等也不是单一性，而是有形式差别的‘公平对待’。”[①]

《中华人民共和国未成年人保护法》“总则”第三条第二款规定，“未成年人依法

① 王雪梅. 儿童权利论：一个初步的比较研究 [M]. 北京：社会科学文献出版社，2005：75.

平等地享有各项权利，不因本人及其父母或者其他监护人的民族、种族、性别、户籍、职业、宗教信仰、教育程度、家庭状况、身心健康状况等受到歧视”。

《中华人民共和国学前教育法》第六条要求“各级人民政府应当依法履行职责，合理配置资源，缩小城乡之间、区域之间学前教育发展差距，为适龄儿童接受学前教育提供条件和支持”。第十四条要求，实施学前教育应当“平等对待每一个儿童”，第十五条、第十七条要求，为残疾儿童及有特殊需求的儿童提供帮助和便利。

《中国儿童发展纲要（2021—2030年）》提出，“坚持保障儿童平等发展。创造公平社会环境，消除对儿童一切形式的歧视，保障所有儿童平等享有发展权利和机会”。

《世界人权宣言》第一条就提出，“人人生而自由，在尊严和权利上一律平等”。第二条接着指出，“人人有资格享受本宣言所载的一切权利和自由，不分种族、肤色、性别、语言、宗教、政治或其他见解、国籍或社会出身、财产、出生或其他身份等任何区别”。第七条进一步指出，“法律面前人人平等，并有权享受法律的平等保护，不受任何歧视。人人有权享受平等保护，以免受违反本宣言的任何歧视行为以及煽动这种歧视的任何行为之害”。

《儿童权利公约》的第二、第二十二和第三十条都要求对处境不利儿童提供帮助。第二条提出，“缔约国应采取一切适当措施确保儿童得到保护，不受基于儿童父母、法定监护人或家庭成员的身份、活动、所表达的观点或信仰而加诸的一切形式的歧视或惩罚”。

平等无歧视表现为不论幼儿个人和家庭情况如何，都应受到良好的卫生保健、看护与照料，都应获得充足的学习与发展机会，都能接受基本的、有质量的学前教育。城市流动幼儿、农村留守幼儿、困难家庭中的幼儿、单亲或非婚生幼儿、残疾幼儿等应得到特别关照。

三、尊重儿童原则

尊重儿童原则，表现为对儿童各项权利、人格尊严和观点意见的尊重。成人应该尊重儿童的生命权、发展权、受保护权、参与权和受教育权等权利；应该尊重儿童的人格尊严与名誉；应该尊重儿童的合理需要与正当要求，教育与指导要适应儿童的身心发展规律与特点。

《中华人民共和国未成年人保护法》第四条规定，保护未成年人的各项工作要“尊重未成年人的人格尊严”“保护未成年人隐私权和个人信息”“适应未成年人身心健康发展的规律和特点”“听取未成年人的意见”。《中华人民共和国学前教育法》第十三条、第十四条、第四十二条都体现了尊重儿童原则。第十三条提出，学前儿童享有得到尊重和保护照料的权利；第十四条强调，尊重学前儿童人格尊严，倾听、了解学前儿童的意见；第四十二条则要求幼儿园教职工尊重、爱护儿童，维护其合法权益。《中国儿童发展纲要（2021—2030 年）》第五条原则为“坚持鼓励儿童参与”原则，即尊重儿童主体地位，鼓励并支持儿童参与家庭、文化和社会生活，创造有利于儿童参与的社会环境。我国《幼儿园教师专业标准（试行）》指出，幼儿园教师要“尊重幼儿人格，维护幼儿合法权益，平等对待每一个幼儿。不讽刺、挖苦、歧视幼儿，不体罚或变相体罚幼儿”“信任幼儿，尊重个体差异，主动了解和满足有益于幼儿身心发展的不同需求”。《幼儿园教育指导纲要（试行）》“总则”第五条明确规定，“幼儿园教育应尊重幼儿的人格和权利，尊重幼儿身心发展的规律和学习特点，以游戏为基本活动，保教并重，关注个别差异，促进每个幼儿富有个性的发展”。

四、教育和保护相结合原则

教育和保护相结合的原则，即培养儿童作为权利主体行使权利的能力的同时，要尽一切努力维护儿童的合法权益。儿童是权利的主体，同时也是受保护的对象。保护儿童不仅要让儿童免受伤害，还要让儿童健康快乐地成长起来，成长为具备社会人的独立生活的权利主体。“教是为了不教”“授人以鱼，不如授人以渔”“给人金子，不如给人点金术”都有类似的道理。《中华人民共和国未成年人保护法》第四条直接提出未成年人保护的要求之一为“保护与教育相结合”，第六条第二款规定“国家、社会、学校和家庭应当教育和帮助未成年人维护自身合法权益，增强自我保护的意识和能力”。

《中华人民共和国学前教育法》第五十条规定：“幼儿园应当坚持保育和教育相结合的原则，面向全体学前儿童，关注个体差异，注重良好习惯养成，创造适宜的生活和活动环境，有益于学前儿童身心健康发展。”《儿童权利公约》第五条指出，“缔约国应尊重父母或于适用时尊重当地习俗认定的大家庭或社会成员、法定监护人或其他对儿童负有法律责任的人以下的责任、权利义务，以符合儿童不同阶段上、接受能力的方式适当指导和引导儿童行使本公约所确认的权利”。

我国幼儿园教育一贯坚持保教结合、保教并重，或者保教合一，其意主要也在于此。

五、多方共担责任原则

多方共担责任的原则，即国家、社会、幼儿园、家庭共同保护儿童的权利，共同担当儿童保护的职责与义务。

一方的权利就是另一方的责任与义务。儿童是受保护的对象，所以，任何儿童权利的确认，都意味着国家、社会、幼儿园、家庭有责任和义务尊重儿童所拥有的各项权利和固有的尊严，保障儿童权利的实现。换言之，儿童的权利或利益的实现，有赖于国家、社会、幼儿园和家庭的儿童保护责任与义务的履行状况。

《中华人民共和国未成年人保护法》第六条第一款规定，“保护未成年人，是国家机关、武装力量、政党、人民团体、企业事业单位、社会组织、城乡基层群众性自治组织、未成年人的监护人以及其他成年人的共同责任”。《中华人民共和国学前教育法》第八条、第十六条、第十八条、第五十八条等条款规定了国家、家庭、社会、幼儿园在学前教育中的责任与义务，体现了多方共担责任的原则，强调了国家、家庭与社会在学前教育中要相互支持与合作，以保障儿童的权益，促进儿童的发展。《中国儿童发展纲要（2021—2030年）》提出，“完善落实党委领导、政府主责、妇儿工委协调、多部门合作、全社会参与的纲要实施工作机制”“健全学校、家庭、社会‘三位一体’教育网络，鼓励企事业单位、社会组织、慈善机构和公益人士参与保障儿童权益、促进儿童发展等工作。鼓励儿童参与纲要实施”。《中华人民共和国民法典》第一千零六十八条也规定了“父母有教育、保护未成年子女的权利和义务”。

联合国《儿童权利公约》第三、第四、第五、第九、第十、第十一、第十八、第十九、第三十四、第三十六等条款都涉及国家、家庭、父母对儿童的保护。在责任担当方面，家庭应负主要但非全部的责任；社会与国家要承担协助和支持之责。如第十八条规定，“缔约国应尽其最大努力，确保父母双方对儿童的养育和发展负有共同责任的原则得到确认。父母、或视具体情况而定的法定监护人对儿童的养育和发展负有首要责任。儿童的最大利益将是他们主要关心的事”。

但儿童教养与保护之责的划分，并不是一成不变的。当儿童家庭未能履行相应的责任，儿童受到忽视、虐待或者其他伤害时，社会和国家，乃至国际社会需要及时伸出援助之手，必要时甚至要剥夺儿童家庭的亲权，实行国家干预。

案例　信息时代，我们该如何保障儿童权利？①

信息技术是一把双刃剑，在帮助儿童便捷地获取信息、丰富自我表达、拓展社会互动范围的同时也带来了很多隐忧，如过度使用电子产品造成的视力伤害、注意力集中困难、网络成瘾等。

从生存权和健康权来看，许多儿童长期沉迷于电子产品和互联网，视力受到损害。当他们把更多的时间放置到虚拟世界时，与人面对面交往的时间、户外活动的时间相应就减少了，身心健康问题更加凸显。从儿童的受保护权来看，信息时代对儿童的隐私保护提出了重大的挑战。大量商业机构未经儿童及家长同意，

① 刘颖. 信息时代，儿童权利的保障[J]. 东方娃娃·保育与教育，2022（9）：1. 有删减。

获取并兜售儿童的隐私数据。儿童的父母或监护人也因缺少隐私保护意识或为了获取廉价的服务、吸引流量，在网络上频繁“晒娃”，轻易让渡了孩子宝贵的个人信息。令人不安的是暴力、色情等因素亦正随着信息技术更深入、全面地“入侵”儿童的生活。

面对新变化，儿童权利保护更需要多方共同努力。政府需要通过立法、制定并实施全面的政策和战略、提供家庭教育指导服务等来积极行动。作为孩子的父母和老师，我们要重视儿童在获取和使用信息技术时的身心健康和隐私安全，引导儿童正确使用使用数字设备，让儿童更多参与实际生活中的人际互动。我们应该主动承担责任、积极应对、共同努力，以保障儿童权利的实现。

国家保护儿童的合法权益，父母是儿童的监护人，履行监护职责，保护儿童是国家、社会、幼儿园和家庭的共同责任。面对新形势和新挑战，儿童权利保护的各方应适时调整儿童保护策略。

无论国家、社会、幼儿园、家庭最终如何分配儿童权利保护的责任和义务，都要坚持儿童利益最大化原则，坚持儿童优先，并确保所有行动对儿童而言都是积极而正当的。

不过，儿童、家庭和国家的关系非常复杂。一方面，为了儿童的利益，国家和社会不得不干预一些家庭事务；但另一方面，每一个儿童和家庭又有其隐私权和自主权。儿童与其母亲、家庭的权利和利益息息相关，但也不乏冲突情况。当儿童在家庭中陷入困境，如家庭经济困难时，国家和社会不得不考虑是单方面支持儿童，还是同时支持孩子母亲，或者进一步支持儿童的整个家庭。在国家和社会儿童保护资源有限的情况下，资源的目标定位的大小涉及儿童保护资源使用的公平与效率的问题。

第三节　幼儿权利保护主体的法律责任

根据《中华人民共和国未成年人保护法》《中华人民共和国学前教育法》《儿童权利公约》，我国已构建起一个涵盖家庭、托幼机构、社会、政府与司法等多维度的幼儿权利保护体系。在此框架下，幼儿权利保护具体细分为家庭保护、托幼机构保护、社会保护、政府保护、司法保护等方面，另外，随着数字化时代的到来，幼儿网络保护也已成为一个新的重要议题。

一、家庭保护

幼儿家庭保护内容涉及抚养、教育和保护等方面。具体如下：

（1）父母或者其他监护人履行幼儿监护职责，包括为幼儿提供生活、健康、安全等方面的保障，关注幼儿身心状况和情感需求，对幼儿实施安全、思想品德、行为习惯等方面的教育，尊重幼儿的受教育权，代理幼儿实施民事法律行为，管理和保护幼儿财产。

（2）禁止对幼儿实施家庭暴力，禁止虐待、遗弃、非法送养幼儿，禁止其他侵犯幼儿身心健康、财产权益或者不依法履行保护义务的行为。

（3）在作出与幼儿权益有关的决定前，根据幼儿的年龄和智力发展状况，充分考虑其真实意愿，听取幼儿意见。

（4）发现幼儿身心健康或其他合法权益受到侵害时采取保护措施或向公安、民政、教育等部门报告。

（5）不得使幼儿处于无人看护状态，幼儿父母或者其他监护人在一定期限内不能完全履行监护职责的，应当委托具有照护能力的完全民事行为能力人代为照护，综合评判被委托人是否能胜任，并听取幼儿意见，并将委托照护情况书面告知幼儿所在幼儿园和居住地居民委员会、村民委员会，加强与幼儿的联系与交流。

（6）幼儿父母离婚时应妥善处理幼儿抚养、教育、探望等事宜，双方配合共同抚养与教育幼儿。

二、托幼机构保护

托幼机构保护包括贯彻国家方针政策，尊重幼儿，遵循幼儿身心发展规律，与家长一道做好幼儿安全、卫生和保健工作等内容。

（1）托幼机构应当全面贯彻国家的教育方针，按照保育与教育相结合的原则，促进幼儿全面协调发展。

（2）托幼机构应当根据幼儿身心发展规律和特点，尊重个体差异，增强幼儿体质，积极回应其心理需求，促进幼儿身心协调发展。

（3）托幼机构应开展勤俭节约、反对浪费、文明饮食等教育活动，使幼儿养成文明健康、绿色环保的生活习惯。

（4）托幼机构应当与幼儿的父母或者其他监护人互相配合，保证幼儿的睡眠、游戏和体育锻炼时间，不得对其进行小学课程教育。

（5）托幼机构教职员工应当平等对待幼儿，不得因幼儿家庭、身体等情况歧视幼儿，尊重幼儿的人格尊严，不得对幼儿实施体罚、变相体罚或者其他侮辱人格尊严的行为。关心、爱护幼儿，对家庭经济困难儿童、孤儿、残疾儿童提供帮助，配合政府有关部门建立信息档案，开展帮扶工作。

（6）托幼机构应当建立健康管理、疾病防控制度，制定传染病防控等应急预案，提供必要的卫生保健条件，切实做好室内外环境卫生，协助卫生健康部门做好幼儿的卫生保健工作。

（7）托幼机构应当建立安全制度，加强对幼儿的安全教育，采取措施保障幼儿的人身安全。托幼机构不得在危及幼儿人身安全、健康的校舍和其他设施、场所中进行保育与教育活动。安排幼儿参加的文化娱乐、社会实践等集体活动，应当有利于幼儿的健康成长，防止发生人身伤害事故。

（8）使用校车的托幼机构应当建立健全校车安全管理制度，配备安全管理人员，定期对校车进行安全检查，对校车驾驶人进行安全教育，引导教育幼儿安全乘坐校车，培养幼儿校车安全事故应急处理技能。

（9）托幼机构应当根据需要，制定应对各种灾害、食物中毒、意外伤害等突发事件的预案，配备相应设施设备并进行必要的演练，增强幼儿的自我保护意识和能力。

（10）托幼机构对幼儿活动中发生人身伤害事故的，应当及时救护，妥善处理，并及时向有关部门报告。

（11）托幼机构建立预防性侵害、性骚扰的工作制度。对性侵害、性骚扰等违法犯罪行为不得隐瞒，应当及时向公安机关、教育行政部门报告，并配合相关部门依法处理。

三、社会保护

社会保护的主体包括人民团体、企业事业单位、社会组织以及其他组织和个人，被保护的幼儿包括一般幼儿、特殊幼儿和不幸幼儿三类。对幼儿应有的保护职责与义务，涉及幼儿安全、饮食、卫生、娱乐、学习、发展、教育等各个方面。

（1）全社会应当树立尊重、保护、教育幼儿的良好风尚，关心、爱护幼儿，任何组织或个人不得泄露幼儿的个人隐私。

（2）居民委员会、村民委员会应当设置专人专岗负责宣传未成年人保护的法律法规、监督指导监护人履行监护职责、帮扶关爱幼儿等保护工作。

（3）企事业单位、社会组织等为幼儿提供免费或优惠资源。城市公共交通、公路、铁路等对幼儿实施免费或优惠票价，爱国主义教育基地、图书馆、儿童活动中心、博物馆、纪念馆、科技馆等场所应对幼儿免费或者优惠开放，鼓励上述场馆对幼儿提供针对性服务，鼓励国家机关、企业事业单位等开发自身资源为幼儿教育提供支持，鼓励科研机构和科技类社会组织对幼儿开展科学普及活动。

（4）鼓励建设儿童友好的公共场所、旅游景区景点，提供便于儿童活动的交通工具。

（5）鼓励创作、出版、制作和传播有利于幼儿健康成长的作品和信息，禁止制作、复制、出版、发布、传播、持有含危害幼儿身心健康内容的作品与信息。

（6）新闻媒体应当加强幼儿保护方面的宣传，发挥舆论监督作用。

（7）不得在托育机构附近进行商业广告活动，禁止利用幼儿用品发布广告。

（8）为幼儿提供安全的食品、药品、玩具、用具和游戏游艺设备，提供安全的公共场所，建立搜寻走失幼儿的安全警报系统。

（9）为幼儿接受保育和教育提供安全健康的环境，托幼机构周边不得设置营业性娱乐场所、酒吧、互联网上网服务营业场所，不得设置烟、酒、彩票销售网点。

（10）任何组织或者个人不得组织幼儿进行危害其身心健康的表演等活动。

（11）密切接触幼儿的单位不得录用具有违法犯罪记录的工作人员。

四、政府保护

各级人民政府及相关部门承担为幼儿及其家庭提供公共服务、保障幼儿各项权利、临时或长期监护等职责。

（1）县级以上人民政府相关职能部门、乡镇人民政府和街道办事处应当设立专人或专岗承担未成年人保护工作，县级以上人民政府应当开通全国统一的未成年人保护热线。

（2）国家建立性侵害、虐待、拐卖、暴力伤害等违法犯罪人员信息查询系统，向密切接触幼儿的单位提供免费查询服务。

（3）各级人民政府将家庭教育指导服务纳入城乡公共服务体系，开展家庭教育指导服务，发展托育、学前教育事业，保障特殊儿童接受学前教育。

（4）地方人民政府及其有关部门监督、指导托育机构、幼儿园等单位落实校园安全责任，建立突发事件的报告、处置和协调机制。

（5）公安机关和其他有关部门依法维护托育机构、幼儿园周边的治安和交通秩序，预防和制止侵害幼儿的违法犯罪行为。

（6）地方人民政府应当建立和改善适合儿童的活动场所和设施，并加强管理，防止任何组织或者个人侵占、破坏幼儿园等幼儿活动场所的场地、房屋和设施。

（7）各级人民政府及其有关部门应当对幼儿进行卫生保健和营养指导，提供卫生保健服务。

（8）各级人民政府及其有关部门对困境儿童实施分类保障，满足其生活、教育、医疗等方面的基本需要。

（9）在幼儿无父母或者其他监护人监护等情况下，民政部门对幼儿进行临时或长期监护，财政、教育、卫生健康、公安等部门应当根据各自职责予以配合。民政部门对临时监护的幼儿可交由亲属、家庭、未成年人救助保护机构或者儿童福利机构进行收留、抚养，对长期监护的幼儿在进行评估后可交由申请人收养。

五、司法保护

按照《中华人民共和国未成年人保护法》的要求，公安机关、人民检察院、人民法院以及司法行政部门，应当依法履行职责，在司法活动中保护未成年人的合法权益。涉及幼儿的条款具体如下：

（1）公安机关、人民检察院、人民法院和司法行政部门应当确定专门机构或者指定专门人员，负责办理涉及未成年人案件。办案人员应当经过专门培训，熟悉未成年人身心特点，专门机构或者专门人员中，应有女性工作人员。

（2）未成年人的合法权益受到侵害，依法向人民法院提起诉讼的，人民法院应当依法及时审理，并适应未成年人生理、心理特点和健康成长的需要，保障未成年人的合法权益。在司法活动中对需要法律援助或者司法救助的未成年人，法律援助机构或者人民法院应当给予帮助，依法为其提供法律援助或者司法救助。

（3）人民法院审理继承案件，应当依法保护未成年人的继承权和受遗赠权。人民法院审理离婚案件，涉及未成年子女抚养问题的，应当听取有表达意愿能力的未成年子女的意见，根据保障子女权益的原则和双方具体情况依法处理。

（4）父母或者其他监护人不履行监护职责或者侵害被监护的未成年人的合法权益，经教育不改的，人民法院可以根据有关人员或者有关单位的申请，撤销其监护人的资格，依法另行指定监护人。被撤销监护资格的父母应当依法继续负担抚养费用。

（5）公安机关、人民检察院、人民法院和司法行政部门以及其他组织和个人不得披露有关案件中未成年人的姓名、影像、住所、就读学校以及其他可能识别出其身份的信息，但查找失踪、被拐卖未成年人等情形除外。

（6）有关犯罪母亲的婴儿哺乳。《中华人民共和国刑法》第四十九条和第七十二条分别规定，审判的时候怀孕的妇女不适用死刑，在特定条件下怀孕的妇女被判处拘役、三年以下有期徒刑的，应当宣告缓刑。《中华人民共和国刑事诉讼法》规定，怀孕或者正在哺乳自己婴儿的妇女可以取保候审（第六十七条）和监视居住（第七十四条）。取保候审最长不得超过十二个月，监视居住最长不得超过六个月。

（六）网络保护

随着数字技术的迅速发展，互联网已成为儿童日常生活和成长空间的重要组成部分。远程教育、智能设备、网络游戏等应用的广泛普及，极大地丰富了幼儿的学习与生活，但也带来了网络沉迷、不良信息传播、隐私泄露等诸多挑战。

为了在网络时代更好地保护儿童，我国逐步构建起以未成年人保护为核心的网络空间治理法律框架。2017 年施行的《中华人民共和国网络安全法》奠定了未成年人网络保护的基本原则，标志着我国在网络安全和信息保护领域的初步探索。2019 年国家互联网信息办公室发布了《儿童个人信息网络保护规定》，作为专项规范，该规定针对儿童个人信息的采集与使用进行了实践细化，为全面推进儿童信息保护积累了宝贵经验。

《中华人民共和国网络安全法》

《中华人民共和国未成年人保护法》明确了未成年人网络保护的核心要求，强化了国家、社会、学校和家庭在保护未成年人权益中的多方责任。随着《未成年人网络保护条例》的正式出台，我国未成年人网络保护内容得以全面细化，涵盖网络素养促进、网络信息内容规范、个人信息网络保护和网络沉迷防治等核心领域，形成了较为完善的法律规范。在此基础上，《中华人民共和国学前教育法》明确要求面向学前儿童的电子产品、网络教育产品和服务等应当符合其身心发展规律和年龄特点，同时规定家庭和幼儿园应教育学前儿童合理使用网络和电子产品，并控制其使用时间。这些规定为学前儿童的网络权益保障提供了具体法律依据，进一步强化了幼儿网络保护。

《儿童个人信息网络保护规定》

幼儿网络保护涵盖多个方面，具体内容如下：

（1）国家、社会、学校和家庭应当加强幼儿网络素养宣传教育，培养和提高幼儿的网络素养，增强幼儿科学、文明、安全、合理使用网络的意识和能力，保障幼儿在网络空间的合法权益。

（2）国家鼓励创作传播适合幼儿特点的内容和技术，推动有利于幼儿身心健康的网络产品和服务发展。

（3）相关部门需加强监督检查，依法惩治利用网络危害幼儿身心健康的行为，为幼儿营造安全、健康的网络环境，同时通过宣传教育和监督管理，指导家庭、学校和社会组织科学、合理地预防并干预幼儿沉迷于网络，确保幼儿接触适宜的信息内容，健康使用网络。

《未成年人网络保护条例》

（4）社区和公共服务场所应当提供安全的网络使用环境。图书馆、文化馆、青少年宫等公共场所需安装网络保护软件，配备过滤和限制功能的设备，为幼儿提供安全的上网环境，避免其接触不良信息。

（5）幼儿园应合理开展网络教学活动，科学管理幼儿带入校园的智能终端设备。发现幼儿沉迷于网络时，应及时通知监护人，共同教育引导，帮助其恢复正常学习生活。

（6）家庭应当加强对幼儿网络行为的管理和引导。监护人需合理安排幼儿的网络使用时间，通过安装网络保护软件、选择适宜的服务模式等方式，引导其科学、文明、安全地使用网络，避免沉迷于网络或接触不良信息。

（7）网络信息处理者需遵循合法、正当、必要原则采集和处理幼儿个人信息，监护人对幼儿个人信息处理享有知情、同意、更正及删除等权利。网络服务提供者发现幼儿通过网络发布私密信息或个人信息中涉及私密内容时，应及时提示并采取必要措施，防止信息扩散。若通过私密信息发现幼儿可能遭受侵害的，应立即保存记录并向公安机关报告，以保障幼儿安全。

（8）网络平台应当规范运营行为，制定幼儿保护规则，确保内容、功能和服务的适龄性，防止幼儿沉迷于网络。网络平台应针对幼儿使用服务设置时间管理、权限管理和消费管理功能。幼儿在线教育产品不得插入游戏链接或推送广告等与教学无关的信息。

（9）网络运营者不得允许他人通过文字、图片或音视频等形式对幼儿实施欺凌或恶意攻击行为。一旦发现相关行为，应立即采取删除、屏蔽等措施，并向有关部门报告。

（10）网络产品和服务提供者应当建立便捷、合理、有效的投诉和举报渠道，公开投诉、举报方式等信息，及时受理并处理涉及幼儿的投诉、举报。任何组织或者个人发现网络产品、服务含有危害幼儿身心健康的信息，有权向网络产品和服务提供者或者网信、公安等部门投诉、举报。

（11）网络服务提供者应显著提示可能影响幼儿身心健康的信息或禁止传输这些信息，对含有危害内容的信息应立即删除、屏蔽并报告相关部门，发现违法犯罪行为应停止服务并向公安机关报告。

特殊幼儿与其他幼儿一样，享有平等的生存权、发展权、受保护权、参与权和受教育权。这些权利在《中华人民共和国残疾人保障法》《关于开展残疾儿童少年随班就读工作的试行办法》《中国儿童发展纲要（2021—2030年）》等政策文件中得到明确，并在《中华人民共和国学前教育法》中得以进一步强化。

根据《中华人民共和国学前教育法》的规定，普惠性幼儿园应接收能够适应幼儿园生活的残疾儿童，并为其提供必要的帮助和便利。同时，对于因特异体质或特定疾病等原因需要特殊照顾的学前儿童，法律要求父母或其他监护人应及时将相关情况告知幼儿园，幼儿园则应采取相应的特殊照顾措施，以满足其特殊需求。

在法律和政策的支持下，我国逐步构建起以康复救助与融合教育为核心的特殊幼儿教育支持体系，不断推进特殊幼儿平等接受学前教育的权利实现。

第四节 幼儿权利保护的目标与实现途径

改革开放以来，我国加快完善保护幼儿权利的法律体系，强化政府责任，不断提高幼儿工作的法治化和科学化水平，幼儿权利保护工作取得了巨大成就。同时，我们也要认识到我国幼儿在健康、教育和福利方面还存在诸多问题。现依据《中华人民共和国母婴保健法》《关于学前教育深化改革规范发展的若干意见》《中国儿童发展纲要（2021—2030年）》等文件的相关内容，总结我国幼儿权利保护的中长期发展目标及其实现途径。

一、我国儿童发展总目标

我国致力于健全保障儿童权利的法律法规政策体系，完善促进儿童发展的工作机制，形成儿童优先的社会风尚，缩小城乡、区域、群体之间的儿童发展差距。儿童享有更加均等和可及的基本公共服务，享有更加普惠和优越的福利保障，享有更加和谐友好的家庭和社会环境。我国规划了儿童在健康、安全、教育、福利、家庭、环境、法律保护领域的发展目标及其实现途径。

二、幼儿健康发展的目标及实现途径

我国对幼儿健康领域提出了增强儿童医疗保健服务能力、降低死亡率、出生缺陷预防和控制、疾病防治等方面的目标，具体内容如下：

（一）主要目标

（1）覆盖城乡的儿童健康服务体系更加完善，儿童医疗保健服务能力明显增强，儿童健康水平不断提高。普及儿童健康生活方式，提高儿童及其照护人健康素养。

（2）新生儿、婴儿和5岁以下儿童死亡率分别降至3.0‰、5.0‰和6.0‰以下，地区和城乡差距逐步缩小。

（3）构建完善出生缺陷防治体系，预防和控制出生缺陷。

（4）有效防治儿童常见疾病和恶性肿瘤等严重危害儿童健康的疾病。

（5）适龄儿童免疫规划疫苗接种率以乡（镇、街道）为单位保持在90%以上。

（6）5岁以下儿童贫血率和生长迟缓率分别控制在10%和5%以下，儿童超重、肥胖上升趋势得到有效控制，0—6岁儿童眼保健和视力检查覆盖率达到90%以上。

（二）实现途径

为实现以上幼儿健康方面的发展目标，我国拟采取系列措施。

（1）优先保障儿童健康。将儿童健康主要指标纳入政府目标和责任考核；完善涵盖儿童的基本医疗卫生制度；加大对儿童医疗卫生与健康事业的投入力度；建设统一的妇幼健康信息平台，加强信息互联共享。

（2）完善儿童健康服务体系。构建国家、区域、省、市、县级儿童医疗保健服务网络，统筹规划和配置区域内儿童健康服务资源。加大儿童健康知识宣传普及力度，加强儿童保健服务和管理，为儿童提供性教育和性健康服务。

（3）加强多部门联动防治出生缺陷。落实出生缺陷三级防治措施。强化婚前孕前保健，提升产前、新生儿筛查和诊断能力，促进早筛早诊早治，保障新生儿安全与健康。

（4）强化儿童疾病防治、儿童免疫规划疫苗管理及预防接种。

（5）加强儿童早期发展服务。建立健全多部门协作的儿童早期发展工作机制，开展涵盖多维度的儿童早期发展综合服务。加强对家庭和托育机构的婴幼儿早期发展指导服务。

（6）改善儿童营养状况。开展孕前、孕产期营养与膳食评价指导。实施母乳喂养促进行动，加强公共场所和工作场所母婴设施建设，普及为 6 月龄以上儿童合理添加辅食的知识、技能。开展儿童生长发育监测和评价，加强食育教育。

（7）有效控制儿童近视。加强 0—6 岁儿童眼保健和视力检查工作。保障幼儿园、托育机构室内采光和照明等达到规定标准。指导家长掌握科学用眼护眼知识并引导儿童科学用眼护眼。引导儿童按需、科学、规范、合理使用电子产品。确保儿童每天接触户外自然光不少于 1 小时。

（8）加强儿童健康领域科研创新，开展儿童健康领域基础研究和应用研究，鼓励儿童用药研发生产，完善儿童临床用药规范。

案例　让他的笑容像花儿一样绽放①

刚入园时，峰峰并没有表现出与别的孩子有什么不同，很安静，不哭不闹，让老师觉得很省心。时间一长，我发现情况有点不对劲：户外活动时间到了，孩子们都去操场上拍球，只有峰峰安安静静地坐在教室里的小椅子上；在教育活动中，峰峰安静地坐着，不说话，也不动；在游戏时，峰峰一个人玩，有时别的小朋友抢他的积木，他也不懂得反抗。

经询问峰峰奶奶，我才知道峰峰出现这些问题主要有两个方面的原因：一是

① 高秋月. 让他的笑容像花儿一样绽放[J]. 儿童与健康，2022（3）：8-9. 有删减。

家庭方面，峰峰三岁时爸爸不幸溺水身亡，后来妈妈抛下他远走他乡，从此杳无音信，峰峰由爷爷、奶奶照看，家庭经济情况极其困难，爷爷、奶奶忙于维持家庭生活，根本顾不上与孩子沟通交流；二是幼儿园方面，峰峰刚入园时不哭不闹，老师忽略了对他的关心和照顾。

找到原因后，我们采取了相应的措施：一是通过老师的关爱补偿亲情的缺失。每天早晨，我都会从奶奶手中把峰峰接过来，抱抱他、亲亲他，然后牵着他的手去拿玩具，在集体面前引导他多表达、多表现，以增强他的自信心，如请他做值日生，加餐时让他帮忙拿饼干、拿碟子……二是满足同伴交往的需求，有意将他的座位安排在语言表达能力强的孩子旁边；三是在家庭教育方面，给予峰峰爷爷、奶奶教育支持。

经过一年多的努力，峰峰取得了很大进步：现在他的小脸上常常挂着笑容，与老师和小朋友的话多了起来，声音也响亮了起来。在"六一儿童节"表演活动中，峰峰勇敢地上台表演节目，大家都为他的进步感到高兴……

幼儿的健康不仅包括身体健康，还包括心理健康。家长和教师应密切关注幼儿心理健康状况，一旦发现问题及时干预，必要时寻求专业人员的支持，呵护幼儿身心健康成长。

三、幼儿安全发展目标及实现

幼儿安全发展主要涉及伤害与暴力、出行安全、食品安全、用品安全和网络安全。

（一）主要目标

（1）减少儿童跌倒、跌落、烧烫伤和中毒等伤害所致死亡和残疾。儿童伤害死亡率以 2020 年数据为基数下降 20%。排查消除溺水隐患，儿童溺水死亡率持续下降。

（2）预防和制止针对儿童一切形式的暴力，儿童遭受意外和暴力伤害的监测报告系统进一步完善。

（3）推广使用儿童安全座椅、安全头盔，儿童出行安全得到有效保障。

（4）儿童食品安全得到有效保障。儿童用品质量安全水平提升。

（5）预防和干预儿童沉迷网络，有效治理不良信息、泄露隐私等问题。

（二）实现途径

（1）创建儿童安全环境。树立儿童伤害可防、可控意识，通过宣传教育和改善环境等策略，创建安全环境，提升儿童及其看护人的安全意识和技能，落实教育机构安全管理主体责任，开展多样化的安全教育活动。

（2）建立健全儿童伤害防控工作体系。加强立法和执法，构建多部门合作机制，制订和实施伤害防控行动计划，重点关注特殊儿童群体的保护。

（3）预防和控制儿童溺水。加强儿童看护和水体的防护隔离和安全巡查，消除溺水隐患，普及游泳及水上安全技能教育。

（4）预防和控制儿童道路交通伤害。完善交通安全法规，提高儿童交通安全意识，推广安全用品使用，确保校园周边道路安全。

（5）预防和控制儿童跌倒、跌落、烧烫伤、中毒等伤害。减少环境危险，教育儿童远离危险源，推广使用安全产品，避免中毒，预防婴幼儿窒息。

（6）加强儿童食品安全监管。完善食品安全标准和监管体系，确保儿童用餐安全，严处食品安全违法行为。

（7）预防和减少产品引发的儿童伤害。加强产品质量监管，完善标准和警示系统，鼓励行业自律，保护儿童免受不安全产品的伤害。

（8）预防和控制针对儿童的暴力伤害。提升公众的法治意识和儿童保护意识，建立防控针对儿童暴力伤害的部门合作工作机制，依法惩处暴力行为。

（9）加强未成年人网络保护。落实保护责任，提供安全的网络环境，加强监管，保护儿童网络权益，防治网络沉迷和信息泄露。

（10）提高对儿童遭受意外和暴力伤害的救援、医疗救治、康复服务水平。普及紧急救援知识，完善救援设施，提升救治和康复服务效率。

（11）完善监测机制。建立全面的儿童伤害监测体系，实现数据共享、分析评估和利用工作机制。

四、幼儿教育发展的目标及实现途径

我国提出的幼儿教育发展目标涉及学前教育普及普惠、管理体制、保教质量、弱势幼儿受教育权、协同育儿等方面，具体内容如下：

（一）主要目标

（1）全面落实立德树人根本任务，培养德智体美劳全面发展的社会主义建设者和接班人。

（2）适龄儿童普遍接受有质量的学前教育，提高学前教育毛入园率、普惠性幼儿园覆盖率。

（3）完善学前教育管理体制、办园体制和政策保障体系。

（4）提升幼儿园保教质量。

（5）孤儿、事实无人抚养儿童、残疾儿童、农业转移人口随迁子女、留守儿童、困境儿童等特殊群体的受教育权利得到根本保障。

（6）进一步完善家、园、社协同育人机制。

（二）实现途径

（1）全面贯彻党的教育方针。坚持社会主义办学方向，健全立德树人根本任务落实机制，实施素质教育，完善德智体美劳全面培养的教育体系。

（2）提高学前教育普及普惠水平。实施学前教育发展提升行动计划，重点补齐普惠性资源短板，严格落实城镇小区配套幼儿园政策，鼓励国有企事业单位、街道、村集体举办公办幼儿园，规范发展民办园，基本实现学前教育公共服务体系全覆盖。

（3）健全经费投入长效机制。优化经费投入结构，健全普惠性学前教育成本分担机制，建立公办幼儿园收费标准动态调整机制，加强非营利性民办园收费监管，遏制过度逐利行为。完善学前教育资助制度。

（4）注重科学保教，建立健全幼儿园保教质量监测体系，坚决克服和纠正“小学化”倾向，全面提升保教质量。

（5）加强幼儿园教师队伍建设，保障幼儿园教师配备和工资待遇，提高教师队伍质量。

（6）坚持学校教育与家庭教育、社会教育相结合。加强家园、家校协作，推动教师家访制度化、常态化。发挥共青团、少先队、妇联、科协、关工委等组织的育人作用，形成学校、家庭、社会协同育人合力。

五、幼儿福利发展的目标及实现途径

对“幼儿福利”的理解依赖“儿童福利”概念，两者只是涵盖的年龄范围不同，后者包含前者。广义的儿童福利指政府和社会为了儿童的健康成长而提供的各种社会服务和举办的各种社会事业，面向所有家庭和儿童[①]，主要包括儿童健康服务、儿童照料和学前教育、儿童文化娱乐设施、儿童社会优惠和专项服务。狭义的儿童福利指政府和社会向特殊儿童提供的特殊保护和服务，包括对孤儿、弃儿的收养制度，儿童家庭补助，残疾儿童的特殊教育等。[②]狭义儿童福利的重点是对弱势儿童的照顾。[③]幼儿福利同样具有广义和狭义之分，本部分取狭义的“幼儿福利”概念。

---

① 钟仁耀. 社会救助与社会福利[M]. 上海：上海财经大学出版社，2018：258.

② 关信平. 社会政策概论[M]. 北京：高等教育出版社，2004：386.

③ 李春根. 社会保障理论与政策[M]. 上海：复旦大学出版社，2018：117.

（一）主要目标

我国确定的儿童福利发展目标如下：

（1）提升儿童福利水平，基本建成与经济社会发展水平相适应的适度普惠型儿童福利制度体系。

（2）面向儿童的基本公共服务均等化水平明显提高。

（3）巩固提高基本医疗保障水平，保障儿童基本医疗权益。

（4）构建连续完整的儿童营养改善项目支持体系。

（5）加快建设普惠托育服务体系，持续增加托育机构和托位数量。

（6）孤儿、事实无人抚养儿童、残疾儿童、流浪儿童生存、发展和安全权益得到有效保障。

（7）留守儿童关爱服务体系不断完善，流动儿童服务机制更加健全。

（8）城乡社区儿童之家覆盖率进一步巩固提高，服务能力持续提升。

（9）有效运行监测防护、强制报告、应急处置、评估帮扶、监护干预“五位一体”的基层儿童保护机制。县级以上人民政府开通并有效运行全国统一的儿童保护热线。

（10）基层儿童福利工作阵地和队伍建设进一步加强。

（11）为儿童服务的社会组织和儿童社会工作专业队伍明显壮大。

（二）实现途径

我国为增进儿童福利采取了多管齐下的策略，具体如下：

（1）完善儿童福利保障和救助制度体系。积极推进儿童福利立法。逐步建成适度普惠型儿童福利制度体系，完善儿童福利政策，合理提高儿童福利标准。加大困境儿童保障力度，完善分类保障政策，提升儿童生活质量。

（2）提高面向儿童的公共服务供给水平。提高基本公共服务均等化和可及性水平，完善面向儿童的基本公共服务标准体系，将儿童教育、医疗卫生、福利保障事项优先纳入基本公共服务清单。扩大公共服务覆盖面，全面落实儿童乘坐公共交通工具和游览参观票价优惠政策。

（3）做好儿童医疗保障工作。强化基本医疗保险、大病保险、医疗救助三重保障功能，巩固提高儿童参加城乡居民基本医疗保险覆盖率。实施家庭经济困难患儿医疗救助。统筹调动商业保险机构、慈善医疗救助力量，合力降低患儿家庭医疗费用负担。

（4）推进实施儿童营养改善项目。巩固脱贫地区儿童营养改善项目实施成果。加强 3—5 岁学龄前儿童营养改善工作，构建从婴儿期到学龄期连续完整的儿童营养改善项目支持体系。

（5）发展普惠托育服务体系。扩大托育服务供给，发展多种形式的普惠托育服务，提高从业人员道德素养和专业水平，加强综合监管，推动托育服务规范健康发展。

（6）加强孤儿和事实无人抚养儿童保障，加强流浪儿童救助保护工作。

（7）落实残疾儿童康复救助制度，加强留守儿童关爱保护，完善流动儿童服务机制。

（8）提高儿童之家建设、管理和服务水平。

（9）建立健全基层儿童保护机制。完善县（市、区、旗）、乡镇（街道）、村（社区）三级儿童保护机制。提升未成年人救助保护机构、儿童福利机构和基层儿童工作队伍服务能力。

（10）支持引导社会力量参与儿童保护和服务工作。

此外，我国还从家庭、环境、法律保护的角度提出了中长期发展目标及其实现途径，在此不展开论述。

第五节　特殊幼儿权利保护

特殊儿童，其概念有广义和狭义之分。广义的特殊儿童包括残疾儿童、问题儿童以及超常儿童，狭义的特殊儿童主要指残疾儿童。[1]受经济、社会及特殊教育发展水平的限制，特殊教育的对象主要指残疾儿童与青少年。根据《中华人民共和国残疾人保障法》第二条第一、第二款规定：“残疾人是指在心理、生理、人体结构上，某种组织、功能丧失或者不正常，全部或者部分丧失以正常方式从事某种活动能力的人。残疾人包括视力残疾、听力残疾、言语残疾、肢体残疾、智力残疾、精神残疾、多重残疾和其他残疾的人。”本节使用的概念“特殊幼儿”，还指偏离常态的、有特殊需要的幼儿。有特殊需要的幼儿不等于问题幼儿；幼儿的特殊需要可能是一时的，也可能是持久性的；可能来自幼儿个人，也可能来自幼儿所在家庭和社区；幼儿个体的特殊需要可能由肢体残疾所致，也可能由心智和社会性发展问题所致。

《中华人民共和国残疾人保障法》

特殊幼儿与其他幼儿一样，享有平等的生存权、发展权、受保护权、参与权、受教育权。这些权利在《中华人民共和国残疾人保障法》《关于开展残疾儿童少年随班就读工作的试行办法》《中国儿童发

① 朱楠. 特殊儿童发展与学习[M]. 武汉：武汉大学出版社，2016：3.

展纲要（2021—2030年）》等政策法规文件中得到明确，并在《中华人民共和国学前教育法》中进一步得到强化。

一、康复救助服务

康复救助服务是由社区、康复机构、残疾人家庭提供给残疾人的，以帮助其恢复和补偿功能、增强其参与社会生活能力的服务。特殊幼儿享有康复救助服务的权利。社区、儿童福利机构、康复机构应扩大特殊儿童康复救助服务覆盖范围，更新康复救助服务设施设备，加强人员配备，提高康复救助服务质量，创造特殊儿童友好的社会环境。

特殊儿童优先享有康复服务。《中华人民共和国残疾人保障法》第十六条规定，“优先开展残疾儿童抢救性治疗和康复”。2018年，国务院《关于建立残疾儿童康复救助制度的意见》提出，建立残疾儿童康复救助制度，对符合条件的0—6岁残疾儿童和孤独症儿童进行救助，包括城乡最低生活保障家庭、建档立卡贫困户家庭的残疾儿童和儿童福利机构收留抚养的残疾儿童；残疾孤儿、纳入特困人员供养范围的残疾儿童；其他经济困难家庭的残疾儿童。《残疾人社区康复工作标准》指出，残联组织应开展残疾儿童康复救助服务，确保县（市、区、旗）建有残疾儿童康复服务机构。《中国儿童发展纲要（2021—2030年）》提出规范儿童康复机构管理、提高残疾儿童康复服务的覆盖范围和质量。《关于进一步推进儿童福利机构优化提质和创新转型高质量发展的意见》指出，儿童福利机构应加强与其他机构的合作，提高康复服务水平，做好残疾儿童康复服务工作。

《关于建立残疾儿童康复救助制度的意见》

《残疾人社区康复工作标准》

二、特殊幼儿随班就读

随班就读，是在普通教育机构中对特殊学生实施教育的一种形式，特殊儿童与同龄普通儿童一起学习和活动，教师根据学生的特殊教育需要给予特别教学和辅导。我国随班就读始于20世纪80年代，经过几十年的发展，随班就读现在已经成为我国特殊教育的重要办学形式。

残疾儿童与普通儿童具有平等的受教育权，开展残疾儿童随班就读，是发展和普及我国残疾儿童教育的一种重要办学形式，是对残疾儿童进行教育的行之有效的途径。《中华人民共和国未成年人保护法》第八十六条规定，“各级人民政府应当保障具有接受普通教育能力、能适应校园生活的残疾未成年人就近在普通学校、幼儿园接受教育”。

《关于进一步推进儿童福利机构优化提质和创新转型高质量发展的意见》

《中华人民共和国残疾人保障法》第二十五条第一款规定，“普通教育机构对具有接受普通教育能力的残疾人实施教育，并为其学习提供便利和帮助”。《中华人民共和国残疾人教育条例》第二条规定，“国家保障残疾人享有平等接受教育的权利，禁止任何基于残疾的教育歧视”；第三条第一款规定，“残疾人教育是国家教育事业的组成部分”，残疾人教育应积极推进融合教育。

《中华人民共和国残疾人教育条例》

特殊幼儿有接受学前教育的权利，对于特殊幼儿的教育应优先采用普通教育的方式，将对特殊幼儿的教育最大程度地融入普通学前教育。《中华人民共和国残疾人保障法》第二十五条第二款规定，“普通幼儿教育机构应当接收能适应其生活的残疾幼儿”。《中华人民共和国残疾人教育条例》第七条规定，“学前教育机构、各级各类学校及其他教育机构应当依照本条例以及国家有关法律、法规的规定，实施残疾人教育；对符合法律、法规规定条件的残疾人申请入学，不得拒绝招收”；第三十一条第二款规定，“县级人民政府及其教育行政部门、民政部门等有关部门应当支持普通幼儿园创造条件招收残疾幼儿”。《中国儿童发展纲要（2021—2030 年）》规定：“坚持以普通学校随班就读为主体”“全面推进融合教育”“大力发展残疾儿童学前教育”。《未成年人学校保护规定》第十一条规定，“对身心有障碍的学生，应当提供合理便利，实施融合教育，给予特别支持”。

幼儿期是人生发展的初期，幼儿发展具有未定型性和幼稚性，因此，问题幼儿一般具有很大的可塑性，幼儿的问题行为更容易矫正。让特殊幼儿接受融合教育，让其在正常幼儿班级就读，回归主流，不仅有利于特殊幼儿的康复与发展，也有利于一般幼儿从心理上接纳人与人之间的差异，形成包容与理解的待人态度。教育部《关于加强残疾儿童少年义务教育阶段随班就读工作的指导意见》规范了残疾儿童随班就读的原则、支持措施和实施路径，为融合教育的实践奠定了政策基础。《中华人民共和国学前教育法》进一步明确县级以上地方人民政府有推进融合教育的责任，要求普惠性幼儿园应当接收能够适应幼儿园生活的残疾儿童，并为其提供必要的帮助和便利。同时，统筹实施多种形式的学前特殊教育、配备康复设施和专业人员、落实特殊教育津贴、提高财政拨款标准等措施，有助于全面支持融合教育的发展，保障残疾儿童平等接受学前教育的权利。

《未成年人学校保护规定》

随着法律和政策的不断完善，我国逐步构建了以康复救助和融合教育为核心的特殊幼儿教育支持体系，为残疾儿童在包容性环境中健康成长和全面发展提供了有力保障。

（一）随班就读特殊幼儿的评估与认定

随班就读对象是具有接受普通教育能力的各类适龄残疾儿童少年。每年 4 月底前，由县级教育行政部门会同残疾人联合会、街道（乡镇）组织开展适龄残疾幼儿入园需求的摸底排查，全面摸清名单。5 月底前，县级教育行政部门委托县级残疾人教育专家委员会，依据有关标准对残疾幼儿进行全面规范评估，对是否适宜随班就读提出评估意见，县级教育行政部门应根据评估意见建立残疾幼儿随班就读工作台账。

《关于加强残疾儿童少年义务教育阶段随班就读工作的指导意见》

（二）特殊幼儿的入园与编班

我国对特殊儿童，包括幼儿入园与编班做出了明确的规定。具体如下：

1. 就近就便集中入学

优先保障残疾幼儿入园，就近就便集中入学。教育部《关于加强残疾儿童少年义务教育阶段随班就读工作的指导意见》指出，“同等条件下在招生片区内就近就便优先安排残疾儿童少年入学”“为更好保障随班就读质量，可以选择同一学区内较优质、条件更加完善的普通学校作为定点学校，相对集中接收残疾儿童少年入学”。有特殊需要的儿童采用就近或集中入园的方式，既方便了家长，又保证了儿童的安全。

2. 年龄放宽

《中华人民共和国残疾人教育条例》第十四条规定：“残疾儿童、少年接受义务教育的入学年龄和年限，应当与当地儿童、少年接受义务教育的入学年龄和年限相同；必要时，其入学年龄和在校年龄可以适当提高。”

3. 控制比例

《关于开展残疾儿童少年随班就读工作的试行办法》规定：“在普通学校随班就读的残疾儿童少年每班以 1 ～ 2 人为宜，最多不超过 3 人。”控制随班就读特殊儿童的比例能够保证特殊儿童受教育的质量，同时也能够保证班级的正常活动。

《关于开展残疾儿童少年随班就读工作的试行办法》

（三）特殊幼儿班级的教职工配备及专业要求

招收特殊幼儿的班级应视情况增加保教人员、配备特殊教育教师或专业康复人员，同时幼儿园要注重教师的特殊教育素养，保持教师队伍相对稳定。《幼儿园教职工配备标准（暂行）》提出：“招收特殊需要儿童的幼儿园应根据特殊需要儿童的数量、类型及残疾程度，配备相应的特殊教育教师，并增加保教人员的配备数量。”《中华人民共和国残疾人教育条例》第三十二条第二款规定，招收残疾幼儿的学前教育机构应当根据自身条件配备必要的专业康复人员。特殊教育教师的配备，可以由幼儿园自主解决，也可以由区、县教育部门统一安排。特殊教育教师可以定点、定时服务，也可送教入园、送教入家和送教入社区。特殊幼儿随班就读所在班级，可以适当减少幼儿人数，如在国家规定的班级规模的基础上减少 3 人，也可以给班上多配备幼儿保教人员。

残疾幼儿随班就读班级的教师应富有仁爱之心和特殊教育素养。为保障随班就读幼儿接受教育的质量，《幼儿园教师专业标准（试行）》特别提出幼儿园教师应具备一定的特殊教育知识与能力，要“了解关于幼儿生存、发展和保护的有关法律法规及政策规定”“了解幼儿发展中容易出现的问题与适宜的对策；了解有特殊需要幼儿的身心发展特点及教育策略与方法”。教育部《关于加强残疾儿童少年义务教育阶段随班就读工作的指导意见》指出，残疾幼儿随班就读班级的教师应具有一定特殊教育素养、更加富有仁爱之心和责任心，特殊教育资源教师和巡回指导教师应具有特殊教育专业背景或通过特殊教育专业培训、具有较丰富的特殊教育教学和康复训练经验。《关于开展残疾儿童少年随班就读工作的试行办法》也规定：“随班就读班级的任课教师，应当遴选热爱残疾学生，思想好、业务水平较高的教师担任。他们应当具备特殊教育基础知识和基本技能，了解随班就读班级教育教学的基本原则和方法。”

（四）特殊幼儿教育师资的培养培训

特殊幼儿教育教师的培养分为职前培养和在职培训两类。《中华人民共和国残疾人保障法》第二十八条规定，“国家有计划地举办各级各类特殊教育师范院校、专业，在普通师范院校附设特殊教育班，培养、培训特殊教育师资。普通师范院校开设特殊教育课程或者讲授有关内容，使普通教师掌握必要的特殊教育知识”。

特殊教育师资的职前培养包括特殊教育师范院校和专业的专门培养、普通师范院校和师范专业对学生特殊教育融合教育素质与能力的培养。按照《中华人民共和国残疾人教育条例》的规定，我国特殊教育师资的职前培养主要通过以下两个途径进行：一是国家教育行政部门以及地方人民政府举办特殊教育师范院校和专业，培养特殊教育专业教师；二是各普通师范院校和综合性院校开设特殊教育必修或选修课程，使更多学生掌握特殊教育的基本知识与技能，以适应和满足随班就读儿童的特殊教育需求。《学前教育专业师范生教师职业能力标准（试行）》对学前教育专业师范生的融合教育能力提出要求，学前教育师范生应“认识融合教育的意义和作用，了解有特殊需要幼儿的身心发展特点及教育策略，掌握随班就读的基本知识及相关政策，基本具备指导随班就读的教育教学能力”。

《学前教育专业师范生教师职业能力标准（试行）》

特殊教育师资的在职培训主要由高校以及有关专业培训机构承担。《中华人民共和国残疾人教育条例》第四十五条规定，“县级以上地方人民政府教育行政部门应当将特殊教育教师的培训纳入教师培训计划，以多种形式组织在职特殊教育教师进修提高专业水平；在普通教师培训中增加一定比例的特殊教育内容和相关知识，提高普通教师的特殊教育能力”。

（五）特殊幼儿的保育与教育

学前教育机构应坚持保育、教育与康复相结合的原则，提高保育与教育质量，根据特殊幼儿的特性实施针对性的活动，为特殊幼儿家长提供教育指导与咨询服务。

教师在对随班就读特殊幼儿进行保育与教育时应充分考虑其身心发展特性，为其提供个性化保育与教育。根据教育部《关于加强残疾儿童少年义务教育阶段随班就读工作的指导意见》的指导精神，幼儿园要充分尊重和遵循残疾幼儿的身心特点和发展规律，不断提高对随班就读残疾幼儿教育与保育的适宜性和有效性；有条件的幼儿园增设特教活动，并为残疾幼儿提供适宜的玩教具；根据残疾幼儿的特性落实“一人一案”，培养生活劳动能力；完善残疾幼儿评价制度，突出对其社会适应能力、心理生理矫正补偿和劳动技能等方面的综合评价，实施个别化评价；创设残疾幼儿与普通幼儿相互融合的文化环境。《幼儿园工作规程》第二十三条第二款规定，“幼儿园在开展体育活动时，应当对体弱或有残疾的幼儿予以特殊照顾”。《幼儿园教育指导纲要（试行）》“组织与实施”部分明确提出：“幼儿园的教育是为所有在园幼儿的健康成长服务的，要为每一个儿童，包括有特殊需要的儿童提供积极的支持和帮助。”具体而言，特殊幼儿随班就读班级的教师应做到：关心和热爱特殊幼儿，平等对待每一个幼儿；及时满足特殊幼儿的正当合理的需要；让全班形成友爱互助的班级氛围，善待特殊幼儿；利用日常生活观察和客观评价幼儿；给幼儿提供力所能及的个别指导；保护特殊幼儿的自尊心和自信心；给予特殊幼儿家庭情感支持和教育指导等。

还应充分发挥教研在提高保教质量和促进教师专业发展中的作用。《关于加强残疾儿童少年义务教育阶段随班就读工作的指导意见》指出，各级教研部门要定期组织随班就读教师开展专题教研活动，通过公开课或优质课评选、优秀成果培育推广、专题讲座等多种方式，有效支持随班就读教师专业发展，不断提高随班就读教师工作水平。

残疾幼儿的教育应当与保育、康复相结合。《中华人民共和国残疾人教育条例》第三十二条规定：“招收残疾幼儿的学前教育机构应当根据自身条件配备必要的康复设施、设备和专业康复人员，或者与其他具有康复设施、设备和专业康复人员的特殊教育机构、康复机构合作对残疾幼儿实施康复训练。”第三十三条第二款规定：“卫生保健机构、残疾幼儿的学前教育机构、残疾儿童康复机构应当就残疾幼儿的早期发现、早期康复和早期教育为残疾幼儿家庭提供咨询、指导。”

（六）特殊幼儿随班就读资源支持

《中华人民共和国学前教育法》第五十四条规定：“招收残疾儿童的幼儿园应当配备必要的康复设施、设备和专业康复人员，或者与其他具有康复设施、设备和专业康复人员的特殊教育机构、康复机构合作，根据残疾儿童的实际情况开展保育教育。”同时，该法要求省级人民政府在制定并落实公办幼儿园生均财政拨款标准或者生均公用经费标准，以及普惠性民办幼儿园生均财政补助标准时，应适当提高残疾学前儿童的相关标准，以满足其保育教育和康复需求。

融合教育的实现不仅需要资金支持，还需要完善的资源保障体系，以确保残疾儿童在随班就读过程中获得专业化的服务和科学的指导。为进一步提升融合教育的资源保障和服务能力，各省份应根据残疾幼儿的入园情况，在区域内合理选择若干幼儿园设立特殊教育资源教室，接收 5 名以上残疾幼儿随班就读的幼儿园应当设立专门的资源教室，并配备必要的教育教学、康复训练设施设备以及教师和专业人员。

为确保资源支持的有效性，还需提升资源教室的使用效率，确保其真正用于为残疾幼儿提供专业服务。同时，特殊教育资源中心应合理配置巡回指导教师，加强对承担随班就读工作的幼儿园的指导、教师培训和质量评价。与此同时，要大力宣传普及特殊教育知识和方法，为幼儿园和家长提供科学指导和专业咨询服务，进一步保障残疾幼儿在随班就读中的康复与全面发展。

（七）特殊幼儿学前教育资助

《关于建立学前教育资助制度的意见》

为保障特殊幼儿顺利接受学前教育，我国建立并完善学前教育资助制度，落实学前教育资助政策，对特殊幼儿予以资助。

2010 年，国务院《关于当前发展学前教育的若干意见》规定：“建立学前教育资助制度，资助家庭经济困难儿童、孤儿和残疾儿童接受普惠性学前教育。”

财政部、教育部《关于建立学前教育资助制度的意见》对学前教育资助的对象、方式、资金来源等进行了详细规定，资助对象为就读于经县级以上教育行政部门审批设立的普惠性幼儿园的家庭经济困难儿童、孤儿和残疾儿童；资助方式和标准由省级政府确定；资金来源为中央财政、地方政府资助、幼儿园事业收入、社会及个人捐资。

国务院《关于学前教育深化改革规范发展的若干意见》提出：“完善学前教育资助制度。各地要认真落实幼儿资助政策，确保接受普惠性学前教育的家庭经济困难儿童（含建档立卡家庭儿童、低保家庭儿童、特困救助供养儿童等）、孤儿和残疾儿童得到资助。”

案例　共情 共商 共关爱：孤独症儿童家园共育①

敏敏刚入园时，老师们发现他经常一个人待着，有时还会大哭、尖叫，甚至

① 高慧. 共情 共商 共关爱：孤独症儿童家园沟通个案研究[J]. 儿童与健康，2022（6）：70−71. 有删减。

做出比较极端的行为，于是我们请本园康复中心的老师对他进行观察。经观察评估，我们得知敏敏是一名孤独症儿童，存在语言发展迟缓、不愿与人交往和行为固执等问题。因此我们和敏敏妈妈进行了深入沟通——因敏敏父母在外务工，一年回家一次，敏敏从小由爷爷、奶奶照顾，父母不知道也不愿承认敏敏是孤独症儿童，更不愿带他去医院诊断、治疗。

我们对敏敏在园的具体情况进行观察和分析，同时通过照片、视频等方式记录敏敏的典型行为表现，并形成档案。经过充分调查和分析后，我们对敏敏妈妈进行了心理疏导和家庭教养指导，邀请敏敏妈妈加入社区孤独症儿童家长互助QQ群。幼儿园康复中心老师为敏敏制定行为培养方案进行干预，我们按照康复中心老师的指导一起解读敏敏的行为表现并给予积极回应，有意多为敏敏创造学习机会，鼓励其他幼儿与敏敏一起游戏。通过一学年的努力，敏敏在康复过程中各方面能力都有了一定程度的提升与发展。幼儿家长从前期的不配合到后期的共同合作，使得家庭与幼儿园的联系更为密切，真正实现了家园携手共同培养特殊孩子的目标——促使其积极融入社会生活，进而健康快乐地成长。

特殊幼儿随班就读对幼儿园师资配备、幼儿园教师专业素养、教育资源支持等提出了更高要求。招收特殊幼儿的幼儿园应配备专业康复人员或特殊教育教师，视招收特殊幼儿数量设立专门的资源教室，配备必要的教育教学、康复训练设施设备。在学前教育专业师范生的培养中学校要注重融合教育能力的形成。另外，在幼儿园保教实践中，幼儿园教师应关心和热爱特殊幼儿，平等对待每一个幼儿，根据特殊幼儿的特性落实“一人一案”，给予特殊幼儿家庭情感支持和教育指导，促进特殊幼儿健康成长与发展。

政策聚焦

本章应重点研读以下政策法规（表2–6–1）。

表2–6–1　本章重点研读的政策法规一览表

政策法规	颁布时间	颁布机构
《儿童权利公约》	1989年	联合国1989年颁布；1991年第七届全国人大常委会第23次会议批准了《儿童权利公约》，从此《儿童权利公约》成为中国认可的国际公约
《中华人民共和国未成年人保护法》	1991年颁布，2024年第三次修订	全国人大常委会

续表

政策法规	颁布时间	颁布机构
《中华人民共和国残疾人保障法》	1990 年颁布，2008 年修订，2018 年修正	全国人大常委会
《中华人民共和国学前教育法》	2024 年	全国人大常委会
《中华人民共和国网络安全法》	2017 年	全国人大常委会
《未成年人网络保护条例》	2024 年	国务院
《中国儿童发展纲要（2021—2030 年）》	2021 年	国务院
《中华人民共和国残疾人教育条例》	1994 年颁布，2017 年修订	国务院
《关于进一步推进儿童福利机构优化提质和创新转型高质量发展的意见》	2021 年	民政部、中央编办等 14 部门
《关于加强残疾儿童少年义务教育阶段随班就读工作的指导意见》	2020 年	教育部
《特殊教育补助资金管理办法》	2019 年颁布，2021 年修订	财政部、教育部
《关于建立学前教育资助制度的意见》	2011 年	财政部、教育部
《儿童个人信息网络保护规定》	2019 年	国家互联网信息办公室

思考与练习

（一）单选题

1.《中华人民共和国未成年人保护法》第五十六条规定：“公共场所发生突发事件时，应当优先救护未成年人。”这体现了儿童权利保护的（　　）。

A. 尊重儿童原则　　B. 平等无歧视原则

C. 儿童优先原则　　D. 教育和保护相结合原则

2.《中华人民共和国未成年人保护法》第四十九条规定：“新闻媒体采访报道涉及幼儿事件时不得侵犯幼儿的名誉、隐私和其他合法权益。”这体现了保护儿童的（　　）。

A. 发展权　　B. 受保护权

C. 参与权　　D. 受教育权

3. 在高等学校学前教育专业增加特殊教育专业课程，是为了提高师范生的（　　）。

A. 师德践行能力　　　　B. 综合育人能力

C. 自主发展能力　　　　D. 融合教育能力

4. 以下不属于幼儿社会保护主体的是（　　）。

A. 人民团体　　　　B. 企业事业单位

C. 社会组织　　　　D. 民政部门

（二）简答题

1. 幼儿的权利有哪些？
2. 幼儿权利保护的一般原则是什么？
3. 幼儿权利保护的主体在幼儿权利保护中承担哪些责任？

（三）论述题

1. 简要论述幼儿权利保护的目标及实现路径。
2. 简要论述如何保障特殊幼儿的受教育权。

（四）案例分析题

情系儿童　爱不缺席[①]

张琴担任兰州新区中川镇五墩村妇联主席兼五墩村儿童主任。周六上午8:30，张琴便骑着电动车，拿着兰州新区“两类儿童”（困境儿童和留守儿童）信息核查随访表开始了一天的家庭走访。看到张琴，小兆便热情地邀请她来家里。小兆是一名3岁幼儿，母亲是聋哑人，祖母身体一级残疾，主要由祖父照顾。张琴曾帮着他们一家申请了低保，还为小兆申请了事实无人抚养儿童专项补贴，向老人分享育儿方法与技巧。中午11:00，张琴来到了小琛家，小琛正在和母亲一起做饭。小琛父亲去世了，母亲患有严重的关节炎，家里有4个孩子，爷爷、奶奶都已经70多岁了，两位老人都患有慢性病。张琴曾帮助小琛一家申请了低保，还为小琛母亲申请了500元的单亲母亲慰问金。张琴邀请小琛参加了社工服务活动，小琛的作业有人能帮着辅导，性格也开朗了许多。下午2:00，张琴又到几户留守儿童家里进行了探访，4:00她回到村委会办公室整理并总结一天的工作内容。儿童主任一天的工作琐碎又温情，他们是儿童最直接、最贴心、最可以依靠的力量。

结合有关幼儿权利基本内容、幼儿权利保护主体的相关知识，回答以下两个问题：

① 郑利红. 情系儿童 爱不缺席[J]. 社会福利，2021（9）：56–57. 有删减。

1. 分析以上活动保护了幼儿的哪些权利。
2. 以上活动涉及哪些幼儿权利保护的主体?

第二章答案

第一节　幼儿园教师资格、专业素质与职务
第二节　幼儿园教师职业道德
第三节　幼儿园教师权利与义务
第四节　幼儿园教师教育

第三章 幼儿园教师

3

本章要点

1. 幼儿园教师资格、专业素质与职务的相关法规
2. 幼儿园教师职业道德要求
3. 幼儿园教师的权利与义务
4. 幼儿园教师培养培训的相关法规

案例导入

优秀幼儿园教师更具职业热情①

有研究者对江苏省6个市区213名优秀幼儿园教师进行了关于优秀教师群体特征的调查。调查对象包括特级教师、省级优秀教师、市（县）级优秀教师、学科带头人、教坛新秀、教学能手等。研究发现，优秀幼儿园教师具备较高的职业认同度、丰富的专业知识和能力、高尚的职业道德、积极的个性特征和良好的行为习惯。值得注意的是，在这些因素中，职业认同是优秀幼儿园教师特质中最显著的一项。幼儿园教师的职业认同表现为"从事幼儿园教师的工作能够实现自己的人生价值、热爱幼儿教育工作、渴望成为优秀教师、追求高质量的教学、和孩子在一起感觉很开心"。具有高度的职业认同感是优秀幼儿园教师最重要的特征之一，要成为优秀幼儿园教师，首先要发自内心地接纳、喜爱这一职业。

职业认同是优秀幼儿园教师共同具备的最重要的特征之一。这足以表明职业认同对幼儿园教师专业成长具有重要意义。那么，幼儿园教师应该如何增强自己的职业认同感呢？其中一个很重要的途径便是提高职业的社会声望。而提高幼儿园教师职业的社会声望有赖于幼儿园教师队伍专业化水平的提高。中国教育学会名誉会长顾明远曾指出："社会职业有一条铁的规律，即只有专业化，具有不可替代性，才有社会地位，才能受到社会的尊重。"② 作为幼儿园教师，应努力提升专业化水平，以推动幼儿园教师整体素质和幼儿园教师职业声望的提高。

高质量的教育取决于高质量的教师，一个国家和地区的教育水平，从根本上取决于教师队伍的整体素质。幼儿园教师是幼儿教育的主体，是幼儿教育的具体设计者和实施者。当前，我国幼儿教育事业快速发展，只有建设一支师德高尚、业务精良的幼儿园教师队伍，才能实现"幼有所育"的目标。从这个意义上讲，有关幼儿园教师的政策与法规尤为重要。

---

① 牛翠平. 优秀幼儿教师群体特征的调查研究：以江苏省为例[J]. 教育导刊，2013（4）：9-12.

② 朱旭东. 教师作为一个专业何以可能？：评顾明远教授的教师教育思想[J]. 教师教育研究，2008（5）：7-13.

第一节 幼儿园教师资格、专业素质与职务

教师是履行教育教学职责的专业人员。《幼儿园教师专业标准（试行）》指出，“幼儿园教师是履行幼儿园教育教学工作职责的专业人员，需要经过严格的培养与培训，具有良好的职业道德，掌握系统的专业知识和专业技能”。在一般情况下，在其他幼儿教育机构从事教育教学工作的人员也被视为幼儿园教师。据此，幼儿园教师即在幼儿园及其他幼儿教育机构履行教育教学工作职责的专业人员。《中华人民共和国学前教育法》第三十七条规定：“担任幼儿园教师应当取得幼儿园教师资格；已取得其他教师资格并经县级以上地方人民政府教育行政部门组织的学前教育专业培训合格的，可以在幼儿园任教。”

一、幼儿园教师资格

担任教师职务，必须具备相应的教师资格。教师资格制度是国家对教师实行的一种特定的职业许可制度，教师资格是国家对专门从事教育教学工作人员的最基本要求，也是公民获得教师岗位的法定前提条件。教师资格制度是保障教师质量的基本制度之一，是教师教育制度的重要组成部分，既能为教师队伍发展设立“门槛”，又能为教师培养提供目标指引。[①]1995年12月，国务院发布了《教师资格条例》，明确了教师资格的分类与适用、资格条件、资格认定、资格丧失等内容。

《教师资格条例》

（一）教师资格分类

我国《教师资格条例》第四条规定教师资格分为：（1）幼儿园教师资格；（2）小学教师资格；（3）初级中学教师和初级职业学校文化课、专业课教师资格；（4）高级中学教师资格；（5）中等专业学校、技工学校、职业高级中学文化课、专业课教师资格；（6）中等专业学校、技工学校、职业高级中学实习指导教师资格；（7）高等学校教师资格。成人教育的教师资格，按照成人教育的层次，依照上款规定确定类别。

（二）取得教师资格的条件

《中华人民共和国教师法》第十条“中国公民凡遵守宪法和法律，热爱教育事

---

① 袁丽，胡艺曦. 特殊教育教师资格制度建设：问题与应对[J]. 天津市教科院学报，2021（6）：33-38.

业，具有良好的思想品德，具备本法规定的学历或者经国家教师资格考试合格，有教育教学能力，经认定合格的，可以取得教师资格”。据此，要取得教师资格必须具备以下四个要件：

《中华人民共和国教师法》

（1）必须是中国公民。这是先决条件。

（2）必须具有良好的思想道德品质，包括热爱社会主义教育事业，具有良好的思想品德。这是取得教师资格的重要条件。

（3）必须具备规定的学历并取得国家幼儿园教师资格证书。我国各省（自治区、直辖市）举办的教师资格考试对考生学历的要求不尽相同，部分省（自治区、直辖市）要求“师范类毕业生应当具备幼儿师范学校毕业及其以上学历，非师范类毕业生应当具备大专毕业及其以上学历”。部分省（自治区、直辖市）要求考生“应具备大学专科及以上学历”。2024 年 8 月出台的中共中央、国务院《关于弘扬教育家精神加强新时代高素质专业化教师队伍建设的意见》明确指出“强化高层次教师培养，为幼儿园、小学重点培养本科及以上层次教师，中学教师培养逐步实现以研究生层次为主”。

（4）必须具有教育教学能力。教育教学是教师的本职工作。教育教学能力是教师完成教育教学任务的必备条件，主要包括语言表达能力，科学地选择、运用教育教学方法的能力，课堂管理能力，组织能力，提高教学水平的能力，等等。此外，教师的身体状况也应当符合有关规定。

（三）教师资格考试

《中华人民共和国教师法》第十一条规定：“不具备本法规定的教师资格学历的公民，申请获取教师资格，必须通过国家教师资格考试。国家教师资格考试制度由国务院规定。”

为加强幼儿园教师队伍建设，提高幼儿教育师资水平，近年来我国对幼儿园教师资格考试制度进行了改革。

《中小学教师资格考试暂行办法》

（1）幼儿园教师资格认定方式。2013 年 8 月，教育部印发《中小学教师资格考试暂行办法》。该文件要求实行国家教师资格考试，统一大纲，统一考试。此次试点改革，取消了以往幼儿园教师资格证随毕业证书一起发放的做法，试点工作启动以后入学的所有专科及以上学历的学生，一律需要参加国家的幼儿园教师资格考试。只有考试合格，身体、师德、任职或学习等符合相关文件要求，才能取得幼儿园教师资格证。之后，为响应深化教育领域“放管服”改革，2020 年 9 月教育部印发《教育类研究生和公费师范生免试认定中小学教师资格改革实施方案》，2022 年 1 月教育部发布《关于推进师范生免试认定中小学教师资格改革的通知》。根据改革要求高等学校应建立师范生教育教学能力考核制度，根据培养目标分类对师范生开展教育教学能力考核，考核合格的2022届及以后年份毕业生可凭教育教学能力考核结果，免国家中小学教师资格考试。

（2）国家统一进行资格证考试。由教育部制定教师专业标准、教师资格考试标准和教师资格考试大纲，并负责命题工作，统一考试时间，规范考试科目，全面考查教师资格申请人的身心素质和教育教学能力。教师资格考试包括笔试和面试。幼儿园教师资格考试笔试内容分为综合素质考试和保教知识与能力考试，各150分，实行计算机在线网上考试。面试内容包括说课、教学机智、综合艺术能力展示等。

《教育类研究生和公费师范生免试认定中小学教师资格改革实施方案》

（3）教师资格证实行五年有效期。在五年之内从事幼儿教育工作、具有360学时的培训记录且每年考核合格方能续签幼儿园教师资格证。

（4）实行资格证全国联网制度。幼儿园教师资格证全国通用，建立信息库进行网上管理。

（5）推进新任教师公开招聘制度改革。逐步形成“国标、省考、县聘、校用”的教师准入和管理制度。

《关于推进师范生免试认定中小学教师资格改革的通知》

（四）教师资格认定

我国公民符合思想政治素质要求，并具备《中华人民共和国教师法》规定的教师资格学历条件、通过国家教师资格考试，还必须经法定机构认定，才具备教师资格。对取得教师资格者，由教育行政部门或受委托的高等学校颁发国务院教育行政部门统一制作的相应的教师资格证书。

《中华人民共和国教师法》第十三条规定，中小学教师资格由县级以上地方人民政府教育行政部门认定。具备本法规定的学历或者经国家教师资格考试合格的公民，要求有关部门认定其教师资格的，有关部门应当依照本法规定的条件予以认定。

申请认定教师资格，一般需经过以下程序。

1. 申请

申请人应在每年春季或秋季规定的受理时间内向规定的教育行政部门或受委托的高校提出申请。申请幼儿园教师资格认定，需要提交以下材料：

（1）幼儿园教师资格认定申请表（申请表由国务院教育行政部门统一格式）；

（2）身份证明；

（3）学历证书或幼儿园教师资格考试合格证明；

（4）普通话水平测试二级乙等以上证书；

（5）教育行政部门指定的医院出具的体格检查证明；

（6）户籍所在地的街道办事处、乡人民政府或工作单位、所毕业的学校对其思想品德、有无犯罪记录等方面情况的鉴定及证明材料。

《教师资格条例》第十三条规定："幼儿园、小学和初级中学教师资格，由申请人户籍所在地或者申请人任教学校所在地的县级人民政府教育行政部门认定。高级中学教师资格，由申请人户籍所在地或者申请人任教学校所在地的县级人民政府教育行政部门审查后，报上一级教育行政部门认定。"

2. 受理

教育行政部门或受委托的高等学校在接到公民的教师资格认定申请后，应当对申请人的条件进行审查；对符合认定条件的，应当在受理期限终止之日起 30 日内颁发相应的教师资格证书；对不符合认定条件的，应当在受理期限终止之日起 30 日内将认定结论通知本人。

（五）教师资格的撤销与丧失

根据我国教育法律规定，教师资格证在全国范围内适用，但这并不意味已经取得教师资格证者不会丧失教师资格。

《中华人民共和国教师法》第十四条规定："受到剥夺政治权利或者故意犯罪受到有期徒刑以上刑事处罚的，不能取得教师资格；已经取得教师资格的，丧失教师资格。"《教师资格条例》第十九条规定："有下列情形之一的，由县级以上人民政府教育行政部门撤销其教师资格：（一）弄虚作假、骗取教师资格的；（二）品行不良、侮辱学生，影响恶劣的。被撤销教师资格的，自撤销之日起 5 年内不得重新申请认定教师资格，其教师资格证书由县级以上人民政府教育行政部门收缴。"

对于幼儿园教师，我国也先后出台了一系列法律法规，规定了幼儿园教师受处罚的情形及处理办法。例如，《幼儿园管理条例》第二十八条规定："（一）体罚或变相体罚幼儿的；（二）使用有毒、有害物质制作教具、玩具的；（三）克扣、挪用幼儿园经费的；（四）侵占、破坏幼儿园园舍、设备的；（五）干扰幼儿园正常工作秩序的；（六）在幼儿园周围设置有危险、有污染或者影响幼儿园采光的建设和设施的。前款所列情形，情节严重，构成犯罪的，由司法机关依法追究刑事责任。"《幼儿园工作规程》第四十五条第二款规定："对不履行职责的幼儿园教职工，应当视情节轻重，依法依规给予相应处分。"

二、幼儿园教师专业素质

《幼儿园教师专业标准（试行）》

为促进幼儿园教师专业发展，建设高素质专业化幼儿园教师队伍，2012 年 2 月，教育部颁布《幼儿园教师专业标准（试行）》。《幼儿园教师专业标准（试行）》指出，该标准是国家对合格幼儿园教师专业素质的基本要求，是幼儿园教师实施保教行为的基本规范，是引领幼儿园教师专业发展的基本准则，是幼儿园教师培养、准入、培训、考核等工作的重要依据。《幼儿园教师专业标准（试行）》提出了“师德为先、幼儿为本、能力为重、终身学习”四大基本理念，并从专业理念与师德、专业知识、专业能力三方面对幼儿园教师的专业素质做出了要求。

（一）专业理念与师德

专业理念是幼儿园教师在理解教育工作本质的基础上形成的关于教育的观念和理性认识。[①] 师德是教师道德的简称，指教师作为社会人应遵守的全部道德规范，或全部道德表现。师德不仅包括教师在工作场合下的职业道德要求与表现，还涉及教师在社会公共场所、家庭和个人私生活中的道德要求与表现。[②]

幼儿园教师应当贯彻国家教育方针，具有良好品德，热爱教育事业，尊重和爱护幼儿，努力学习专业知识和技能，提高文化和专业素养，为人师表，忠于职责，身心健康。《幼儿园教师专业标准（试行）》提出，幼儿园教师应“热爱学前教育事业，具有职业理想，践行社会主义核心价值体系，履行教师职业道德规范，依法执教，关爱幼儿，尊重幼儿人格，富有爱心、责任心、耐心和细心；为人师表，教书育人，自尊自律，做幼儿健康成长的启蒙者和引路人”。

具体而言，幼儿园教师专业理念与师德要求包括：贯彻党和国家教育方针政策，遵守教育法律法规；理解幼儿保教工作的意义，热爱幼儿教育事业，具有职业理想和敬业精神；认同幼儿园教师的专业性和独特性，注重自身专业发展；具有良好职业道德修养，为人师表；具有团队合作精神；关爱幼儿，重视幼儿身心健康，将保护幼儿生命安全放在首位；尊重幼儿人格，维护幼儿合法权益，平等对待每一个幼儿不讽刺、挖苦、歧视幼儿，不体罚或变相体罚幼儿；信任幼儿，尊重个体差异，主动了解和满足有益于幼儿身心发展的不同需求；重视生活对幼儿健康成长的重要价值，积极创造条件，让幼儿拥有快乐的幼儿园生活；注重保教结合，培育幼儿良好的意志品质，帮助幼儿形成良好的行为习惯；注重保护幼儿的好奇心，培养幼儿的想象力，发掘幼儿的兴趣爱好；重视环境和游戏对幼儿发展的独特作用，创设富有教育意义的环境氛围，将游戏作为幼儿的主要活动；重视丰富幼儿多方面的直接经验，将探索、交往等实践活动作为幼儿最重要的学习方式；重视自身日常态度言行对幼儿发展的重要影响与作用；重视幼儿园、家庭和社区的合作，综合利用各种资源。

幼儿园教师不得违背职业道德，损害幼儿的身心健康，否则将承担相应的后果甚至是法律责任。

（二）专业知识与专业能力

根据《幼儿园教师专业标准（试行）》的要求，幼儿园教师必须具有相应的专业

---

① 叶澜. 新世纪教师专业素养初探[J]. 教育研究与实验，1998（1）：41-46.

② 冯婉桢. 幼儿园教师职业道德[M]. 北京：高等教育出版社，2021：5.

知识与专业能力。幼儿园教师必须具备的专业知识包括幼儿发展知识、幼儿保育和教育知识、通识性知识三个领域。具体而言，幼儿园教师要了解和掌握关于幼儿发展的知识，以维护幼儿的身心健康，促进幼儿健康成长；要具备一定的幼儿保育和教育知识，熟悉幼儿园教育的目标、任务、内容、要求和基本原则，科学开展幼儿园一日保教活动；要具有一定的自然科学和人文社会科学知识，了解中国教育基本情况，掌握幼儿各领域教育的特点和基本知识，不断提高自身文化素养，促进教育教学水平的提升。

幼儿园教师应具有环境的创设与利用能力、一日生活的组织与保育能力、游戏活动的支持与引导能力、教育活动的计划与实施能力、激励与评价能力、沟通与合作能力、反思与发展能力等七大专业能力。

随着数字化时代的到来，幼儿园教师作为幼儿园保教活动、家园共育的直接组织者，以及幼儿的一日生活、教学和游戏活动的具体实施者，必须具备较高的数字素养水平。数字素养作为当代幼儿园教师专业素养的重要组成部分，有助于教师形成新的思维方式，并帮助教师不断优化教育教学过程。

2022 年 11 月，教育部发布的《教师数字素养》是我国第一份有关教师数字素养方面的教育行业标准。《教师数字素养》构建了一个包括新时代教师的数字化意识、数字技术知识与技能、数字化应用、数字社会责任、专业发展的数字素养框架。数字化意识是指客观存在的数字化相关活动在教师头脑中的能动反应，包括数字化认识、数字化意愿以及数字化意志；数字技术知识与技能是指教师在日常教育教学活动中应了解的数字技术知识与需要掌握的数字技术技能，包括数字技术知识、数字技术技能；数字化应用是指教师应用数字技术资源开展教育教学活动的能力，包括数字化教学设计、数字化教学实施、数字化学业评价以及数字化协同育人；数字社会责任是指教师在数字化活动中的道德修养和行为规范方面的责任，包括法治道德规范、数字安全保护；专业发展是指教师利用数字技术资源促进自身及共同体专业发展的能力，包括数字化学习与研修、数字化教学研究与创新。

《教师数字素养》

三、幼儿园教师职务（职称）

教师职务是根据学校教学、科研等实际工作需要设置的，有明确职责、任职条件和任期，并具备专门的业务知识和相应的学术技术水平才能负担的专业技术工作岗位。

2012 年 11 月，教育部、中央编办、财政部、人力资源和社会保障部发布的《关于加强幼儿园教师队伍建设的意见》指出，要“完善幼儿园教师职务（职称）评聘制度。合理确定幼儿园教师岗位结构比例。完善符合幼儿园教师工作特点的评价标准，重点突出幼儿园教师的师德、工作业绩和保教能力。结合事业发展和人才发展规划，合理确定幼儿园高级、中级、初级岗位之间的结构比例。对长期在农村基层和艰苦边远地区工作的幼儿园教师，在职务（职称）方面实行倾斜政策。确保民办和公办幼儿园教师公平参与职务（职称）评聘”。

按照有关规定，我国教师职务系列分为高等学校教师职务、中等专业学校教师职务、中学教师职务、小学教师职务和技工学校教师职务五个系列。在我国的教育系统中，幼儿教育没有独立的职称晋升系列，幼儿园教师被纳入中小学教师的职称晋升系列，参照中小学教师职称晋升的专业要求及标准参与评审。2015 年 8 月，人力资源和社会保障部、教育部发布的《关于深化中小学教师职称制度改革的指导意见》明确提出，设置统一的中小学教师职务系列，并增设正高级职称，统一后的中小学教师职称（职务）名称依次为三级教师、二级教师、一级教师、高级教师和正高级教师。自此，幼儿园教师队伍中也将具有相当于大学教授级别的教师。

《关于加强幼儿园教师队伍建设的意见》

《关于深化中小学教师职称制度改革的指导意见》

第二节　幼儿园教师职业道德

幼儿园教师是一种关注儿童心灵和生命成长的职业，也是一种塑造灵魂、塑造生命、塑造人的职业。因此，幼儿园教师的职业道德是其专业素质的核心和根本，决定着幼儿园教师职业活动的过程、目标和效果。因此，我们有必要了解幼儿园教师职业道德的内涵、内容以及教育家精神和幼儿园教师师德师风。

一、幼儿园教师职业道德的内涵

幼儿园教师不仅是人类文明的启蒙者，也是幼儿健康成长的引导者，其对幼儿个人发展和社会发展均有极其重要的影响，因此，社会对幼儿园教师的职业道德要求更高。了解幼儿园教师职业道德的内涵有利于我们更好地遵守幼儿园教师职业道德。

幼儿园教师职业道德是教师职业道德的特殊表现形式，具体是指幼儿园教师在从事幼儿教育活动过程中所形成的，用以调节幼儿园教师与幼儿、幼儿园教师与家长、幼儿园教师与集体、幼儿园教师与社会等关系时所必须遵循的基本道德规范和行为准则，以及在此基础上所表现出来的道德观念和行为品质。[1]

① 张利洪. 幼儿教育政策法规与职业道德[M]. 重庆：西南师大出版社，2018：143.

习近平总书记关于教师队伍建设的重要指示

2014 年 9 月，习近平总书记在视察北京师范大学时提出了“四有”好老师的标准，“四有”指：有理想信念、有道德情操、有扎实学识和有仁爱之心。

2016 年教师节前夕，习近平总书记来到他小学和初中学习过的地方——北京市八一学校。他看望慰问师生并同师生座谈，总书记向广大教师提出了做“四个引路人”的殷切希望——做学生锤炼品格的引路人、做学生学习知识的引路人、做学生创新思维的引路人、做学生奉献祖国的引路人。

2021 年 4 月，习近平总书记来到清华大学并强调，教师要成为大先生，做学生为学、为事、为人的示范，促进学生成长为全面发展的人。

2023 年，在第 39 个教师节到来之际，习近平总书记致信全国优秀教师代表。在信中强调，要“大力弘扬教育家精神”“为强国建设、民族复兴伟业作出新的更大贡献”，并首次提出、深刻阐释了中国特有的教育家精神的时代内涵，即“心有大我、至诚报国的理想信念，言为士则、行为世范的道德情操，启智润心、因材施教的育人智慧，勤学笃行、求是创新的躬耕态度，乐教爱生、甘于奉献的仁爱之心，胸怀天下、以文化人的弘道追求”。

从“四有”好老师到“四个引路人”，从做学生为学、为事、为人的大先生到“中国特有的教育家精神”，这一系列重要指示成为广大教师自我提升、努力耕耘的方向，也是教师职业道德应有之义。

二、幼儿园教师职业道德的内容

我国对幼儿园教师的职业道德要求体现在一系列的法律、法规文件和领导人讲话中。做“四有”好老师，成为“四个引路人”，做学生为学、为事、为人的大先生，大力弘扬教育家精神，是对所有教师的职业道德期望，也是幼儿园教师职业道德的核心内容。《新时代幼儿园教师职业行为十项准则》《幼儿园教师违反职业道德行为处理办法》《中小学教师职业道德规范（2008 年修订）》《幼儿园教师专业标准（试行）》《幼儿园工作规程》等法规文件则集中表达了对幼儿园教师职业道德的具体要求。下面主要结合《新时代幼儿园教师职业行为十项准则》和《幼儿园教师违反职业道德行为处理办法》阐释幼儿园教师职业道德的内容。

《新时代幼儿园教师职业行为十项准则》

2018 年 11 月，教育部制定了《新时代幼儿园教师职业行为十项准则》（本部分简称《十项准则》），以规范幼儿园教师的职业行为，明确师德底线，引导教师努力成为“四有”好老师。

《十项准则》是国家在新时代背景下结合新要求、新形势、新问题制定的教师职业行为规范，准则规范的不仅是教师职业道德行为，还对教师提高政治素质、传播优秀文化、积极奉献社会等方面提出了要求，其内容主要涉及“教师与国家的关系”“教师与职业的关系”“教师与幼儿的关系”“教师与家长的关系”四个维度，[1] 其结构如表 3-2-1。

表 3-2-1 《新时代幼儿园教师职业行为十项准则》结构

处理的关系	准则内容
个人与国家的关系	坚定政治方向
	自觉爱国守法
	传播优秀文化
个人与职业的关系	潜心培幼育人
	秉持公平诚信
个人与幼儿的关系	加强安全防范
	关心爱护幼儿
	遵循幼教规律
	规范保教行为
个人与家长的关系	坚守廉洁自律

《十项准则》提出了十项行为准则，既有正面倡导、高线追求，也有负面禁止、底线要求。例如，“关心爱护幼儿”是对幼儿园教师的一项准则要求，其内容是“呵护幼儿健康，保障快乐成长”，这是正面倡导和高线追求，相应的负面禁止和底线要求是“不得体罚和变相体罚幼儿，不得歧视、侮辱幼儿，严禁猥亵、虐待、伤害幼儿”。如果教师违反了《十项准则》中的要求，幼儿园和幼儿园主管部门将依据《幼儿园教师违反职业道德行为处理办法》的规定给予教师处分或其他处理，这从制度上对幼儿园教师职业道德进行了强力约束。[2]

为落实《十项准则》，2018 年 11 月教育部制定了《幼儿园教师违反职业道德行为处理办法》，具体规定了对违反《十项准则》者的惩处方式和责任追究机制。该办法要求各地各幼儿园根据准则，结合实际制定幼儿园教师职业行为负面清单和实施办法。

《幼儿园教师违反职业道德行为处理办法》

① 姬生凯，步社民. 幼儿园教师专业伦理规范的作用与特点：兼论我国《新时代幼儿园教师职业行为十项准则》[J]. 早期教育（教育科研），2021（1）：20–24.

② 冯婉桢. 幼儿园教师职业道德[M]. 北京：高等教育出版社，2021：16–19.

案例　幼儿园教师的榜样示范效应[1]

活动开始了，教师请幼儿轻轻地搬椅子到老师身旁来。这时，有的幼儿轻轻地抱着椅子，有的幼儿推着椅子，有的幼儿拖着椅子，活动室里一片混乱。

看到这种场景，教师轻轻地走到一位推着椅子的幼儿跟前，抱起他的椅子，说："哎呀，小椅子，对不起，你的腿很疼，是吗？我帮你揉揉。"教师充满爱的神情和言行引起幼儿的注意，活动室里一下子静了下来。"老师，我不推椅子的。""老师，我会抱起椅子的。"……推着椅子和拖着椅子的幼儿小心翼翼地抱起椅子，轻轻地将椅子放下。教师做出询问小椅子的样子，然后很高兴地说："现在小椅子很高兴，它说谢谢大家爱护它。"

幼儿园教师是幼儿成长的重要他人，她们的一言一行都影响着幼儿。因此，幼儿园教师应为人师表，践行教师职业道德规范，充分发挥自身的榜样示范作用，引导幼儿健康成长。案例中教师的行为体现了关爱幼儿和为人师表的职业道德精神，践行了教师职业道德的要求，值得学习。

三、教育家精神与幼儿园教师师德师风

《教育强国建设规划纲要（2024—2035 年）》指出，"实施教育家精神铸魂强师行动。推动教育家精神融入教师培养培训全过程，贯穿课堂教学、科学研究、社会实践各环节，构建日常浸润、项目赋能、平台支撑的教师发展良好生态。加强教师队伍思想政治工作，加强教师党组织建设，发挥党员教师先锋模范作用"。2024 年 8 月，中共中央、国务院联合发布的《关于弘扬教育家精神加强新时代高素质专业化教师队伍建设的意见》明确指出要涵养教师高尚的师德师风。幼儿园教师作为推动学前教育改革与发展的主力，是促进幼儿健康全面发展的根本保障，因此，要不断加强其师德师风建设。

首先，坚持师德师风第一标准。将思想政治和师德要求纳入幼儿园教师聘用合同，在幼儿园教师聘用工作中严格考察把关。将师德表现作为教师资格准入、招聘引进、职称评聘、名师遴选、评优奖励等的首要要求。各级组织人事和教育部门要将师德师风建设纳入幼儿园基层党建述职评议考核、领导班子和领导人员考核及全面从严治党任务清单，与教育督导、保教质量评估、幼儿园等级评定等挂钩。幼儿园主要负责人要认真履行师德师风建设第一责任人职责，压实幼儿园主要负责人责任。

其次，引导幼儿园教师自律自强。引导广大幼儿园教师自觉践行教育家精神，"模范遵守宪法和法律法规"，依法履行教师职责，坚决抵制损害党中央权威、国家

---

[1] 张利洪. 幼儿教育政策法规与职业道德[M]. 重庆：西南师大出版社，2018：169.

利益的言行；“模范遵守新时代教师职业行为准则”，自觉捍卫教师职业尊严；“模范遵守社会公德”，形象得体、言行雅正。

再次，加强师德师风培养。把学习贯彻习近平总书记教育重要论述作为幼儿园教师培养的必修课，作为教师教育和培训的重要任务，使广大幼儿园教师把握其深刻内涵，做到知行合一。将师德师风和教育家精神融入幼儿园教师培养培训全过程，利用国家智慧教育公共服务平台，开展师德师风和教育家精神专题研修。有计划地组织幼儿园教师参加革命传统教育、国情社情考察、社会实践锻炼，引导幼儿园教师在理论与实践中涵养高尚师德和教育家精神。

最后，坚持师德违规“零容忍”。依规依纪依法查处师德违规行为，对群众反映强烈、社会影响恶劣的严重师德违规行为，从严从重给予处理处分。落实幼儿园教师准入查询和从业禁止制度。各地要将师德师风建设作为教育系统巡视和督查检查的重要内容。坚持失责必问、问责必严，对相关单位和责任人落实师德师风建设责任不到位、造成严重后果或恶劣影响的，予以严肃问责。

第三节　幼儿园教师权利与义务

我国的教师权利和义务有“基本权利和义务”“特殊权利和义务”之分。[①] 幼儿园教师既是中华人民共和国公民，也是履行教育教学职责的专业人员。因此，幼儿园教师既具有宪法和法律赋予公民的基本权利，又拥有教师所拥有的特殊权利，同时履行相应的义务。

一、幼儿园教师的权利

幼儿园教师的权利是指教师在教育活动中享有的由宪法和相关教育法律赋予的权利，是国家对教师在教育活动中所做行为的许可和保障[②]，主要包括幼儿园教师作为公民所拥有的基本权利和作为教育专业人员所拥有的特殊权利。

（一）作为公民拥有的基本权利

根据我国《中华人民共和国宪法》规定，我国公民享有的基本权利有：（1）平等

① 李晓燕. 中国教师权利和义务及其实现保障论纲[J]. 国家教育行政学院学报，2006（6）：26-31.

② 李红霞，朱萍，周玲玲. 幼儿教育政策法规[M]. 北京：高等教育出版社，2015：192.

权，包括法律面前人人平等及禁止差别对待；（2）政治权利，主要包括选举和被选举权，言论、出版、集会、结社、游行、示威的自由；（3）宗教信仰自由权；（4）人身自由权，包括人身自由，人格尊严、住宅不受侵犯，通信自由和通信秘密受法律保护；（5）公民的批评、建议、申诉、控告检举权和取得赔偿权；（6）社会经济权利，包括财产、劳动、休息、物质帮助、退休人员生活保障、社会保障等权利；（7）文化教育权，即教育方面和文化活动方面的权利。

幼儿园教师多为女性，根据《中华人民共和国妇女儿童权益保障法》，女性公民享有的权利有：（1）妇女在政治的、经济的、文化的、社会的和家庭的生活等方面享有与男子平等的权利；（2）国家保护妇女依法享有的特殊权益，逐步完善对妇女的社会保障制度，禁止歧视、虐待、残害妇女；（3）国家机关、社会团体、企业事业单位、城乡基层群众性自治组织，应当依照本法和有关法律的规定，保障妇女的权益；（4）国务院和省、自治区、直辖市人民政府，采取组织措施，协调有关部门做好妇女权益的保障工作；（5）中华全国妇女联合会和各级妇女联合会代表和维护各族各界妇女的利益，做好保障妇女权益的工作；（6）国家鼓励妇女自尊、自信、自立、自强，运用法律维护自身合法权益；（7）对保障妇女合法权益成绩显著的组织和个人，各级人民政府和有关部门给予表彰和奖励。

根据《女职工劳动保护特别规定》，我国女性职工应享受的权利有：（1）用人单位应当加强女职工劳动保护，采取措施改善女职工劳动安全卫生条件，对女职工进行劳动安全卫生知识培训。（2）用人单位应当遵守女职工禁忌从事的劳动范围的规定，用人单位应当将本单位属于女职工禁忌从事的劳动范围的岗位书面告知女职工。（3）用人单位不得因女职工怀孕、生育、哺乳降低其工资、予以辞退、与其解除劳动或者聘用合同。（4）女职工在孕期不能适应原劳动的，用人单位应当根据医疗机构的证明，予以减轻劳动量或者安排其他能够适应的劳动；对怀孕 7 个月以上的女职工，用人单位不得延长劳动时间或者安排夜班劳动，并应当在劳动时间内安排一定的休息时间；怀孕女职工在劳动时间内进行产前检查，所需时间计入劳动时间。（5）女职工生育享受 98 天产假，其中产前可以休假 15 天；难产的，增加产假 15 天；生育多胞胎的，每多生育 1 个婴儿，增加产假 15 天。女职工怀孕未满 4 个月流产的，享受 15 天产假；怀孕满 4 个月流产的，享受 42 天产假。（6）女职工产假期间的生育津贴，对已经参加生育保险的，按照用人单位上年度职工月平均工资的标准由生育保险基金支付；对未参加生育保险的，按照女职工产假前工资的标准由用人单位支付。（7）对哺乳未满 1 周岁婴儿的女职工，用人单位不得延长劳动时间或者安排夜班劳动。用人单位应当在每天的劳动时间内为哺乳期女职工安排 1 小时哺乳时间；女职工生育多胞胎的，每多哺乳 1 个婴儿每天增加 1 小时哺乳时间。（8）女职工比较多的用人单位应当根据女职工的需要，建立女职工卫生室、孕妇休息室、哺乳室等设施，妥善解决女职工在生理卫生、哺乳方面的困难。（9）在劳动场所，用人单位应当预防和制止对女职工的性骚扰。

（二）作为教育专业人员拥有的特殊权利

《中华人民共和国教师法》第七条规定教师享有下列权利：（1）进行教育教学活动，开展教育教学改革和实验；（2）从事科学研究、学术交流，参加专业的学术团体，在学术活动中充分发表意见；（3）指导学生的学习和发展，评定学生的品行和学业成绩；（4）按时获取工资报酬，享受国家规定的福利待遇以及寒暑假期的带薪休假；（5）对学校教育教学、管理工作和教育行政部门的工作提出意见和建议，通过教职工代表大会或者其他形式，参与学校的民主管理；（6）参加进修或者其他方式的培训。《中华人民共和国教师法》中规定的教师权利适用于我国各级各类教师，但各级各类教师的权利又具有特殊性，下面分析幼儿园教师享有的职业权利。

《中华人民共和国教师法》

1. 教育自主权

教育自主权指幼儿园教师进行保教活动、开展教育教学改革和实验的权利。教师的专业自主权体现了教师职业的特殊性，是与学术、教学内容有关的权利。[①] 教育自主权是幼儿园教师的核心权利，它以是否获得教师资格为前提。

其主要内容包括：（1）幼儿园教师有权依据本园课程的计划、工作量等要求，并结合本班情况，自主地开展教育活动；（2）有权根据课程大纲的要求，并结合本班幼儿情况，确定教育内容和进度，不断完善课程内容；（3）有权针对不同的教育对象，在教育形式、方法和具体内容等方面进行改革、实验和完善。

2. 科学研究权

科学研究权指幼儿园教师从事科学研究、学术交流，参加专业的学术团体，在学术活动中充分发表意见的权利。这是幼儿园教师作为专业技术人员享有的基本权利之一，也是幼儿园教师提升专业能力和职业幸福感的基本保障。苏霍姆林斯基说过："如果你想让教师的劳动能够给教师一些乐趣，使天天上课不致变成一种单调乏味的义务，那你就应当引导每一位教师走上从事研究的这条幸福的道路上来。"[②] 科学研究不仅是幼儿园教师的权利，也是幼儿园教师要履行的职责，《幼儿园工作规程》第四十一条规定，教师要"参加业务学习和保育教育研究活动"。《幼儿园教师专业标准（试行）》也指出，幼儿园教师应能"针对保教工作中的现实需要与问题，进行探索和研究"。因此，幼儿园教师应努力提高自身的研究能力。

---

① THOLIN J. Learner and teacher autonomy: concepts, realities, and responses[J]. ELT Journal, 2015(2): 2.

② 苏霍姆林斯基. 给教师的建议[M]. 杜殿坤，译. 北京：教育科学出版社，1984：494.

案例　幼儿园支持教师的研究①

幼儿园胡老师工作多年，专业能力强，尤其在幼儿语言教育方面有出色的能力。胡老师不仅组织的幼儿语言教育活动丰富多彩，深受幼儿的喜爱，而且对这方面有着浓厚的研究兴趣，经常在幼儿教育期刊上发表教学论文，幼儿园也很支持胡老师的专业发展。恰逢省里召开幼儿语言教育的学术研讨会，幼儿园拟派胡老师参加，以进一步提升专业能力，促进幼儿园教师素质的提高。

案例中的胡老师在幼儿语言教育方面能力出众，而且对这方面有浓厚的研究兴趣，幼儿园支持她的专业发展，为她在这方面的研究提供了支持条件，保障了她作为教师的科学研究权，值得肯定。《中华人民共和国教师法》等相关法律法规为幼儿园教师依法行使科学研究权提供了法律保障。一旦合法权益受到侵害，幼儿园教师有权提出申诉，并要求相关部门做出适当的处理。

3. 指导评价权

指导评价权指幼儿园教师指导幼儿的学习和发展，评定幼儿成长和发展的权利。该权利体现了幼儿园教师在保教活动中的主导地位。它主要包含：（1）幼儿园教师有权依据幼儿的身心发展特点对幼儿进行适宜的指导，从而协助幼儿主动、有效地学习；（2）幼儿园教师有权依据幼儿的行为表现及所积累的作品对幼儿进行科学的、适当的评价；（3）幼儿园教师有权运用正确的指导思想和科学的教育方法，促进幼儿的个性和能力得到充分发展。

4. 获取报酬权

获取报酬权指幼儿园教师按时获取工资报酬，享受国家规定的福利待遇以及寒暑假期的带薪休假的权利。这是《中华人民共和国宪法》规定的公民享有的社会经济权利在教师职业范围内的具体体现，也是教师的基本物质保障权利。主要包含：（1）幼儿园教师有权要求所在幼儿园及其主管部门根据《中华人民共和国教师法》《中华人民共和国合同法》等相关法律法规的规定，按时支付工资报酬；（2）幼儿园教师有权享受国家规定的福利待遇，包括医疗、住房、退休等方面的各种待遇和优惠，以及寒暑假期的带薪休假。《中华人民共和国学前教育法》第四十六条规定“幼儿园及其举办者应当按照国家规定保障教师和其他工作人员的工资福利，依法缴纳社会保险费，改善工作和生活条件，实行同工同酬”；第四十七条规定“幼儿园教师在职称评定、岗位聘任（聘用）等方面享有与中小学教师同等的待遇。符合条件的幼儿园教师按照有关规定享受艰苦边远地区津贴、乡镇工作补贴等津贴、补贴。承担特殊教育任务的幼儿园教师按照有关规定享受特殊教育津贴”。

---

① 张利洪.幼儿教育政策法规与职业道德[M].重庆：西南师大出版社，2018：168.有修改。

5. 民主管理权

民主管理权指幼儿园教师对幼儿园保教工作、管理工作和教育行政部门的工作提出意见和建议，通过教职工代表大会或者其他形式，参与幼儿园的民主管理。主要包含：（1）幼儿园教师享有对幼儿园及教育行政部门的工作提出意见和建议的权利，这是公民的一项基本权利，是宪法规定的“公民对任何国家机关和国家工作人员，有提出批评和建议的权利”的具体体现。（2）幼儿园教师有权通过教职工代表大会、工会等组织形式以及其他合法方式参与幼儿园的民主管理，讨论幼儿园发展、改革等方面的重大事项。

案例 众人拾柴火焰高[①]

某幼儿园李老师，为人正直，活泼大方，热爱幼教，业务精通，深得家长和小朋友的喜爱，敢于向领导转达群众意见，为园工作献计献策，深得教职工和园领导的喜爱，年年被评为优秀。在一次幼儿园教职工大会上，园长当众表扬李老师为幼儿园发展献计献策，也号召大家向李老师学习。

案例中的李老师积极参与幼儿园的管理，为幼儿园发展献计献策，是行使自身民主管理权的体现。

6. 培训进修权

培训进修权指幼儿园教师参加进修或者其他方式的培训的权利。该权利体现了终身教育的理念，体现了国家对幼儿园教师终身教育的重视。该权利主要包含：（1）幼儿园教师有权参加进修和接受其他多种形式的培训，不断更新知识，完善知识结构，以提高思想品德和业务素质，为提高保教质量和效果提供保障。（2）教育行政部门、幼儿园及其他教育机构应主动采取各种形式，开辟多种渠道，保证幼儿园教师培训进修权的行使。《幼儿园教师专业标准（试行）》指出，教育行政部门要“深化教师教育改革，建立教师教育质量保障体系，不断提高幼儿园教师培养培训质量”，幼儿园教师教育院校要“完善幼儿园教师培养培训方案，科学设置教师教育课程，改革教育教学方式”；幼儿园要“制定幼儿园教师专业发展规划，注重教师职业理想与职业道德教育，增强教师育人的责任感与使命感；开展园本研修，促进教师专业发展”。

7. 申诉权

申诉权指幼儿园教师的权利受到侵犯时，幼儿园教师有权向所属机关或上级机关提出申诉，要求作出相应的处理。它是一项依法获得，用以维护幼儿园教师合法权益的权利。《中华人民共和国教师法》第三十九条明确规定：“教师对学校或者其他教育机构侵犯其合法权益的，或者对学校或者其他教育机构作出的处理不服的，

① 李红霞，朱萍，周玲玲. 幼儿教育政策法规[M]. 北京：高等教育出版社，2015：197-198. 有修改。

可以向教育行政部门提出申诉，教育行政部门应当在接到申诉的三十日内，作出处理。教师认为当地人民政府有关行政部门侵犯其根据本法规定享有的权利的，可以向同级人民政府或者上一级人民政府有关部门提出申诉，同级人民政府或者上一级人民政府有关部门应当作出处理。”

二、幼儿园教师的义务

义务同权利一样，是构成法律关系的基本要素，两者是统一的，不可分离。“没有无义务的权利，也没有无权利的义务”[①]。教师的义务是指教师依据《中华人民共和国宪法》《中华人民共和国教育法》《中华人民共和国学前教育法》《中华人民共和国教师法》等有关法律法规，从事教育教学工作而必须履行的责任，表现为教师在教育教学活动中必须做出一定行为或不得做出一定行为的约束。[②] 它是由法律规定，并由国家强制力保证履行的，主要包括作为公民须履行的基本义务和作为教育专业人员须履行的特殊义务。

（一）作为公民须履行的基本义务

幼儿园教师作为普通公民，在享有公民的基本权利的同时，也必须履行作为公民的基本义务，包括：维护国家的统一和全国各民族的团结、遵守宪法和法律、保守国家机密、爱护公共财产、遵守劳动纪律、遵守公共秩序、尊重社会公德、保卫祖国和依法服兵役、依法纳税。

（二）作为教育专业人员须履行的特殊义务

根据我国《中华人民共和国教师法》第八条的规定，幼儿园教师应履行以下义务。

1. 遵守宪法、法律和职业道德，为人师表

它包括以下含义：

（1）教师作为中华人民共和国的公民，必须遵守宪法、法律。幼儿园教师不仅应当是遵守宪法和法律的表率，而且在保教工作中应自觉培养幼儿的法治观念和民主意识，为每个幼儿成为遵纪守法的好公民奠基。

（2）教师作为人类灵魂的工程师，应当遵守教师职业道德。幼儿园教师担负着培养下一代的重任，他们在传授科学文化知识的同时，对幼儿的思想品德、行为习惯等也都产生重要影响，因此，教师的职业道德，不仅是教师自身行为的规范，也

① 马克思，恩格斯. 马克思恩格斯选集：第3卷[M]. 中共中央马克思恩格斯列宁斯大林著作编译局，编译. 北京：人民出版社，2012：172.

② 李红霞，朱萍，周玲玲. 幼儿教育政策法规[M]. 北京：高等教育出版社，2015：193.

是法律赋予教师应尽的基本义务。

（3）为人师表是对教师的特定要求。为人师表指教师在工作中品行端正，言行一致，无论是语言、行为还是思想，都应成为幼儿学习的榜样。为人师表是教师必备的职业道德品质之一，也是教师职业道德的集中体现。为人师表对幼儿园教师而言尤其重要，因为幼儿园教师的一言一行都将对幼儿的成长产生潜移默化的影响，影响幼儿一生的发展。《中华人民共和国学前教育法》第三十六条规定“幼儿园教师应当爱护儿童，具备优良品德和专业能力，为人师表，忠诚于人民的教育事业”。《幼儿园教师专业标准（试行）》明确规定，幼儿园教师要“衣着整洁得体，语言规范健康，举止文明礼貌”“为人师表，教书育人，自尊自律，做幼儿健康成长的启蒙者和引路人”。

2. 贯彻国家的教育方针，遵守规章制度，执行幼儿园的教学计划，履行教师聘约，完成保教工作任务

它包括以下含义：

（1）幼儿园教师在保教工作中，应当全面贯彻国家关于教育必须为社会主义现代化建设服务，必须与生产劳动相结合，培养德、智、体、美、劳等方面全面发展的社会主义事业的建设者和接班人的方针。

（2）幼儿园教师应当执行教育行政部门和幼儿园制定的保教工作计划，完成保教工作任务。

（3）幼儿园教师应当依法履行聘任合同中约定的保育教育职责和完成规定的保教工作任务。

3. 按照国家规定的教育目标开展保教工作

对幼儿进行宪法所确定的基本原则的教育和爱国主义、民族团结教育，法治教育以及思想品德、文化、科学技术教育，组织、带领幼儿开展有目的、有计划的教育活动，这是对幼儿园教师从事保育与教育工作内容的全面规范。它包括以下含义：

（1）促进幼儿身体正常发育和机能的协调发展，增强体质，促进心理健康，培养良好的生活习惯、卫生习惯和参加体育活动的兴趣。

（2）发展幼儿智力，培养正确运用感官和运用语言交往的基本能力，增进对环境的认识，培养有益的兴趣和求知欲望，培养初步的动手探究能力。

（3）萌发幼儿爱祖国、爱家乡、爱集体、爱劳动、爱科学的情感，培养诚实、自信、友爱、勇敢、勤学、好问、爱护公物、克服困难、讲礼貌、守纪律等良好的品行。

（4）培养幼儿初步感受美和表现美的情趣和能力。

4. 关心、爱护全体幼儿，尊重幼儿人格，促进幼儿在品德、智力、体质等方面全面发展

它包括以下含义：

（1）关心、爱护全体幼儿是每一名幼儿园教师的天职和美德，教师应公平公正对待每一名幼儿。幼儿由于年龄小，缺乏自我保护能力，更需要教师的关心和爱护，

教师要把保护幼儿的生命健康放在保教工作的首位。

（2）幼儿有自身独立的人格，教师要像尊重成人一样尊重幼儿。人格尊严是宪法赋予公民的一项基本权利，由于幼儿缺乏自我保护能力，其人格尊严往往容易受到侵犯，尤其是对有缺点、容易犯错误的幼儿，教师更应该给予特别关怀，使他们也能健康成长，绝不能采取简单粗暴的方法，不得羞辱、歧视他们，不能泄露幼儿的隐私，更不能体罚和变相体罚幼儿。

（3）对幼儿实施德、智、体、美、劳全面发展的教育，促进其身心和谐健康发展是幼儿园教师最主要的任务之一。同时，幼儿园教师还应尊重幼儿的个性发展，坚持个性发展和全面相统一的原则。

案例　调皮的孩子也要爱①

豪豪长得很讨人喜欢，可却是班里典型的调皮大王、捣蛋鬼。在日常生活中，他经常这里摸摸、那里碰碰，活动时总是做一些小动作，有时还推小朋友。因此，小朋友都不喜欢和他玩，所以我得想办法帮他解决这个问题。

我通过观察发现，豪豪也不是不喜欢和小朋友玩耍，其实他是缺乏和小朋友交往的技能。例如，每次在区域活动中，他都积极参加，表现自己，总希望得到老师和小朋友的关注，只是他与人交往的方式不对。因此，我决定从以下几个方面入手引导他：

（1）培养豪豪的自信心，让他愿意与小朋友交往。豪豪很喜欢画画，每次我都把他的画拿出来展览，表扬他画得好，还让他当绘画小班长，帮助其他小朋友，慢慢地，他变得越来越喜欢和小朋友交流了。

（2）在日常生活中引导豪豪与小朋友友好交往。我组织了一些区域活动，让豪豪和班里的孩子一起自选活动内容，自由组合，在活动中培养豪豪的交往意识和交往技能。我发现现在的豪豪会主动和小朋友一起玩，还一起分享好东西。

案例中的老师在工作中充满责任心、爱心和耐心，关心、爱护全体幼儿，积极关注、引导调皮的幼儿，帮助其在社会性方面获得发展。

5. 制止有害于幼儿的行为或者其他侵犯幼儿合法权益的行为，批评和抵制有害于幼儿健康成长的现象

它包括以下含义：

（1）幼儿园教师制止的范围是特定的，主要指幼儿园教师在幼儿园工作和保教工作相关的活动中，对侵犯幼儿合法权益的违法行为给予制止。

（2）幼儿园教师批评和抵制的范围是一般意义上的。保护幼儿的合法权益和身

① 洪秀敏. 幼儿园教师必知的60条教育政策与法规[M]. 北京：中国轻工业出版社，2014：85-86.

心健康是全社会的共同责任，自然更是幼儿园教师义不容辞的义务。因此，幼儿园教师对社会上出现的有害于幼儿健康成长的现象有义务进行批评和抵制。

《幼儿园工作规程》第十五条明确指出："幼儿园教职工必须具有安全意识，掌握基本急救常识和防范、避险、逃生、自救的基本方法，在紧急情况下应当优先保护幼儿的人身安全。幼儿园应当把安全教育融入一日生活，并定期组织开展多种形式的安全教育和事故预防演练。幼儿园应当结合幼儿年龄特点和接受能力开展反家庭暴力教育，发现幼儿遭受或者疑似遭受家庭暴力的，应当依法及时向公安机关报案。"

6. 不断提高思想政治觉悟和教育教学业务水平

教师承担着教书育人、培养社会主义事业建设者和接班人、提高民族素质的重任，这就要求教师具有较高的思想政治觉悟和教育教学业务水平。幼儿园教师的思想政治觉悟和业务水平是其综合素质的重要表现，也是其能否较好地履行职责的基本条件。为了更好地发展学前教育、提高民族素质，幼儿园教师必须不断提高思想政治觉悟和教育教学业务水平。

案例　我热爱幼儿教育事业
——一位幼儿园教师的内心独白①

我从事幼儿教育工作已有十多年了，回忆走过的路程，我感到非常幸福。每天与孩子们在一起，我收获着天真、快乐与幸福。当孩子们叫"老师早上好！""老师，你今天真漂亮！""老师，我喜欢你！"时，我心里甜甜的，因为他们已把我当成他们的朋友。天真的孩子会问一些具有哲理意味的问题，比如"树叶为什么会掉下来？""星星为什么爱眨眼睛？"。在他们眼中，万物皆有灵性。再如，下雨天，孩子们偏偏爱在水里跑来跑去，如果耐心一些，孩子们会告诉你他们这样做的道理。我深深地知道，作为幼儿园教师，并非要教会孩子多少知识，最重要的是了解孩子、让孩子养成良好的习惯。在未来的教育工作中，我将加大对幼儿学习、生活、心理的研究，做一个学习型、研究型和专家型教师。

第四节　幼儿园教师教育

《幼儿园教师专业标准（试行）》指出，"幼儿园教师是履行幼儿园教育工作职责

---

① 蔡军，路娟. 学前教育政策法规[M]. 北京：科学出版社，2020：100. 有删减。

的专业人员，需要经过严格的培养与培训”。教师教育作为培养和培训教师的专业教育，在我国国民教育体系中占有十分重要的地位。[①] 它包括两个部分——教师培养和教师培训。教师培养一般指职前教师的培养，教师培训一般指在职教师的培训。

2011 年 10 月，教育部印发《关于大力推进教师教育课程改革的意见》，并出台《教师教育课程标准（试行）》，以深化教师教育改革，全面提高教师培养质量，建设高素质专业化教师队伍。2018 年，中共中央、国务院《关于全面深化新时代教师队伍建设改革的意见》和《关于学前教育深化改革规范发展的若干意见》两份重磅文件相继出台，两份文件均高度重视幼儿园教师教育的发展，后者在“大力加强幼儿园教师队伍建设”部分明确提出要“完善教师培养体系”“健全教师培训制度”。下面将从幼儿园教师的培养和培训两方面进行阐述。

《关于大力推进教师教育课程改革的意见》

《关于全面深化新时代教师队伍建设改革的意见》

一、幼儿园教师职前培养

《教师教育课程标准（试行）》指出，幼儿园教师培养课程要帮助未来教师充分认识幼儿阶段的特性和价值，理解保教结合的重要性，学会按幼儿的成长特点进行科学的保育和教育，促进幼儿健康快乐成长。

（一）幼儿园教师培养的课程目标

1. 教育信念与责任

（1）具有正确的儿童观和相应的行为

第一，理解幼儿阶段在人生发展中的独特地位和价值，认识健康愉快的幼儿园生活对幼儿发展的意义。

第二，尊重和维护幼儿的人格和权利，保护幼儿的好奇心和自信心。

第三，尊重幼儿的个体差异，相信幼儿具有发展的潜力，乐于为幼儿创造发展的条件和机会。

（2）具有正确的教师观和相应的行为

第一，理解教师是幼儿学习的引导者和支持者，相信教师工作的意义在于帮助幼儿健康成长。

第二，了解幼儿园教师的职业特点和专业要求，自觉提高自身的科学与人文素养，形成终身学习的意愿。

① 张乐天. 教育政策法规的理论与实践：第三版[M]. 上海：华东师范大学出版社，2015：194.

第三，了解教师的权利和责任，遵守教师职业道德。

（3）具有正确的教育观和相应的行为

第一，理解教育对幼儿成长、教师自身发展和社会进步的重要意义，相信教育充满了创造的乐趣，愿意从事幼儿教育事业。

第二，了解幼儿教育的历史、现状和发展趋势，认同素质教育理念，理解并参与教育改革。

第三，形成正确的教育质量观，对与幼儿教育相关的现象进行专业思考与判断。

2. 教育知识与能力

（1）具有理解幼儿的知识和能力

第一，了解儿童发展的主要理论和儿童研究的最新成果。

第二，了解儿童身心发展的一般规律和影响因素，熟悉幼儿年龄阶段特征和个体发展的差异性。

第三，了解幼儿认知发展、学习方式的特点及影响因素，熟悉幼儿建构知识、获得技能的过程。

第四，了解幼儿情感、社会性发展的特点，熟悉幼儿品德和行为习惯形成的过程和规律。

第五，掌握观察、谈话、倾听、作品分析等基本方法，理解幼儿发展的需要。

第六，了解幼儿期常见疾病、发展障碍、学习障碍的基础知识和应对方法。

第七，了解我国教育的政策法规，熟悉关于儿童权利的内容以及维护儿童合法权益的途径。

（2）具有教育幼儿的知识和能力

第一，了解我国幼儿园教育的目标和任务，熟悉健康、语言、社会、科学、艺术等各领域的教育目标，学会以此指导自己的学习和实践。

第二，了解幼儿教育的基本原理，理解整合各领域的内容、综合地实施教育活动的重要性，学会设计和实施幼儿教育活动。

第三，了解幼儿的生活经验，学会利用实践机会，积累引导幼儿在游戏等活动中建构知识、发展创造力的经验。

第四，掌握照顾幼儿健康地、安全地生活的基本方法和技能。

第五，了解教育评价的理论与技术，学会通过评价改进活动与促进幼儿发展。

第六，了解与家庭、社区沟通的重要性，学会利用和开发周围的资源，创设有利于幼儿发展的环境。

第七，掌握幼儿心理健康教育的基本知识，学会处理幼儿常见行为问题。

第八，了解 0—3 岁保育教育的有关知识和婴儿保育教育的一般方法。

第九，了解小学教育的有关知识和幼小衔接的一般方法。

（3）具有发展自我的知识与能力

第一，了解教师专业素养的核心内容，明确自身专业发展的重点。

第二，了解教师专业发展的阶段与途径，熟悉教师专业发展规划的一般方法，学会理解与分享优秀教师的成功经验。

第三，了解教师专业发展的影响因素，学会利用以课程学习为主的各种机会，积累发展经验。

3. 教育实践与体验

（1）具有观摩教育实践的经历与体验

第一，结合相关课程学习，观摩幼儿的生活和教育活动的组织与指导，了解幼儿园教育的规范与过程，感受不同的教育风格。

第二，深入幼儿园和班级，参与幼儿活动，获得与幼儿直接交往的体验。

第三，了解幼儿园保教工作的特点和幼儿园各部门工作的职责和要求，感受幼儿教育实践的丰富性和复杂性。

（2）具有参与教育实践的经历与体验

第一，了解实习班级幼儿的实际情况，在指导下设计教育活动方案，组织一日活动，获得对教育过程的真实感受。

第二，参与各种教研活动，获得与幼儿园教师直接对话或交流的机会。

第三，与家庭和社区合作，提高沟通能力，获得共同促进幼儿发展的实践经历与体验。

第四，参与不同类型的幼教机构活动和幼儿教育实践活动。

（3）具有研究教育实践的经历与体验

第一，在日常学习和实践过程中积累所学所思所想，形成问题意识和一定的解决问题的能力。

第二，了解研究教育实践的一般方法，经历和体验制订计划、开展活动、完成报告、分享结果的过程。

第三，参与各种类型的科研活动，获得科学地研究幼儿的经历与体验。

（二）幼儿园教师培养的课程设置

依据《教师教育课程标准（试行）》幼儿园教师培养的课程设置如表 3-4-1 所示。

（三）幼儿园教师培养的保障措施

我国正致力于建立以师范院校为主体、高水平非师范院校参与的中国特色教师培养体系，并且国家支持高水平综合大学举办教师教育。近年来我国主要采取以下措施来提高幼儿园教师培养的质量，扩大有质量教师供给。

表 3-4-1　幼儿园教师培养的课程设置

<table>
<tr><th rowspan="2">学习领域</th><th rowspan="2">建议模块</th><th colspan="3">学分要求</th></tr>
<tr><th>三年制专科</th><th>五年制专科</th><th>四年制本科</th></tr>
<tr><td>儿童发展与学习</td><td>儿童发展；幼儿认知与学习；特殊儿童发展与学习等</td><td rowspan="5">最低必修学分40学分</td><td rowspan="5">最低必修学分50学分</td><td rowspan="5">最低必修学分44学分</td></tr>
<tr><td>幼儿教育基础</td><td>教育发展史略；教育哲学；课程与教学理论；学前教育原理等</td></tr>
<tr><td>幼儿活动与指导</td><td>幼儿游戏与指导；教育活动的设计与实施；幼儿健康教育与活动指导；幼儿语言教育与活动指导；幼儿社会教育与活动指导；幼儿科学教育与活动指导；幼儿艺术教育与活动指导；0—3岁婴儿的保育与教育；幼儿园教育环境创设；幼儿园教育评价；教育诊断与幼儿心理健康指导等</td></tr>
<tr><td>幼儿园与家庭、社会</td><td>幼儿园组织与管理；幼儿园班级管理；家庭与社区教育；教育资源的开发与利用；幼儿教育政策法规等</td></tr>
<tr><td>职业道德与专业发展</td><td>教师职业道德；教育研究方法；师幼互动方法与实践；教师专业发展；教师语言技能；音乐技能；舞蹈技能；美术技能；现代教育技术应用等</td></tr>
<tr><td>教育实践</td><td>教育见习；教育实习等</td><td>18周</td><td>18周</td><td>18周</td></tr>
<tr><td colspan="2">教师教育课程最低总学分数（含选修课程）</td><td>60学分+18周</td><td>72学分+18周</td><td>64学分+18周</td></tr>
<tr><td colspan="5">说明：（1）1学分相当于学生在教师指导下进行课程学习18课时，并经考核合格。（2）学习领域是每个学习者都必修的；建议模块供教师教育机构或学习者选择或组合，可以是必修也可以是选修；每个学习领域或模块的学分数由教师教育机构按相关规定自主确定</td></tr>
</table>

第一，扩大培养规模。办好一批幼儿师范专科学校和若干所幼儿师范学院，支持师范院校设立并办好学前教育专业。各地根据基本普及学前教育的目标和学前教育发展的实际需求，制定学前教育专业培养规划。发挥教育部直属师范大学公费师范生教育的示范引领作用，鼓励支持地方结合实际实施公费师范生教育制度，扩大公费师范生学前教育专业招生规模，以满足当前国家对幼儿园教师的需求。扩大学前教育硕士、博士招生规模，培养高层次的幼儿园教师。目前，学前教育专业所培养的学生已涵盖大专、本科、研究生（硕士、博士）等所有学历层次。

第二，创新培养模式。创新教师培养模式，建立高等学校与地方政府、幼儿园联合培养教师的新机制，发挥好行业、企业在培养“双师型”教师中的作用。鼓励师范院校与幼儿园协同建立幼儿园教师培养基地。前移培养起点，大力培养初中毕业起点的五年制专科层次幼儿园教师。比如，早在2007年，湖南省就启动了初中毕业起点的五年制专科层次乡村幼儿园教师定向培养计划，2015年，湖南省进一步尝试初中毕业起点的六年制本科层次乡村幼儿园教师定向培养计划，这一探索在全国起到了示范作用。

第三，优化培养课程体系。深化学前教育专业改革，优化人才培养方案，突出保教融合，健全学前教育法规及规章制度，科学开设儿童发展、保育活动、教育活动类课程，强化实践性课程，注重培养学生观察儿童、了解儿童、支持儿童发展的实践能力，增强学前教育专业师范生的创新精神和实践能力。在高等学校学前教育专业增加特殊教育专业课程，提高师范生的融合教育能力。

第四，建立培养质量保障制度。2017年11月，教育部发布《普通高等学校师范类专业认证实施办法（暂行）》。2018年1月，我国启动师范院校学前教育专业国家认证工作，将认证结果作为师范类专业准入、质量评价和教师资格认定的重要依据，并向社会公布。2020年9月，教育部印发《教育类研究生和公费师范生免试认定中小学教师资格改革实施方案》。2022年1月，教育部发布《关于推进师范生免试认定中小学教师资格改革的通知》，在教育类研究生和公费师范生实施免试认定改革的基础上，根据高等学校师范类专业办学条件和办学质量审核结果，在高等学校师范生中开展免国家中小学教师资格考试认定取得中小学教师资格的改革。

二、幼儿园教师职后培训

《中华人民共和国教师法》第七条第六款专门规定，教师享有“参加进修或者其他方式的培训”的权利。赋予教师这一权利是适应时代发展的需要，也是提高教师专业素质能力的必要条件。

（一）幼儿园教师培训目标

依据《教师教育课程标准（试行）》的规定，幼儿园教师培训目标主要是：

（1）加深专业理解。帮助教师进一步认识幼儿阶段的特性和价值，理解幼儿的认知特点和学习方式，加深对“保教结合”重要性的理解，创设适宜的教育环境，保护与发展幼儿探究、创造的兴趣，充分认识幼儿园教师的职业价值和专业性。

（2）解决实际问题。坚持实践导向，关注现实问题，针对教师的不同需求，分层分类设置针对性培训内容，创新培训方式，帮助教师解决保教实践中的困惑和问题，提升培训的针对性和实效性。

（3）提升自身经验。增强教师的问题意识和研究意识，引导教师参与和研究幼儿园教育改革，提升教师发现问题和解决问题的能力，促进教师在研究自身经验和改进教育教学行为的过程中实现专业发展，形成个人的教学风格和教育智慧。

（二）幼儿园教师培训内容

幼儿园教师培训内容应当坚持按需培训的原则，培训的重点内容主要包括师德规范、学科素养、数字素养等方面，以促进幼儿园教师的专业可持续发展。教育部《关于大力推进教师教育课程改革的意见》指出，要把社会主义核心价值体系有机融入课程教材中，精选对培养优秀教师有重要价值的课程内容，将学科前沿知识、教育改革和教育研究最新成果充实到教学内容中，特别要及时吸收儿童研究、学习科学、心理科学、信息技术的新成果；要将优秀教学案例作为教师教育课程的重要内容；加强信息技术课程建设，提升师范生信息素养和利用信息技术促进教学的能力。中共中央、国务院《关于弘扬教育家精神加强新时代高素质专业化教师队伍建设的意见》指出要提高教师学科能力和学科素养，将学科能力和学科素养作为教师教书育人的基础，贯穿教师发展全过程，在教师培训中强化学科素养提升，推动教师更新学科知识，紧跟学科发展；加强领军教师培训，培育一批引领基础教育学科教学改革的骨干。《教育强国建设规划纲要（2024—2035年）》明确强调“制定完善师生数字标准”。

（三）幼儿园教师培训类型与方式

按照幼儿园教师入职时期划分，幼儿园教师培训分为职前、入职和职后培训；按照幼儿园教师培训承办主体划分，可以分为国家级培训，省、地、县级培训，园本培训等；按照受训对象划分，可以分为幼教管理干部培训、幼儿园园长培训、幼儿园教师培训、幼儿园保健人员培训等；按照培训承接主体划分，可以分为院校培训、基地培训、网络培训等。

国务院《关于当前发展学前教育的若干意见》和中共中央、国务院《关于学前教育深化改革规范发展的若干意见》均强调要采用多种形式开展幼儿园教师培训工作，如我国“幼儿园教师国家级培训计划”就包括农村幼儿园教师短期集中培训、农村幼儿园“转岗教师”培训和农村幼儿园骨干教师置换脱产研修三类培训项目。各省份要充分利用省域内外高水平师范院校、综合大学、幼儿师范专科学校、幼儿师范学校和教师培训机构，采取集中培训、“送培到县”、“送教上门”、远程培训等多种方式对农村幼儿园教师进行培训，不断创新幼儿园教师培训模式。《“十四五”学前教育发展提升行动计划》指出，鼓励高校、教科研机构和优质幼儿园结对帮扶基层、边远和欠发达地区幼儿园。

（四）幼儿园教师培训措施

近年来，我国在加强幼儿园教师培训方面的举措主要有：

第一，完善培训制度。正在研制中的《幼儿园教师培训课程指导标准》颁布后，将进一步规范和指导各地分类、分层实施教师培训，优化培训课程内容，创新培训模式，提升培训实效。

第二，加大培训力度。实行幼儿园园长、教师定期培训和全员轮训制度，加大幼儿园园长、乡村幼儿园教师、普惠性民办幼儿园教师的培训力度；研究制定全国幼儿园教师培训工作方案，通过国家、省、县三级培训网络，大规模培训幼儿园园长、教师，重点加强师德师风全员培训、非学前教育专业教师全员补偿培训和未成年人保护方面的法律培训等。2019 年和 2020 年教育部和财政部联合实施的"中小学幼儿园教师国家级培训计划"都单列"幼师国培项目实施方案"。

第三，创新培训模式。支持师范院校与优质幼儿园协同建立培训基地，强化专业学习与跟岗实践相结合，增强培训针对性和实效性，切实提高教师专业水平和科学保教能力；推动信息技术与教师培训的有机融合，实行线上线下相结合的混合式培训；依托全国教师管理信息系统，加强在职教师培训信息化管理，建设教师专业发展"学分银行"。2021 年 7 月，教育部等六部门联合印发的《关于推进教育新型基础设施建设构建高质量教育支撑体系的指导意见》指出，要开发教师培训应用，提供模拟实训环境，提升教师信息化运用能力，以人工智能助推教师队伍建设。

案例　吉林省：幼师培训列入民生实事①

为加强幼儿园教师队伍建设，2022 年，吉林省将幼儿园教师培训列为全省民生实事项目，计划利用 3 年左右的时间，通过省、市、县三级培训网络，对全省幼儿园园长和教师轮训一遍。

据悉，吉林省将通过加大资金投入以及专题讲座、案例分析、现场观摩、返岗实践、送培到县等形式，对全省 6 000 名幼儿园园长、新入职教师、骨干教师、乡村振兴重点帮扶县教师开展专业化培训，持续提升幼儿园园长依法规范办园和幼儿园教师科学保教能力。

政策聚焦

本章建议围绕教师主题重点研读以下政策法规（表 3-5-1）。

① 刘少利. 吉林省：幼师培训列入民生实事[N]. 中国教育报，2022-09-11（1）.

表 3-5-1　本章重点研读政策法规一览表

政策法规	颁布时间	颁布机构
《中华人民共和国教师法》	1993 年颁布，2009 年修正，2021 年发布了修订草案的征求意见稿	全国人大常委会
《中华人民共和国学前教育法》	2024 年	全国人大常委会
《关于弘扬教育家精神加强新时代高素质专业化教师队伍建设的意见》	2024 年	中共中央、国务院
《关于全面深化新时代教师队伍建设改革的意见》	2018 年	中共中央、国务院
《教师资格条例》	1995 年	国务院
《关于深化中小学教师职称制度改革的指导意见》	2015 年	人力资源和社会保障部、教育部
《关于推进师范生免试认定中小学教师资格改革的通知》	2022 年	教育部
《教师数字素养》	2022 年	教育部
《中小学教师资格考试暂行办法》	2013 年	教育部
《新时代幼儿园教师职业行为十项标准》	2018 年	教育部
《幼儿园教师违反职业道德行为处理办法》	2018 年	教育部
《幼儿园教师专业标准（试行）》	2012 年	教育部
《关于大力推进教师教育课程改革的意见》	2011 年	教育部
《教师教育课程标准（试行）》	2011 年	教育部

思考与练习

（一）单选题

1. 幼儿园教师职务的任职条件是（　　）。

A. 具备幼儿园教师资格和学历、学位要求

B. 遵守宪法和法律，具有良好的思想政治素质和职业道德

C. 具备相应的教育教学水平、学术水平，身体健康、能正常工作

D. 以上都是

2. 马老师在逛商场时偶遇班上一位小朋友的家长，便一同挑选衣服。付款时，这位家长坚持把马老师的 500 元一起付了。对此，马老师的正确做法是（　　）。

A. 数额不大，不必在意，但下不为例

B. 表示谢意并坚持把钱还给家长

C. 勉强接受并回送价值相当的礼物

D. 表示感谢，并注意关照他的孩子

3. 教师节那天，李老师一进班级，就看见桌上放着孩子们送给自己的礼品，有包装精美的鲜花、音乐卡等。李老师从桌上特意拿起了一张贺卡，笑着对大家说："这张贺卡真漂亮，是小朋友自己做的吧，老师最喜欢这样的礼物！"该做法表明李老师（　　）。

A. 偏爱袒护个别幼儿　　B. 不尊重大部分幼儿

C. 自觉抵制不良风气　　D. 能维护幼儿的权益

4. 某教师积极参加幼儿园集体活动，并对幼儿园的改革发展建言献策。该教师行使的权利是（　　）。

A. 科学研究权　　B. 教育自主权

C. 指导评价权　　D. 民主管理权

5. 赵老师是一名幼儿园骨干教师，教育局要求她去省城参加培训学习，她应该（　　）。

A. 拒绝，骨干教师不需要再培训　　B. 参加，有利于提高教育教学水平

C. 拒绝，又辛苦又浪费时间　　D. 参加，有利于放松身心

6.《幼儿园教师专业标准（试行）》规定，我国幼儿园教师专业标准的基本理念是（　　）。

A. 师德为先，幼儿为本，能力为重，知识为主

B. 师德为先，幼儿为本，能力为重，终身学习

C. 幼儿为本，师德为先，能力为重，终身学习

D. 幼儿为本，能力为重，知识为主，终身学习

（二）简答题

1. 简述教育家精神的时代内涵。
2. 简述幼儿园教师的权利和义务。
3. 简述幼儿园教师培训的内容和方式。

（三）论述题

论述我国幼儿园教师职业道德的内容。

（四）案例分析题

合格的幼儿园教师应该具备哪些专业素养①

在一次开题讨论中，同学们围绕着"合格的幼儿园教师应该具备哪些专业素

① 杨莉君，蒋良富. 学前教育政策法规[M]. 长沙：湖南大学出版社，2019：124.

养？”这个问题展开了激烈的讨论：

“要有较强的艺术技能，弹琴、唱歌、跳舞、画画，这些最重要。”

“活动组织能力很重要，要能很好地安排幼儿的一日生活。”

“环境是重要的教育资源，所以应该具备较强的环境创设能力。”

“要能说一口流利的普通话，具有较好的语言表达能力。”

“应该掌握儿童发展的相关知识，善于观察幼儿，具备因材施教的能力。”

“合格的幼儿园教师最基本的素养就是爱孩子。”

问题：针对上述讨论，结合《幼儿园教师专业标准（试行）》，说说你对“合格的幼儿园教师应该具备哪些专业素养”的理解。

第三章答案

第一节　幼儿一日活动安全与保育
第二节　幼儿接送安全
第三节　幼儿园食品安全
第四节　幼儿园卫生防疫、健康检查与安全服药制度

第四章　幼儿园安全与卫生保健

4

本章要点

1. 幼儿一日活动安全与接送安全的要求。
2. 食品安全的含义，幼儿园食品安全的保障措施。
3. 幼儿园卫生防疫及体检的内容。

案例导入

幼儿园注重安全开展教育专题活动[①]

浙江省某幼儿园，已有30年的历史。目前，因园舍日渐陈旧已不能满足孩子生活、游玩的功能需求，幼儿园进行了为期两个半月的修整、改造。园舍改造、设施设备的配备以高质量为原则，并严格遵守《浙江省幼儿园教育装备规范》等各项规范、标准。新园改造后，该园针对各年龄段幼儿开展了一系列安全教育。

小班：引导幼儿认识标识并注意安全

以班级为主要场所，定期开展安全教育活动。教师带领幼儿一起寻找活动室内的“危险处”，如楼梯、卫生间转角、门缝等。教师展示危险标识，引导幼儿正确认识并掌握应对方法。

中班：引导幼儿产生初步的性别意识，注重保护隐私部位

男女分厕，男生和女生分别从不同的门进入卫生间，并用矮墙分隔。引导幼儿产生初步的性别意识，注重保护隐私部位，增强幼儿自我保护意识。

大班：幼儿自发组织探索并解决问题

作为幼儿园的小主人，幼儿自发分组、分区域去寻找幼儿园各处的“不安全角落”，整理、制作并张贴安全标识，自制图书《安全小百科》，并向弟弟、妹妹们进行宣讲……幼儿园里出现了很多温馨的“小贴士”。

安全是幼儿一日活动中的重要环节，《幼儿园教育指导纲要（试行）》明确指出，幼儿园必须把保护幼儿的生命和促进幼儿的健康放在工作的首位。案例中的幼儿园重视对不同年龄的幼儿开展安全教育，并将安全教育融入幼儿的日常学习生活，让幼儿掌握基本的安全知识，具备一定的自我保护能力。

幼儿的生命安全与健康既事关幼儿及其家庭的幸福，也涉及幼儿园、周边环境乃至社会的安定和谐。因此，我国专门制定了《中小学幼儿园安全管理办法》和《托儿所幼儿园卫生保健管理办法》，对幼儿一日活动安全、食品安全、接送安全、卫生保健、幼儿园卫生消毒、相关工作人员身体条件等都提出了具体的要求。

---

① 安全教育，幼儿园这样做[J]. 幼儿教育，2021，878（Z5）：10.

第一节　幼儿一日活动安全与保育

一、一日活动安全

幼儿一日活动安全指幼儿在一日的生活活动、游戏活动和教育活动中不受威胁、没有危险和危害的一种状态。幼儿的心理还尚未成熟，其神经兴奋强于抑制[①]，自我保护意识与能力都非常差，容易发生意外，需要成人的看护。在学前教育阶段，幼儿身心还不够成熟、辨别能力有限，在日常生活中，为幼儿创设安全的内外环境，规避安全隐患，是幼儿园教师的工作重点。

《中华人民共和国学前教育法》第五十一条规定“幼儿园应当把保护学前儿童安全放在首位，对学前儿童在园期间的人身安全负有保护责任。幼儿园应当落实安全责任制相关规定”。中共中央、国务院《关于学前教育深化改革规范发展的若干意见》指出，“幼儿园必须把保护幼儿生命安全和健康放在首位，落实园长安全主体责任，健全各项安全管理制度和安全责任制，强化法治教育和安全教育，提高家长安全防范意识和能力，并通过符合幼儿身心特点的方式提高幼儿感知、体悟、躲避危险和伤害的能力”。《幼儿园工作规程》第十二条指出，“幼儿园应当严格执行国家和地方幼儿园安全管理的相关规定，建立健全门卫、房屋、设备、消防、交通、食品、药物、幼儿接送交接、活动组织和幼儿就寝值守等安全防护和检查制度，建立安全责任制和应急预案”。

《中小学幼儿园安全管理办法》第二十八条规定：“学校在日常的教育教学活动中应当遵循教学规范，落实安全管理要求，合理预见、积极防范可能发生的危险。”如活动室和活动区应设计软性的地面，活动区的器械要结构牢固、摆放平整；要小心保管刀、剪、小珠子等容易造成危险的玩具。同时，由于幼儿抵抗力差，容易在集体环境中感染疾病，因此，幼儿园的玩教具、地面门窗等设备要符合卫生标准，教师本人要注意身体健康。《幼儿园工作规程》第十三条指出，“幼儿园的设备设施、装修装饰材料、用品用具和玩教具材料等，应当符合国家相关的安全质量标准和环保要求”。

《幼儿园保育教育质量评估指南》将“安全防护”作为幼儿园保育教育质量评估的一项关键指标，进一步从风险研判、日常检查维护、安全教育等方面对幼儿园安全问题进行严格考查。考查要点包括：“认真落实幼儿园各项安全管理制度和措施，每学期开学前分析研判潜在的安全风险，有针对性地完善安全管理措施。”“保教人员具

---

① 丁月增，李丹，李燕. 评述早期儿童认知发展的神经科学研究[J]. 心理科学，2006（3）：649-653.

有安全保护意识，做好环境、设施设备、玩具材料等方面的日常检查维护，及时消除安全隐患。发生意外时，优先保护幼儿的安全。”“幼儿园切实把安全教育融入幼儿一日生活，帮助幼儿学习判断环境、设施设备和玩具材料可能出现的安全风险，增强安全防范意识，提高自我保护能力。”

《中小学幼儿园安全管理办法》

二、幼儿园保育工作

保育工作是指保育员、教师等为幼儿的健康生活提供必要的环境、物质及帮助的活动。幼儿园保育是保障幼儿身心健康发展的重要工作，其规范有序地开展是幼儿园质量保障的重要支持。因此，我国出台了系列文件对保育工作进行规定。具体而言，保育员、教师等应做到以下几点。

第一，树立正确的健康观念，从身心两个方面进行保育。《幼儿园教育指导纲要（试行）》指出要“树立正确的健康观念，在重视幼儿身体健康的同时，要高度重视幼儿的心理健康”。过去，人们对于幼儿的健康认识只停留在预防和治疗幼儿的疾病与增强体质等方面。随着健康观念的改变，人们认识到健康不仅指没有身体缺陷和疾病，还包括具备良好的心理状态和社会适应能力。[1]因此，幼儿园教师应注重从幼儿的身心两个方面进行保育。《幼儿园工作规程》指出，“幼儿园保育和教育的主要目标是促进幼儿身体正常发育和机能的协调发展，增强体质，促进心理健康，培养良好的生活习惯、卫生习惯和参加体育活动的兴趣”。

第二，培养良好的卫生习惯和个性品质。幼儿期是儿童初步学会自理、形成自理能力的时期，也是良好卫生习惯初步养成的重要时期。[2]保教人员在保教过程中应教给幼儿简单的卫生常识，培养其良好的饮食起居、清洁卫生习惯等。[3]同时，教师应当关心、爱护与尊重幼儿，不得侮辱、殴打、体罚或者变相体罚幼儿，应为幼儿在日常生活与活动中创设健康、愉快的心理环境，培养幼儿良好的个性品质。

第三，给予幼儿悉心护理和照料。幼儿的身体正处于生长发育的早期，身体各系统均较柔嫩，调节能力较差，抗病能力不强，加之幼儿生活自理能力弱，因而极易受到伤害，需要成人给予精心的护理和照料。2012 年，卫生部印发的《托儿所幼儿园卫生保健工作规范》对一日生活中的保育工作进行了规定，其内容主要围绕各项生活环节、户外活动时间、每日进餐和睡眠制度几个方面展开。《托儿所幼儿园卫生保健工作规范》首先强调“儿童作息时间和睡眠、进餐、大小便、活动、游

---

① 张斌，虞永平. 基本立场的回归与内在本质的高扬：改革开放40年我国学前教育观念的流变[J]. 学前教育研究，2019（1）：3–8.

② 唐春梅. 浅谈幼儿良好生活习惯的养成[J]. 中国教育学刊，2011（S1）：145–146.

③ 王春燕，白小绵，杨瑒. 幼儿园过渡环节安排与组织的适宜性：基于H市三所幼儿园半日生活视频的分析[J]. 学前教育研究，2018（3）：47–53.

戏等各个生活环节的时间、顺序和次数”要合理。其次，指出应当保证幼儿有充足的运动量，“全日制儿童每日不少于 2 小时，寄宿制儿童不少于 3 小时”。最后是进餐时间和睡眠时间的要求。在进餐环节上，“正餐间隔时间 3.5 ～ 4 小时，进餐时间 20 ～ 30 分钟 / 餐，餐后安静活动或散步时间 10 ～ 15 分钟”。而在睡眠时间上，“3 ～ 6 岁儿童午睡时间根据季节以 2 ～ 2.5 小时 / 日为宜，3 岁以下儿童日间睡眠时间可适当延长”。在具体的执行过程中，幼儿园应当根据幼儿的身心发展特点及当地的季节变化来调整相应的生活制度。为了保证一日生活保育工作的有效执行，卫生保健人员“应当每日巡视，观察班级执行情况”。

第二节　幼儿接送安全

幼儿接送安全是家长及幼儿园关注的重要内容。我国《中华人民共和国道路交通安全法》和《校车安全管理条例》等都对幼儿接送安全进行了规范指导。原则上，我国鼓励家长接送，且以步行为主。《校车安全管理条例》第三条第一款提到，地方政府应该“依法制定、调整学校设置规划，保障学生就近入学或者在寄宿制学校入学，减少学生上下学的交通风险”，而对于难以实现就近入学的幼儿，则应该由幼儿园配备校车，政府、园所、社会和家庭共同合作，保障幼儿的出入安全。[①]

《校车安全管理条例》

一、幼儿接送的类型

根据接送幼儿主体的不同，幼儿接送可分为家长接送和校车接送两类。

（一）家长接送

《校车安全管理条例》第六十条第二款规定：“入园幼儿应当由监护人或者其委托的成年人接送。”此款规定既强调了监护人对孩子所负的责任，又重申了家庭在保障幼儿上下园交通安全方面的责任。国务院《关于当前发展学前教育的若干意见》指出，“从实际出发，为幼儿和家长提供方便就近、灵活多样、多种层次的学前教育服务”。因此，幼儿原则上应当就近入园，并由监护人或者其委托人早晨签到送幼儿

---

① 孙端，顾敏康. 学前儿童在园安全责任的多方博弈[J]. 学前教育研究，2022(4)：83-86.

进班，下午亲自进班签字接走幼儿。由家长接送幼儿不仅有利于分散和减少集中乘车接送的风险，同时也有利于幼儿更多地拥有与亲人相处、沟通交流的机会，从而健康茁壮地成长。[①]

（二）校车接送

根据《校车安全管理条例》第二条的规定，校车应为“依照本条例取得使用许可，用于接送接受义务教育的学生上下学的 7 座以上的载客汽车”。从校车的服务对象分析，该法规仅针对义务教育阶段的学生，并没有将幼儿纳入校车服务当中，可见在原则上并不鼓励幼儿乘坐校车。从校车的用途分析，校车仅用来接送学生上下学，并没有将接送学生参加集体活动也纳入校车管理。从校车车辆分析，校车车辆应该是依法取得使用许可的 7 座以上载客汽车，少于 7 座及不满足该法规规定的其他条件的车辆都不能作为校车使用。

有些幼儿不能就近入园，由监护人或者其他委托的成年人接送确实困难的需要车辆集中接送幼儿。《校车安全管理条例》第六十条第二款规定：“对确因特殊情况不能由监护人或者其委托的成年人接送，需要使用车辆集中接送的，应当使用按照专用校车国家标准设计和制造的幼儿专用校车，遵守本条例校车安全管理的规定。”可见，专门接送幼儿的校车在设计和制作方面应该考虑到幼儿身体的特殊性且应符合国家相关安全标准。

同时，使用校车集中接送幼儿也必须遵守《校车安全管理条例》的规定，以最大限度保障幼儿的乘车安全。

二、保障幼儿接送安全的基本要求

幼儿安全无小事。幼儿的安全不仅影响到家庭的幸福美满，同时也影响到社会的和谐稳定。因此，为保障幼儿“高高兴兴入园，安安全全离园”，家长与幼儿园应遵守幼儿接送安全的基本要求。

《中华人民共和国道路交通安全法》

（一）家长接送

《中华人民共和国道路交通安全法》第六十四条规定：“学龄前儿童以及不能辨认或者不能控制自己行为的精神疾病患者、智力障碍者在道路上通行，应当由其监护人、监护人委托的人或者对其负有管理、保护职责的人带领。”幼儿属无民事行为能力人，由于身心发展的特殊性决定其无能力独自入离幼儿园，因此需要成人的看护与带

① 国务院法制办公室《校车安全管理条例》起草小组. 校车安全管理条例释义[M]. 北京：中国法制出社，2012：4–8.

领。《中小学幼儿园安全管理办法》第三十一条规定："小学、幼儿园应当建立低年级、幼儿上下学时接送的交接制度，不得将晚离学校的低年级学生、幼儿交与无关人员。"幼儿的安全意识与自我保护意识薄弱，如果教师和家长对幼儿疏于看管，便可能在接送的过程中发生幼儿走失、被拐骗、被劫持绑架等。因此，为确保家长接送幼儿的安全，避免发生误领、冒领等现象，一般幼儿园都采用接送卡制度。

接送卡是家长接送幼儿的凭证，也是教师与家长联系的纽带。早晨家长送幼儿入园后，从教师那里拿走接送卡；晚上家长持卡接幼儿离园，并将卡还与教师。为此，家长、教师应做到以下几点：

（1）凡接送幼儿的应该是年满 18 周岁的具有完全民事行为能力的人，家长、教师不得让未成年人或者有精神障碍者负责接送幼儿。

（2）家长应在规定时间内接送幼儿，若未准时到达，教师不可将幼儿放在幼儿园门口或者让幼儿独自回班，本班教师必须亲自与家长交接。

（3）教师应引导家长有序接送幼儿。家长在入园时应在门卫处自觉排队、有序刷卡，为避免发生意外，幼儿园应要求家长接到幼儿之后马上离园，不在幼儿园的户外活动场所逗留。

（4）教师应严格审查接送卡。家长或其他监护人在接幼儿离园时，需向本班教师主动出示接送卡。教师应认真查明家长身份、与幼儿的关系等，以防止冒领、误领。

（5）若不是幼儿指定接送人接送幼儿，教师须审核接送人本人有效证件、接送卡及家长委托书。同时，家长应提前与幼儿所在班级的教师取得联系，详细交代接送人情况，如年龄、性别、与幼儿及家长的关系等。

（6）若家长没带接送卡接送幼儿，应先向教师出示个人有效证件，再填写无证接送册，详细填写家长信息，最后经过教师确认的确是幼儿熟识的接送人后方可接走幼儿。

（7）若家长在非接送时间接送幼儿，首先应先联系幼儿所在班级的教师，说明接送时间与理由，其次在门卫处登记并出示接送卡后入园，最后填写班级登记手册后方可接走幼儿。

（8）若接送人在未带接送卡时强行入园，门卫及教师有权利制止来访者入园，并视情况报警。

（二）校车接送

为了方便无暇接送幼儿的家庭和满足不能就近入园的幼儿的需要，校车服务应运而生。作为集中接送幼儿入离园的车辆，只有符合相关的国家安全标准才可保障幼儿的生命安全。接送幼儿的校车应当满足以下条件：

（1）校车的配备。《校车安全管理条例》第九条规定："学校可以配备校车。依法设立的道路旅客运输经营企业、城市公共交通企业，以及根据县级以上地方人民政府规定设立的校车运营单位，可以提供校车服务。”提供校车的主体应当履行以下职责：

一是提供的校车必须符合国家相关安全标准。相关人员或企业不得购买或者租用拼装车、故障车、报废车和三轮汽车等接送幼儿，不得将达到报废年限的、不具备校车条件的车辆作为校车使用。

二是幼儿园若租用校车，需要与校车服务提供者签订校车安全管理责任书，明确各自的安全管理责任。幼儿园应加强对幼儿乘车的管理，提高幼儿的交通安全意识与自我防护能力；校车服务者应选聘合格的司机，定期对校车进行维护与保养等。

三是凡作为校车使用的车辆，幼儿园需要在上级教育部门、交通管理部门处登记注册与备案，并取得校车使用许可。在交管部门处登记备案相当于为校车取得“身份证”，以便于与其他车辆相区别。

（2）校车的安检、维护与保险。《中小学幼儿园安全管理办法》第二十六条规定：“接送学生的车辆必须检验用校车应当粘贴统一标识。”对校车进行定期安检与维护有利于及早发现车辆存在的问题与安全隐患，使车辆处于良好的运行状态，以确保幼儿的出行安全。因此，幼儿园及校车服务提供者应履行以下职责：

一是对校车定期安检。校车每半年需要接受一次机动车安全技术检查，以及时了解、发现和消除存在的问题与隐患；在校车使用前，相关人员应对校车的轮胎、安全带、座椅、转向等车况进行安检，以确保校车处于良好的安全技术状况。

二是对校车定期保养和维护。校车驾驶人员对校车进行日常维护，每日出车前、行驶中和收车后进行清洁、补给和安全检视；车辆维修企业定期对制动、操纵等部件和容易磨损与变形的部件进行检查和维修，以保证校车处于良好技术状态。

三是为校车购买保险。《校车安全管理条例》第十四条规定，幼儿园或校车服务提供者要取得校车使用许可，应当“已经投保机动车承运人责任保险”。作为集中运送幼儿入离园的车辆，交通风险过于集中，一旦发生交通事故，对幼儿可能造成伤害，校车运行人需要承担巨额的赔偿责任。为使校车运行人能够有能力承担赔偿责任，则须购买保险。

（3）校车司机的聘请。校车驾驶员是保障校车安全的核心与关键所在。再好的校车，没有合格的驾驶人员，也可能将幼儿置于危险之中。《中小学幼儿园安全管理办法》第二十六条第三款规定：“接送学生的机动车驾驶员应当身体健康，具备相应准驾车型 3 年以上安全驾驶经历，最近 3 年内任一计分周期没有记满 12 分记录，无致人伤亡的交通责任事故。”据此规定及《校车安全管理条例》的相关精神，校车驾驶员应符合以下条件：

一是校车驾驶员必须取得校车驾驶资格，应为有多年驾驶经验、驾驶记录良好、身体和心理健康、作风文明的人员。

二是校车驾驶人员应每年接受公安机关交通管理部门的审验，以确保持续符合相关资格要求。同时，校车驾驶员还应依法接受换证审验与累计积分审验。

三是要与幼儿园、校车服务提供者签订安全责任书，以明确责任。校车驾驶人员需遵守道路交通安全的法律法规，严格按照交通规则和驾驶操作规范安全、文明驾驶。

（4）校车的行驶。校车的行驶路线是否有安全保障、通行的道路是否存在安全隐患、是否按车辆的核定人数载人等都将影响校车通行的安全。《校车安全管理条例》对校车的通行做了十分具体、细致的规定，以确保幼儿的生命安全。具体归纳如下：

第一，校车应根据已经审核过的路线行驶，除遇到自然灾害、重大交通事故、道路施工等情况，并避免在陡坡、临崖等危险路段行驶。

第二，校车行驶时应将校车安全标志灯开启，并且将校车标志牌放在指定位置，以表明校车的合法身份，便于公众识别校车。

第二，校车应依法在指定停靠点停车并开启危险报警闪光灯、打开停车指示标志，以方便幼儿等候校车，保障幼儿上下车的安全。

第四，校车接送幼儿时应避免交通拥挤，不得超载、超速和酒后驾驶校车。

（5）校车的乘坐。《校车安全管理条例》第三十八条第一款规定：“配备校车的学校、校车服务提供者应当指派照管人员随校车全程照管乘车学生。”由于幼儿是未成年人，其身心发育尚未成熟，自我约束能力不强，同时缺乏必要的应急知识，因此需要成人给予关照。为保障幼儿乘坐校车的安全，在校车乘坐方面应符合以下要求：

第一，校车应配备专门教师随车全程照管幼儿。随车教师应维护幼儿上下车秩序，避免发生争抢、拥挤、推搡等现象；应帮助幼儿安全落座、系好安全带等，保障幼儿上下车、过马路和行车过程中的安全；应在幼儿上下车时负责清点与核实人数，确认幼儿已全部离开后方可离车，避免发生因将幼儿遗忘在车内造成的事故。

第二，禁止除驾驶员、随车教师以外的人员在校车行驶过程中乘坐校车。为方便对乘车幼儿进行管理，更好地维护校车乘车秩序，防止发生不法人员劫持校车等危害幼儿人身安全的现象，校车不得搭载无关人员。

第三，不得在校车载有幼儿时给车辆加油、不得在校车发动机引擎熄灭前离开驾驶座位，以避免发生火灾等事故。

第四，应加强对运营校车的监管。应对校车超载、超速等情况严格依法处罚，并对幼儿园的相关责任人进行批评教育；应对校车进行不定期的抽查以检验其安全性；应定期对幼儿园校车的管理人员及校车驾驶人员进行安全教育与培训，以提高他们的安全责任意识，保障幼儿的生命安全。

案例　校车也有了 4S 店①

吉林省不仅为学校配备校车，而且为校车建立服务中心，精心呵护、保养校车，让校车安全行驶，从而保证学生的交通安全。

正在忙着修车的谢师傅说，自从校车中心运营以来，已经有 50 多台校车到这里检修过了。“都是些小毛病。比如有些螺丝松了，就紧一紧。可别小看这些小螺丝，如果是关键部位，螺丝松动可不是小事。检查时必须格外细致，这可是给孩子用的车，坐的都是祖国的花朵啊！”

家住长春市南关区的王女士说：“校车定期检测给家长又吃了颗定心丸。吉林冬天漫长，冰天雪地，路况不好，校车的安全性能特别需要这样的保障。”

现阶段，作为校车安全运营体系的重要组成部分，以“1 个中心服务店 +19 个服务站 +4 台专用服务车”为模式的吉林省校车服务中心正式搭建起来，有力保障了校车的安全。

第五，运用生动活泼的方法定期为幼儿讲解校车乘坐规范，并介绍逃生、求救等知识，以提高幼儿的自我保护意识与能力。

第三节　幼儿园食品安全

幼儿时期是整个人生发展的关键时期，为幼儿提供安全的食品与合理的膳食，是幼儿园的重要职责。《中华人民共和国学前教育法》第五十三条规定，幼儿园应“做好儿童营养膳食、食品安全等卫生保健管理工作”。我国《托儿所幼儿园卫生保健工作规范》也明确规定：托幼机构要“严格执行食品安全工作要求，配备食堂从业、管理人员和食品安全监管人员，制订各岗位工作职责，上岗前应当参加食品安全法律法规和儿童营养等专业知识培训。做好儿童的膳食管理工作，为儿童提供符合营养要求的平衡膳食”。

《托儿所幼儿园卫生保健工作规范》

一、食品与食品安全的含义

食品，指各种供人食用或者饮用的成品和原料以及按照传统既是食品又是中药

① 孟海鹰，赵婀娜. 校车也有了4S店[N]. 人民日报，2013-02-23(4).

材的物品，但是不包括以治疗为目的的物品。由于幼儿身体的特殊性，幼儿园应提供营养价值高、营养素种类齐全且比例协调、易于幼儿吸收消化的食品。[①]幼儿园应根据四季的变化与儿童生长发育的需要，提供新鲜、当季、丰富多样的食品，包括各种蔬菜、肉类、奶类以及水果。

食品安全，即食品无毒、无害，符合营养要求，对人体健康不造成任何急性、亚急性或者慢性危害。可见，食品应既无毒、无害，保证人类的生存与健康，又符合营养要求。由于幼儿的身体柔弱、抵抗力差，幼儿园必须为幼儿提供安全、无毒且营养丰富的食品，以保障幼儿的生命健康。

二、保障幼儿园食品安全的基本要求

《幼儿园教育指导纲要（试行）》指出：“幼儿园必须把保护幼儿的生命和促进幼儿的健康放在工作的首位。”所谓“民以食为天，食以安为先”，对于幼儿而言，食品安全且营养丰富是他们健康成长的基础。根据《学校食品安全与营养健康管理规定》《托儿所幼儿园卫生保健工作规范》的相关规定，幼儿园应从食堂设备与环境，食品采购、贮存与加工、食堂从业人员、食品安全管理与监督和食品安全事故调查与应急处置五个方面保障食品安全。

《学校食品安全与营养健康管理规定》

（一）食堂设备与环境

食品生产经营应有与生产经营的食品品种、数量相适应的生产经营设备或者设施，有相应的消毒、更衣、盥洗、采光、照明、通风、防腐、防尘、防蝇、防鼠、防虫、洗涤以及处理废水、存放垃圾和废弃物的设备或者设施。食堂的设施设备是否齐全，内外环境整洁与否，直接影响食品的贮存与加工的质量。因此，根据有关食品安全及学校食堂的法律法规的要求，幼儿园应做到以下几点：

（1）完善食品卫生条件，保证食堂内外环境干净、整洁，且硬件设施设备齐全；

（2）应有合理的布局与工艺流程，以防止未清洗加工的食品与已制作完成的食品交叉污染；

（3）食堂应配有相对独立的食品原料存放间、食品加工操作间、食品出售和用餐等场所；

（4）应对餐具、饮具等进行有效的分类摆放，且使用符合卫生标准的洗涤与消毒剂对其进行彻底清洗与消毒。

---

① 张应春. 幼儿园食品卫生安全工作必须从严治理[J]. 中国教育学刊，2017（3）：103-105.

（二）食品采购、贮存与加工

选购安全、卫生的食品，并对其进行合理的贮存与加工是保障幼儿园食品安全的重要措施。

1. 食品采购

为避免购买质量低下的食品，幼儿园必须从持有“食品生产许可证”或“食品流通许可证”等有资质的食品生产经营单位采购食品，并按国家有关规定索票索证，同时做好食品采购与验收记录。幼儿园不能采购腐败变质、污秽不洁、霉变生虫、掺假掺杂、混有异物或者其他感官性状异常，含有毒有害物质或者被有毒、有害物质污染，可能对人体健康有害的食品；病死、毒死或者死因不明的，未经兽医卫生检验或者检验不合格的肉类及其制品；超过保质期限、无标签的预包装食品和不符合食品标签规定的定型包装食品等不符合食品卫生标准和要求的食品。

2. 食品贮存

《托儿所幼儿园卫生保健工作规范》第二部分“卫生保健工作内容与要求”规定，幼儿园食堂“库存食品应当分类、注有标志、注明保质日期、定位储藏”。合理、有效地贮存食品能有效避免食品被不洁、有毒、有害物品污染。食堂工作人员应按规定将食品、工具、容器分类和定位贮存；应标注食品的保质期，并定期检查、处理变质或超过保质期限的食品；应将食品、半成品和熟食贴上标签并分柜存放；不能将有毒、有害及自己的私人物品存放在食堂。

3. 食品加工

食品原料的新鲜洁净与否直接影响食物的质量及安全。食堂炊事员不得加工或使用变质、有毒、不洁、超过保质期的食品；不可直接提供未加热的食品以及制作和提供冷荤凉菜；应使用正确的方法对食品进行烹调加工，尤其是四季豆、豆浆等食品必须做到彻底烧熟、煮透。

4. 食品留样

《托儿所幼儿园卫生保健工作规范》第二部分“卫生保健工作内容与要求”规定，幼儿园应每日将食品留样，且“留样食品应当按品种分别盛放于清洗消毒后的密闭专用容器内，在冷藏条件下存放48小时以上；每样品种不少于100克以满足检验需要，并做好记录”。为使幼儿园食物中毒事故有据可查，幼儿园应建立食品留样制度，以便尽快确定是否由饮食引起疾病。同时，为满足检验需要应按相关要求留够足量的食品，并按种类分别盛放于专用容器内，且做好记录。

（三）食堂从业人员

食品生产经营人员应当保持个人卫生，生产经营食品时，应当将手洗净，穿戴清洁的工作衣、帽。食堂从业人员是保障幼儿吃得舒心、放心以及最大限度地降低食品安全隐患关键。因此，食堂工作人员应遵守下列要求：

（1）定期接受健康检查，取得健康证明后才可参加工作，凡是患有有碍于食品卫生疾病的人员不可从事接触直接入口食品的工作。

（2）食堂从业人员与分餐人员若出现咳嗽、发热、呕吐等有碍于食品卫生的病症时，应该立即停止工作；待查明病因、排除有碍于食品卫生的病症或治愈后，才可重新上岗。

（3）拥有良好的个人卫生习惯，应做到勤洗手、穿戴整洁、不留长指甲、不戴戒指、不在工作区吸烟等。

（四）食品安全管理与监督

对幼儿园食品安全进行管理与监督，有利于预防和有效应对食物中毒等突发事故。因此，根据有关学校食堂的法规规定，幼儿园应做到以下几点：

（1）建立健全本园的食品安全管理制度。应配备专职或者兼职食品安全管理人员，加强对食堂关键环节的控制与监管，定期对食品进行抽样检验以了解食品安全状况。

（2）建立健全食物中毒或者其他食源性疾患的应急处置预案与报告制度。当本园发生食物中毒或疑似食物中毒事故时，应按照相关规定及时处理事故，且向当地教育行政部门和卫生行政部门报告。

（3）加强对相关工作人员的培训。应定期对食堂管理人员与从业人员进行关于食品安全知识、职业道德和法治教育的培训，以提高食堂相关工作人员保障幼儿园食品安全的意识与能力。

（五）食品安全事故调查与应急处置

《学校食品安全与营养健康管理规定》第一章第五条规定："学校应当按照食品安全法律法规规定和健康中国战略要求，建立健全相关制度，落实校园食品安全责任，开展食品安全与营养健康的宣传教育。"提前对食品安全事故做好预案，是对幼儿人身安全的重要保障。因此，根据有关学校食品安全的规定，幼儿园应做到以下几点：

《学校食品安全与营养健康管理规定》

（1）学校应当建立集中用餐食品安全应急管理和突发事故报告制度，制定食品安全事故处置方案；

（2）学校发生食品安全事故需要启动应急预案的，教育部门应当立即向同级人民政府以及上一级教育部门报告，按照规定进行处置；

（3）教育部门和学校应当按照国家食品安全信息统一公布制度的规定建立健全学校食品安全信息公布机制，主动关注涉及本地本校食品安全舆情。

案例　守护幼儿舌尖上的安全①

“陈老师，今天的四喜烤麸怎么是酸的？是不是烤麸不新鲜？还是加了什么添加剂？小朋友都不敢吃呢！”一天中午，某幼儿园老师接到一位陪餐教师的电话，吓了一跳，立即去班级了解情况。经查看、尝味后，发现幼儿午餐菜肴之一“四喜烤麸”色泽正常，无异味，但入口确实比较酸。经了解，烤麸有酸味是正常现象，烤麸的制作过程中有个环节需要加入酵母来发酵，酵母菌在发面过程中会产生乳酸。

园长对“烤麸事件”举一反三，高度重视食品安全，立即组织园行政班子、陪餐工作小组、食堂工作人员召开食品安全专题会议，全面排查食品工作中存在的风险。随后，各部门人员根据会议决议分工合作，迅速行动起来，实地考察、确认配送企业是否符合资质；完善食品安全制度，加强验收环节；加强食堂从业人员业务培训，明确职责；完善陪餐制度，提高陪餐责任意识；及时整改，有效落实；开展食物中毒应急演练。

虚惊一场的“烤麸事件”成了该园反思食堂管理工作乃至全园安全工作的一个契机，该园通过不断完善食堂管理制度，不断加强各岗位责任人的安全意识，真正把好孩子舌尖上的安全关。

案例 4-3 中的幼儿园将食品安全工作作为全园的重要工作，因此在日常监督与审核过程中始终严格要求，对各项工作都进行了细致把控。

第四节　幼儿园卫生防疫、健康检查与安全服药制度

幼儿正处在生长发育的关键期，他们的身体生长发育迅速却尚未发育完全，对不良环境和疾病的抵抗力不强，容易受外界因素的干扰。《中华人民共和国学前教育法》规定，幼儿园应做好“全日健康观察、食品安全、卫生与消毒、传染病预防与控制、常见病预防等卫生保健管理工作”。因此，从监测幼儿健康状况，加强对传染病、幼儿常见病的预防和治疗，提高幼儿健康水平，改善幼儿园卫生环境和教育卫生条件等方面而言，幼儿园的卫生防疫、健康检查与安全服药制度显得尤为重要。

---

① 陈英芝，袁宇俊. 守护幼儿舌尖上的安全[J]. 幼儿教育，2019（Z4）：79-81.

一、幼儿园卫生防疫

幼儿园卫生防疫指幼儿园采取一切措施以控制和预防疾病的发生和传播。幼儿园是幼儿集中生活和学习的场所，幼儿在园同吃、同住、同玩，由于幼儿身体抵抗力差，有些疾病容易在幼儿当中互相传播。《中华人民共和国未成年人保护法》第三十四条规定："学校、幼儿园应当提供必要的卫生保健条件，协助卫生健康部门做好在校、在园未成年人的卫生保健工作。"幼儿园应积极做好卫生保健工作，保护幼儿的身心健康。卫生防疫工作内容包括环境卫生、个人卫生、预防性消毒、传染病预防与控制四个部分。

《中华人民共和国未成年人保护法》

（一）环境卫生

环境卫生指人们居住或工作所在地周围的卫生情况和条件。幼儿园的环境卫生应包括室内环境卫生和室外环境卫生两部分。室内环境卫生包括对办公室、活动室等的清洁，应做到物品整齐摆放、桌面与地面整洁。室外环境卫生包括对走廊、操场及大型玩具等的清洁与消毒，应做到无灰尘、无杂物，且干净整洁。具体的工作内容包括以下方面：

（1）为幼儿提供清洁、安全的环境，每周需定期检查室内外环境卫生，做好清洁与消毒工作。如需要集中消毒，则应在幼儿离园后进行。

（2）每班应配备防蝇、蚊、鼠及防暑和防寒的设备，为避免幼儿误食、误用，应该将设备置于幼儿接触不到的地方。

（3）做好室内通风工作，保持室内阳光充足。每日定时打扫室内卫生，采取湿式清扫方式清洁地面，且清洁后保持地面干燥。做好厕所的卫生消毒工作，应常通风，避免出现异味。

（4）卫生洁具应做到及时清洗与晾干，各班专用专放。

（5）床上用品要定期清洁。枕席、凉席每日用温水清洗 1 次，被褥每月暴晒 1 ~ 2 次。

（6）定期对玩具、图书进行清洁。玩具至少每周清洗一次，图书至少每两周翻晒一次。

（7）楼梯扶手、大型器械等要保持洁净，每周至少进行 2 ~ 3 次消毒。

《托儿所幼儿园卫生保健管理办法》

（二）个人卫生

个人卫生指为保护和增进个人健康所采取的预防疾病的措施。讲究个人卫生有利于教师及幼儿避免疾病的威胁，同时也使个人拥有良好的形象，有助于心情愉悦。《托儿所幼儿园卫生保健管理办法》第十五条第五款规定："严格执行卫生消毒制度，做好室内外环境及个人卫生。"因此，幼儿及教师有必要保持干净整洁，保持个人良好卫生。具体的工作内容包括以下方面：

（1）幼儿日常的生活用品如毛巾、水杯、被褥等要专人专用，并定期清洁。

（2）幼儿要培养良好的卫生习惯。如饭前便后要洗手，早晚刷牙、洗脸，饭后漱口，勤洗头、勤洗澡、勤换衣服、勤剪指（趾）甲，保持服装整洁；不随地大小便、不乱丢果皮纸屑；等等。

（3）工作人员应有良好的卫生习惯，注意个人仪表；饭前便后和护理幼儿前要洗手；上班不戴戒指，不留长指甲；不在园内吸烟，不随地吐痰；不使用幼儿的杯子、毛巾和餐具；等等。

（三）预防性消毒

预防性消毒指没有明确的传染病存在，对可能受到病原微生物或其他有害微生物污染的场所和物品进行的消毒。对园内设施设备进行消毒，有利于防止病原体的扩散，同时避免病儿将病原体交叉传染给其他幼儿。幼儿园常用的消毒方法有机械法、紫外线消毒法、煮沸法等。具体的预防性工作内容包括以下方面：

（1）幼儿活动室、卧室等应经常开窗通风。每日至少通风两次，每次至少 10 分钟，以保持空气清新。若不适宜开窗通风，每日应采取其他方式对室内进行消毒。

（2）餐具、水杯、毛巾等每次使用后要及时清洗、消毒。

（3）要对门把手、水龙头、床围栏等幼儿经常能接触到的地方进行定期清洁。厕所使用后立即冲洗，应及时对皮肤接触到的位置进行消毒。

（4）消毒器械和消毒剂应符合国家标准，环境和物品的预防性消毒方法应符合要求。

（四）传染病的预防与控制

传染病指由病原微生物侵入人体所引起的一类疾病，能在人群中引起局部的或广泛的流行。传染病的预防指在尚未出现疫情之前，针对可能存在病原体的环境、物品、动物、媒介昆虫等所采取的措施，或对可能受病原体威胁的人群采取的措施。幼儿很容易受到传染病的困扰，受到不良影响。为避免传染病在幼儿园的大肆传播，应建立起疾病的预防与控制机制。具体的工作内容包括以下方面：

（1）在幼儿入园前，幼儿园应检查预防接种证。《中小学幼儿园安全管理办法》第二十三条第二款规定："托幼机构与小学在入托、入学时应当查验预防接种证。"为提高幼儿抵抗传染病的能力，预防疾病的发生，幼儿园应督促家长按免疫程序和要求完成幼儿预防接种，配合相关机构做好本园幼儿的常规性接种、应急性接种等。

（2）幼儿园若发现疫情应及时报告。《中华人民共和国传染病防治法》第三十一条规定：“任何单位和个人发现传染病病人或者疑似传染病病人时，应当及时向附近的疾病预防控制机构或者医疗机构报告。”因此，幼儿园若发现传染病疫情或疑似病例时，应做到早报告、早治疗。

《中华人民共和国传染病防治法》

（3）每班教师应登记出勤情况，对没有来园的幼儿及时了解缺席原因并做好记录，若发现传染病病例或疑似病例要做到早发现、早报告。

（4）幼儿园要做好传染病病儿的隔离工作，并且对隔离室进行消毒，及时切断传染病在幼儿园的传播途径。

（5）幼儿园应配合疾病预防控制机构对被传染病病原体污染（或可疑污染）的物品和环境实施随时性消毒与终末消毒，以阻止疫情的进一步扩大。

（6）疫情发生时，幼儿园应做好预防措施。《托儿所幼儿园卫生保健管理办法》第十六条第三款规定：“在传染病流行期间，托幼机构应当加强预防控制措施。”在发生传染病期间，幼儿园要保护好易感儿童，并且坚持晨午检和全日健康检查；相对隔离发生传染病的班级，并对其进行医学观察，同时不办理入托和转园手续。

（7）卫生保健人员定期对家长和幼儿做好关于预防接种和传染病防治的宣传教育工作，以提高其防护意识与能力。

（8）患传染病的幼儿隔离期满后，凭医疗机构出具的痊愈证明方可返园。对来自疫区或有传染病接触史的幼儿，检疫期过后才可入园。

二、幼儿园健康检查

为保障幼儿的健康，幼儿园不但要做好幼儿健康检查，还要定期督促园所工作人员做好健康检查。

（一）幼儿的健康检查

《托儿所幼儿园卫生保健管理办法》第十五条规定，幼儿园应当“建立健康检查制度，开展儿童定期健康检查工作，建立健康档案。坚持晨检及全日健康观察，做好常见病的预防，发现问题及时处理”。健康检查有利于家长及教师了解幼儿的身体状况，并对体质弱的幼儿给予关心与照顾，同时，有利于及时治疗与护理患有疾病的幼儿。健康检查包括入园健康检查、定期健康检查、晨午检及全日健康检查三个部分。

1. 入园健康检查

《托儿所幼儿园卫生保健工作规范》《幼儿园工作规程》都要求儿童入托幼机构

前应当经医疗卫生机构进行健康检查，合格者方可入园（所）。入园体检有利于家长和教师了解幼儿的生长发育情况，预防传染病的发生与传播，以保证每个幼儿的健康。具体内容包括以下方面：

（1）幼儿入园前，幼儿园应查验《儿童入园健康检查表》《0—6 岁儿童保健手册》《预防接种证》。若没有《预防接种证》，或没有按照国家免疫计划接受接种的幼儿，幼儿园应督促家长去相关机构补办接种证或补种，并向相关机构报告。幼儿园复验《预防接种证》后才可入园。

（2）在入园体检中发现有疑似传染病的幼儿，应“暂缓入园”，并及时确诊治疗。

2. 定期健康检查

《托儿所幼儿园卫生保健工作规范》第一部分“卫生保健工作职责”指出，托幼机构应“严格执行工作人员和儿童入园（所）及定期健康检查制度”。对幼儿进行定期体检有利于家长和教师了解幼儿生长发育的情况，并对出现的问题做到早发现、早治疗。体检的内容包括以下方面：

（1）定期检查的项目包括测量身高、体重，检查口腔、皮肤、心跳、脊柱、四肢等，测查视力、听力，检测血常规或血红蛋白。

（2）3 岁及 3 岁以下的幼儿每年参加两次体检；3 岁以上幼儿每年参加一次体检。所有幼儿每年进行一次血红蛋白或血常规检测。3 岁以上幼儿每年进行听力筛查，4 岁以上幼儿每年检查视力。体检结果应及时反馈给家长。

（3）幼儿离园 3 个月以上需要重新按照入园检查项目进行健康检查。

（4）转园幼儿需持原园的《儿童转园健康证明》《0—6 岁儿童保健手册》入新园。《儿童转园健康证明》有效期为 3 个月。

3. 晨午检及全日健康检查

《托儿所幼儿园卫生保健工作规范》第一部分“卫生保健工作职责”指出，托幼机构应“坚持晨午检及全日健康观察工作，卫生保健人员应当深入各班巡视”。幼儿园的晨午检及全日健康检查是一项每日了解幼儿的健康状况、精神状态和清洁卫生情况的重要途径。对幼儿进行晨午检及全日健康检查可将传染病的传播扼杀在萌芽之中，以保护幼儿的健康。晨午检及全日健康检查的内容包括以下方面：

（1）做好晨午检。卫生保健人员或保育员要观察每个幼儿的精神状况，观察幼儿有无发热和皮肤异常，询问幼儿在家有无异常状况，检查是否携带不安全物品。如发现可疑传染病者，应及时进行排查，做到早发现、早报告。

（2）对幼儿饮食、睡眠、大小便、精神状况、情绪、行为等进行全日健康观察，并做好观察记录。

（3）卫生保健人员需每日两次深入班级做好巡视，发现患病、疑似传染病的幼儿应尽快隔离且与家长联系，安排病儿及时到医院进行治疗，并追访诊治结果。

案例　会跳舞的香皂[①]

在幼儿园里，由于幼儿高度集中，幼儿之间接触密集，加上幼儿自身免疫力弱，传染病就容易流行。

为了让幼儿爱上洗手并认真对待，我根据幼儿的心理特点，设计制作了“会跳舞的香皂”活动，赋予洗手环节更多的趣味。我把香皂灌进用蚊帐布做成的小口袋里，然后把它们绑在洗手池的水管上。在幼儿洗手时，我对他们说：“看看哪些小朋友能让‘寂寞’的香皂跳起舞来！”幼儿听了很高兴，更愿意主动洗手了。一名幼儿说：“我用手摸香皂的时候它就会跳舞。”另一名幼儿说：“我跟香皂握手的时候它也会跳舞。”他们兴高采烈地回答着，显然对洗手时让香皂跳起舞来的游戏十分感兴趣。

（二）托幼机构工作人员健康检查

《托儿所幼儿园卫生保健工作规范》明确提出托儿所、幼儿园工作人员要接受上岗前健康检查和定期健康检查。

上岗前健康检查包括：在县级以上人民政府卫生行政部门指定的医疗卫生机构进行健康检查，取得《托幼机构工作人员健康合格证》后方可上岗；精神病患者或者有精神病史者不得在托幼机构工作。

定期健康检查包括：每年进行 1 次健康检查；在岗工作人员患有精神病者，应当立即调离托幼机构；在岗工作人员患有传染病的，应当立即离岗治疗，治愈后方可上岗工作；在体检过程中发现异常者，由体检的医疗卫生机构通知托幼机构的患病工作人员到相关专科进行复查和确诊，并追访诊治结果。

三、幼儿园安全服药制度

服药制度指的是幼儿园使用药物的规定，其中包括接收、存储和使用三个方面。按照我国卫生保健部门的要求，幼儿在幼儿园一般不服药，若有不适，由家长在家喂药，等孩子病好了再送入幼儿园。如果家长委托幼儿园教师代为喂药，所服药品必须由家长亲自送来并登记在册，家长需要向幼儿园园医或幼儿所在班级提供相关处方证明，标明病因、药名、剂量、服用时间和方法，并签字确认。药品最好由幼儿园园医统一保管和喂服。如由班级管理，教师应将药品放在幼儿接触不到的高处，每班应有一个固定的放置药品的地方。教师需要查对幼儿姓名无误后才能让幼儿服食药品，并签上姓名。

① 孙萍. 会跳舞的香皂[J]. 幼儿教育，2010，467（7）：43.

如幼儿在园期间出现身体不适，幼儿园应第一时间通知家长并提示送医治疗；如病儿病情变化突然且时间紧迫，在第一时间联系家长后，报 120 或用园内公车及时就近送医。除日常简单急救以外，幼儿园不得擅作其他医学处理。未经家长同意和没有医生处方的情况下，幼儿园保健医生和教师都不得给幼儿喂服任何药品、保健品，更不能代打疫苗。如幼儿园非法给幼儿服用处方药，相关责任人将以非法行医处理，幼儿园或被取消办学资格。

政策聚焦

本章建议围绕安全与卫生保健主题重点研读以下政策法规（表 4-4-1）。

表 4-4-1　本章重点研读的政策法规一览表

政策法规	颁布时间	颁布机构
《中华人民共和国道路交通安全法》	2003 年，2021 年第 3 次修正	全国人大常委会
《中华人民共和国传染病防治法》	1989 年，2004 年修订，2013 年修正	全国人大常委会
《校车安全管理条例》	2012 年	教育部、公安部等 20 部门
《中小学幼儿园安全管理办法》	2006 年	教育部、公安部等 10 部门
《学校食品安全与营养健康管理规定》	2019 年	教育部、国家市场监督管理总局、国家卫生健康委
《幼儿园工作规程》	2016 年	教育部
《托儿所幼儿园卫生保健工作规范》	2012 年	卫生部
《托儿所幼儿园卫生保健管理办法》	2010 年	卫生部、教育部

思考与练习

（一）单选题

1. 幼儿园日常消杀工作在传染病预防中属于哪个环节？（　　）

A. 保护易感者　　B. 切断传播途径

C. 管理传染源　　D. 以上都不是

2. 依据《校车安全管理条例》规定，（　　）负责依法制定、调整学校设置规划，保障学生就近入学或者在寄宿制学校入学，减少学生上下学的交通风险。

A. 中央政府　　B. 省级政府

C. 市级政府　　　　D. 县级以上政府

（二）简答题

1. 请详细阐述与一日活动安全有关的政策法规。

2. 请写出不少于二则与幼儿家长接送有关的政策法规，并具体阐述在家长接送过程中，教师应该如何做。

3. 保障幼儿园食品安全的基本要求有哪些？

（三）论述题

1. 幼儿园卫生防疫包括哪些方面？

2. 具体介绍幼儿园教师如何做好晨午检及全日健康检查工作。

第四章答案

第一节　幼儿学习与发展目标、幼儿园保教目标
第二节　幼儿园保教活动的基本原则
第三节　幼儿园各领域教育内容与教育建议
第四节　幼儿园保教资源的开发与利用
第五节　幼儿园保教质量的监测与评估

第五章 幼儿园保教活动

5

本章要点

1. 幼儿学习与发展目标、幼儿园保教目标的内容，以及“学习与发展目标”“保教目标”的关系。
2. 幼儿园保教活动的基本原则。
3. 幼儿园五大领域的教育内容与教育建议。
4. 幼儿园保教资源的类型。
5. 幼儿园保教质量评估内容。

案例导入

彦彦画的鞋子房①

彦彦是班里年龄最小的孩子，他各方面的发展似乎都比其他孩子慢一些。可能是因为他手部的小肌肉动作还没充分发展，每次绘画活动时，他都是一副“不会画”“不愿画”的状态，画面上都是各种圈圈。我有时甚至抓住他的手教他画，但是我一放手，他依旧画圈圈。

前不久，我组织孩子们开展了美术活动——“各种各样的房子”。活动前，我先带着孩子们观察幼儿园周边各种各样的房子，有住宅楼、商业大楼，还有学校的教学楼、宿舍楼等。同时，我还让孩子们欣赏了世界上各种建筑的图片以及几条著名街道的视频。孩子们连连惊叹，纷纷表示也要建一座特别的房子。于是，我与孩子们讨论了他们梦想中的房子。他们有的说想住大别墅，有的说想住飞机房，有的说想住蘑菇房……彦彦说要住鞋子房，我肯定了彦彦的想法，但对他的期望值并不高。接着，孩子们便画起了自己梦想中的房子。在作品分享环节，我看到彦彦真的画了一座活灵活现的鞋子房。彦彦说：“我在电视里看到过一座漂亮的鞋子房，我很喜欢。”

这次我没有要求彦彦按照我的思路画，他却给了我一个惊喜。这促使我反思以往的教育行为，也许是我的示范和要求限制了孩子的思维，束缚了孩子的手脚。

幼儿艺术活动是幼儿表现美和创造美的活动，幼儿对事物的理解不同于成人，幼儿之间也有差别，教师应该对幼儿独特的艺术表现给予充分的肯定和鼓励，允许幼儿按照自己的意愿表达、表现，努力使每一个幼儿都能够获得成功和满足。

幼儿园保教活动是幼儿园教师设计的有目的、有计划、有组织的，旨在促进幼儿身心全面和谐发展的各项学习活动的总和。幼儿园主要通过游戏、幼儿园五大领域的教育活动促进幼儿的学习与发展。

① 陈琮. 彦彦画的鞋子房[J]. 幼儿教育，2019（7）：53. 有删减。

第一节 幼儿学习与发展目标、幼儿园保教目标

幼儿园作为专门对3—6岁幼儿进行保教活动的场所，其保教目标的实现对幼儿的发展具有重要作用。我国从幼儿学习与发展、教育的角度分别提出了相应的目标和要求，即幼儿学习与发展目标、幼儿园保教目标。因此，有必要对幼儿学习与发展目标及幼儿园保教目标的内涵及二者的区别和联系进行分析。

一、幼儿学习与发展目标

幼儿学习与发展目标是对不同年龄阶段的幼儿学习与发展的最基本、最重要的方面所应达到的发展水平的期望。《3—6岁儿童学习与发展指南》分别对幼儿在健康、语言、社会、科学及艺术五大领域应该知道什么、能做什么和大致达到的水平提出了合理的期望。同时指出，幼儿的学习与发展具有整体性、差异性，每个幼儿都有自己的学习方式和风格。教师“要充分理解和尊重幼儿发展进程中的个别差异，支持和引导他们从原有水平向更高水平发展，按照自身的速度和方式到达《指南》所呈现的发展‘阶梯’，切忌用一把‘尺子’衡量所有幼儿”，同时要注意幼儿学习品质的培养。

《3—6岁儿童学习与发展指南》

（一）健康领域

健康领域包括身心状况、动作发展、生活习惯与生活能力三个方面。

（1）身心状况：具有健康的体态，情绪安定愉快，具有一定的适应能力。

（2）动作发展：具有一定的平衡能力、动作协调、灵敏，具有一定的力量和耐力，手的动作灵活协调。

（3）生活习惯与生活能力：具有良好的生活与卫生习惯、基本的生活自理能力、基本的安全知识和自我保护能力。

（二）语言领域

语言领域包括听与说、阅读与书写准备两个方面。

（1）听与说：认真听并能听懂常用语言，愿意讲话并能清楚地表达，具有文明的语言习惯。

（2）阅读与书写准备：喜欢听故事、看图书，具有初步的阅读理解能力，具有书面表达的愿望和初步的技能。

（三）社会领域

社会领域包括人际交往和社会适应两个方面。

（1）人际交往：愿意与人交往，能与同伴友好相处，具有自尊、自信、自主的表现，关心、尊重他人。

（2）社会适应：喜欢并适应群体生活，遵守基本的行为规范，具有初步的归属感。

（四）科学领域

科学领域包括科学探究和数学认知两个方面。

（1）科学探究：亲近自然、喜欢探究，具有初步的探究能力，在探究中认识周围事物和现象。

（2）数学认知：初步感知生活中数学的有用和有趣，感知和理解数、量及数量关系，感知形状与空间关系。

（五）艺术领域

艺术领域包括感受与欣赏、表现与创造两个方面。

（1）感受与欣赏：喜欢自然界与生活中美的事物，喜欢欣赏多种多样的艺术形式和作品。

（2）表现与创造：喜欢进行艺术活动并大胆表现，具有初步的艺术表现与创造能力。

二、幼儿园保教目标

《幼儿园工作规程》

幼儿园保教目标是从教育角度进行阐述的，是托幼机构依据自身特点、幼儿的年龄特征而制定的具体培养要求。我国托幼机构遵循保教结合的原则，所以保教目标涉及幼儿的保育和教育两个方面。《幼儿园工作规程》从身心发展、习惯养成、社会性发展和审美培养等多个方面对幼儿园保教目标做出了明确规定：

（1）促进幼儿身体正常发育和机能的协调发展，增强体质，促进心理健康，培养良好的生活习惯、卫生习惯和参加体育活动的兴趣。

（2）发展幼儿智力，培养正确运用感官和运用语言交往的基本能力，增进对环境的认识，培养有益的兴趣和求知欲望，培养初步的动手探究能力。

（3）萌发幼儿爱祖国、爱家乡、爱集体、爱劳动、爱科学的情感，培养诚实、自信、友爱、勇敢、勤学、好问、爱护公物、克服困难、讲礼貌、守纪律等良好的品德行为和习惯，以及活泼开朗的性格。

（4）培养幼儿初步的感受美和表现美的情趣和能力。

三、幼儿学习与发展目标和幼儿园保教目标的关系

幼儿学习与发展目标和幼儿园保教目标之间既有联系又有区别。

两者的联系主要体现为：幼儿园教育作为一种有目的、有计划、有组织地培养幼儿的社会活动，对激发幼儿的学习并促进幼儿的发展起到重要的推动作用。因此，幼儿园的保教目标为幼儿学习与发展目标服务，幼儿园保教活动的目的是促进幼儿的学习与发展。

二者的区别在于以下几个方面：

第一，角度不同。幼儿学习与发展目标是从幼儿的角度出发，对3—6岁不同年龄阶段的幼儿在健康、语言、社会、科学和艺术五个领域学习与发展中最基本、最重要的内容上应该达到的发展水平的期望。如幼儿在艺术领域学习与发展的最基本内容是引导幼儿感受与欣赏美，为幼儿表现美与创造美创造条件。幼儿园保教目标是从教育的角度对幼儿园一日工作的活动目标的规定，是托幼机构遵循幼儿的年龄特征且制订的具体培养要求，是教师对3—6岁阶段幼儿进行保育和教育后，幼儿在德、智、体、美、劳等方面达到的总的结果的规定。

第二，抽象程度不同。《3—6岁儿童学习与发展指南》对3—6岁不同年龄阶段的幼儿在健康、语言、社会、科学及艺术五大领域要达到的学习与发展目标进行了明确且具体的规定，如《3—6岁儿童学习与发展指南》“健康领域”的“目标1”对3—4、4—5、5—6岁儿童的身高和体重有明确的范围规定，而《幼儿园工作规程》只是抽象地概括为“促进幼儿身体正常发育和机能的协调发展，增强体质”，并未指出身体正常发育、机能协调发展的具体指标。如《3—6岁儿童学习与发展指南》“语言领域”“目标2”对3—4、4—5、5—6岁幼儿的要求分别是“愿意在熟悉的人面前说话，能大方地与人打招呼”“愿意与人交谈，喜欢谈论自己感兴趣的话题”“愿意与他人讨论问题，敢在众人面前说话”，而《幼儿园工作规程》对此的规定是“培养幼儿运用语言交往的基本能力”，并未指出这种语言交往能力如何培养和衡量。

第三，指导范围不同。幼儿学习与发展目标旨在引导幼儿园教师、家长和社会相关工作人员树立正确的教育观念，了解3—6岁幼儿学习与发展的基本规律和特点，建立对幼儿发展的合理期望，指导幼儿园、家庭和社区实施科学的保育和教育。而幼儿园保教目标的指导对象是幼儿园教师，旨在引导教师通过一系列保教活动，促进幼儿在德、智、体、美、劳各方面的协调发展，提高保育和教育的质量。

第二节　幼儿园保教活动的基本原则

幼儿园保教工作原则，指幼儿园保教工作人员必须遵循的基本规范和要求。它既是幼儿园工作者保教活动的指导，也是幼儿在幼儿园中能够接受科学的保育和教育的保证。我国幼儿园保育与教育遵循幼儿发展规律和教育规律，强调促进幼儿德智体美劳的全面发展。根据《中华人民共和国学前教育法》《托儿所幼儿园卫生工作规范》《幼儿园工作规程》《幼儿园教育指导纲要（试行）》《3—6 岁儿童学习与发展指南》等，本书总结了幼儿园保教活动应遵循的六大原则：保教结合原则、环境育人原则、主动快乐学习原则、整体综合教育原则、全面和谐教育原则和因材施教原则。

一、保教结合原则

保教结合原则，也称保教合一或保教并重原则，指对幼儿保育和教育给予同等的重视，并使两者相互配合。幼儿保育是指维护儿童身心健康的活动，幼儿教育是指促进幼儿学习和发展的活动。幼儿园保教活动有助于实现综合育人、促进儿童身心全面发展。不同活动侧重点不同，生活活动侧重保育，教育活动侧重教育。保育不只是保育员对幼儿身体和生活的照护，教育也不局限于教师对幼儿学习的指导，促进幼儿身心健康是所有保教工作者的共同职责。具体而言，保教结合应落实以下几点原则：

（一）将幼儿安全与健康放在首位

对于幼儿而言，没有生命就没有健康，没有保育就没有教育可言。《中华人民共和国学前教育法》明确规定，《中华人民共和国学前教育法》第十三条规定“学前儿童享有生命安全和身心健康、得到尊重和保护照料、依法平等接受学前教育等权利”。《幼儿园园长专业标准》提出，要“坚持保教结合的基本原则，把幼儿的安全与健康放在首位，对幼儿发展有合理期望”。《托儿所幼儿园卫生保健工作规范》指出，“托幼机构卫生保健工作的主要任务是贯彻预防为主、保教结合的工作方针，为集体儿童创造良好的生活环境，预防控制传染病，降低常见病的发病率，培养健康的生活习惯，保障儿童的身心健康”。

《中华人民共和国学前教育法》

（二）提高保育员的素质，重视保教人员的合作

幼儿园教师和保育员的工作各有侧重，但必须相互配合、相互支持。幼儿园教

师以教育活动为主，以幼儿学习与发展任务为重；保育员以生活照料和卫生保健为主，以维护幼儿的身心健康为重。幼儿园教师应具有保教结合的观念、相关知识和能力，具有良好的保育和教育幼儿的态度与行为规范，注意在一日生活中教育幼儿；保育员也应配合幼儿园教师做好班级管理与教育工作。

《幼儿园工作规程》提出，“幼儿园是对3周岁以上学龄前幼儿实施保育和教育的机构”。《幼儿园园长专业标准》规定，园长要“尊重、信任、团结和赏识每一位保教人员，促进保教人员的团结合作”，要“具有明确的建立教师专业发展共同体的意识”。根据《幼儿园教师专业标准（试行）》，幼儿园教师应具备幼儿一日生活的组织与保育能力，“合理安排和组织一日生活的各个环节，将教育灵活地渗透到一日生活中；科学照料幼儿日常生活，指导和协助保育员做好班级常规保育和卫生工作；充分利用各种教育契机，对幼儿进行随机教育；有效保护幼儿，及时处理幼儿的常见事故，危险情况优先救护幼儿”。

（三）重视幼儿的心理健康和社会适应能力的培养

健康是指人在身体、心理和社会适应方面的良好状态。幼儿阶段不仅是身体发育和技能发展极为迅速的时期，也是安全感、乐观态度形成的重要阶段。幼儿园保教工作的重要任务就是维护和促进幼儿的身心健康。《3—6岁儿童学习与发展指南》指出，“发育良好的身体、愉快的情绪、强健的体质、协调的动作、良好的生活习惯和基本生活能力是幼儿身心健康的重要标志，也是其他领域学习与发展的基础”，幼儿园要“营造温暖、轻松的心理环境，让幼儿形成安全感和信赖感”“帮助幼儿学会恰当表达和调控情绪”“锻炼幼儿适应生活环境变化的能力”。中共中央、国务院《关于学前教育深化改革规范发展的若干意见》指出，“幼儿园要遵循幼儿身心发展规律，树立科学保教理念，建立良好师幼关系”。

（四）保育和教育活动相互渗透

保育和教育活动相互渗透是指在保育与教育活动中做到保中有教、教中有保、保教结合。保教结合是幼儿园深化教育改革，提高保教质量，推动幼儿全面发展的必要方式。《中华人民共和国学前教育法》第五十条强调：“幼儿园应当坚持保育和教育相结合的原则，面向全体学前儿童，关注个体差异，注重良好习惯养成，创造适宜的生活和活动环境，有益于学前儿童身心健康发展。”

要做到科学实施保育和教育活动，就要认识到幼儿园与其他学段的教育差异。幼儿园是以游戏为基本活动的，同时根据《幼儿园教育指导纲要（试行）》中的“幼儿园的教育内容是全面的、启蒙性的，可以相对划分为健康、语言、社会、科学、艺术等五个领域”，各领域的集体教育活动内容既可以相互渗透，从不同角度促进幼儿情感、态度、能力、知识、技能等方面的发展，又可以和幼儿游戏、幼儿园一日活动相结合。幼儿园不同于小学，应以幼儿的生活为基础，在保育活动中渗透教育目标，比如在过渡环节请幼儿报数；在教育活动中给予幼儿保育关照，比如在幼儿游戏中，关注幼儿增减衣服，避免过热或受凉。

案例　肚子里的“开心农场”①

午餐时，保育老师无奈地对我说：“田老师，球球又挑食了！”我走过去，看到球球餐盘里的肉片已吃光，米饭也吃了大半，番茄炒蛋和蘑菇却几乎未动。

我问球球：“球球，你怎么没吃番茄炒蛋和蘑菇呢？”球球一声不吭。我看着餐盘里剩下不多的白米饭，灵机一动，说：“球球，你光吃白米饭，它在肚子里会孤单的。”球球回过头，有些不解地看着我。我俯下身，把耳朵贴到她的肚子上，说：“我听到肚子里的白米饭说，你们怎么不下来陪我呀？”“老师，我怎么没听见啊？”球球问。“要耳朵贴近肚子才听得见的。”我一本正经地说。球球使劲把头往下低，想把耳朵贴近肚子，可怎么也够不着。我趁热打铁，再一次俯下身把耳朵贴在球球肚子上，说：“白米饭说，我的小主人为什么还没把我的小伙伴送下来，马上送下来吧。”我看到球球有点不好意思地看着我。“球球，我们赶紧把白米饭的小伙伴送下去吧。”我说。球球点点头。我立刻舀起一勺番茄炒蛋，球球很配合地张开了嘴，边嚼边说：“白米饭，我把你的小伙伴送下来了。”“球球真是个好孩子！你自己来吧。”我边说边把勺子递给了球球。

没过多久，球球餐盘里的番茄炒蛋和蘑菇就所剩无几了。我突然想到球球跟我说过她喜欢玩“开心农场”的游戏，便把耳朵贴在球球肚子上，说：“你的小肚子说，今天很感谢我的小主人，帮我送来了小伙伴。我还想建一个‘开心农场’，希望小主人能帮助我。”“好！我喜欢‘开心农场’！”球球大声说。“那太好了！你觉得‘开心农场’里应该有些什么呢？”我问。球球握紧小拳头，一副要好好干事业的样子，说“开心农场”里要有青菜、萝卜、土豆、玉米、黄瓜、四季豆，还要有鸡、鸭、猪、牛、鱼、虾。在接下来的日子里，球球的挑食现象有了较大的改变，愿意吃以前不愿意吃的蔬菜了，还经常主动跟我讨论肚子里“开心农场”的建设情况。

案例体现了“一日生活皆教育”“主动学习渗透于一日生活”，教师没有过多讲解，而是通过小故事让孩子明白了营养均衡的重要性。

二、环境育人原则

幼儿园环境包括幼儿园物质环境、心理环境、制度环境、周边和社区环境、幼

① 田楠. 肚子里的“开心农场”[J]. 幼儿教育，2022(7)：52-53. 有删减。

儿家庭环境等。幼儿园环境是幼儿实现发展的现实条件，《3—6 岁儿童学习与发展指南》和《幼儿园工作规程》均体现了环境对幼儿学习和发展的重要作用，强调要为幼儿创设丰富的教育环境，提供活动和表现能力的机会与条件。下文仅就幼儿园内部的物质环境、心理环境、一日生活制度和常规以及园所文化的相关规定进行概括陈述。

（一）物质环境

物质环境是指幼儿园内影响幼儿身心发展的物化形态的教育条件。物质环境创设除去前文涉及的安全性，还应具有教育性、丰富性和经济性等特点。《幼儿园工作规程》第三十条规定，“幼儿园应当将环境作为重要的教育资源，合理利用室内外环境，创设开放的、多样的区域活动空间，提供适合幼儿年龄特点的、丰富的玩具、操作材料和幼儿读物，支持幼儿自主选择和主动学习，激发幼儿学习的兴趣与探究的愿望”。《幼儿园保育教育质量评估指南》将“环境创设”作为一项重要的评估内容，环境创设“包括空间设施、玩具材料等 2 项关键指标，旨在促进幼儿园积极创设丰富适宜、富有童趣、有利于支持幼儿学习探索的教育环境，配备数量充足、种类多样的玩教具和图画书，有效支持保育教育工作科学实施”。具体评估指标如下：

第一，空间设施。幼儿园规模与班额符合国家和地方相关规定，合理规划并灵活调整室内外空间布局，最大限度地满足幼儿游戏活动的需要。除综合活动室外，不追求设置专门的功能室，避免奢华浪费和形式主义。各类设施设备安全、环保，符合幼儿的年龄特点，方便幼儿使用和取放，满足幼儿逐步增长的独立活动需要。提供必要的遮阳遮雨设施设备，确保特殊天气条件下幼儿必要的户外活动能正常开展。

第二，玩具材料。玩具材料种类丰富，数量充足，以低结构材料为主，能够保证多名幼儿同时游戏的需要。尽可能减少幼儿使用电子设备。幼儿园配备的图画书应符合幼儿年龄特点和认知水平，注重体现中华优秀传统文化和现代生活特色，富有教育意义。人均数量不少于 10 册，每班复本量不超过 5 册，并根据需要及时调整更新。幼儿园不得使用幼儿教材和境外课程，防止存在意识形态和宗教等渗透的图画书进入幼儿园。

（二）心理环境

心理环境指幼儿园内部的各种人际关系和文化设施所共同营造的心理文化氛围。幼儿园教师要从物质条件、人际环境、组织管理等方面为幼儿创设有助于成长、学习和游戏的教育环境。《3—6 岁儿童学习与发展指南》指出“创设温馨的人际环境，让幼儿充分感受到亲情和关爱，形成积极稳定的情绪情感”“营造温暖、轻松的心理环境，让幼儿形成安全感和信赖感。”《幼儿园工作规程》也提及，“幼儿园应当营造尊重、接纳和关爱的氛围，建立良好的同伴和师生关系”。

《幼儿园教师专业标准（试行）》

《幼儿园教育指导纲要（试行）》

第一，创设良好的物质条件，满足幼儿的生理需要、情感需要、人际交往需要和受尊重等基本需要，让幼儿在环境中感到安全和舒适。

第二，为幼儿营造平等的师幼关系和友好的同伴关系，即幼儿园教师要为幼儿创设充满爱和关心、信任和期望的环境，将对幼儿的爱体现在一日生活的各个环节中，尽可能与幼儿建立平等的关系，尊重和爱护幼儿，充分相信幼儿的能力和潜力。《幼儿园教师专业标准（试行）》规定，要“建立良好的师幼关系，帮助幼儿建立良好的同伴关系，让幼儿感到温暖和愉悦”。《幼儿园教育指导纲要（试行）》“组织与实施”部分要求“教师的态度和管理方式应该有助于形成安全、温馨的心理环境，言行举止应该成为幼儿学习的良好榜样”。

（三）幼儿园一日生活制度和常规

幼儿园一日生活制度（也称幼儿园一日作息制度），指幼儿园一日全部时间和各项活动的安排与规定。一般具体化为幼儿一日生活中各主要环节的时间划分、顺序安排和规则要求三个方面。幼儿园一日生活常规，指幼儿在一日生活的各环节和活动中所应遵循的行为规范，有助于幼儿形成良好的习惯。《3—6岁儿童学习与发展指南》指出，“幼儿的学习是以直接经验为基础，在游戏和日常生活中进行的。要珍视游戏和生活的独特价值，创设丰富的教育环境，合理安排一日生活，最大限度地支持和满足幼儿通过直接感知、实际操作和亲身体验获取经验的需要，严禁“拔苗助长”式的超前教育和强化训练”。

（四）幼儿园文化

文化一般分为精神文化、制度文化和物质文化。随着人民物质生活水平的提高，广大人民群众对学前教育的需求日趋呈现多元化，这就需要幼儿园在规范化发展的基础上进而拓展多元化和特色化发展的新道路，幼儿园日益注重文化建设。《幼儿园园长专业标准》指出，幼儿园要“把文化育人作为办园的重要内容与途径”“重视幼儿园文化潜移默化的教育功能，将中华优秀传统文化融入幼儿园文化建设”“将尊重和关爱师幼、体现人格尊严、感受和谐快乐作为幼儿园育人文化建设的核心，陶冶幼儿情操、启迪幼儿智慧”。当然，在幼儿园文化的建设过程中，还应避免形式化、同质化和功利化问题。

同时，需要指出的是，幼儿园环境育人还包括充分利用幼儿家庭教育资源和幼儿园及其幼儿家庭所在的社区资源。

三、主动快乐学习原则

幼儿的心理活动特点决定了幼儿要在活动中体验与学习。主动快乐学习原则，即幼儿园教师激发幼儿的好奇心和学习兴趣，让幼儿基于个人经验与体验，在活动中主动探索，获得发展并伴有愉悦的情绪体验。

《幼儿园教育指导纲要（试行）》“组织与实施”部分指出，“幼儿园的教育活动，是教师以多种形式有目的、有计划地引导幼儿生动、活泼、主动活动的教育过程”。主动快乐学习原则的基本要求如下：

（一）注重幼儿兴趣和生活体验

幼儿对事物的兴趣直接影响他们活动的结果。幼儿对于感兴趣的事物和活动，就会积极地投入，在投入的过程中经验和能力都能有效提升，反之，他们就不愿意参与活动甚至产生反感。

（1）尊重幼儿的兴趣。《3—6岁儿童学习与发展指南》在“说明”部分指出，教师“要充分尊重和保护幼儿的好奇心和学习兴趣，帮助幼儿逐步养成积极主动、认真专注、不怕困难、敢于探究和尝试、乐于想象和创造等良好学习品质”。《幼儿园工作规程》也指出，“幼儿园应当根据幼儿的年龄特点指导游戏，鼓励和支持幼儿根据自身兴趣、需要和经验水平，自主选择游戏内容、游戏材料和伙伴，使幼儿在游戏过程中获得积极的情绪情感，促进幼儿能力和个性的全面发展”。中共中央、国务院《关于学前教育深化改革规范发展的若干意见》指出，幼儿园保教应“坚持以游戏为基本活动，珍视幼儿游戏活动的独特价值，保护幼儿的好奇心和学习兴趣，尊重个体差异，鼓励支持幼儿通过亲近自然、直接感知、实际操作、亲身体验等方式学习探索，促进幼儿快乐健康成长”。

（2）关注幼儿实际生活体验。《3—6岁儿童学习与发展指南》对五大领域的教育建议中，均强调要注重幼儿的生活体验，利用身边的人事物开展活动，如“科学”部分指出，“幼儿科学学习的核心是激发探究兴趣，体验探究过程，发展初步的探究能力”“幼儿的思维特点是以具体形象思维为主，应注重引导幼儿通过直接感知、亲身体验和实际操作进行科学学习，不应为追求知识和技能的掌握，对幼儿进行灌输和强化训练”。《幼儿园工作规程》指出，“幼儿一日活动的组织应当动静交替，注重幼儿的直接感知、实际操作和亲身体验，保证幼儿愉快的、有益的自由活动”。

生活是幼儿体验、感知事物的源泉，教育内容越贴近幼儿的生活就越能引起幼儿学习的兴趣，促进幼儿的主动学习。

（二）以游戏为基本活动，提供多样活动机会，防止小学化

让幼儿在游戏中学习、寓教育于游戏之中，是幼儿园教育区别于中小学教育的重要标志。《幼儿园工作规程》明确了游戏在幼儿园教育中的地位，将“以游戏为基本活动，寓教育于各项活动之中”作为幼儿园教育应当贯彻的一条指导原则，并清晰地指出，“幼儿园应当将游戏作为对幼儿进行全面发展教育的重要形式”。幼儿在游戏中能获得全面的发展。《3—6 岁儿童学习与发展指南》认为，“幼儿的学习是以直接经验为基础，在游戏和日常生活中进行的”。教师在指导幼儿游戏时要注意根据幼儿的年龄特点选择和指导游戏，因地制宜地为幼儿创设游戏的条件，充分尊重幼儿的自主性和保持幼儿游戏的兴趣，挖掘游戏的教育价值。向幼儿提供多样的活动，让幼儿有良好的情绪体验，并学有所获。中共中央、国务院《关于学前教育深化改革规范发展的若干意见》指出，幼儿教育应该“鼓励支持幼儿通过亲近自然、直接感知、实际操作、亲身体验等方式学习探索，促进幼儿快乐健康成长”。《幼儿园工作规程》指出，“幼儿园应当根据幼儿的年龄特点指导游戏，鼓励和支持幼儿根据自身兴趣、需要和经验水平，自主选择游戏内容、游戏材料和伙伴，使幼儿在游戏过程中获得积极的情绪情感，促进幼儿能力和个性的全面发展”。

为推进幼儿园科学保教，教育部印发的《关于开展幼儿园“小学化”专项治理工作的通知》指出“对于提前教授汉语拼音、识字、计算、英语等小学课程内容的，要坚决予以禁止”，“要引导幼儿园园长、教师及家长树立科学育儿观念，坚持以幼儿为本，尊重幼儿学习兴趣和需求，以游戏为基本活动，灵活运用集体、小组和个别活动等多种形式，合理安排和组织幼儿一日生活，促进幼儿在活动中通过亲身体验、直接感知、实践操作进行自主游戏和学习探究”。《新时代幼儿园教师职业行为十项准则》第七条明确规定，幼儿园教师要“遵循幼教规律。循序渐进，寓教于乐”“不得采用学校教育方式提前教授小学内容，不得组织有碍幼儿身心健康的活动”。

四、整体综合教育原则

整体综合教育原则，即将学前教育各因素、各方面作为一个整体进行设计，综合考虑，共同作用于幼儿。

（一）幼儿发展具有整体性

儿童的发展是一个整体，要注重领域之间、目标之间的相互渗透和整合，促进幼儿身心全面协调发展，不应片面追求某一方面或几方面的发展。《3—6 岁儿童发展与学习指南》明确要求“关注幼儿学习与发展的整体性”。《幼儿园保育教育质量评

估指南》指出，要“关注幼儿学习与发展的整体性，注重健康、语言、社会、科学、艺术等各领域有机整合，促进幼儿智力和非智力因素协调发展，寓教育于生活和游戏中”。幼儿园要促进幼儿教育的生活化和幼儿生活的教育化。将幼儿一日中的生活环节和教育活动整体设计，共同发挥作用。《幼儿园工作规程》指出，“幼儿园日常生活组织，应当从实际出发，建立必要、合理的常规，坚持一贯性和灵活性相结合，培养幼儿的良好习惯和初步的生活自理能力”。

案例　和小蜜蜂的“亲密”接触①

户外活动结束的时候，孩子们坐在香樟树下的凳子上休息。突然，“哇”的一声大哭引起了不小的轰动。有几个孩子紧张地跑过来对我说：“张老师，天翼、若彤刚才用手抓蜜蜂，被蜇到了。”我跑过去看，他们两个人的手真被蜇到了，我赶紧把他们带到保健室用肥皂水冲洗。

这虽然属于一次意外事件，但也是幼儿获得相关生活经验的机会。因为，我们并不会为了让幼儿明白蜜蜂会蜇人而让他们尝试用手抓蜜蜂。同时，大班幼儿应该知道蜜蜂是不能用手去抓的，但为什么还是用手去抓了呢？

孩子们聚在了一起，我问：“你们都认识蜜蜂吗？”

“认识，我看见过。”

“我知道蜜蜂有翅膀。”

“蜜蜂是黄颜色的。”

“蜜蜂会蜇人。”

孩子们讨论了起来。我又问：“那为什么会用手去抓？”

答案出乎我的意料。孩子说，他们以为那些是苍蝇，所以才用手去抓；他们见过的蜜蜂都很大，而他们这次抓的都很小。我去看了看，草丛里的蜜蜂果然不是我们经常见到的那种大蜜蜂，真的和苍蝇差不多大小。

以这次讨论为契机，孩子们对蜜蜂兴趣更浓，他们纷纷表示要回家和爸爸妈妈一起收集更多有关蜜蜂的资料。在分享整理资料的过程中，孩子们通过大量的图片，了解了不同种类的蜜蜂及其外形差异；也知道了蜜蜂是不会无故蜇人的，蜜蜂蜇了人之后自己也会死掉，我们都应该保护它。孩子们的兴趣持续不减，我们由此生成了主题活动，展开了更加系统深入的探索。再后来我问天翼和若彤：“你们还害怕蜜蜂吗？”他们斩钉截铁地回答：“不害怕！”

“被蜜蜂蜇”本是一个对幼儿造成伤害的偶然事件，但由此生成的探究活动，让幼儿收获颇丰。

---

① 张静. 和小蜜蜂的“亲密”接触[J]. 学前教育，2020，644（1）：64. 有删减。

案例涉及幼儿健康教育、语言教育、科学教育等多个领域。教师非常注意利用一日生活中的教育契机，给予幼儿必要而及时的指导，充分体现了幼儿教育的全面性教育原则。

（二）构建学前教育共同体

幼儿园、家庭和社区作为一个有机联系的整体，共同对幼儿的发展产生影响，这三项因素相互作用、相互依存。

《中华人民共和国学前教育法》第五十八条明确指出："幼儿园应当主动与父母或者其他监护人交流学前儿童身心发展状况，指导家庭科学育儿。父母或者其他监护人应当积极配合、支持幼儿园开展保育和教育活动。"《幼儿园工作规程》指出，"幼儿园应当主动与幼儿家庭沟通合作，为家长提供科学育儿宣传指导，帮助家长创设良好的家庭教育环境，共同担负教育幼儿的任务。""幼儿园应当加强与社区的联系与合作，面向社区宣传科学育儿知识，开展灵活多样的公益性早期教育服务，争取社区对幼儿园的多方面支持"。《3—6 岁儿童学习与发展指南》强调，"家庭、幼儿园和社会应共同努力，为幼儿创设温暖、关爱、平等的家庭和集体生活氛围，建立良好的亲子关系、师生关系和同伴关系，让幼儿在积极健康的人际关系中获得安全感和信任感，发展自信和自尊，在良好的社会环境及文化的熏陶中学会遵守规则，形成基本的认同感和归属感"。

五、全面和谐教育原则

全面和谐教育原则，即学前教育要面向每一个幼儿和促进每一个幼儿全面发展。学前教育是我国基础教育的有机组成部分，基础教育具有普遍性和普通性。学前教育应面向全体适龄幼儿，提供高质量的保育与教育，促进幼儿全面发展。其具体要求如下：

（一）保障所有幼儿的受教育权

保障基本受教育权和教育公平是我国一项国策。《中华人民共和国教育法》第九条明确指出，"中华人民共和国公民有受教育的权利和义务""公民不分民族、种族、性别、职业、财产状况、宗教信仰等，依法享有平等的受教育机会"。《中华人民共和国学前教育法》第十三条指出，"学前儿童享有生命安全和身心健康、得到尊重和保护照料、依法平等接受学前教育等权利"。《中国儿童发展纲要（2021—2030）》在"儿童与教育"中，将"适龄儿童普遍接受有质量的学前教育，学前教育毛入园率达到并保持在 90% 以上"作为一项重要的发展目标。中共中央、国务院《关于学前教育深化改革规范发展的若干意见》"主要目标"中提出，"到 2035 年，全面普及学前三年教育，建成覆盖城乡、布局合理的学前教育公共服务体系，形成完善的学前教育管理体制、办园体制和政策保障体系，为幼儿提供更加充裕、更加普惠、更加优质的学前教育”。

（二）促进幼儿全面发展

全面发展是素质教育的基本要求，也是教育追求的最终目标。幼儿园全面发展教育不仅适应未来社会对人才素质的要求，也突出了教育改革中基础教育的重要地位。《中华人民共和国教育法》第五条指出，“教育必须为社会主义现代化建设服务、为人民服务，必须与生产劳动和社会实践相结合，培养德智体美劳全面发展的社会主义建设者和接班人”。《3—6 岁儿童学习与发展指南》说明部分指出，要“关注幼儿学习与发展的整体性”，因为“儿童的发展是一个整体”。《中国儿童发展纲要（2021—2030 年）》将“坚持促进儿童全面发展”作为一项基本原则，指出“尊重儿童的人格尊严，遵循儿童身心发展特点和规律，保障儿童身心健康，促进儿童在德智体美劳各方面全面发展”。

促进幼儿全面发展并不等于平均发展、要求幼儿各方面都发展超前、样样都行，或为了某一方面的发展而牺牲其他方面的发展，而是强调幼儿身心全面发展。

六、因材施教原则

因材施教原则，即尊重幼儿身心发展的特点和规律，关注幼儿的个体差异，对幼儿进行针对性的教育，促进每个幼儿实现最佳的发展。《中华人民共和国学前教育法》第五十条明确规定，“幼儿园应当坚持保育和教育相结合的原则，面向全体学前儿童，关注个体差异”。《幼儿园工作规程》第五章“幼儿园的教育”中，将“遵循幼儿身心发展规律，符合幼儿年龄特点，注重个体差异，因人施教，引导幼儿个性健康发展”作为幼儿园教育应当贯彻的一项重要原则。尊重个体差异，即要求在进行幼儿园的保教活动时，要遵循因材施教的原则。因材施教原则的基本要求如下：

（一）科学评价幼儿

因材施教首先要善于观察幼儿、了解幼儿；其次，要运用正面的教育方式，多鼓励、多肯定幼儿的进步和长处；最后，要将评价的结果运用于下一步的教育，让评价为教育教学服务。根据中共中央、国务院《关于学前教育深化改革规范发展的若干意见》和《深化新时代教育评价改革总体方案》精神，《幼儿园保育教育质量评估指南》以“坚持科学评估，完善评估内容，突出评估重点，改进评估方式，切实扭转‘重结果轻过程、重硬件轻内涵、重他评轻自评’等倾向”作为一项基本原则，坚持以促进幼儿身心健康发展为导向，聚焦幼儿园保育教育过程质量，评估内容主要包括办园方向、保育与安全、教育过程、环境创设、教师队伍等五个方面，主要采取过程评估、自我评估和班级观察等评估方式。

（二）尊重差异，引导幼儿发展

每个孩子都具有个体差异性，教师要善于运用自身、同伴、玩教具、提问等多种“支架”，支持和引导幼儿的学习与发展。《3—6 岁儿童学习与发展指南》指出，教师“要充分理解和尊重幼儿发展进程中的个别差异，支持和引导他们从原有水平向更高水平发展，按照自身的速度和方式到达《指南》所呈现的发展‘阶梯’，切忌用一把‘尺子’衡量所有幼儿”。教师要“尊重幼儿发展的个体差异，理解幼儿的学习方式和特点”。《幼儿园工作规程》强调，要“遵循幼儿身心发展规律，符合幼儿年龄特点，注重个体差异，因人施教，引导幼儿个性健康发展”。教师应根据幼儿不同的心理发展水平，提供有效适宜的活动形式和方法，培养幼儿良好的个性心理品质。同时，应对体弱或有残疾的幼儿予以特殊照顾，促进每一个幼儿健康发展。

案例　我以后再也不推小朋友了①

早上户外活动时，孩子们在户外玩大型玩具。活动结束时，其他孩子听到铃声纷纷跑过来排队，只有宣宣还在那里磨蹭。我赶紧招呼他：“宣宣，我们在等你呢，快过来！”宣宣跑了过来。没料到在靠近队伍时，他猛地往昊昊背上推了一把，昊昊摔倒了。我又气又急，大喊了一声：“宣宣！”并赶紧跑过去扶起昊昊，然后提起昊昊的裤管，发现昊昊的膝盖蹭破了皮。旁边的宣宣一脸紧张，一个劲地说：“对不起，我是不小心的。”宣宣精力旺盛，自制力比较差，也经常“闯祸”。虽然他认错时态度诚恳，但转身又忘了。

怎样让今天的事成为改变宣宣的契机呢？我对宣宣说：“宣宣，现在你和老师一起带昊昊去医务室吧。”从医务室出来后，我有意问宣宣：“刚才在医务室昊昊为什么哭呢？”宣宣说：“医生用酒精棉花帮他擦伤口，他觉得痛。”他说这话时脸色有些尴尬。我趁机说了一句：“如果今天你管好自己的手，不去推昊昊，他就不会受伤，也不会痛了，是吧？”“老师，我以后一定管好自己的手。”我也肯定地说：“好，老师相信你！”但我明白，要让宣宣真正做到，需要一个过程，我们除了信任他，还要给他时间。我对宣宣说：“昊昊受伤了，这几天可能行动会不太方便，你就陪在他身边照顾他，需要时给他帮助。能做到吗？”“能。”在接下来的时间里，宣宣就一直陪在昊昊身边。下午自由活动时，可能因为跑得太快，伤口被擦到了，昊昊露出了痛苦的表情。宣宣一边帮昊昊吹膝盖，一边轻声地安慰他，脸上满是自责和内疚。这时，我正好在旁边，宣宣便含着眼泪对我说：“老

① 朱宏月.“我以后再也不推小朋友了”[J]. 幼儿教育，2019，794（10）：45. 有删减。

师，我以后再也不推小朋友了。”我轻轻地把宣宣拥在怀里，说：“老师知道，你一定能做到。”从那以后，尽管宣宣依然好动，但再也没发生过推人的事情。

从案例可以看出，在发展过程中，孩子的身心发展水平、性格特点都存在差异，教师要尊重幼儿的差异，善于引导。

第三节　幼儿园各领域教育内容与教育建议

《3—6岁儿童学习与发展指南》

幼儿园教育活动不是按学科知识体系进行划分的，而是从幼儿身心发展的五大方面进行范围划分。现主要依据《3—6岁儿童学习与发展指南》介绍幼儿园各领域教育内容与教育建议。

一、幼儿园健康教育

健康是指人在身体、心理和社会适应方面的良好状态。幼儿园健康教育主要包括幼儿身心状况、动作发展、生活习惯和生活能力等方面，强调尊重幼儿发展需要和身心发展规律，切实做好卫生保健工作。《3—6岁儿童学习与发展指南》“健康”部分明确表明，“幼儿阶段是儿童身体发育和机能发展极为迅速的时期，也是形成安全感和乐观态度的重要阶段。发育良好的身体、愉快的情绪、强健的体质、协调的动作、良好的生活习惯和基本生活能力是幼儿身心健康的重要标志，也是其他领域学习与发展的基础”。幼儿园作为有保育和教育双重任务的教育机构，必须赋予健康教育重要的地位。

（一）教育内容

《3—6岁儿童学习与发展指南》中“健康”部分对健康领域内容作了具体的目标规定。

（1）身心状况：引导幼儿养成健康的饮食和睡眠习惯，帮助幼儿形成健康的体态；教育幼儿学会恰当地表达和调控情绪，帮助幼儿形成安全感和信赖感；对环境变化具有一定的适应能力。

（2）动作发展：指导幼儿参与丰富多样的，适合幼儿年龄特点的户外游戏活动，锻炼幼儿身体平衡能力、力量和耐力；创造条件，促进幼儿手部灵活性。

（3）生活习惯与生活能力：教给幼儿生活自理的基本方法，提供幼儿生活自理的机会和条件，使幼儿具有良好的生活与卫生习惯；结合生活实际，对幼儿进行安全教育，使幼儿具备基本的安全知识和自我保护能力。

（二）教育建议

为了保证幼儿的身心健康发展，幼儿园健康教育需要注意以下几个方面：

（1）满足幼儿需要。幼儿的身心处于发育阶段，很多事情尚不能独立完成，需要成人的精心呵护和照顾。《3—6岁儿童学习与发展指南》“健康”部分指出，“为有效促进幼儿身心健康发展，成人应为幼儿提供合理均衡的营养，保证充足的睡眠和适宜的锻炼，满足幼儿生长发育的需要”，但同时指出，“不宜过度保护和包办代替，以免剥夺幼儿自主学习的机会”。在养育过程中要培养幼儿的独立意识和生活自理能力，要避免成人过度保护和包办代替，使幼儿养成过分依赖成人的习惯。

（2）尊重幼儿身心发展规律。健康领域各项活动的设计和开展，既要满足幼儿的兴趣需要，又要考虑幼儿生长发育的规律。《幼儿园教育指导纲要（试行）》“健康”部分指出，“健康领域的活动要充分尊重幼儿的生长发育规律”。健康教育既要满足幼儿好动、爱模仿、喜欢新意刺激的特点，积极创设能够吸引幼儿参与的生动有趣的活动，又要避免活动的强度过大、难度过高，导致幼儿在活动中受到损伤，严禁以任何名义让幼儿参加各种有损幼儿健康的比赛、表演和训练等。

（3）切实做好卫生保健工作。提高幼儿园卫生保健工作不仅是保健老师的工作重点内容，也是整个幼儿园的重点工作内容。幼儿园应当严格执行《托儿所幼儿园卫生保健工作规范》《幼儿园工作规程》以及其他有关卫生保健的法规、规章和制度。切实做好幼儿生理和心理的安全和保健工作，贯彻落实健康检查制度、卫生消毒和病儿隔离制度，建立食品、药物等管理制度和幼儿接送制度，防止幼儿发生各种意外事故，保障幼儿的身心健康。

二、幼儿园语言教育

幼儿园语言教育旨在发展幼儿运用语言与人沟通的能力，提高幼儿的思维水平，满足幼儿表达的需要。幼儿在幼儿园中，能够通过多种活动获得语言信息，无数次的听、说、读和写的机会发生在语言交流过程中。幼儿在运用语言进行交流的同时，也在发展与他人沟通和交往的能力、对互动情境进行分析的能力、学习和掌握社会规则的能力等。

（一）教育内容

《3—6岁儿童学习与发展指南》中“语言”部分对语言领域的教育内容作了具体

的规定。

（1）听与说：引导幼儿学会认真倾听，创设情境帮助幼儿理解他人的讲话并作出积极回应；为幼儿提供说话的机会并引导幼儿清楚地表达，养成文明的语言习惯。

（2）阅读和书写准备：利用图书、绘画等多种方式激发幼儿的阅读兴趣，培养幼儿的阅读习惯和前书写技能；引导幼儿接触优秀的儿童文学作品，引导幼儿体会标志、文字符号的用途；帮助幼儿在阅读中发展想象力和创造能力，引导幼儿感受文学作品的美。

（二）教育建议

为了促进幼儿的语言发展，幼儿园语言教育需要注意以下几个方面：

（1）加强多领域间的融合。将语言教育融入其他各领域的教育中，创设良好的语言环境，通过丰富多彩的活动激发幼儿的表达意愿。《3—6岁儿童学习与发展指南》“语言”部分指出，“幼儿语言的发展贯穿于各个领域，也对其他领域的学习与发展有着重要的影响”。因此，在丰富的语言环境中，教师应运用各领域教育活动和一日生活活动，促进幼儿在交往中实现思维、情感、社会性、个性等多方面的发展。

（2）强调语言交流与运用。在日常的幼儿园语言教育中，教师应为幼儿创设便于语言发展的环境，让幼儿在自由、宽松的语言交流环境中想说、敢说、喜欢说并能及时得到教师的积极回应。《3—6岁儿童学习与发展指南》指出，“幼儿的语言能力是在交流和运用的过程中发展起来的”。因此，鼓励幼儿与同伴玩耍、交谈，分享见闻、趣事和阅读体验，能够丰富幼儿的语言表达能力，拓展其语言学习经验。

（3）强调阅读和游戏。在阅读或者游戏活动中，培养幼儿阅读和书写的兴趣，使其具备初步的阅读理解能力和前书写技能。《3—6岁儿童学习与发展指南》“语言”部分指出，“幼儿的语言学习需要相应的社会经验支持，应通过多种活动扩展幼儿的生活经验，丰富语言的内容，增强理解和表达能力”。通过机械记忆和强化训练过早地识字、写字不但不符合幼儿的学习特点和接受能力，反而会使幼儿对阅读失去兴趣、厌恶学习，丧失书面表达的愿望。幼儿园必须坚持以游戏为基本活动，寓教于游戏，让幼儿在游戏中爱上阅读。

三、幼儿园社会教育

社会领域的学习与发展主要包括人际交往和社会适应。幼儿园社会教育的目的在于通过为幼儿提供有计划的社会教育活动，促进他们自我意识的形成，发展与人交往合作的能力，增进对社会和世界的理解，形成对外部世界的热爱。

（一）教育内容

《3—6 岁儿童学习与发展指南》中“社会”部分对社会领域的教育内容作了具体的规定。

（1）人际交往：引导幼儿参加各种集体活动，体验与教师、同伴等共同生活的乐趣；结合具体情境，指导幼儿学习交往的基本规则和技能，引导幼儿学会进行换位思考；提供必要的条件，鼓励幼儿自主决定和尝试任务，增强其自尊心和自信心；引导幼儿了解与自己生活相关的人们的劳动，培养幼儿关心他人、尊重他人的品质，培养幼儿适应集体生活的能力。

（2）社会适应：经常和幼儿参加群体性活动，让幼儿感受到群体活动的乐趣；结合生活实际，帮助幼儿了解生活中基本行为规则和游戏规则；吸引幼儿参加集体活动，萌发集体意识；运用幼儿乐于接受和能够理解的方式萌发幼儿爱家乡、爱祖国的情感，感知人类文化的多样性，形成理解、尊重和平等对待差异的态度。

（二）教育建议

为了帮助幼儿在社会性方面取得良好的发展，幼儿园社会教育应该注意以下几个方面：

（1）综合组织教育内容。社会教育尤其要注意渗透于幼儿的一日生活中，让幼儿在日常生活中习得规范，养成常规，形成亲社会的个性品质。另外，社会领域与其他领域是不可分割的，也与幼儿的知识、技能和情感、态度、价值观等发展密不可分。因此，教师要注意将社会教育渗透在幼儿园一日生活的各个环节中。

（2）遵循幼儿身心发展规律。社会教育必须贴近幼儿的生活实际，与幼儿生活的社会背景一致。社会领域的学习与幼儿的生活实际联系越紧密，越能激发幼儿学习的兴趣，越容易被幼儿理解、学习和记忆。

（3）注重成人示范。成人应该注意自己的言行对幼儿的影响。幼儿社会知识和技能的学习、自我意识的形成以及社会情感、态度、价值观的培养不是一朝一夕的事情，幼儿在日常生活和游戏中通过观察和模仿发展自己的社会性。《3—6 岁儿童学习与发展指南》“社会”部分指出，“幼儿的社会性主要是在日常生活和游戏中通过观察和模仿潜移默化地发展起来的”。

（4）注重幼儿体验。幼儿社会交往能力、认同感、归属感不是由成人教授的，而是幼儿在体验中形成的。《3—6 岁儿童学习与发展指南》提出，“让幼儿在积极健康的人际关系中获得安全感和信任感，发展自信和自尊，在良好的社会环境及文化的熏陶中学会遵守规则，形成基本的认同感和归属感”。成人应该关注幼儿的感受，鼓励幼儿自主决定，尽量放手让幼儿自己的事情自己做，成人在过程中给予一定的指导，帮助幼儿在做事中树立自尊、自信。

四、幼儿园科学教育

幼儿的科学学习是幼儿在解决实际问题的过程中发现和理解事物本质和事物间关系的过程，主要包括科学探究和数学认知。幼儿园科学教育旨在激发幼儿探究事物的兴趣，感受数学的有用和有趣，获取与生活经验相联系的科学和数学知识。幼儿园科学教育关注的是幼儿生活中的问题解决，关注的是幼儿在进行科学探究和数学认知的过程中收获的快乐，而不仅仅是为了幼儿进入小学打好基础。

（一）教育内容

《3—6 岁儿童学习与发展指南》中“科学”部分对科学领域的教育内容作了具体的规定：

（1）科学探究：引导幼儿接触大自然并主动探究感兴趣的事物，在探究中认识周围事物和现象，积累直接经验和感性认识；帮助幼儿在探究的过程中积极动手解决问题，培养幼儿的观察与分类能力、分享与交流能力。

（2）数学认知：引导幼儿注意事物的形状特征并尝试描述，感知和理解事物的“数”和“量”的特征；利用生活和游戏的实际情境，帮助幼儿理解并运用多种方法解决跟“数”和“量”有关的问题。

（二）教育建议

为了帮助幼儿在科学方面取得良好的发展，幼儿园科学教育应该注意以下几个方面：

（1）联系幼儿生活实际。自然和社会生活中的各种事物和现象最能够引起幼儿的好奇心和探究兴趣，也是幼儿发现事物特征、寻找事物间关系的思维活动发生最集中的领域。《3—6 岁儿童学习与发展指南》“科学”部分指出，“幼儿的科学学习是在探究具体事物和解决实际问题中，尝试发现事物间的异同和联系的过程”。

（2）鼓励和支持幼儿探究。教师要支持和鼓励幼儿在探究的过程中积极动手动脑寻找问题的答案，鼓励和引导幼儿学习制订简单的计划和记录，并在接触自然和事物的过程中积累有益的经验。《3—6 岁儿童学习与发展指南》“科学”部分指出，“幼儿的思维特点是以具体形象思维为主，应注重引导幼儿通过直接感知、亲身体验和实际操作进行科学学习”“成人要善于发现和保护幼儿的好奇心，充分利用自然和实际生活机会，引导幼儿通过观察、比较、操作、实验等方法，学习发现问题、分析问题和解决问题”。科学教育应围绕激发幼儿探究兴趣、体验探究过程、发展初步的解决问题的能力开展，而不是为了掌握抽象的数学知识和生硬的科学常识。

（3）关注幼儿个体差异。教师要充分考虑幼儿的个体差异，尽量提供丰富的、可操作性强的材料并给予及时有效的指导，使每个幼儿获得最大程度的发展。《3—6岁儿童学习与发展指南》指出，要“尊重幼儿发展的个体差异”。对于幼儿而言，数学概念的获得是比较困难的，幼儿个体之间存在很大差异，尊重差异，采取有效的支持与引导十分必要。

五、幼儿园艺术教育

艺术是人类感受美、表现美和创造美的重要形式，也是表达自己对周围世界的认识和情绪态度的特有方式。幼儿园艺术教育旨在根据幼儿的身心发展水平，为幼儿提供充分的自由表达的机会，引导幼儿形成对周围环境和生活中美好事物的初步感受，丰富幼儿的直接经验，满足幼儿表现、表达和创造美的需要并用自己的方式去表现美、创造美，积极与周围环境进行互动。

（一）教育内容

《3—6岁儿童学习与发展指南》中“艺术”部分对艺术领域的教育内容作了具体的规定。

（1）感受与欣赏：引导幼儿感受、发现和欣赏自然环境和人文景观中美的事物，创造条件让幼儿接触多种艺术形式和作品。

（2）表现与创造：为幼儿提供丰富的材料，引导幼儿自发的艺术表现和创造；引导幼儿围绕与自己生活经验相关的主题展开想象，进行艺术表达。

（二）教育建议

为了帮助幼儿形成对美的理解并最终能自主表现美、创造美，幼儿园艺术教育应该注意以下几个方面：

《关于全面加强和改进学校美育工作的意见》

（1）重视幼儿情感、态度的培养。艺术教育要避免仅仅重视幼儿艺术技能技巧、标准化和艺术活动结果的倾向，让幼儿学会运用艺术的手段表达自己的认识和情感，积极与外界环境进行互动。《3—6岁儿童学习与发展指南》“艺术”部分指出，“艺术是人类感受美、表现美和创造美的重要形式，也是表达自己对周围世界的认识和情绪态度的独特方式”。国务院办公厅《关于全面加强和改进学校美育工作的意见》指出，“幼儿园美育要遵循幼儿身心发展规律，通过开展丰富多样的活动，培养幼儿拥有美好、善良的心灵，懂得珍惜美好事物，能用自己的方式去表现美、创造美，使幼儿快乐生活、健康成长”。

（2）提供丰富材料。幼儿期是各种感官迅速发育、感受能力迅速提升的重要时期，因此教师要为幼儿提供丰富的材料让幼儿自由选择，同时要注意创设有趣的情境让幼儿在活动中自由地表现和创造美。《3—6 岁儿童学习与发展指南》“艺术”部分指出，“幼儿艺术领域学习的关键在于充分创造条件和机会，在大自然和社会文化生活中萌发幼儿对美的感受和体验，丰富其想象力和创造力，引导幼儿学会用心灵去感受和发现美，用自己的方式去表现和创造美”。

（3）注重幼儿与成人的区别。艺术教育要充分认识到幼儿与成人的区别，避免用成人的标准评判幼儿。《3-6 岁儿童学习与发展指南》“艺术”部分指出，“幼儿对事物的感受和理解不同于成人，他们表达自己认识和情感的方式也有别于成人”。成人应该对幼儿独特的艺术表现给予充分的理解和尊重，避免为了追求结果而对幼儿进行千篇一律的技能技巧训练，扼杀幼儿的想象力和创造力。

第四节　幼儿园保教资源的开发与利用

“资源”包括可以利用的物质和非物质性的因素。资源是幼儿园保教工作中不可或缺的组成部分，充分挖掘和运用社会生活中的教育资源，能够扩充幼儿园保教的丰富性和多样性，激发幼儿的探索欲，培养幼儿热爱祖国、热爱家乡、热爱生活的情感，提升保教的质量。幼儿园保教资源主要包括与幼儿生活息息相关的自然资源、社会资源和文化资源。

一、自然资源

自然资源是指在自然环境中幼儿可以直接获得的，用于游戏和生活的物质。自然环境是重要的教育资源，幼儿在与自然资源的相互作用中进行学习，实现自身的发展。丰富的自然资源对幼儿身心发展具有积极的促进作用。我国国土面积辽阔，各地独特的自然环境——山川河流、夏雨冬雪、春花秋果、鸟兽虫鱼等都为教学提供了良好的教育资源。

《3—6 岁儿童学习与发展指南》指出，要“支持幼儿在接触自然、生活事物和现象中积累有益的直接经验和感性认识”“和幼儿一起感受、发现和欣赏自然环境和人文景观中美的事物”。中共中央、国务院《关于学前教育深化改革规范发展的若干意见》指出，“各地要加强对玩教具和图书配备的指导，支持引导幼儿园充分利用当地自然和文化资源”。幼儿园教师要“支持引导幼儿园充分利用当地自然和文化资源，合理布局空间、设施，为幼儿提供有利于激发学习探索、安全、丰富、适宜的游戏材料和玩教具”。《幼儿园工作规程》规定，“幼儿园应当因地制宜创设游戏条件，提供丰富、适宜的游戏材料”。幼儿园教师应结合实际情况，和幼儿一起收集身边的自然材料，并将所得材料进行分类，制作各类玩教具。天然的石头、泥巴和花草等可以作为美工资源；竹竿、树枝、芦苇和玉米芯等可以作为建筑资源；松果、稻草和树桩可以作为体育资源……越是来自大自然的材料，可塑性越强，幼儿在充分动手动脑的过程中不仅身心得到发展，更形成了对大自然的热爱之情，并且学会了积极利用身边的自然资源。

二、社会资源

社会资源是指一个社会生存和发展所需要的人力、财力、物力、机会等生产、生活资料。幼儿园周边的博物馆、图书馆、纪念馆、特色建筑、儿童福利院、养老院、医院、工厂、公园、动物园等都可以成为丰富的学前教育资源。幼儿园可以安排幼儿参观儿童福利院、养老院，让幼儿了解他们的生活与需要，学习怎样帮助社会上有需要的人；也可以带领幼儿观察楼房的层高，研究楼房的结构；还可组织幼儿游览动物园，实地观察动物。幼儿园应积极利用周边丰富的社会资源，深化幼儿园教育内容，培养幼儿爱家乡、爱祖国的良好情感。《中国教育现代化2035》指出要“健全社会资源有效开发配置的政策体系，加大图书馆、博物馆、科技馆、纪念馆、运动场、少年宫、儿童活动中心等公益设施建设力度，免费向学生开放”。《幼儿园园长专业标准》指出，幼儿园园长要“熟悉社会（社区）教育资源的功能与特点”，“鼓励社会（社区）和家庭参与幼儿园文化建设”，“重视利用自然环境和社会（社区）的教育资源，扩展幼儿生活和学习的空间”“利用文化、交通、消防等部门的社会教育资源，丰富幼儿园的教育活动”。《3—6岁儿童学习与发展指南》建议“经常带幼儿参观园林、名胜古迹等人文景观，讲讲有关的历史故事、传说，与幼儿一起讨论和交流对美的感受”。

三、文化资源

文化是人类社会的生存方式以及建立在此基础上的价值体系，是人类在社会发展过程中所创造的物质财富和精神财富的总和。幼儿期正处于个体文化价值观形成的最初阶段，将中华优秀传统文化融入学前教育，能够使幼儿在传统文化的浸润中感知传统文化的魅力，了解优秀文化的常识，促进行为、习惯与品德的发展，[①] 也能

① 霍力岩，龙正渝，高宏钰，等. 幼儿教育传承中华优秀传统文化的基本成效、现实挑战与对策建议[J]. 中国教育学刊，2022（5）：75.

春风化雨、润物无声地使幼儿对自己的文化乃至国家自然地产生认同感和归属感。[①]

《完善中华优秀传统文化教育指导纲要》提出，“提倡和扶持弘扬中华优秀传统文化的各类文艺作品创作……为加强中华优秀传统文化教育提供丰富、生动的教育资源”。中共中央、国务院《关于学前教育深化改革规范发展的若干意见》也指出，“国家制定幼儿园玩教具和图书配备指南，广泛征集遴选符合幼儿身心特点的优质游戏活动资源和体现中国优秀传统文化、现代生活特色的绘本。各地要加强对玩教具和图书配备的指导，支持引导幼儿园充分利用当地自然和文化资源”。

《完善中华优秀传统文化教育指导纲要》

《关于实施中华优秀传统文化传承发展工程的意见》

（1）精神资源。中华优秀传统文化蕴含的核心思想理念、人文精神、道德规范等内容均属于精神资源。中华优秀传统文化精神资源能够激发幼儿对中华传统文化的兴趣，获得民族自豪感，促进幼儿健全人格的形成和发展。《关于实施中华优秀传统文化传承发展工程的意见》指出，“传承发展中华优秀传统文化，就要大力弘扬讲仁爱、重民本、守诚信、崇正义、尚和合、求大同等核心思想理念”。《中国教育现代化 2035》指出，“传承和弘扬中华优秀传统文化，推动创造性转化、创新性发展，吸收人类文明有益成果，增强国家文化软实力”。这是将中华优秀传统文化的传承与国家软实力增强并举，共同加强儿童精神文化建设。

（2）物质资源。中华优秀传统文化博大精深，在漫长的发展历程中积累了深厚的物质资源。中华传统节日、传统儿童游戏、传统体育活动、儿童故事、中华经典戏曲、戏剧、舞蹈、民间工艺和传统手工艺品等众多具体文化形式都是中华优秀传统文化的宝贵资源。国务院办公厅《关于全面加强和改进学校美育工作的意见》“要以戏曲、书法、篆刻、剪纸等中华优秀传统文化艺术为重点，形成本地本校的特色和传统”。《3—6 岁儿童学习与发展指南》“社会”部分建议，“创造条件让幼儿接触多种艺术形式和作品。如，带幼儿观看或共同参与传统民间艺术和地方民俗文化活动，如皮影戏、剪纸和捏面人等”。

案例　表演什么节目？[②]

“元宵踩街”是古城郭巨[③]一项沿袭数百年的传统年俗活动，对于郭巨的孩子们来说是熟悉的，他们每年都会与家人一起上街观看表演，由此积累了不少感性认识。得知今年还能去踩街，孩子们兴奋不已。踩街活动筹备工作正式启动。在

① 杨宁. 中华优秀传统文化融入学前教育的基本主张[J]. 学前教育研究，2021（9）：2.

② 金必静，吴赛男，张璐. 让传统文化成为有意义的课程资源：以儿童踩街活动为例[J]. 幼儿教育，2022，912（Z5）：26–27. 有删减。

③ 现隶属于浙江省宁波市北仑区。

大一班的交流中，孩子们根据自己对年俗活动的已有认识，提出了不少想法。有的说：“要穿上红色服装表演，因为红色是过年的颜色。”有的说：“要播放好听的音乐，还要打鼓，这样大家都会来看我们表演。”有的说：“我最喜欢舞龙了，舞龙很威风。”……

教师通过简单的示意图将孩子们的想法呈现在交流板上。孩子们意见不一，一时难以聚焦。教师并不急着敲定方案，而是带着孩子们收集和了解更多的年俗知识。孩子们了解到新年是庚子鼠年，教师便鼓励孩子们去收集一些关于老鼠的民间故事、歌曲、童谣等。在分享会上，很多孩子都很喜欢《老鼠娶新娘》的民间故事，最终师幼确定以这个故事为蓝本设计一个节目在庙会上表演。

案例中，教师关注孩子们的已有经验和年龄特点，捕捉孩子们的兴趣，将中华优秀传统文化资源融入幼儿园教学过程，鼓励孩子们大胆表达。孩子们在广泛收集资料到集体分享和交流的过程中，加深对传统文化的理解与感悟。

第五节　幼儿园保教质量的监测与评估

质量是实体以满足主体需要为目的的客观属性。幼儿园教育质量是幼儿园满足主体需要程度的总和。幼儿园保育教育质量评估是指在一定教育价值观的指导下，依据评估指标和程序，对幼儿园教育活动是否满足幼儿需要的程度作出价值判断的过程。[①] 幼儿园是学校教育人才培养的起点，环境质量和教育质量的高低直接影响幼儿园教育的效果，高质量的幼儿园教育能够促进幼儿健康可持续发展。确保幼儿园提供高质量的教育，不仅是联合国教科文组织在《教育 2030 行动框架》的主要目标，也是我国学前教育深化改革、规范发展的重要任务。为深入贯彻党的二十大精神，加快推进学前教育高质量发展，教育部颁布《幼儿园督导评估办法》。该办法强调，督导评估要坚持贯彻树立正确导向、注重条件支撑、促进规范办园、强化过程评估、坚持以评促建等五项基本原则，从办园方向、保育与安全、教育过程、环境条件、队伍建设、内部管理等六个方面出发，引导幼儿园树立科学保教理念、规范办园行为、提升保教质量，为推动学前教育普及普惠安全优质发展奠定坚实的基础。《幼儿园保育教育质量评估指南》的颁布，是贯彻国家教育精神，加快健全评价体系

---

① 马锦华，陈园园，李晓宁. 幼儿园教育质量评估指标体系比较及其启示[J]. 教育研究与实验，2019（5）：76–77.

建设，促进学前教育高质量发展的强有力助推器，对我国学前教育高质量发展具有重要意义。

建设高质量的学前教育体系，离不开质量评估的正确导向和科学指引，《幼儿园保育教育质量评估指南》对如何完善以促进幼儿身心健康发展为导向的学前教育质量评估体系提出了明确要求。以下基于《幼儿园保育教育质量评估指南》，从评估的基本原则出发，探讨评估的方式，聚焦幼儿园保育教育质量评估的内容和要点，以期探讨幼儿园保育教育质量评估问题。

一、评估的基本原则

评估要坚持正确的指导思想：以习近平新时代中国特色社会主义思想为指导，全面贯彻党的教育方针，落实立德树人根本任务，遵循幼儿发展规律和教育规律，完善以促进幼儿身心健康发展为导向的学前教育质量评估体系，切实扭转不科学的评估导向，强化评估结果运用，推动树立科学保育教育理念，全面提高幼儿园保育教育水平，为培养德智体美劳全面发展的社会主义建设者和接班人奠定坚实基础。具体而言，评估过程中应坚持以下基本原则。

（一）坚持正确方向原则

新时代教育评价改革，必须以立德树人为主线，贯彻落实科学质量观，推动构建科学保教体系，提升幼儿园办园水平和保教质量。《幼儿园保育教育质量评估指南》指出，要“坚持社会主义办园方向，践行为党育人、为国育才使命，树立科学评价导向，推动构建科学保育教育体系，整体提升幼儿园办园水平和保育教育质量”。

（二）坚持儿童为本原则

学前教育作为一个相对特殊的教育阶段，其教育内容和教育方式与其他阶段存在本质区别。《幼儿园保育教育质量评估指南》指出，坚持儿童为本需要“尊重幼儿年龄特点和成长规律，注重幼儿发展的整体性和连续性，坚持保教结合，以游戏为基本活动，有效促进幼儿身心健康发展”。

（三）坚持科学评估原则

加强内涵建设推动学前教育高质量发展，促进每一个孩子健康成长是贯彻落实“幼有所育”的实际行动。《幼儿园保育教育质量评估指南》指出，坚持科学评估就需要“完善评估内容，突出评估重点，改进评估方式，切实扭转‘重结果轻过程、重硬件轻内涵、重他评轻自评’等倾向”。

（四）坚持以评促建原则

评估本身不是目的，充分应用评价结果才能积极发挥教育质量评估对教育政策调整、教育教学诊断与改进、社会舆论引领等多方面的功能和价值。《幼儿园保育教育质量评估指南》指出，要“充分发挥评估的引导、诊断、改进和激励功能，注重过程性、发展性评估，引导办好每一所幼儿园，促进幼儿园安全优质发展”。

二、评估的方式

评估教育效果是教育质量评估的核心内容之一，采用科学有效的评估方法能够全面、客观地了解教育活动实际效果。《幼儿园保育教育质量评估指南》着力从注重过程评估、强化自我评估、聚焦班级观察三个方面优化评估方式，有助于提高评估工作的科学性和有效性。

（一）注重过程评估

过程质量的要素，主要指向与儿童生活和经验有更直接联系的变量，例如师幼互动、学习环境、课程、健康和安全、家长参与等。过程质量对儿童发展有着更直接的影响。《幼儿园保育教育质量评估指南》表明，“重点关注保育教育过程质量，关注幼儿园提升保教水平的努力程度和改进过程，严禁用直接测查幼儿能力和发展水平的方式评估幼儿园保育教育质量”。

（二）强化自我评估

外引性的质量评估对保教实践质量提升的促进作用终究是辅助性的，内生性的质量评估才是推动幼儿园保教质量持续提升的核心动力。幼儿园保教质量评估方式需要由“外引”向“内生”转变。《幼儿园保育教育质量评估指南》表明，“幼儿园应建立常态化的自我评估机制，促进教职工主动参与，通过集体诊断，反思自身教育行为，提出改进措施。同时，有效发挥外部评估的导向、激励作用，有针对性地引导幼儿园不断完善自我评估，改进保育教育工作”。

（三）聚焦班级观察

班级观察是真实、客观、全面了解幼儿园保育教育过程的重要方式，也是幼儿园保教质量评价的国际通行做法。《幼儿园保育教育质量评估指南》表明，“通过不少于半日的连续自然观察，了解教师与幼儿互动情况，准确判断教师对促进幼儿学习与发展所做的努力与支持，全面、客观、真实地了解幼儿园保育教育过程和质量。外部评估的班级观察采取随机抽取的方式，覆盖面不少于各年龄班级总数的三分之一”。

三、评估内容

幼儿园是承担学前教育职能的主体，幼儿园保育教育质量是学前教育质量最重要的组成部分，厘清幼儿园保育教育质量的评估内容、评估标准对理解学前教育质量显得尤其重要。

幼儿的学习发展不仅受外在环境因素的影响，师幼互动、环境、课程、家庭社区参与等也是影响幼儿学习发展的重要因素。幼儿园教育不仅要关注结构性质量，也要关注过程质量的重要影响。《深化新时代教育评价改革总体方案》指出，“有什么样的评价指挥棒，就有什么样的办学导向”。从过去的学前教育三轮发展行动计划来看，我国普惠性学前教育资源得到有效扩充，班级规模、师幼比、师资条件及办园条件等结构性质量均得到有效改善。进入“十四五”，我国学前教育改革发展迎来新阶段，国家颁布《幼儿园保育教育质量评估指南》，幼儿园重视并提高保育教育过程质量成为新的关注点，体现了新时代我国学前教育高质量发展的必然要求。

幼儿园保育教育质量评估具有地方性、复杂性等特点，针对不同主体的评估内容差异较大，现主要结合《幼儿园保育教育质量评估指南》对幼儿园保育教育质量中结构性质量和过程质量提出的考查内容和考察要点进行介绍。

（一）结构性质量评估

结构性质量中的“结构”是指通过明确的规章制度，确保学前教育质量所需的总体结构。[①] 结构性质量是学前教育质量评价和学前教育政策研究的重要课题之一，是高质量幼儿园的重要保障，通过影响过程质量影响儿童发展。

1. 办园方向

评估内容：包括党建工作、品德启蒙和科学理念等3项关键指标，旨在促进幼儿园全面贯彻党的教育方针，落实立德树人根本任务，强化党组织战斗堡垒作用，树立科学保育教育理念，确保正确办园方向。

评估要求：《幼儿园保育教育质量评估指南》将“坚持正确方向”作为一项基本原则，要求“落实幼儿园党的组织和党的工作全覆盖”，并将“品德启蒙”作为一项关键指标，强调“注重从小做起、从点滴做起”“注重幼儿良好品德和行为习惯养成，潜移默化贯穿于一日生活和各项活动”。在“科学理念”中指出，教师要“珍视生活和游戏的独特教育价值”“充分尊重和保护幼儿的好奇心和探究兴趣”。幼儿园应当坚持中国共产党的全面领导，全面贯彻国家教育方针，坚持社会主义办学方向，

---

① OECD. Starting Strong Ⅱ: early childhood education and care[M]. Paris: OECD Publishing，2006：127.

落实立德树人根本任务。遵循幼儿身心发展规律，尊重个体差异，把游戏作为基本活动，最大限度支持幼儿发展的需要。

2. 保育与安全

评估内容：包括卫生保健、生活照料、安全防护等 3 项关键指标，旨在促进幼儿园加强膳食营养、疾病预防、健康检查等工作，建立合理的生活常规，强化医护保健人员配备、安全保障和制度落实，确保幼儿生命安全和身心健康。

评估要求：《幼儿园保育教育质量评估指南》在“卫生保健”中指出，要健全工作制度和岗位职责，认真做好幼儿膳食指导、晨午检和健康观察、疾病预防、幼儿生长发育监测等工作。幼儿一日生活无小事，幼儿还处于身心发展尚不成熟的阶段，幼儿园必须把保护幼儿的生命和促进幼儿的健康放在工作的首位。《托儿所幼儿园卫生保健工作规范》对幼儿园卫生保健工作内容与要求做了非常细致的陈述。《幼儿园工作规程》也将“幼儿园的卫生保健”作为专章进行规定。

《幼儿园保育教育质量评估指南》在“生活照料”中指出，“帮助幼儿建立合理生活常规”“引导幼儿养成劳动习惯”“保证每天户外活动时间不少于 2 小时，体育活动时间不少于 1 小时”，除此之外，还强调“重视有特殊需要的幼儿”。常规能够培养幼儿形成良好的行为习惯和初步的生活自理能力，提升社会适应能力。《幼儿园工作规程》强调，“幼儿园日常生活组织，应当从实际出发，建立必要、合理的常规”“幼儿一日活动的组织应当动静交替，注重幼儿的直接感知、实际操作和亲身体验”。

《幼儿园保育教育质量评估指南》在“安全防护”中指出，“认真落实幼儿园各项安全管理制度和措施”“及时消除安全隐患”“把安全教育融入幼儿一日生活”。幼儿的安全问题是幼儿园工作的重中之重，《中华人民共和国学前教育法》强调，“幼儿园应当把保护学前儿童安全放在首位”。《幼儿园工作规程》也指出，“幼儿园应当把安全教育融入一日生活”。通过幼儿园规范卫生保健制度，让幼儿在安全温馨的环境中茁壮成长。

3. 环境创设

评估内容：包括空间设施、玩具材料等 2 项关键指标，旨在促进幼儿园积极创设丰富适宜、富有童趣、有利于支持幼儿学习探索的教育环境，配备数量充足、种类多样的玩教具和图画书，有效支持保育教育工作科学实施。

评估要求：《幼儿园保育教育质量评估指南》在“空间设施”指标中规定，“幼儿园规模与班额符合国家和地方相关规定”“各类设施设备安全、环保，符合幼儿的年龄特点”。《幼儿园工作规程》对幼儿园班级规模作了明确规定，“幼儿园每班幼儿人数一般为：小班（3 周岁至 4 周岁）25 人，中班（4 周岁至 5 周岁）30 人，大班（5 周岁至 6 周岁）35 人，混合班 30 人。寄宿制幼儿园每班幼儿人数酌减”。幼儿园规模的限定有助于幼儿身心健康，便于管理。

《幼儿园保育教育质量评估指南》在“玩具材料”指标中规定，“玩具材料种类丰富，数量充足，以低结构材料为主”“幼儿园配备的图画书应符合幼儿年龄特点和认知水平，注重体现中华优秀传统文化和现代生活特色”。玩具可以调动幼儿互动积极性，激发探索的欲望，使他们在对材料的直接感知和具体操作的过程中得到操作和思维的发展，但与此同时，玩具的选择也至关重要。《幼儿园工作规程》和《幼儿园办园行为督导评估办法》均指出，幼儿园的设施设备、玩教具、游戏材料等“应当符合国家相关的安全质量标准和环保要求”。

《幼儿园办园行为督导评估办法》

4. 教师队伍

评估内容：包括师德师风、人员配备、专业发展和激励机制等 4 项关键指标，旨在促进幼儿园加强教师师德工作，注重教师专业能力建设，提高园长专业领导力，采取有效措施激励教师爱岗敬业、潜心育人。

评估要求：中共中央、国务院《关于弘扬教育家精神加强新时代高素质专业化教师队伍建设的意见》提出要“涵养高尚师德师风”“坚持师德师风第一标准”“提升教师专业素养”“提升教师教书育人能力”。《幼儿园保育教育质量评估指南》在“师德师风”指标中规定，教师要“按照‘四有’好教师标准履行幼儿园教师职业道德规范，爱岗敬业，关爱幼儿，严格自律，没有歧视、侮辱、体罚或变相体罚等有损幼儿身心健康的行为”，同时应该关注幼儿园教师的身心发展，“关心教职工思想状况，加强人文关怀，帮助解决教职工思想问题与实际困难，促进教职工身心健康”。《幼儿园教师专业标准（试行）》将“师德为先”作为首要的基本理念。教师要履行教师职业道德规范，关爱幼儿、尊重幼儿，成为幼儿健康成长的引路人。同时，教师也是社会发展中的人，《中华人民共和国教师法》《中华人民共和国学前教育教育法草案》一致强调“全社会应当尊重教师”，《幼儿园园长专业标准》也表明，要“维护和保障教职工合法权益和待遇，关爱教职工身心健康”。

《幼儿园教职工配备标准（暂行）》

《幼儿园保育教育质量评估指南》在“人员配备”指标中对教职工人员配备、幼儿园教师、保育员和园长进行了规定。《幼儿园教职工配备标准（暂行）》在教职工与幼儿的比例、专任教师和保育员配备、其他人员配备做了细致的说明。幼儿园教职工配备标准是幼儿园办园标准的重要内容，也是促进幼儿园教师队伍建设的重要手段。

《幼儿园保育教育质量评估指南》在“专业发展”和“激励机制”中提出“制订符合教职工自身特点的专业发展规划”“制订合理的教研制度并有效落实”“形成协同学习、相互支持的良好氛围”。幼儿园教师的专业成长是促进教育长远发展的力量源泉，幼儿园教师专业能力的发展促进高品质幼儿园教育，有助于全面提升学前教育质量。《幼儿园园长专业标准》把“引领教师成长”作为幼儿园园长重要的专业职责。中共中央、国务院《关于学前教育深化改革规范发展的若干意见》也通过保障幼儿园教师地位和待遇、完善教师培养体系和健全教师培训制度等多举措“大力加强幼儿园教师队伍建设”。

（二）过程质量评估

学前教育过程质量关注教育过程，更多地探讨师幼、同伴以及教师之间的互动关系对学前儿童发展结果的影响。① 过程质量评估作为内生性的质量评估是推动幼儿园保教质量持续提升的核心动力。《幼儿园保育教育质量评估指南》将“科学评估”作为一项基本原则，指出“注重过程评估”“重点关注保育教育过程质量，关注幼儿园提升保教水平的努力程度和改进过程”。

评估内容：包括活动组织、师幼互动和家园共育等 3 项关键指标，旨在促进幼儿园坚持以游戏为基本活动，理解尊重幼儿并支持其有意义地学习，强化家园协同育人，不断提高保育教育质量。

评估要求：《幼儿园保育教育质量评估指南》在“活动组织”中提出，“一日活动安排相对稳定合理”“因地制宜为幼儿创设游戏环境，提供丰富适宜的游戏材料”“发现和支持幼儿有意义的学习”“注重幼小科学衔接”。幼儿园活动组织是幼儿园教育教学活动中非常重要的一环，活动组织直接关系幼儿活动的质量。《幼儿园教师专业标准（试行）》从“环境的创设与利用”、“一日生活的组织与保育”、“游戏活动的支持与引导”和“教育活动的计划与实施”等多方面对幼儿园教师专业活动组织能力进行了规定。教育部《关于大力推进幼儿园与小学科学衔接的指导意见》也明确将“儿童为本、双向衔接、系统推进和规范管理”作为基本原则，全面推进幼儿园和小学实施入学适应教育，帮助儿童顺利实现由幼儿园到小学的过渡。

《关于大力推进幼儿园与小学科学衔接的指导意见》

《幼儿园保育教育质量评估指南》在“师幼互动”中提出，在情感氛围上“教师要保持积极乐观的情绪状态，以亲切和蔼、支持性的态度和行为与幼儿互动，平等对待每一名幼儿”；在教育支持上“支持幼儿自主选择”“对幼儿的发展情况和需要做出客观全面的分析，提供有针对性地支持”“善于发现各种偶发的教育契机”。师幼互动是幼儿最重要的人际关系之一，师幼互动质量对幼儿身心健康、社会性发展、学习品质等方面具有重要影响。因此，师幼互动质量是幼儿园保育教育过程质量的重要评价指标。《幼儿园教师专业标准（试行）》指出，要“建立良好的师幼关系，帮助幼儿建立良好的同伴关系，让幼儿感到温暖和愉悦”，中共中央、国务院《关

---

① OECD. Starting Strong Ⅱ: early childhood education and care[M]. Paris: OECD Publishing, 2006: 128.

于学前教育深化改革规范发展的若干意见》也提出，“幼儿园要遵循幼儿身心发展规律，树立科学保教理念，建立良好师幼关系”。

政策聚焦

本章是全书的重点内容，是今后工作开展的具体依据，建议重点研读以下政策法规（表 5–6–1）。

表 5–6–1　本章重点研读的政策法规一览表

政策法规	颁布时间	颁布机构
《中华人民共和国学前教育法》	2024 年	全国人大常委会
《3—6 岁儿童学习与发展指南》	2012 年	教育部
《幼儿园教育指导纲要（试行）》	2001 年	教育部
《幼儿园工作规程》	2016 年	教育部
《幼儿园保育教育质量评估指南》	2022 年	教育部

思考与练习

（一）单选题

1. 以下不是幼儿园健康领域内容的是（　　）。

A. 动作发展　　B. 科学探究

C. 生活习惯与生活能力　　D. 身心状况

2. 幼儿户外活动时间在正常情况下，每天不得少于（　　）。

A. 1 小时　　B. 1.5 小时　　C. 2 小时　　D. 2.5 小时

3. 中共中央、国务院《关于学前教育深化改革规范发展的若干意见》提出，幼儿教育应坚持以（　　）为基本活动。

A. 生活　　B. 教学　　C. 课程　　D. 游戏

4. 以下（　　）是《幼儿园保育教育质量评估指南》中结构性评估的关键指标。

A. 空间设施　　B. 活动组织　　C. 师幼互动　　D. 家园共育

（二）简答题

1. 简述幼儿学习与发展目标与幼儿园保教目标的联系和区别。
2. 阐释幼儿园保教活动基本原则。

3. 概括说明幼儿园社会教育的内容和建议。

（三）论述题

1. 请以家乡的一所幼儿园为例，说明如何合理利用幼儿园所在地的文化资源。

2. 结合《幼儿园保育教育质量评估指南》，试述幼儿园保育教育质量评估对幼儿园发展的作用。

（四）案例分析题

掌声响起来①

从这个学期开始，我们班每天都会让孩子轮流播报天气预报，每当有孩子完成播报，其他孩子都会报以掌声。这一天，轮到浩浩播报天气预报。浩浩是一个比较胆小的孩子，说话声音比较小。浩浩播报完毕后，孩子们的掌声迟迟没有响起。于是，我带头为他鼓掌，孩子们的掌声这才稀稀拉拉地响起。我不禁问孩子们：“你们为什么没有为浩浩鼓掌呢？”孩子们的回答是：“我没有听清楚他在说什么。”“他说话断断续续的，好像很紧张。”听到同伴的评价，浩浩低下了头。我意识到，同伴的评价可能会影响浩浩的自信。于是，我马上追问：“那你们觉得浩浩有哪些方面是值得你们学习的？”

孩子们纷纷说出了自己的想法：“浩浩胆子小，但今天还是很勇敢地站在前面播报天气预报值得我们学习。”“浩浩画画很棒。”“浩浩很喜欢分享，而且不会和别人争玩具。”听到这些，浩浩慢慢抬起了头。这时，我又对孩子们说：“那你们现在能否说一句鼓励或祝福的话送给浩浩呢？”一个孩子站起来，说：“希望你以后说话大声一点！”他说完就拥抱了浩浩。又一个孩子站起来，说：“我们都是你的好朋友，你不用害怕，大胆点。”我想，此时的浩浩一定感受到了来自同伴的温暖。

请根据以上案例，结合幼儿园保育与教育的基本原则，分析这位教师的做法。

第五章答案

① 陶佳焕. 掌声响起来[J]. 幼儿教育，2021，872（16）：53. 有删减。

第一节　幼儿园总体规划、环境与建筑
第二节　幼儿园室内环境与玩教具
第三节　幼儿园户外环境与设施
第四节　幼儿园周边环境安全与卫生

第六章 幼儿园环境资源与建筑设施

6

本章要点

❶ 幼儿园的总体规划与环境要求、园舍建筑及其要求。
❷ 幼儿园室内环境要求与玩教具、图书配备的相关规定。
❸ 幼儿园户外场地活动区域的构成及设施安排。
❹ 幼儿园周边环境安全与卫生的基本规定。

案例导入

放手后的风景更美①

活动室外一面不起眼的白墙前围着好多孩子，他们一边指着墙上张贴的纸片，一边热烈地讨论着。我走近后发现，原来墙上张贴的是本班孩子的体检汇总表，孩子们对表格中的身高数值及评价产生了兴趣，也因此有了不少疑问：125、131 等数字表示什么？cm、kg 代表什么意思？汉字“中、上、下”又说明了什么？教师把这面墙交给孩子，他们用一条深蓝色的即时贴线条将墙面一分为二，左上角贴上一个黄色的大问号，将画下自己问题的纸片张贴在左边的问题区。右下角贴上了孩子们自己画的笑脸图标，他们把通过询问保健老师、查阅书籍等途径找来的答案贴在右边的发现区。

白墙与旁边教师主导策划的精致主题墙相比，虽简陋却能引起孩子们的关注，它展示的内容是孩子们感兴趣和需要的，孩子们在与白墙的互动中获得自主发现问题、解决问题的契机，有了自主设计规划空间的意愿。

幼儿园园舍建筑为幼儿活动提供的空间、玩教具材料、图书是幼儿发展的基本物质保障，所有这些物质条件必须符合国家“安全、够用、实用”的原则，符合幼儿园保教要求、卫生安全要求、环境友好要求和经济节约的原则，促进幼儿的健康成长。我国 2019 年修订的《托儿所、幼儿园建筑设计规范》指出，“托儿所、幼儿园的总平面设计应包括总平面布置、竖向设计和管网综合等设计。总平面布置应包括建筑物、室外活动场地、绿化、道路布置等内容，设计应功能分区合理、方便管理、朝向适宜、日照充足，创造符合幼儿生理、心理特点的环境空间”。下面将具体介绍国家关于幼儿园环境、资源、设施设备的相关规定。

---

① 谢静.放手后的风景更美：基于儿童视角创设主题墙的行与思[J]. 早期教育，2022(1)：56. 有删减。

第一节　幼儿园总体规划、环境与建筑

幼儿园是幼儿集中生活并接受科学保育、教育的场所，幼儿园的园舍与建筑是幼儿园内一切活动的物质载体，因此，安全、卫生、适宜、美观的园舍与建筑是幼儿身心健康发展的重要保障。本节主要介绍幼儿园的总体规划环境以及幼儿园园舍建造要求，主要依据的是《托儿所、幼儿园建筑设计规范》（2019 年修订，主编部门是住房和城乡建设部）、《幼儿园建设标准》（2016 年颁布，主编部门是教育部）。

一、幼儿园的总体规划

幼儿园总体规划应因地制宜，合理利用地形地貌；应适应幼儿特点，并有利于对幼儿的保育与管理。幼儿园的总体设计应紧密结合自身所处的地理环境，在综合考虑地质条件、气候条件、生态条件等多方面影响因素的基础上进行综合规划。同时，幼儿园的总体规划必须考虑幼儿的生理及心理特点，有利于其身心健康发展。

（一）幼儿园的选址

幼儿园的布局应满足就近入园、方便接送的要求。《城市居住区规划设计标准》提出“五分钟生活圈居住区”概念，其中，幼儿园应属于居民步行五分钟可满足其基本生活需求的社区服务设施之一。《幼儿园建设标准》指出，“城镇幼儿园的服务半径宜为 300 m ~ 500 m，城镇居住小区应按居住区规划设计配建幼儿园”（如图 6-1-1）。

《幼儿园建设标准》

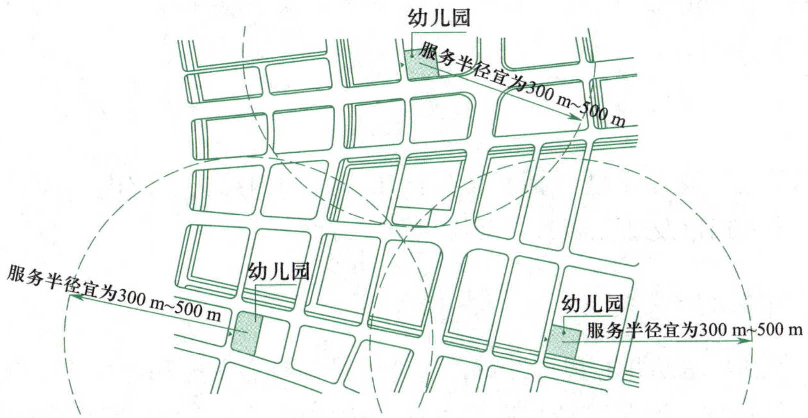

图6-1-1　幼儿园服务圈[①]

① 出自教育部组织东南大学建筑设计研究院有限公司编制的《幼儿园标准设计样图》。

（二）幼儿园选址应遵循的原则

1. 环境适宜原则

幼儿园的选址不仅取决于地质、地貌、环境、交通、能源等主要条件，各种复杂的自然因素也需要考虑在内。幼儿园宜设置在地质条件好、环境适宜、空气流通、日照充足、交通便利、基础设施完善的地带，为幼儿提供优质的环境资源与便捷的教育服务。

2. 风险规避原则

幼儿身心发展尚不成熟，抵御自然危害的能力较弱。地震、洪水等自然灾害具有无法预估性，幼儿园选址需尽量避开危险地段和不良环境，为幼儿提供安全、卫生的育人环境。《中华人民共和国学前教育法》第二十九条规定，设立幼儿园，应当符合规定的选址要求，设置在安全区域内。《幼儿园建设标准》指出，幼儿园“必须避开地震危险地段、可能发生地质灾害和洪水灾害的区域等不安全地带，避开输油、输气管道和高压供电走廊等”“避开主要交通干道、建筑的阴影区”“农村幼儿园宜设在集镇或毗邻乡村中小学，应避开养殖场、屠宰场、垃圾填埋场及水面”等不良环境。

3. 身心健康原则

幼儿园的选址需要遵守幼儿身心健康原则，不利于幼儿身心健康或对幼儿身心健康具有潜在危害的地方，如集贸市场、娱乐场所、医院等附近也不宜建设幼儿园。

4. 楼层适宜原则

幼儿具有极高的探索欲，好动是幼儿的天性，幼儿园建设在高层建筑内会增加幼儿人身安全风险。因此，幼儿园不得建在高层建筑内。3 个班级及以下规模的幼儿园可设在多层公共建筑内的一至三层，应有独立院落和出入口，室外游戏场地应有防护措施。3 个班以上规模幼儿园不应设在多层公共建筑内。

二、幼儿园总体环境

幼儿园的总体环境主要包括园舍日照采光、园内绿化、园内建筑形式与风格、园内道路、出入口以及幼儿园室外管线综合等方面。

（一）园舍日照采光

阳光不仅影响着幼儿的视觉发育，还能促进其身心发展和提高认知世界的能力。幼儿园的生活用房、服务管理用房和供应用房中的厨房等均应具备直接天然采光。在幼儿园朝向上及光照要求上，《托儿所、幼儿园建筑设计规范》明确规定，“托儿所、幼儿园的活动室、寝室及具有相同功能的区域，应布置在当地最好朝向，冬至日底层满窗日照不应小于 3 h”。“夏热冬冷、夏热冬暖地区的幼儿生活用房不宜朝西向，当不可避免时，应采取遮阳设施”。另外，“单侧采光的活动室，其进深不宜超过 6.60 m”。“活动室宜设阳台或室外活动平台，且不应影响生活用房的日照”。幼儿园的总平面布置应保证幼儿活动区域有良好日照朝向，充足的阳光对于正处于骨骼生长期的幼儿而言十分重要。

《托儿所、幼儿园建筑设计规范》

幼儿在接受充足的阳光照射的情况下，体内更容易形成维生素 D，从而促进体内钙质的吸收，预防佝偻病，加快骨骼的生长发育。同时，幼儿接受更多的阳光也有利于其心理健康。再者，阳光中的紫外线也能起到消毒杀菌的作用，保证幼儿的健康。因此，幼儿园在进行总体规划时必须保证幼儿活动区域日照充足。

（二）园内绿化

一般而言，幼儿园应适当提高绿化率，为幼儿提供更多的机会接触大自然。幼儿主要通过视觉、嗅觉、触觉等感官体验自然、了解自然。因此，幼儿园的绿化用地应种植一些形状、颜色丰富多样且能满足幼儿好奇心的植物，不能种植带有毒性、带刺、有飞絮、病虫害多、有刺激性的植物。

案例　孩子们和树枝的故事①

户外活动时间，孩子们路过活动室。突然，小印叫了起来：“大家快看，屋顶上是什么？”孩子们纷纷抬头看。“咦！屋顶有很多树枝！”“用绳子把树枝扎紧是怕它掉下来砸到我们。”“它像一个拼图，还像一个迷宫。”“它把活动室变漂亮了。”孩子们七嘴八舌地讨论起来。

从户外回来，几个孩子问我，屋顶上的树枝是从哪里来的。我顺势和孩子们展开了讨论。

师：幼儿园哪些地方能找到树枝呢？

一周：我在操场上见到过！

卷毛：树上就有。

圆圆：草坪上也有！

元宝：树底下也有。

予昊：风会吹来树枝。

申申：会不会有人把树上的树枝折下来？

孩子们发现，幼儿园的操场上、草坪上都有树枝。通过讨论，他们得出结论：

---

① 冯嫣，虞晓艳. 孩子们和树枝的故事[J]. 幼儿教育，2021(17)：15-17. 有删减。

只要有树的地方，就能找到树枝。我与孩子们约定，第二天去户外寻找树枝。第二天，我们来到户外，不一会儿，便收获满满，大家一起把树枝搬回活动室。予昊用树枝拼了一个大嘴巴，桐桐拼了一顶帐篷，琳琳拼了一个正方形……圆圆嘟囔着："我想搭一座房子，树枝房子如果能够立起来就好了。孩子们纷纷行动起来，寻找可以让树枝立起来的材料，予昊找到了双面胶，茗茗找到了胶水，瑾源找到了黏土。

一天，优优带来了她和妈妈共同制作的树枝小船，孩子们都很喜欢。用树枝还可以做什么？有的孩子用黏土制作了树枝小屋，有的孩子把树枝当作橡皮泥人的手和脚，有的孩子给树枝涂上不同的颜色……

由案例可知，富有生机的园内环境有助于幼儿在接触自然中获得知识，享受快乐，激发其探索的热情。

（三）园内建筑形式与风格

紧密集中的幼儿园建筑有利于幼儿出入不同的活动区域，促进幼儿积极地参与活动。同样，建筑之间的连廊设计能够进一步扩大幼儿的活动空间，使幼儿能够自由地穿梭于各建筑之间。整个园舍要为幼儿营造一种安全氛围，有利于幼儿在园舍内进行积极探索。

幼儿园的形式与建筑风格应该体现幼儿园的保教寓意，具有直观性特征，与周围建筑在风格与形式上保持一致。同时，幼儿园内的绿化与美化也应与建筑风格相融合，进行统一设计与规划，从而创造和谐、优美的育人环境。

（四）园内道路、出入口

幼儿园内的道路设置应通畅、便捷，宜人车分流，竖向设计应满足无障碍要求，有高低差的路面宜设坡道，防止磕伤碰伤，方便幼儿四处行走、活动。园内主要道路的宽度以及转弯半径应满足消防车辆的通行要求。根据消防车辆通行要求，园内道路宽度不得小于 4 m，转弯半径至少为 9 m，这样园内出现突发安全事故时，消防、急救车辆也能够顺利出入幼儿园。为了幼儿出入园的安全考虑，幼儿园出入口不宜设置在主要交通干道上，幼儿园门外应留有缓冲地带以及家长在接送幼儿时停留、等待的空间。为防止幼儿私自出入幼儿园或陌生人随意出入幼儿园，幼儿园应设有围墙、大门等安全隔离设施，以保障幼儿的人身安全。

（五）幼儿园室外管线综合

室外管线综合，即各种管线的布置，各种专业工程技术管线的布置应合理、经济，不存在安全隐患。

幼儿园的室外管线综合关系到幼儿园的供电、供水、供暖的保障性以及安全性，这些均是与幼儿园日常运转以及幼儿生活紧密相关的头等大事。就幼儿园的管线而言，主要有污水管、雨水管、自来水管、燃气管、供热管等配套管线，地下部分还有地下化粪池、地下消防水池、地下水泵等。以上管线与设施在布置之前就应事先规划好各种管线的大小、方位、走向、标高等，本着节约土地、缩短管线的原则进行合理布置。幼儿园室外管线应采用地下暗敷，以保持幼儿园的优美环境。同时，城镇幼儿园污水管道应接入城镇污水排放系统，按防火规范要求设置足够数量的消防栓。

三、幼儿园的园舍建筑与要求

幼儿园园舍建造主要包括园舍的构成、园舍建筑面积以及园舍建造要求三个方面。

（一）幼儿园的园舍构成

幼儿园园舍是幼儿园教师、幼儿以及其他相关工作人员进行教学活动、管理活动以及日常生活的地方。根据《托儿所、幼儿园建筑设计规范》，幼儿园建筑分为生活用房、服务管理用房和供应用房三类。根据《幼儿园建设标准》，幼儿园房屋建筑由幼儿活动用房、服务用房、附属用房三部分组成，基本与上述生活用房、服务管理用房、供应用房相对应。

生活用房应由生活单元（活动室、寝室、卫生间①、衣帽储藏间等基本空间）、公共活动空间和多功能活动室组成。

服务管理用房宜包括晨检接待厅、保健观察室、教师值班室、警卫室、储藏室、园长室、财务室、教师办公室、会议室、教具制作室等房间。

供应用房宜包括厨房、洗涤消毒用房、洗衣间、开水间等房间，其中厨房应自成一区，并与幼儿生活用房应有一定距离。

（二）幼儿园的园舍建筑面积

根据《幼儿园建设标准》要求，幼儿园各类用房人均使用面积和建筑面积指标参考表 6-1-1 至表 6-1-4：

寄宿制幼儿园的孩子们往往一周中的整整五天时间全都在幼儿园完成生活起居，寄宿制幼儿园的环境应该更加开阔、丰富、方便。因此，寄宿制幼儿园比全日制幼儿园人均使用面积在隔离室、厨房、教师值班室、集中浴室等的指标上有所增加，

---

① 卫生间包括厕所、盥洗室。

其他用房面积指标均与全日制幼儿园相同（如表 6-1-3 所示）。

表 6-1-1　幼儿园各类用房人均使用面积和建筑面积指标（m²/ 人）①

类型	用房类别		面积指标			
			3 班	6 班	9 班	12 班
全日制	幼儿活动用房		5.10 ~ 6.30	5.10 ~ 6.30	5.00 ~ 6.20	4.90 ~ 6.10
	服务用房		0.49 ~ 0.74	0.99 ~ 1.24	0.84 ~ 1.07	0.69 ~ 0.90
	附属用房		0.60 ~ 0.80	1.22 ~ 1.34	1.15 ~ 1.26	1.08 ~ 1.18
	人均使用面积合计		6.19 ~ 7.84	7.31 ~ 8.88	6.99 ~ 8.53	6.67 ~ 8.18
	人均建筑面积合计	K=0.6	—	12.18 ~ 14.80	11.65 ~ 14.22	11.12 ~ 13.63
		K=0.7	8.84 ~ 11.20	10.44 ~ 12.69	—	—
寄宿制	幼儿活动用房		5.10 ~ 6.30	5.10 ~ 6.30	5.00 ~ 6.20	4.90 ~ 6.10
	服务用房		0.55 ~ 0.80	1.05 ~ 1.30	0.90 ~ 1.13	0.75 ~ 0.96
	附属用房		0.83 ~ 1.08	1.43 ~ 1.55	1.36 ~ 1.47	1.29 ~ 1.39
	人均使用面积合计		6.48 ~ 8.18	7.58 ~ 9.15	7.26 ~ 8.80	6.94 ~ 8.45
	人均建筑面积合计	K=0.6	—	12.63 ~ 15.25	12.10 ~ 14.67	11.57 ~ 14.08
		K=0.7	9.26 ~ 11.69	10.83 ~ 13.07	—	—

表 6-1-2　全日制幼儿园各项用房人均使用面积指标（m²/ 人）

用房类别和用房名称	面积指标			
	3 班	6 班	9 班	12 班
一、幼儿活动用房	5.10 ~ 6.30	5.10 ~ 6.30	5.00 ~ 6.20	4.90 ~ 6.10
1. 班级活动单元	4.40 ~ 5.30	4.40 ~ 5.30	4.40 ~ 5.30	4.40 ~ 5.30
2. 综合活动室	0.70 ~ 1.00	0.70 ~ 1.00	0.60 ~ 0.90	0.50 ~ 0.80
二、服务用房	0.49 ~ 0.74	0.99 ~ 1.24	0.84 ~ 1.07	0.69 ~ 0.90
1. 办公室	0.10 ~ 0.35	0.60 ~ 0.85	0.50 ~ 0.73	0.40 ~ 0.61
2. 保健观察室	0.10	0.10	0.08	0.06
3. 晨检接待厅	0.20	0.20	0.18	0.16

① 参考《幼儿园建设标准》。1. 楼房使用面积系数K值取0.6，平房使用面积系数K值取0.7。2. 3班、6班、9班、12班指办园规模。办园规模大于12班时，可参照12班的人均面积指标，但不宜超过12班。3. 各地可按照区域经济发展水平及幼儿园建设的经费投入情况，采用表中的上限或下限数值。4. 各类指标按平均班额30人测算。表6-1-2和表6-1-3同理。

续表

用房类别和用房名称	面积指标			
	3 班	6 班	9 班	12 班
4. 洗涤消毒用房	0.09	0.09	0.08	0.07
三、附属用房	0.60 ~ 0.80	1.22 ~ 1.34	1.15 ~ 1.26	1.08 ~ 1.18
1. 厨房	0.40 ~ 0.50	0.70 ~ 0.72	0.69 ~ 0.71	0.68 ~ 0.70
2. 配电室	—	0.05	0.04	0.03
3. 门卫收发室	—	0.10	0.09	0.08
4. 储藏室	0.10 ~ 0.20	0.20 ~ 0.30	0.18 ~ 0.27	0.16 ~ 0.24
5. 教职工卫生间	0.10	0.10	0.09	0.08
6. 教师值班室	—	0.07	0.06	0.05
人均使用面积合计	6.19 ~ 7.84	7.31 ~ 8.88	6.99 ~ 8.53	6.67 ~ 8.18

表 6-1-3 寄宿制幼儿园各项用房人均使用面积指标（m^2/ 人）

用房类别和用房名称	面积指标			
	3 班	6 班	9 班	12 班
一、幼儿活动用房	5.10 ~ 6.30	5.10 ~ 6.30	5.00 ~ 6.20	4.90 ~ 6.10
1. 班级活动单元	4.40 ~ 5.30	4.40 ~ 5.30	4.40 ~ 5.30	4.40 ~ 5.30
2. 综合活动室	0.70 ~ 1.00	0.70 ~ 1.00	0.60 ~ 0.90	0.50 ~ 0.80
二、服务用房	0.55 ~ 0.80	1.05 ~ 1.30	0.90 ~ 1.13	0.75 ~ 0.96
1. 办公室	0.10 ~ 0.35	0.60 ~ 0.85	0.50 ~ 0.73	0.40 ~ 0.61
2. 保健观察室	0.10	0.10	0.08	0.06
3. 晨检接待厅	0.20	0.20	0.18	0.16
4. 隔离室	0.06	0.06	0.06	0.06
5. 洗涤消毒用房	0.09	0.09	0.08	0.07
三、附属用房	0.83 ~ 1.08	1.43 ~ 1.55	1.36 ~ 1.47	1.29 ~ 1.39
1. 厨房	0.46 ~ 0.56	0.76 ~ 0.78	0.75 ~ 0.77	0.74 ~ 0.76
2. 配电室	—	0.05	0.04	0.03
3. 门卫收发室	—	0.10	0.09	0.08
4. 储藏室	0.10 ~ 0.20	0.20 ~ 0.30	0.18 ~ 0.27	0.16 ~ 0.24

续表

用房类别和用房名称	面积指标			
	3 班	6 班	9 班	12 班
5. 教职工卫生间	0.10	0.10	0.09	0.08
6. 教师值班室	0.05 ~ 0.10	0.10	0.09	0.08
7. 集中浴室	0.12	0.12	0.12	0.12
人均使用面积合计	6.48 ~ 8.18	7.58 ~ 9.15	7.26 ~ 8.80	6.94 ~ 8.45

幼儿活动室使用面积过小不利于幼儿开展游戏活动，面积过大则造成空间浪费。为满足幼儿活动空间需求，全日制幼儿园班级活动单元中的活动室和寝室可合并设置，也可分开设置；寄宿制幼儿园班级活动单元中的活动室和寝室则宜分开设置。在活动室和寝室合并设置中，采用面积指标低限，活动室和寝室人均使用面积 3.50 m^2（按平均班额 30 人测算），每班使用面积 105 m^2。其中，活动时堆放床具占用约 15 m^2 ~ 30 m^2，幼儿活动面积对应值约为 90 m^2 ~ 75 m^2（如表 6-1-4 所示）。

在活动室与寝室分开设置中，采用面积指标高限。活动室人均使用面积为 2.40 m^2，每班使用面积为 72 m^2。寝室人均使用面积为 2.00 m^2，每班使用面积为 60 m^2（如表 6-1-4 所示）。

表 6-1-4　班级活动单元各项用房人均使用面积指标（m^2/ 人）

用房名称	面积指标	
	活动室与寝室合并设置	活动室与寝室分开设置
活动室	3.50	2.40
寝室		2.00
卫生间（含厕所、盥洗间、洗浴位等）	0.60	0.60
衣帽储藏室	0.30	0.30
人均使用面积合计	4.40	5.30

（三）幼儿园园舍建造要求

《中华人民共和国学前教育法》第二十九条提出，设立幼儿园，应当有符合规定的园舍、卫生室或者保健室、安全设施设备及户外场地。根据《托儿所、幼儿园建筑设计规范》中的相关规定，幼儿园园舍建筑的规划与建设必须满足“适用、安全、卫生、经济、美观”等方面的基本要求。

1. 房屋建筑

《中华人民共和国学前教育法》第六十七条明确规定，禁止在幼儿园内建设或者设置有危险、有污染的建筑物和设施设备。《幼儿园建设标准》第十九条明确要求，“房屋建筑应符合国家现行幼儿园建筑设计规范相关规定，坚持安全、适用、绿色、节能、环保、经济、美观的原则，营造功能完善、适合儿童身心健康发展、寓教于乐的学前教育环境。不得建设豪华幼儿园。幼儿园的建筑宜为多层或低层建筑”。

首先，园舍建筑防震要求。幼儿园园舍建筑设计在平面空间的布置以及立面空间的设计上应符合抗震设计要求。《建筑工程抗震设防分类标准》和《幼儿园建设标准》均指出，幼儿园“抗震设防类别应不低于重点设防类”。

其次，园舍建筑防火要求。《建筑防火通用规范》指出，儿童活动场所不应设置在地下或半地下；对于一、二级耐火等级建筑，应布置在首层、二层或三层；对于三级耐火等级建筑，应布置在首层或二层；对于四级耐火等级建筑，应布置在首层；同时，必须按消防要求配备足够数量的消防栓。

最后，从幼儿安全和保教活动需求出发，幼儿园园舍建筑还应满足以下条件：

（1）整体建筑楼层应以平房最佳，但为节约用地也可建楼房，幼儿园活动室及辅助用房的楼层应为三层以下。《幼儿园建设标准》第十二条要求，“3 班及以下规模幼儿园可设在多层公共建筑内的一至三层，应有独立院落和出入口”。

（2）房屋建筑材料应在强度等级、型号、规格、质量等方面，满足《托儿所、幼儿园建筑设计规范》的相关要求。

（3）工作人员应定期对房舍进行隐患的排查，并做好房屋建筑的日常维护工作。

2. 公共环境与设施设备

门厅是幼儿园主要建筑的重要出入口，走廊包括室内走廊和户外走廊。门厅和走廊不仅是人流的集散地，还是家长和幼儿园互动的重要场所，也是幼儿活动的场所。幼儿园的门厅、走廊及其他辅助设施符合国家相关规定是保障室内物质环境安全的重要组成部分。

（1）门厅与走廊

幼儿园的门厅和走廊是教师和幼儿每日必经之地，应宽度合适避免拥挤，且能在紧急避险时安全、有序地疏散。《幼儿园建设标准》要求：“单边走廊净宽不应小于 1.8 m，中廊净宽不应小于 2.4 m。寒冷地区、严寒地区和温和地区的外廊宜设封闭窗”。门厅、走廊的地面设置也需要满足幼儿身体发育特点，其中“幼儿出入的门厅、走廊不应设台阶。地面有高差时，应设置防滑坡道，其坡度不应大于 1 ∶ 12。”《幼儿园安全友好环境建设指南》要求：“地面应铺设防滑、耐磨和有一定缓冲性能的材料，如地板或环保复合材料。石材或硬质地砖在幼儿摔倒时易造成伤害，所以不提倡采用。”

（2）楼梯

楼梯不仅是幼儿园中的重要行走路线，也是展现幼儿园特色和艺术的展厅，楼梯的实用性和艺术性并存。根据《托儿所、幼儿园建筑设计规范》和《幼儿园建设标准》的相关规定，楼梯、扶手、栏杆和踏步应符合下列规定：第一，楼梯间应有直接的天然采光和自然通风，楼梯除设成人扶手外，应在梯段两侧设幼儿扶手，其高度为 0.60 m，底层及顶层扶手端部应纵向延伸 1 个踏步宽度。扶手端部和转弯部位不应有棱角。第二，楼梯间在首层应直通室外。当楼梯井净宽度大于 0.11 m 时，必须采取防止幼儿攀滑的措施。楼梯栏杆应采取不易攀爬的构造，当采用垂直杆件做栏杆时，其杆件净距不应大于 0.09 m。第三，供幼儿使用的楼梯不应采用扇形、螺旋形踏步；踏步面应采用防滑材料，踏步踢面不应漏空，踏步面应做明显警示标识；其踏步高度宜为 0.13 m，宽度宜为 0.26 m。

（3）门窗

首先，幼儿园活动用房宜设双扇平开门，禁止设置弹簧门、推拉门、旋转门、玻璃门，不宜设置金属门，门下不应设置门槛；门的双面均应平滑、无棱角；其次，平开门距离楼地面 1.2 m 以下部分应设防止夹手的设施，在距离地面 0.6 m 处宜加设幼儿专用拉手，宜在靠墙部位设置固定门窗的装置。

最后，幼儿活动用房窗台面距地面高度不宜大于 0.60 m；当窗台面距楼地面高度低于 0.90 m 时，应采取防护措施，防护高度应从可踏部位顶面起算，不应低于 0.90 m。走廊和阳台开启窗距地 1.80 m 以下不应设平开窗或悬开窗。直接采光窗不应采用彩色玻璃，外窗开启窗均应设纱窗。

第二节　幼儿园室内环境与玩教具

幼儿园室内环境是幼儿园环境的重要组成部分，对幼儿的成长发挥着不可忽视的作用。首先，教师提供的室内环境材料能够使幼儿自主建构知识经验，促进其创造性思维能力的发展，从而实现幼儿认知能力的提升。其次，在美的环境中，幼儿能够获得审美的熏陶，在与环境接触中潜移默化地提升感受美、欣赏美的能力。最后，幼儿在与同伴的交流合作中，个体社会交往能力能够得到发展。

一、室内环境

活动室、寝室和卫生间是幼儿园室内环境中使用较频繁的场所。

（一）活动室

幼儿活动室是幼儿生活单元中供幼儿进行各种室内日常活动的空间，应有利于幼儿的自主探索以及幼儿之间、师幼之间的交往。为保证幼儿安全、有序地进行生活和学习，活动室应符合以下要求：

1. 活动室朝向与通风

《托儿所、幼儿园建筑设计规范》规定了幼儿园活动室的位置选择，要求将幼儿园活动室应布置在当地最好朝向，冬至日底层满窗日照不应小于 3 h；不应设置在地下室或半地下室；幼儿园活动室室内最小净高为 3.0 m；在空气质量方面，应有良好的自然通风，其通风口面积不应小于房间地板面积的 1/20。

2. 活动室采光与噪声

在采光方面，活动室应有直接天然采光，其采光系数最低值为 3.0%，窗地面积比为 1 ∶ 5。在隔声、噪声控制方面，允许噪声级小于等于 45 dB。

3. 活动室地面

活动室应选择暖性、有弹性、易清洁的地面，幼儿使用的通道地面应采用防滑材料。幼儿生性好动，但平衡和协调能力不强，容易在不经意间摔倒、摔伤，因此，幼儿活动区的地面应选择可以保护和方便幼儿活动的木质或软性、弹性地面。

4. 活动室空间密度

在设计活动室时应考虑活动室空间密度，保证幼儿在安全、自如的状态下进行活动与学习。《托儿所、幼儿园建筑设计规范》要求，幼儿园要保证活动室房间最小使用面积为 70 m^2；当活动室与寝室合用时，其房间最小使用面积为 105 m^2。幼儿的活动空间对幼儿的心理发展会产生一定的影响。活动室空间太小，幼儿过于密集，难免产生碰撞等行为，增加幼儿间的冲突，使幼儿总是处于不安、烦躁的状态。活动室太大，空间密度太低，则会减少幼儿之间的交流与互动，不利于幼儿社会性发展。

5. 活动室的家具

活动室内的桌椅尺度应考虑幼儿的身高、座高等，要符合《学校课桌椅功能尺寸及技术要求》相关规定，以利于幼儿较方便地进行手工、画画等活动；应选择由天然材料制作而成的家具，且尽量采用无毒、无害的表面涂料，以避免幼儿受危险化学因素的侵害而影响身体健康；应选用圆滑、无尖锐棱角的家具，且安装牢固，以避免幼儿被压伤、碰伤。

《学校课桌椅功能尺寸及技术要求》

6. 活动室内的插座

幼儿园的房间内应设置插座，且位置和数量根据需要确定。幼儿生性好奇好动，但安全意识又薄弱，容易发生触电的危险。因此，插座电源应安装在幼儿伸手触摸不到的地方且覆盖安全盖。《托儿所、幼儿园建筑设计规范》明确规定，“活动室插座不应少于四组。插座应采用安全型，安装高度不应低于 1.8 m”“插座回路与照明回路应分开设置，插座回路应设置剩余电流动作保护，其额定动作电流不应大于 30 mA”。

（二）寝室

寝室指幼儿生活单元中供幼儿睡眠的空间。寝室是幼儿休息、补充体力的场所，为保障幼儿睡得安全、安心，幼儿园应做到以下几点：

1. 寝室的位置

《托儿所、幼儿园建筑设计规范》要求，寝室“应布置在当地最好朝向，冬至日底层满窗日照不应小于 3 h”。由于幼儿的应急能力不如成人，一旦发生火灾等需要紧急逃生时，在寝室休息的幼儿若不能很快疏散，容易发生重大伤亡事故。因此，为方便幼儿紧急逃生，寝室应设置在安全出口附近，且留有宽敞的门窗，设置标志指引安全通路。

2. 寝室的环境要求

寝室是班级幼儿进行午睡和夜宿的场所，幼儿园要根据幼儿的生理特点，保证寝室的安全、安静和卫生。《托儿所、幼儿园建筑设计规范》对寝室的面积、房门等进行了规范说明，指出寝室室内最小净高不应低于 3 m；最小使用面积为 60 m^2；当活动室与寝室合用时，其房间最小使用面积不应小于 105 m^2；幼儿园寝室房间应设双扇平开门，门净宽不应小于 1.2 m。《托儿所幼儿园卫生保健工作规范》要求，寝室内能够自然通风。寝室每日至少开窗通风两次，每次至少 10 ~ 15 分钟。在不适宜开窗通风时，采用紫外线杀菌消毒设备消毒。

3. 床的配备

幼儿园应配备安全、方便幼儿上下，便于整理被褥的小床。《托儿所、幼儿园建筑设计规范》要求，“寝室应保证每一幼儿设置一张床铺的空间，不应布置双层床”。由于幼儿睡眠时容易随意翻动，发生摔到地上的情况，因此，小床的尺度应适合幼儿的身高且配有防护栏。防护栏应采用质地柔软、富有弹性、结实耐用的软质材料包裹，以避免幼儿磕碰到护栏而受伤。同时，为方便幼儿上下床和整理被褥，可将局部防护栏的高度降至与床垫齐平。

4. 床位的摆放

床位摆放应整齐紧凑，且便于教师在床位之间行走和幼儿穿衣、穿鞋等。同时，床不应紧靠墙壁或者暖气片，以防止幼儿在冬天受凉或烫伤。《托儿所、幼儿园建筑设计规范》要求，“床位侧面或端部距外墙距离不应小于 0.60 m”。

（三）卫生间

卫生间应由厕所、盥洗室组成，并宜分间或分隔设置。卫生间所有设施的配置、形式、尺寸均应符合幼儿人体尺度和卫生防疫的要求，卫生间地面不应设台阶，地面应防滑和易于清洗。

根据《托儿所、幼儿园建筑设计规范》和《幼儿园建设标准》的要求，卫生间应临近活动室或寝室，且开门不宜直对寝室或活动室。盥洗室与厕所之间应有良好的视线贯通。地处干旱缺水地区的农村幼儿园宜设置节水型卫生环保厕所，严禁在化粪池盖板上设置蹲位，化粪池应设于室外并密封，盖板上应设竖向排气管道，出粪口应加盖并应有防止幼儿移动、开启的措施。

二、活动室的玩教具配备与日常管理

意大利教育家蒙台梭利认为，儿童是在与教学材料、学习玩具的相互作用中进行学习的。幼儿是积极的学习者，他们通过从事各种实践活动和对事物进行实际操作来学习，从而促进自身思维和各种能力的发展。由此可见，幼儿园玩教具对于幼儿发展具有重要意义。幼儿园也应配备相应的玩教具，供幼儿在学习与游戏中使用。

（一）玩教具配备

《中华人民共和国学前教育法》第五十七条规定，幼儿园应当配备符合相关标准的玩教具和幼儿图书。《幼儿园教育指导纲要（试行）》提出幼儿园应以游戏为基本活动，游戏对学前儿童发展具有不可替代的作用，幼儿园的空间、设施、活动材料和常规要求等应有利于引发、支持幼儿的游戏和各种探索活动，有利于引发、支持幼儿与周围环境之间积极的相互作用。游戏是幼儿探索世界、学习知识和技能、发展社交能力的重要途径。因此，活动室的玩教具配备应该围绕游戏的多样性和教育性来设计，以支持不同类型的游戏；活动室内的玩教具不仅要满足娱乐需求，还要支持认知、语言、社交、情感等多个发展领域的学习。为此，多省市根据地方实际印发了幼儿园保教设备配备标准，根据文件相关内容，幼儿园配备的玩教具可以分为以下种类：

1. 角色区玩教具

角色区是幼儿开展角色游戏的场所。角色游戏是幼儿自主自愿地在假想的情景中，通过扮演角色来表现自己对现实生活的认识、情感和体验的游戏活动。角色区玩教具是为促进角色游戏开展提供的活动材料。如娃娃家、医院、超市（货架）、理发店、快餐店、交通岗等角色区玩教具。利用角色区玩教具开展活动，可以有效促进幼儿的语言与社交能力发展，通过不同角色的扮演，幼儿从中学会倾听与表达，以及怎样与他人合作完成演出。

2. 建构区玩教具

建构区是幼儿用各种结构元件如积木、插塑等材料进行结构造型的游戏场所。① 建构区游戏指利用各种结构材料或玩具进行建筑、构造的活动。如穿线编织类、螺旋结构类、桌面积木、中型积木、大型积木等建构区玩教具。建构区玩教具能锻炼幼儿手部肌肉群，提高手指灵活度，并启发创造性思维和整体性思维。

案例　大三角形屋顶②

馨馨很兴奋地跑过来，拉着我的手说："周老师，你快来看，我们正在搭大三角形屋顶呢！"我走了过去，只见铭铭和忻忻搬来了一些直角三角形积木，忻忻用 4 块小三角形搭了一个大三角形，铭铭也在旁边搭了一个大三角形，馨馨拿了 2 块三角形积木往两个大三角形中间放。忻忻看了一下，便把自己搭的三角形往前面移了一下，使它与铭搭的三角形在同一平面上。铭铭看到两个三角形积木连在一起，又拿来一些三角形积木，在两块直角朝上的三角形积木中间分别放上 1 块直角朝左、朝右的三角形积木。看到又一个大三角形搭成了，三个孩子笑着拍手。

幼儿在对三角形积木的操作中，通过对三角形积木的再次建构和设计，构建出一个大三角形屋顶，这正是幼儿在建构中发展了他们对材料、建筑物之间的空间关系和逻辑关系的理解，促进了思维的发展。

3. 益智区玩教具

益智区是幼儿通过手脑并用操作材料进行逻辑思维活动的游戏场所。③ 益智游戏是幼儿通过观察材料组织形式，在动手操作、感知材料特征中，探索材料游戏方式，促进幼儿观察能力、分析能力，问题解决能力的发展。如数形玩具、测量玩具、智力玩具、棋类和牌类等益智区玩教具。操作益智区玩教具，幼儿不仅能够掌握材料操作的游戏规则，促进手、脑的发育，也能在此过程中通过材料颜色、形态，提升审美能力。

4. 科学区玩教具

科学区是教师通过投放各种低结构化的材料，使幼儿与材料相互作用，获得物体属性和事物关系的知识，是幼儿探索发现客观世界物理经验的活动场所。④ 幼儿的科学学习是在探究具体事物和解决实际问题中，尝试发现事物间的异同和

---

① 李季湄，冯晓霞.《3—6岁儿童学习与发展指南》解读[M]. 北京：人民教育出版社，2013：254.

② 周莉. 小三角形和大三角形[J]. 幼儿教育，2021（13）：24. 有删减。

③ 李季湄，冯晓霞.《3—6岁儿童学习与发展指南》解读[M]. 北京：人民教育出版社，2013：254.

④ 李季湄，冯晓霞.《3—6岁儿童学习与发展指南》解读[M]. 北京：人民教育出版社，2013：255.

联系的过程。如磁性类、弹性类、力学类、平衡类、光学类、声响类、电类、科技体验类等科学区玩教具。在操作科学区玩教具的过程中，幼儿不仅能够获得丰富的感性经验，充分发展形象思维，也能逐步发展逻辑思维能力，为个体深入学习奠定基础。

5. 阅读区玩教具

阅读区是设置在幼儿园班级中供幼儿阅读图书的专门区域，是一种典型而有效的早期阅读环境，是现代幼儿园教育环境不可或缺的板块，是国内外幼儿园课程的有机组成部分。[①] 阅读区是幼儿园活动室最常见的活动区之一，有助于培养幼儿的阅读习惯和前书写能力，激发幼儿探索知识的兴趣。如图画书、杂志和音像电子读物等阅读区玩教具。

6. 表演区玩教具

表演区是幼儿自发地进行故事表演和歌舞表演的游戏场所。[②] 表演游戏是孩子们喜爱的一种游戏活动，在表演区幼儿可以扮演不同角色。如打击乐器、磁带、CD、头饰、服饰、道具、手偶、木偶等表演区玩教具。通过接触表演区教玩具，幼儿能初步感受美、表现美的情趣与能力。

7. 美工区材料

美工区是幼儿自主地进行绘画和手工制作的场所。[③] 如工具类、绘画类、手工类和欣赏类等材料。美工区为幼儿提供了自由想象、创作表达的空间，幼儿在操作的过程中认识美、感受美，促进艺术能力的发展。

（二）玩教具的日常管理

《玩具安全》系列国家标准

根据《幼儿园工作规程》和“玩具安全”系列国家标准的相关说明，有关幼儿玩教具的管理要求如下：

第一，幼儿园采购玩教具必须严格考虑其质量与性能，幼儿园所选购的玩教具必须通过国家质量安全认证，符合国家相关安全卫生标准。

第二，当幼儿首次接触玩教具时，教师都要提前进行操作演示，并确保幼儿安全有序地进行操作。

第三，教师要经常检查玩具，定期对所有玩教具进行清洁、消毒和安全检查。

第四，在使用玩教具的过程中，要充分考虑幼儿的身心特点。如一些体积小、尖锐、易碎的玩教具应妥善分类保管以免幼儿误吞、误伤。

---

① 王小英，蔡珂馨. 区域活动与幼儿成长[M]. 吉林：东北师范大学出版社，2011：121.

② 李季湄，冯晓霞.《3—6岁儿童学习与发展指南》解读[M]. 北京：人民教育出版社，2013：254.

③ 李季湄，冯晓霞.《3—6岁儿童学习与发展指南》解读[M]. 北京：人民教育出版社，2013：254.

第三节　幼儿园户外环境与设施

幼儿园的户外环境，通常是指幼儿园基本建筑以外的场地、空间、材料、设施设备等。[1]《中华人民共和国学前教育法》第五十三条指出“幼儿园应当建立科学合理的一日生活制度，保证户外活动时间”。我国《幼儿园工作规程》规定，“幼儿园应当将环境作为重要的教育资源……激发幼儿学习的兴趣与探究的愿望”，并强调“幼儿园应当有与其规模相适应的户外活动场地，配备必要的游戏和体育活动设施”。《幼儿园保育教育质量评估指南》认为，幼儿园要“制定并实施与幼儿身体发展相适应的体格锻炼计划，保证每天户外活动时间不少于 2 小时，体育活动时间不少于 1 小时”。这说明幼儿园户外环境对儿童发展的价值已被广泛认同。幼儿园户外环境与设施是幼儿园整体环境的重要组成部分，科学、合理的户外环境与设施安排不仅能为幼儿的身心发展提供良好的物质环境，还在幼儿园的健康、科学、艺术、社会、语言等多领域教学中发挥着重要作用。本节主要介绍幼儿园户外场地的组成、规模、生态环境以及户外活动区域构成和活动设施安排。

《幼儿园保育教育质量评估指南》

一、幼儿园户外环境

（一）幼儿园户外场地的组成

根据《托儿所、幼儿园建筑设计规范》对幼儿园室外活动场地的规定，本书将幼儿园户外场地主要分为专用活动场地、共用活动场地和绿化用地。

专用活动场地是以班级为单位，分区域划分的班级活动用地。《托儿所、幼儿园建筑设计规范》规定，幼儿园每班设置专用室外活动场地，各班活动场地之间宜采取分离措施，方便幼儿以班级为单位、有秩序地进行活动，如晨间操、户外教学活动等。

共用活动场地是提供给所有幼儿进行共同活动的场地，场地内应配置游戏器具、沙坑、30 m 跑道等设施，宜设戏水池，储水深度不超过 0.30 m。

绿化用地分为专用绿地和自然生物园地，绿地率不小于 30%，专用绿地用来集中绿化以供观赏，自然生物园地则可作为种植区、养殖区的使用绿地，供幼儿观察植物和小动物的自然生长过程。

---

① 鄢超云. 低成本有质量的幼儿园环境创设[M]. 北京：教育科学出版社，2013：41.

（二）幼儿园户外场地的面积

《托儿所、幼儿园建筑设计规范》对专用活动场地、共用活动场地和绿化用地面积进行了明确规定，“每班专用室外活动场地人均面积不小于 2 m^2，共用活动场地人均面积不小于 2 m^2，幼儿园场地内绿地率不小于 30%”。足够的户外活动空间有利于幼儿的身心健康，避免幼儿之间的相互碰撞，或因过分拥挤而产生心理焦虑。有条件的幼儿园应该结合活动场地安排铺设草坪，尽量扩大幼儿园绿化面积，给幼儿提供一个清新、自然的成长环境。

（三）幼儿园户外场地的生态环境

幼儿园户外场地的设计和安排应遵循生态原则，既要保障幼儿活动时的安全，又要方便幼儿锻炼体魄、认识自然，注重户外场地各组成部分之间的有机联系、功能互补、布局合理、节约环保，构成安全实用、环境优美、整体和谐的幼儿园户外场地。

根据《托儿所、幼儿园建筑设计规范》相关标准，专用活动场地与共用活动场地的划分应该结合幼儿园园舍建筑统筹安排。地面应平整、防滑、无障碍、无尖锐突出物，游戏器具下地面及周围应设软质辅装。绿化用地应点缀于专用活动场地与共用活动场地之间，其中集中绿化用地应考虑幼儿园的整体设计风格。幼儿园绿地中不应种植有毒、带刺、有飞絮、病虫害多、有刺激性的植物，严禁使用带有尖状突出物的围栏。为保持场地之间的有机联系，场地内部的隔断应设置安全、美观、通透的围墙，并安装安保监视系统。为了幼儿身体骨骼的正常发育，幼儿园应保证有室外活动场地应有 1/2 以上的面积在标准建筑日照阴影线之外，冬至日的日照时间不少于 2 h，为幼儿提供充足的阳光。

二、幼儿园户外活动区域构成及设施

《幼儿园工作规程》对户外活动场地进行了描述，指出“幼儿园应当有与其规模相适应的户外活动场地，配备必要的游戏和体育活动设施，创造条件开辟沙地、水池、种植园地等，并根据幼儿活动的需要绿化、美化园地”。在本书中，我们对幼儿园户外活动区域按照功能分为以下区域：种植区、饲养区、玩沙玩水区、体育运动区、集体活动区。

（一）种植区

种植区是供幼儿栽种、观察植物生长过程的专用区域。在种植活动中，幼儿能够亲近自然、认识自然，培养其观察、记录、反思的习惯，促进其责任意识的形成。

一般设置于专用绿地的自然生物园地要求土质肥沃且无污染，应栽种一些有利于幼儿观察的植物，特别是春夏能观花和叶、秋冬能观果和枝的四季观赏植物，应备有喷壶、小桶、儿童铁锹、小铲子、小锤子等幼儿劳动类工具。

案例　玉米长得比我快[①]

早在2004年，我园就在楼顶建了一片800平方米的种植园。随着教育理念的更新，我们认识到要把属于孩子的权利还给孩子，让孩子成为活动的主人。

以往开展种植活动时，我们免不了要提醒孩子观察、记录植物的生长状况，及时进行测量活动。然而在组织这样的活动时，我们常常颇感费力。如何让孩子从被动变为主动？我们可否先和孩子们投身到种植活动中，然后等待合适的时机？当孩子们产生了探究需要时，学习自然而然就会发生，他们需要的是时间和空间。

看着玉米苗破土而出，一天天长高，孩子们小心呵护，兴奋不已。他们自发地用小手、胳膊进行测量，还找来树枝、草叶等比较玉米有没有长高，长高了多少。这个自发的探索过程并不是真正意义上的测量，孩子们实际上是在用自己的身体、周围的自然物与玉米比高度，就像在做游戏一样。如果我们一开始就打断他们自发的探索，教他们立即使用测量工具，他们就失去了对最原始测量方式的探索，不利于后续理解测量的意义以及刻度的作用。

孩子们的测量随着玉米秆的长高而不断调整，他们带着对未知高度的好奇，主动尝试了多种测量方法。当玉米秆越长越高，最后远远超出孩子们的身高时，卷尺因为立不住而鞭长莫及。于是，孩子们创造性地想出了和玉米比身高的方法。他们先在玉米秆上和自己个子一样高的地方画一条线，等下次来比时再用同样的方法画一条线，这样上次的线就"跑"到上面去了，两条线之间的距离就是玉米新增的高度。可见，他们的测量活动不仅仅是对数值的记录，还蕴含着观察、发现与探究。看到玉米秆先是和他们一样高，后来超过了他们，最后高到必须仰视，他们感慨"玉米长得比我快"，感受到生命的蓬勃生长。

在玉米种植过程中，教师通过对玉米的观察、测量玉米的高度等活动促进了幼儿观察力、动手操作能力、思维能力和合作能力的发展，丰富了幼儿科学知识，实现了寓教于乐。

（二）饲养区

饲养区是幼儿饲养、观察小动物生长过程的专用区域，适合养殖一些性情温驯、

① 陈知君，苏慧，周瑾，等. 与孩子一起享受种植的乐趣[J]. 幼儿教育，2022(13)：11-12. 有删减。

个头较小、形态可爱、生存能力较强的小动物。饲养区应有专门人员定期清洁，以保持该区域的清洁卫生。特别要注意的是，幼儿园应防止幼儿在饲养小动物的过程中感染疾病。

（三）玩沙玩水区

玩沙玩水均是幼儿非常喜欢的活动，除了能带给幼儿欢乐、愉悦之外，还能促进幼儿动作的发展，感知沙水的特性，提高幼儿对周边环境的认知，发展幼儿的创造性。戏水池储水深度不应超过 0.30 m。这两个区域均需配有沙水箱（池）、沙水玩具配件等。

（四）体育运动区

大肌肉活动是幼儿园户外活动的重要部分，对幼儿的生长发育具有积极的促进作用。该区是专门供幼儿进行体育活动的区域，包括 30 m 跑道、幼儿跳高、跳远、钻爬、投掷、攀登、投掷、平衡等方面的练习器械，如攀登架（限高 2 m）、爬网（斜网式）、荡船或荡桥、秋千、平衡木、跷跷板、体操垫、平衡器、滚筒、转筒、高跷、投掷靶、拉力玩具、球、沙包、绳、体操器材等。

（五）集体活动区

集体活动区是全园幼儿开展集体活动所预留的区域。对于一所幼儿园来说，一个相对比较平整、宽阔的地块为全园幼儿开展集体活动，如举行升国旗仪式、节日表演、趣味运动会、科学观察活动等相关活动的开展提供了可能，增加了交流的机会，提升了幼儿的集体感。

第四节　幼儿园周边环境安全与卫生

幼儿园周边环境安全指围绕在幼儿园周围的建筑物、交通、消防、治安等安全状况。幼儿园周边环境卫生指围绕在幼儿园周围的卫生情况和条件。

《中小学幼儿园安全管理办法》

为净化幼儿园周边环境，保障幼儿园周边安全，我国多次颁布相关政策法规，如《中华人民共和国未成年人保护法》《中华人民共和国道路交通安全法》《中华人民共和国消防法》《国务院办公厅关于加强中小学幼儿园安全风险防控体系建设的意见》《中小学、幼儿园安全防范要求》等，以努力构建安全、稳定、和谐的幼儿园周边环境。

《中华人民共和国学前教育法》第六十七条规定，县级以上人民政府及其有关部门应当建立健全幼儿园安全风险防控体系，强化幼儿园周边治安管理和巡逻防控工作，加强对幼儿园安全保卫的监督指导，督促幼儿园加强安全防范建设，及时排查和消除安全隐患，依法保障学前儿童与幼儿园安全。

一、幼儿园周边环境与治安

幼儿属于弱势群体，很容易成为社会闲散人员寻衅滋事、不法分子实施违法行为的主要目标。公安机关作为维护社会治安的主要力量，应当采取有效措施打击幼儿园周边的流氓团伙、黑恶势力等，以预防和制止其侵犯幼儿的合法权益等不法行为，从而为幼儿的成长创造安全的环境。因此，为维护幼儿园周边环境与治安秩序，幼儿园与公安机关应采取下列措施：

《娱乐场所管理办法》

第一，根据《中华人民共和国未成年人保护法》第五十八条规定“学校、幼儿园周边不得设置营业性娱乐场所、酒吧、互联网上网服务营业场所等不适宜未成年人活动的场所”；第五十九条规定“学校、幼儿园周边不得设置烟、酒、彩票销售网点”“任何人不得在学校、幼儿园和其他未成年人集中活动的公共场所吸烟、饮酒”。

根据国务院办公厅《关于加强中小学幼儿园安全风险防控体系建设的意见》，幼儿园要加强校园周边综合治理，在幼儿园周边探索实行学生安全区域制度。在此区域内，依法分别作出禁止新建对环境造成污染的企业、设施，禁止设立上网服务、娱乐、彩票专营等营业场所，禁止设立存在安全隐患的场所等相应要求。

公安机关及有关部门应对影响幼儿园周边治安的不稳定因素进行全面排查，定期开展幼儿园周边秩序专项整治活动以净化治安环境。

第二，幼儿园应当对周围环境密切关注与监控，加强防范。《中小学、幼儿园安全防范要求》于 2022 年 6 月 1 日起正式实施。该文件的突出亮点是明确了校园安全防范的 16 个重点部位和区域，把校园安全防护区域从内部延伸到了门口、周边地区。该文件提出，要对中小学、幼儿园进行“人防、物防、技防”相结合的安全防范，对于进一步完善校园安全防范工作规范体系具有重要意义。在人力防范方面，该文件特别增加了保安员配备数量、巡逻、值守、学生上下学时段护卫等要求。在物防方面，该文件要求幼儿园大门外应设置拒马、隔离墩、升降柱等硬质防冲撞设施，对上下学期间学生聚集区域进行防护隔离。学校周界应设置围墙、金属栅栏等实体防护屏障，并采取防攀爬措施。学校人行出入口和机动车出入口宜分开设置。

在技防方面，除了校内和学校出入口设置视频监控外，该文件还提出，学校大门外也应设置视频监控装置。表 6-4-1 为学校的安全防范设施列举。

表 6-4-1　学校安全防范列举

序号	重点部位和区域	安全防范设施		配置要求
1	学校大门外	实体防护设施	拒马、隔离墩或升降柱等硬质防冲撞设施	应配置
		视频监控系统	视频监控装置	应配置
2	学校周界	实体防护设施	实体防护屏障	应配置
		入侵和紧急报警系统	入侵探测装置	宜配置
		视频监控系统	视频监控装置	宜配置
3	学校出入口	视频监控系统	视频监控装置	应配置
		出入口控制系统	出入口通道控制系统	宜配置
		防爆安全检查系统	手持金属探测器	可配置
			金属探测门	可配置

第三，公安机关应在治安问题突出的地段和幼儿园周边增设治安岗亭和报警点，尤其加强对幼儿入离园等重点时段和路段上的执勤，增加巡逻警力与密度，及时发现和消除安全隐患。

第四，公安机关应采取措施严厉打击违法犯罪活动，及时处理恶性犯罪事件，预防幼儿园及周边的盗窃、抢劫师生财物，殴打、侮辱等侵害师生人身安全的违法犯罪案件的发生。

二、幼儿园周边交通秩序

《中小学幼儿园安全管理办法》指出，“在地处交通复杂路段的学校上下学时间，公安机关应当根据需要部署警力或者交通协管人员维护道路交通秩序”。家长送、接幼儿入园、离园时，很容易造成幼儿园周边街道交通堵塞。同时，幼儿生性活泼好动，且交通安全意识较弱，如遇技术不熟练及安全意识淡薄的司机，则容易发生交通事故。

根据《中华人民共和国道路安全法》和国务院办公厅《关于加强中小学幼儿园安全风险防控体系建设的意见》的相关规定，为整治幼儿园周边交通秩序，交管部门及幼儿园应采取以下措施：

第一，有条件的幼儿园可提供临时泊车位，无条件的设立禁停标志，防止幼儿园门口和周边道路交通堵塞。

《关于加强中小学幼儿园安全风险防控体系建设的意见》

第二，交管部门应定期排查幼儿园周边的交通安全隐患，了解与掌握幼儿园周边路况、交通安全设施等基本情况，做到有针对性地整治交通秩序。

第三，交管部门应加大维护幼儿园周边交通秩序的执法力度，严格查处车辆超速、超载、酒后驾驶等交通违法行为，最大限度减少交通事故的发生。

第四，交管部门应加强对搭载幼儿的交通工具进行监管，禁止存在安全隐患的车船接送幼儿。

第五，交管部门应在幼儿园附近设立学校标志，并在幼儿园门口增设交通安全设备，如限速、禁停、慢行等警示牌；在幼儿园门前增加减速带、移动式交通信号灯；对幼儿园门前的道路没有行人过街设施的，应当施画人行横道线，设置提示标志，以维护学校周边交通秩序。

第六，交管部门应在幼儿入离园期间，增设交警及交通协管员疏导幼儿园周边交通，保证幼儿园师生及家长进出秩序良好，确保出行安全。

第七，在幼儿安全区域内，公安机关要健全日常巡逻防控制度，加强学校周边“护学岗”建设，完善高峰勤务机制，优先布设视频监控系统，增强学生的安全感；公安交管部门要加强交通秩序管理，完善交通管理设施。

三、幼儿园周边消防安全

《中小学校、幼儿园消防安全十项规定》

幼儿园属人员密集场所，幼儿的疏散与逃生能力差，一旦幼儿园周边发生火灾则可能会危及幼儿的生命安全。为规范幼儿园消防安全管理，有效防范火灾事故发生，确保师生生命安全，教育部与国家消防救援局联合颁布《中小学校、幼儿园消防安全十项规定》，总的来说，可以将内容归纳为以下四个方面。

首先，落实安全责任，依法办理相关手续。幼儿园的法定代表人、主要负责人或实际控制人是本单位的消防安全责任人，对本单位消防安全全面负责。幼儿园应当建立逐级和岗位消防安全责任制，明确消防工作归口管理部门。

其次，消防设施设备、建筑设计、电气线路、燃气管路等应符合规范。幼儿园应当依法办理建设工程消防设计审查、消防验收和备案抽查手续，严禁擅自改变建筑使用功能及用途。幼儿园室内装饰装修材料的燃烧性能应从严控制，并符合《建筑防火通用规范》《建筑内部装修设计规范》规定，严禁使用易燃、可燃板材、彩钢板搭建建（构）筑物、分隔房间。幼儿园应当按照国家规定配置消防设施器材，定期维护保养检测，确保完整好用。

再次，保障安全出口，配置合格器材。幼儿园的儿童用房每层应至少有 2 个安全出口、2 部疏散楼梯，且不应与其他功能区域相互借用，并按标准配备消防应急照明和疏散指示标志。安全疏散距离不符合要求的，还应增设安全出口和疏散楼梯。

最后，强化安全培训，加强防范措施。幼儿园需要定期开展教职工、安保人员消防安全培训，应当结合学生、儿童的年龄和认知特点，组织开展以用火、用电、火灾报警和逃生自救为主的消防安全培训教育，使其掌握必要的消防安全常识。每学期至少组织教职工、安保人员和学生儿童开展 1 次全员消防演练，能够做到发生火灾第一时间拨打“119”火警，1 分钟快速响应、3 分钟有序组织疏散、5 分钟初起火灾扑救力量到场扑救。在日常的检查中，要“安排专人开展每日防火巡查，及时处理检查发现问题，严格落实整改和防范措施”。

四、幼儿园周边建筑安全

国务院办公厅《关于进一步加强学校及周边建筑安全管理的通知》规定，“住房城乡建设等部门要加强对建筑工程施工工地安全隐患治理的监督检查，对整改治理中不能保证安全的，要采取暂时停工停产措施”。幼儿园附近正在施工的建设工程若存在安全隐患，如出现高空坠物等都可能威胁到幼儿的安全。同时，幼儿好奇心强且好动，很容易在成人不注意的情况下跑到施工工地，从而发生危险。因此，建设部门应加强对幼儿园施工工地等的监管并做到以下几点：

第一，对幼儿园周边尤其是依傍幼儿园围墙搭建的、幼儿园周围正在施工的建筑工程和生产、存储、经营有害和危险化学品的企业进行安全隐患的全面排查，并对幼儿园周边地区的公共安全环境进行全面评估。

《关于进一步加强学校及周边建筑安全管理的通知》

第二，安监部门、教育部门应加强对幼儿园周边施工企业、生产企业的安全教育，把保护幼儿园教师和幼儿安全的责任纳入企业的工作中，采取设置警示标志灯等方法引导教师和幼儿避让危险。

第三，幼儿园应加强对师生的安全教育并有针对性地进行实践演练，以提高幼儿及教师的自我保护意识与能力。

五、幼儿园周边环境卫生与食品卫生

《中小学幼儿园安全管理办法》第五十四条规定：“卫生、工商行政管理部门应当对校园周边饮食单位的卫生状况进行监督，取缔非法经营的小卖部、饮食摊点。”为保障幼儿的食品安全，整治幼儿园周边的脏、乱、差等突出问题，卫生部门与幼儿园应采取以下措施：

第一，卫生监督部门应严格审批幼儿园周边餐饮业的证件，依照《中华人民共和国食品安全法》关于食品经营者的要求筛选合格人员从事饮食行业，并定期对其进行检查，以保障食品安全卫生。

第二，卫生部门应组织专门人员对幼儿园周边饮食场所进行清理与整治，以消除食品安全隐患。对不符合卫生标准的、存在安全隐患的餐饮店限期整改，逾期不达标的坚决取缔。

第三，幼儿园应定期对幼儿园周边环境卫生进行大扫除，全面排查幼儿园周边的各项安全隐患，为幼儿成长营造良好的生活环境。

政策聚焦

本章建议围绕幼儿园环境安全重点研读以下政策法规（表 6-5-1）。

表 6-5-1　本章重点研读的政策法规一览表

政策法规	颁布时间	颁布机构
《关于加强中小学幼儿园安全风险防控体系的意见》	2017 年	国务院
《幼儿园建设标准》	2016 年	教育部
《托儿所、幼儿园建筑设计规范》	1987 年颁布，2016 年颁布，2019 年局部修订	住房和城乡建设部
《中小学幼儿园安全管理办法》	2006 年	教育部、公安部、司法部等
《中小学、幼儿园安全防范要求》	2022 年	推荐性国家标准，由全国安全防范报警系统标准化技术委员会提出并归口上报及执行，主管部门为公安部
《中小学幼儿园应急疏散演练指南》	2014 年	教育部
《中小学校、幼儿园消防安全十项规定》	2024 年	教育部、国家消防救援局
《玩具安全》	2014 年	强制性国家标准，由国家质量监督检验检疫总局、中国国家标准化管理委员会发布，主管部门为工业和信息化部

思考与练习

（一）单选题

1. 按照《托儿所、幼儿园建筑设计规范》的要求，幼儿园活动室房间最小使用面积为（　　）m^2。当活动室与寝室合用时，其房间最小使用面积为 105 m^2。

A. 60　　B. 70　　C. 75　　D. 80

2. 托儿所、幼儿园场地内绿地率不应小于（　　），宜设置集中绿化用地。

A. 20%　　B. 25%　　C. 30%　　D. 35%

3. 共用活动场地应配置游戏器具、沙坑、30 m 跑道等，宜设戏水池，储水深度不应超过（　　）m。

A. 0.10　　B. 0.20　　C. 0.30　　D. 0.40

4.《托儿所、幼儿园建筑设计规范》要求，寝室应“布置在当地最好朝向，冬至日底层满窗日照不应小于（　　）h。

A. 2　　B. 3　　C. 4　　D. 5

（二）简答题

1. 幼儿园选址应遵循的原则包括什么？

2. 幼儿园户外活动区域的构成及设施有哪些？

（三）论述题

1. 请结合相关政策法规，说明如何构建一个安全、稳定、和谐的幼儿园周边环境。

2. 为保证幼儿安全、有序地进行生活和学习，试论述幼儿园活动室环境的要求。

（四）案例分析题

梯子、轮胎、水桶，都是手中的“宝”①

今天户外活动时，我带着孩子们来到操场上，正好梯子、轮胎、纯净水水桶等堆放在操场上，于是等孩子们开心地玩了起来。我在一旁看着，没想到看到了孩子们游戏中的精彩瞬间。

小艺先搬来两个水桶间隔放开，又扛来一个梯子平放在两个水桶的口部，放完之后径直从梯子的一头往上爬。想来他应该是受之前将梯子架在油桶上玩爬梯游戏的启发。小艺想爬上梯子，但一只脚刚跨上梯子，由于水桶另一边翘起来，他倒在了地上。小艺赶忙下来，看了看，又试着从另一头往上爬，不料，脚刚往梯子上一搁，同样的事情再次发生了。他满脸疑惑，围绕着水桶转了两圈，仔细地看着，突然他取下梯子，从旁边滚来一个轮胎放在两个水桶中间，然后又将梯子像刚才一样搁在水桶的口部，抬起一条腿在梯子上试了试，水桶仍然晃悠悠的，还是不稳定。他又从旁边滚来一个轮胎，将两个轮胎整齐叠放在一起，再次将梯子放平，这次当

① 余新凤. 梯子、轮胎、水桶，都是手中的“宝”[J]. 东方宝宝（保育与教育），2017（11）：12. 有删减。

他将两脚横跨过梯子中间的横档时，终于可以稳稳地坐在轮胎上了，他神气地向四周张望着。

根据以上案例，结合幼儿园户外活动实践经验，分析幼儿园户外活动的区域构成及设施。

第六章答案

第七章 幼儿园对外沟通与合作

第一节　幼儿园与家庭的沟通与联系
第二节　幼儿园与社区的合作
第三节　幼儿园与小学的衔接及合作

本章要点

1. 幼儿园与家庭合作的具体措施
2. 幼儿园与社区合作的内容与方式。
3. 幼小衔接的指导要点。

案例导入

家园社共育让孩子成长有力量①

多年来，山东省某幼教集团坚持“大教育观”，把家园社协同育人作为发展驱动力，着力构建“家园共育、园社共建、家社共助”的一体化体系，努力实现三方聚力、协同育人，保障每一个孩子的健康发展。

让园社关系更加和谐

幼儿园成立家庭教育工作室，组织家庭教育讲师和骨干教师，开设“慧育家园”公益云讲堂。工作室围绕家庭教育的热点、焦点问题，采用线上线下相结合的方式，广泛征求宣讲主题。家庭教育课每周通过视频号、直播间等形式向社区居民推送，切实提高了社区居民的家庭教育理念和育人能力，并进一步密切了园社关系。

让家社互动实现共赢

幼儿园将读书会开到社区，在每年的“世界读书日”当天，在社区举行“小手拉大手·共读一本书”的读书节启动仪式，邀请孩子、家长和社区居民一起参加，通过领读分享、好书推荐、表演绘本剧、书香家庭评选等活动，促进家社关系的发展。

办好学前教育是幼儿园、家庭、政府、社会的共同责任。党中央高度重视协同育人工作，一系列政策法规为完善政府统筹、部门协作、学校主导、家庭尽责、社会参与的协同育人工作机制指明方向。幼儿园与家庭、社区、小学之间的沟通与合作，是构建幼儿健康成长生态圈的基石。“教联体”，联责任、联资源、联空间，不仅能促进幼儿全面发展，还能为社会的和谐与进步奠定坚实的基础。

---

① 李聪：家园社共育让孩子成长有力量[N]. 中国教育报，2024-08-28（10）.

第一节 幼儿园与家庭的沟通与联系

幼儿园与幼儿家庭之间是相互尊重、平等、合作的伙伴关系，两者通力合作，共同致力于幼儿教育。家园关系和家园合作发展过程体现了我国幼儿园开园办学，走向开放的历史进程。

清末及民国时期，幼儿家庭是我国承担学前教育的主要单位，而蒙养院、幼稚园只是幼儿家庭教育的辅助。清政府于 1904 年颁布的《奏定蒙养院章程及家庭教育法章程》提出“蒙养家教合一之宗旨，在于蒙养院辅助家庭教育”。1939 年，国民政府教育部颁布《幼稚园规程》，强调幼稚教育之目的为“协助家庭教养幼稚儿童，并谋家庭教育之改进”。

1952 年，教育部颁布的《幼儿园暂行规程（草案）》指出“要使幼儿家庭教育和幼儿园教育密切配合”。该文件首次将幼儿园教育置于主要位置，将家庭教育视为幼儿园教育的辅助力量。2001 年，教育部颁布了《幼儿园教育指导纲要（试行）》，指出：“家庭是幼儿园重要的合作伙伴，应本着尊重、平等、合作的原则，争取家长的理解、支持和主动参与，并积极支持、帮助家长提高教育能力。”这是首次从法规层面将幼儿园与幼儿家庭视为互动的合作伙伴关系。至此，这种新型的家园合作关系在我国学前教育中得到确立。2016 年颁布的《幼儿园工作规程》，始设“幼儿园、家庭和社区”专章，特别强调幼儿园与幼儿家庭的配合。

《幼儿园工作规程》

一、幼儿园与幼儿家庭合作的目的与意义

《中华人民共和国家庭教育促进法》第二章第十九条指出，家长应“与中小学校、幼儿园、婴幼儿照护服务机构、社区密切配合”。《中国儿童发展纲要（2021—2030 年）》也将“学校家庭社会协同育人机制进一步完善”作为主要目标进行阐述。由此可知，幼儿园与家庭合作的目的就是充分发挥学前教育的主导作用和家庭教育的优势，并使两者相互配合形成教育合力，从而能有效地促进幼儿身心的全面和谐发展。①

《中华人民共和国家庭教育促进法》

家长工作是幼儿园和幼儿家长交互影响、双向互动的过程，是统合学前教育和家庭教育双重作用的纽带，家园有效沟通与合作对幼儿个人、家庭、幼儿园、社区

① 苏婧，李一凡. 家园协同视角下幼儿学习品质的培养研究[J]. 中国教育学刊，2022（5）：80-85.

《中国儿童发展纲要（2021—2030 年）》

等都具有重要意义。

一方面，家园沟通与合作有利于保障家园双方权利和义务的统一。幼儿园与幼儿家长密切合作是双方权利和义务的使然。《中华人民共和国教育法》第五十条规定：“未成年人的父母或者其他监护人应当配合学校及其他教育机构，对其未成年子女或其他被监护人进行教育。”第三十条规定：“学校及其他教育机构应当以适当方式为受教育者及其监护人了解受教育者的学业成绩及其他有关情况提供便利。”家长是幼儿的法定监护人和代理人，依法享有教育权、知情权、监督权等权利。同时家长亦有保护幼儿合法权益，积极配合幼儿教育的义务。幼儿园作为施行学前教育的机构，依法享有教育教学等权利的同时也负有配合家庭教育，接受家长监督的义务。因此，幼儿园家长工作的开展既是对家长和幼儿园权利的尊重也是对各自义务的要求。

《中华人民共和国教育法》

另一方面，家园沟通与合作有利于推进我国学前教育政策法规的落实。党和国家有关学前教育的方针、政策以及教育法规、规章都强调应加强幼儿园和幼儿家长的密切合作，注重发挥学前教育和家庭教育各自的优势，共同促进幼儿身心全面发展。如《3—6 岁儿童学习与发展指南》《家校社“协同育人”教联体工作方案》，其受众面就包括幼儿园、家庭和社会相关工作人员。

二、幼儿园与幼儿家庭合作的内容

幼儿园与幼儿家庭合作的内容包括提供家庭教育指导、引导家长参与幼儿园教育两个方面。

（一）提供家庭教育指导

《中华人民共和国家庭教育促进法》第三十九条规定：“中小学校、幼儿园应当将家庭教育指导服务纳入工作计划，作为教师业务培训的内容。”第四十条规定：“中小学校、幼儿园可以采取建立家长学校等方式，针对不同年龄段未成年人的特点，定期组织公益性家庭教育指导服务和实践活动，并及时联系、督促未成年人的父母或者其他监护人参加。”幼儿园对家庭教育的指导主要包括以下几个方面：

《关于基础教育改革与发展的决定》

1. 帮助家长树立正确的教育观念

国务院《关于基础教育改革与发展的决定》指出，学校应“加强对家庭教育的指导，帮助家长树立正确的教育观念”。中共中央、国务院《关于进一步加强和改进未成年人思想道德建设的若干意见》也指出，学校应“帮助和引导家长树立正确的家庭教育观念”。观念是行为的先导，家长的教育观念会制约其教育行为。为此，幼儿园要帮助家长树立正确的儿童观、教育观和成才观。

2. 帮助家长创设良好的家庭教育环境

国务院《关于基础教育改革与发展的决定》指出，学校应“加强对家庭教育的指导，帮助家长树立正确的教育观念，为子女健康成长营造良好的家庭环境”。环境影响人、塑造人，对人的身心发展的影响是无形的、深刻的、渗透性的。家庭是幼儿最初也是最重要的生长环境，家庭教育环境的质量对幼儿身心的全面和谐发展具有深远的影响作用。因此，幼儿园要让家长认识到家庭教育环境的教育意义，帮助家长创设良好的物质环境和精神环境，从而为幼儿身心发展创设良好的条件。

3. 帮助家长掌握科学的教育知识和方法

幼儿园应主动与幼儿家庭配合，向家长宣传科学保育、教育幼儿的知识，共同担负教育幼儿的任务。中共中央、国务院《关于进一步加强和改进未成年人思想道德建设的若干意见》指出，学校应“面向社会广泛开展家庭教育宣传，普及家庭教育知识，推广家庭教育的成功经验，帮助和引导家长树立正确的家庭教育观念，掌握科学的家庭教育方法，提高科学教育子女的能力”。当前有的家长缺乏家教方法，家庭教育常因方法不对而事与愿违。幼儿园可以通过家长学校、家长会、家访、家庭教育咨询等多种方式向家长宣传、培训科学保育、教育幼儿的知识和方法，从而提升家长的保教能力。

（二）引导家长参与幼儿园教育

《幼儿园教育指导纲要（试行）》“组织与实施”部分指出：“家庭是幼儿园重要的合作伙伴。应本着尊重、平等、合作的原则，争取家长的理解、支持和主动参与。”幼儿园不仅要重视对家庭教育的指导，还要把家长视为重要的教育合作伙伴，积极引导家长参与学前教育。

《幼儿园教育指导纲要（试行）》

1. 引导家长理解并支持幼儿园的保教工作

《中华人民共和国家庭教育促进法》第十九条指出，家长“应当与中小学校、幼儿园、婴幼儿照护服务机构、社区密切配合，积极参加其提供的公益性家庭教育指导和实践活动，共同促进未成年人健康成长”。家长只有在正确认识和理解幼儿园保教工作的基础上才会积极支持并配合幼儿园的工作。因此，幼儿园应提供多种让家长认识和了解幼儿园保教工作的机会和渠道。例如，幼儿园可以通过开展以家园关系为重点的项目，鼓励和支持家长参与课堂教学活动以及幼儿园的管理，以此来获得家长对幼儿园保教工作的理解和支持。

2. 主动接受家长对幼儿园工作的监督

《中华人民共和国教育法》第三十条规定，学校及其他教育机构应当以适当方式为受教育者及其监护人了解受教育者的学业成绩及其他有关情况提供便利；应当依法接受监督。作为法定监护人，家长对其子女所接受的学前教育具有监督权，因此幼儿园要让家长监督和评估园所的保教工作。国务院《关于幼儿教育改革与发展的指导意见》规定："教育部门要建立社区和家长参与幼儿园管理和监督的机制。"家长能够对幼儿园的保教质量给予直接而有效的反馈，有利于推动幼儿园保教质量的整体提升。因此，幼儿园不仅要从态度上积极接受家长对幼儿园工作的监督，还要为家长的参与监督建立适宜的机制渠道。

3. 鼓励家长参与幼儿园教育决策

家长是幼儿园的重要合作伙伴，是幼儿园所提供的教育服务的消费者，是教育的需求者和受益者。家长有权了解并参与托幼机构的各项教育决策。因此，幼儿园要鼓励家长参与幼儿园教育决策，要把家长的心声切实体现在教育决策中，从而提高教育决策的针对性、可行性和有效性。

三、不同阶段幼儿的家庭教育指导要点

《全国家庭教育指导大纲》

2010年2月8日，为加强我国家庭教育理论体系建设，规范家庭教育指导内容和要求，提高家庭教育的科学性、针对性、实效性，全国妇联与教育部、中央文明办、民政部、卫生部、国家人口计生委、中国关工委联合印发《全国家庭教育指导大纲》（本部分简称《家教大纲》）。该文件对我国婴幼儿养育不同阶段的家庭教育提出了非常明确的要求。

（一）0—3岁儿童的家庭教育指导

按照《家教大纲》的规定，我国0—3岁儿童家庭教育指导内容要点如下：

（1）提倡母乳喂养，增强婴儿免疫力。指导乳母加强乳房保健，在产后尽早用正确的方法哺乳；在睡眠、情绪和健康等方面保持良好状态，科学饮食，增加营养；在母乳不充分的阶段采取科学的混合喂养方法，适时添加辅食。

（2）鼓励家长主动学习，掌握儿童日常养育和照料的科学方法。指导家长按时为儿童预防接种，培养儿童健康的卫生习惯，注意科学的饮食调配；及早对孩子进行发展干预，让孩子多看、多听、多运动、多抚触，带领儿童开展适当的运动、游戏，增强儿童体质；了解儿童成长阶段的特点和表现，学会倾听、分辨儿童的"语言"，安抚儿童的情绪；学会了解儿童的发病征兆及应对方法，掌握病后护理常识。

（3）制订生活规则，培养儿童良好的生活行为习惯。指导家长了解儿童成长规律及特点，为儿童制订日常生活规则，并按照规则指导儿童的日常生活行为；重视发挥父亲的角色作用，利用生活场景进行随机教育；指导家长采用鼓励、表扬等正

面强化教育措施，塑造儿童的健康生活方式。

（4）加强感知训练，提高儿童感官能力，预防儿童伤害。指导家长创设儿童自如爬行、充分活动的独立空间与条件，随时、充分地利用日常生活中的真实物品和现象，挖掘其蕴含的教育价值，让儿童在爬行、观察、听闻、触摸等训练过程中获得各种感官活动的经验，促进儿童的感官发展。同时要加强家庭保护，防止意外伤害发生。

（5）关注儿童需求，激发儿童的想象力和好奇心。指导家长为儿童提供抓握、把玩、涂鸦、拆卸等活动的设施、工具和材料；用亲子游戏的形式发展儿童双手协调、手眼协调等精细动作；用心欣赏儿童的行为和作品并给予鼓励，分享儿童的快乐，促进儿童直觉动作思维发展，满足儿童好奇、好玩的认知需要。

（6）提供言语示范，促进儿童语言能力发展。指导家长为儿童创设宽松愉快的语言环境；提高自身口语素养，为儿童提供良好的言语示范；为儿童的语言学习和模仿提供丰富的物质材料，运用多种方法鼓励儿童多开口；积极回应儿童的言语需求，鼓励儿童之间的模仿和交流。

（7）加强亲子沟通，培养儿童良好情绪。指导家长关注、尊重、理解儿童的情绪，多给予儿童鼓励和支持；以民主、平等、开放的姿态与儿童沟通；客观了解和合理对待儿童过度的情绪化行为，有针对性地实施适合儿童个性的教养策略。学会建立良好的亲子依恋关系。

（8）帮助儿童适应幼儿园生活。入园前，指导家长有意识地培养儿童自理能力、听从指令并遵循简单规则的能力等。入园后，指导家长积极了解儿童对幼儿园的适应情况，在儿童出现不良情绪时通过耐心沟通与疏导来稳定儿童的情绪，分析入园不适应的原因，正确面对分离焦虑。

（二）4—6岁儿童的家庭教育指导

按照《家教大纲》的规定，我国4—6岁儿童家庭教育指导内容要点如下：

（1）加强儿童营养保健和体育锻炼。指导家长带领儿童积极开展体育锻炼；根据儿童的个人特点，寻找科学合理而又能为儿童接受的膳食方式；科学搭配儿童饮食，做到营养均衡、种类多样、比例适当、饮食定量、调配得当；不断学习关于儿童营养的新理念、新知识。

（2）培养儿童良好的生活和卫生习惯。指导家长与儿童一起制订儿童的家庭生活作息制度；积极运用奖励与忽视并行的方式纠正并消除儿童不良的行为方式与癖好；定期带领儿童进行健康检查。

（3）抓好安全教育，减少儿童意外伤害。指导家长提高安全意识，尽可能消除居室和周边环境中的伤害性因素；以良好的榜样影响、教育、启迪儿童；结合儿童的生活和学习，在共同参与的过程中对儿童实施安全教育，提高儿童的生命意识；

重视儿童的体能素质，通过活动提高其自我保护能力。

（4）培养儿童良好的人际交往能力。指导家长关注儿童日常交往行为，对儿童的交往态度、行为和技巧及时提供帮助和辅导；注意培养儿童多方面的兴趣、爱好和特长，增强儿童交往的自信心；开展角色扮演游戏，帮助儿童在家中练习社交技巧，并积极为儿童创造与同伴交往的机会，培养儿童乐于与人交往的习惯和品质。

（5）增强儿童社会适应性，培养儿童抗挫折能力。指导家长鼓励儿童以开放的心态充分展示自己，同时树立面对挫折的良好榜样；充分利用传播媒介，引导儿童学习面对挫折的方法；适时、适宜地在儿童成长过程中创设面对变化与应对挫折的生活情境与锻炼机会；以鼓励、疏导的方式给遇到困难的儿童必要的帮助与支持。

（6）丰富儿童感性知识，激发儿童早期智能。指导家长带领儿童关心周围事物及现象，多开展户外活动，以开阔儿童的眼界，丰富儿童的感性知识；灵活采用个别化教育手段，有针对性地鼓励儿童积极活动、主动参与、积累经验、发展潜能；改变传统的灌输、说教方式，以开放互动的方式让儿童在玩中学、在操作中探索、在游戏中成长。

四、幼儿园与幼儿家庭合作的具体措施

国务院《关于基础教育改革与发展的决定》规定，学校应“重视家庭教育。通过家庭访问等多种方式与家长建立经常性的联系”。幼儿园可采取多种形式，指导家长正确了解幼儿园保育和教育的内容、方法，定期召开家长会议，并接待家长的来访和咨询。幼儿园应当认真分析、吸收家长对幼儿园教育与管理工作的意见与建议，并通过多种方式与家长建立经常性的联系。目前，常规的家园沟通与合作措施有以下几种：

（一）个别交谈

这种方式包括幼儿园教师与幼儿家长当面交谈和电话（网络通信）交谈等。教师可以利用家长早晚接送幼儿的短暂时间进行交流，另外，针对个别幼儿的教育，教师也可以专门邀请家长来园面谈。

（二）家访

家访是幼儿园工作人员到幼儿家里进行的调查访问，是幼儿园进行家长工作最常用的方法之一。大部分幼儿园一般在学期初和学期末安排定期家访，其目的主要是了解幼儿家庭教育状况和幼儿在家庭里的表现，通过家访密切教师和家长的联系，

并针对保教经验、方法、建议等相互交流。另外，幼儿园还会在保教过程中，针对个别的、部分有特殊需要和特殊情况的幼儿家庭采取不定期的家访。

（三）家长会

家长会是将全园、全班或某一类型的家长召集在一起开会的家长工作形式。幼儿园可以在学期初、学期中、学期末定期地或者依据形成性需要不定期地召开家长会。幼儿园通过家长会让家长了解幼儿在园各方面的情况并提出新阶段的教育任务，回答幼儿家长关心和疑惑的问题，征求家长对幼儿园的意见等。

案例　开好新生家长会

每年一次的新生家长会是幼儿园的常规工作。某幼儿园发现以往在会议中向家长灌输园所文化及管理理念等内容难以引起家长的共鸣。俗话说“知己知彼百战不殆”，只有从听众的角度出发，预设家长想要的、想听到的是什么，才能上好家园合作的第一课，于是该园在新生家长会上别出心裁，确定以下内容：

（1）讲清幼儿园的课程：幼儿园不是只有玩，生活、游戏中也有“乾坤”。

（2）讲清家园配合的要点：信任是基础，要做一名智慧家长，与教师同步做好孩子的教育工作。采用“一张图、一本书、一个游戏”的方式让家长们看懂幼儿园课程中的“乾坤”，直观感受幼儿园生活中的教育价值，为日后的家园合作奠定扎实的基础，开启一扇以“理解”为基础的大门。

家庭是幼儿园的重要合作伙伴，幼儿园与幼儿家庭的密切合作对幼儿身心的和谐发展具有重要意义。案例中的幼儿园通过创新家长会的内容与形式，为日后的家园合作奠定扎实的基础，有效激发家长参与幼儿园日常教育活动的积极性。

（四）家庭教育经验交流会

家庭教育经验交流会是幼儿园组织幼儿家长相互交流家庭教育经验的活动。该活动可以按照不同的类型分别组织召开，如幼儿园按照相同身份，召开祖辈家长会，交流隔代教育的经验和存在的问题。

（五）家长学校

家长学校是幼儿园利用非工作时间，通过开设系列讲座、展示活动等向家长系统地介绍家庭教育知识的一种活动，它是幼儿园开展家庭教育的有效途径，是连接幼儿园、幼儿家庭、社会的桥梁和纽带。《中国儿童发展纲要（2021—2030年）》再一次强调“覆盖城乡的家庭教育指导服务体系基本建成，指导服务能力进一步提升。95%的城市社区和85%的农村社区（村）建立家长学校或家庭教育指导服务站点”。

家长学校的任务是指导家庭教育，帮助家长形成正确的保教观念，掌握科学的保教知识与技能，提升家庭育儿的保教能力。

依据全国妇联、教育部、中央文明办颁布的《关于进一步加强家长学校工作的指导意见》的精神，可以把家长学校的组织管理和具体工作要求归纳为以下四个方面：

第一，幼儿园要把家长学校工作纳入幼儿园工作的总体部署，把家庭教育指导纳入教师岗前培训、在岗培训和骨干培训中，纳入形式多样的教育教学活动中，纳入研究与督导评估中。

第二，家长学校校长由园领导兼任，园长与负责具体事务的教师、家长代表等人员共同组成校务管理委员会，负责家长学校日常管理工作。

第三，家长学校师资由幼儿园教师或聘请的相关专业人士、志愿者组成，场地可利用现有的活动室、教室等。

第四，幼儿园家长学校每学期至少开展 1 次家庭教育指导、2 次亲子实践活动。有条件的幼儿园要向周边社区延伸家庭教育活动，做好社区 0—3 岁和未入园儿童的家庭教育指导工作。

案例　升级“家庭教育课”，我们有绝招[①]

江南某幼儿园园长告诉记者：“在推进家庭教育和家校融合中我们发现，有这样两种家长，一种是对幼儿各项活动持积极态度的积极型家长，一种则是对教育漠不关心型家长。”为此，该幼儿园创设了“超妈大学堂”“老爸俱乐部”“祖辈助教团”等家校融合载体。通过多种形式，比如亲子运动会、亲子毅行等活动，幼儿园为全园家长提供参与各类课程活动的平台与机会，在丰富幼儿活动的同时也扩展幼儿园家校课程的广度和深度。

家长学校是幼儿园与幼儿家庭相互沟通、联系的常用方式之一。幼儿园通过家长学校可以帮助家长树立正确的育儿观念，更新家庭教育知识，提升家庭教育技能；有利于拉近家园关系并促进幼儿园教育和家庭教育形成合力。

（六）家长委员会

2011 年 3 月，教育部下发《关于建立中小学幼儿园家长委员会的指导意见》，认为“建立家长委员会，对于发挥家长作用，促进家校合作，优化育人环境，建设现代学校制度，具有重要意义”；要求“各地教育部门和中小学幼儿园要从办好人民满意教育的高度，充分认识建立家长委员会的重要意义，把家长委员会作为建设依

① 康丽，周书贤.杭州滨江：打造区域“家校成长共同体”[N]. 中国教师报，2020-08-26（1）.

法办学、自主管理、民主监督、社会参与的现代学校制度的重要内容，作为发挥家长在教育改革发展中积极作用的有效途径，作为构建学校、家庭、社会密切配合的育人体系的重大举措，以更大的热情，更有效的措施，创造更好的条件，大力推进建立家长委员会工作”。

家长委员会的具体职责包括参与学校管理、参与教育工作、负责幼儿园与家庭的沟通。家长委员会的主要任务包括：对幼儿园工作计划和重要决策，特别是事关幼儿和家长切身利益的事项提出意见和建议；发挥家长的专业和资源优势，支持幼儿园保育教育工作；帮助家长了解幼儿园工作计划和要求，协助幼儿园开展家庭教育指导和交流。

《关于建立中小学幼儿园家长委员会的指导意见》提出，幼儿园要积极创造条件，按照合法程序成立家长委员会。家长委员会通常是由全园家长会推选的代表或幼儿园提名并经全园家长会通过产生的家长代表组成。在全园家长委员会下，还可以按班级设家长小组或班级家长委员会负责班级家长联系工作，这样可以形成完整的组织网络。幼儿园园长负责组织和指导家长工作，引导家长委员会开展各式各样的活动，如家庭教育研讨会、家长参与幼儿园教育教学等。

《关于建立中小学幼儿园家长委员会的指导意见》

除了上述的家园合作方式之外，幼儿园常用的家长工作方法还有发放家长宣传页、创设家长园地、使用家园联系本、提供家庭教育咨询等，以上方法都有自身的优缺点和相应的适用范围。因此，幼儿园应依据幼儿园的具体情况和保教需要选择适宜的家园合作方式。

第二节　幼儿园与社区的合作

社区是幼儿园生存和发展的重要外部环境，与社区建立合作关系，充分利用社区资源对幼儿园的发展具有重要的意义。《幼儿园教育指导纲要（试行）》“总则”指出，幼儿园应与社区密切配合，“综合利用各种教育资源，共同为幼儿的发展创造良好的条件”。国务院《关于幼儿教育改革与发展的指导意见》指出：“幼儿园要与家庭、社区密切合作。要充分利用幼儿园和社区的资源优势，面向家长开展多种形式的早期教育宣传、指导等服务，促进幼儿家庭教育质量的不断提高。”《关于健全学校家庭社会协同育人机制的意见》《家校社协同育人“教联体”工作方案》等文件也提出，社区要面向儿童积极开展各种公益性课外实践活动，创造条件为学生提供校外活动与锻炼空间、假期管护场所。

一、幼儿园与社区合作的由来及意义

“社区”是社会学术语。1887 年，德国社会学家斐迪南·滕尼斯在《社区与社会》一书中最先使用“社区”一词。社区是在一定的地域内的人群从事经济、政治、科学文化活动，并由此构成一定的生产关系与社会关系的小社会。人口、地域、文化、认同心理等是构成社区的主要因素。在同一社区内，人们的文化、习俗、信仰、心理和行为方式等方面，有着许多一致的背景和共同利益。[①]

《幼儿园工作规程》

我国政府对社区学前教育的重视也经历了一个渐进的过程。我国的学前教育政策法规在 1932 年以前基本上没有涉及社区的利用问题，直到 1932 年，国民政府教育部颁布的《幼稚园课程标准》在幼稚教育所用的材料的陈述中提出要利用幼稚园的周边环境。新中国成立以后，尤其是改革开放以来，我国的学前教育政策日益重视社区的学前教育和幼儿园对社区资源的利用。2001 年颁布的《幼儿园教育指导纲要（试行）》提出幼儿园要利用社区资源拓展幼儿生活和学习的空间。2016 年颁布的《幼儿园工作规程》设“幼儿园、家庭和社区”专章，特别规定幼儿园要加强同社区的密切联系与合作。《中华人民共和国学前教育法》《中华人民共和国家庭教育促进法》《中华人民共和国教师法》《中华人民共和国未成年人保护法》《中华人民共和国母婴保健法》等也都规定，保护和教育儿童是学校与社会的共同职责，强调学校和社会的教育合作。在国家政策的鼓励下，目前我国各地幼儿园已普遍关心社区、与社区密切合作，共同承担起学前教育的重任。

《幼儿园教育指导纲要（试行）》“总则”指出：“幼儿园应与家庭、社区密切合作，与小学相互衔接，综合利用各种教育资源，共同为幼儿的发展创造良好的条件。”幼儿园社区工作的开展有利于发挥幼儿园与社区的教育合力，为社区幼儿的身心和谐发展营造良好的外部环境；有利于支持社区所有幼儿的家庭教育，并促进家长积极参与幼儿园和社区的学前教育；有利于推动幼儿园整体办园质量的提高；也有利于构建和谐社区。

二、幼儿园与社区的关系

幼儿园和社区之间是互惠互利且双向服务的关系。一方面，城乡社区为幼儿园的生存与发展奠定了基础和条件，补充和拓展了幼儿园教育的资源；另一方面，幼儿园也承担着社区学前教育的重任，为社区居民提供优质的早期教育服务也是幼儿

---

① 蔡迎旗. 学前教育概论[M]. 武汉：华中师范大学出版社，2006：262.

园应尽的职责。同时，幼儿园还直接或间接地参与社区物质文明、精神文明和生态文明建设，在和谐社区建设中扮演着重要角色。

《幼儿园教育指导纲要（试行）》指出，幼儿园应"充分利用自然环境和社区的教育资源，扩展幼儿生活和学习空间。幼儿园同时应为社区的早期教育提供服务"。因此，幼儿园要密切与当地社区的合作并与之建立相互支持、理解、信任的友好关系，实现幼儿园与社区的相互促进、双赢互惠。

三、幼儿园与社区合作的内容与方式

作为社区中的幼儿园，与社区合作是其发展的必然要求。幼儿园与社区合作的内容与方式可以分为以下两大类：

（一）利用社区资源，提升和拓展幼儿园教育

社区是与幼儿园紧密联系的具体的、直接的外部环境。社区蕴藏着丰富的教育资源，能为幼儿园提供有效的资源支持。《幼儿园教育指导纲要（试行）》指出："幼儿园应充分利用自然环境和社区的教育资源，扩展幼儿生活和学习的空间。"其可利用的社区资源可概括为物力资源、智力资源、节日资源、数字资源等。

1. 物力资源

社区是一个微型社会，融汇着与人们生产、生活息息相关的各式各样的物质实体，如超市、商场、车站、公园、银行、图书馆和邮政局等。这些不仅是人们生活中离不开的物质基础，也是幼儿园不可或缺的宝贵的教育资源。《中华人民共和国学前教育法》第十八条规定："青少年宫、儿童活动中心、图书馆、博物馆、文化馆、美术馆、科技馆、纪念馆、体育场馆等公共文化服务机构和爱国主义教育基地应当提供适合学前儿童身心发展的公益性教育服务，并按照有关规定对学前儿童免费开放。"因此，幼儿园可以利用社区的物、景和设施教育幼儿。幼儿园可在社区寻找和利用教育所需的玩教具材料和场所，以扩大幼儿的生活和学习空间，丰富幼儿的社会知识和自然知识。[①] 例如，幼儿园可以通过带领幼儿参观革命纪念馆，培养幼儿的爱国主义情感。

2. 智力资源

社区是从事各行各业的人群居住的地方，其中不乏教师、医生、科研工作者、商人、公务员等。其中，许多居民热爱教育并乐于参与教育，他们是幼儿园取之不尽的智力资源。中共中央、国务院《关于进一步加强和改进未成年人思想道德建设

---

① 白鸽，夏婧. 基于社区的早期家庭教育指导服务模式：治理结构与运行机制[J]. 教育发展研究，2022，42（2）：55-62.

的若干意见》指出，“要着力建设好老干部、老战士、老专家、老教师、老模范等‘五老’队伍”，“支持他们为加强和改进未成年人思想道德建设贡献力量”。例如，吸收热心学前教育或者学有专长的社区人士来园，发挥其特长、优势，协助教师组织幼儿活动，传授知识技能等。[①]

3. 节日资源

节日是人民群众为适应生产和生活的需要而共同创造的一种民俗文化。古今中外的节日数不胜数，而每一个节日都蕴含着特殊的文化。中共中央、国务院《关于进一步加强和改进未成年人思想道德建设的若干意见》指出：各种法定节日，传统节日，革命领袖、民族英雄、杰出名人等历史人物的诞辰和逝世纪念日，建党纪念日、红军长征、辛亥革命等重大历史事件纪念日，以及未成年人的入学、入队、入团、成人宣誓等有特殊意义的重要日子，都蕴藏着宝贵的思想道德教育资源。法定节日如儿童节、国庆节、劳动节、教师节等，传统节日如中秋节、元宵节、端午节等。此外，我国幅员辽阔，各地还有着不同的民族节日、民俗节日等。这些节日对幼儿园来讲都是可利用的宝贵的教育资源。因此，幼儿园应充分利用社区开展节日活动让幼儿感知和理解民族文化传统和世界文化。

4. 数字资源

数字资源是将计算机技术、多媒体技术及通信技术相互融合而形成的以数字形式发布、存取、利用的信息资源总和。在“互联网 +”和推进教育数字化的大背景下，社区数字化学习资源内容涵盖职业技能、家庭教育、生活保健、文化艺术、人文修养等方面，呈现形式包括视频（网络课程、微课程）、动画、电子书、音频与图像等。相较于传统的纸质化学习资源，数字化的学习资源在内容、形式上都得到极大地扩充和丰富。《未成年人网络保护条例》指出，“学校、家庭应当教育引导未成年人参加有益身心健康的活动，科学、文明、安全、合理使用网络”，幼儿园可利用社区数字资源，提升教育质量和管理效率，加强与家长和社区的互动与合作，共同促进幼儿的健康成长。

（二）服务社区，履行幼儿园的社会职责

《关于幼儿教育改革与发展的指导意见》

幼儿园作为社区中正规的学前教育机构，与社区是共生共荣的关系。国务院《关于幼儿教育改革与发展的指导意见》提出：“根据城乡的不同特点，逐步建立以社区为基础，以示范性幼儿园为中心，灵活多样的幼儿教育形式相结合的幼儿教育服务网络。为 0—6 岁儿童和家长提供早期保育和教育服务。”

幼儿园应与社区联手，共同为社区提供便民教育和服务。当前我国这种社区活动形式主要有以下几种：一是建立儿童活动机构，如儿

① 张燕. 幼儿园管理[M]. 北京：人民教育出版社，2008：262.

童玩具室、儿童图书馆、儿童或母子俱乐部、婴幼儿室、节假日活动室等。二是开展流动性学前教育服务，这是对农村尤其是边远地区的农村幼儿提供的一种非正规的学前教育形式。如我国西部地区流动的大篷车幼儿园、学前教育巡回辅导站等。三是开展家庭教育辅导站。该机构主要开展指导家庭教育的活动，服务对象主要是幼儿家长，如新婚班、准父母班、家长夜校等。幼儿园作为正规的学前教育机构，应该与社区联手发挥自身的优势，积极辅助和支持社区开展的各种非正规的、非正式的学前教育活动，为社区内所有的入园和没有入园的适龄儿童提供学前教育与服务。

案例　巧用环境资源，拓展户外空间①

北京市东城区某幼儿园坐落于南锣鼓巷文化带的一处传统四合院中，具有浓郁的文化气息，有着小巧、精致的特点。为打破幼儿园户外面积狭小，户外体育活动开展困难的局面，幼儿园积极利用社区资源，打破幼儿园边界。

在前期走访中，教师了解到园中幼儿的祖辈对投掷类民间体育游戏有一定了解。于是，该园积极挖掘社区资源，开展“投掷手拉手”活动，一方面邀请祖辈老人走进幼儿园，带领孩子们一同感受投掷类民间体育游戏的乐趣；另一方面，在周边的社区空地开展活动，以简单的沙包为投掷物，以雨伞、水瓶为投掷目标。有的教师倒挂打开的雨伞，孩子们用沙包向伞面里投掷；有的教师把五颜六色的水瓶摆一排，孩子们投中一个得一分。

案例中的幼儿园积极利用社区资源，扩大活动范围，拓展活动形式。《幼儿园教育指导纲要（试行）》明确指出“幼儿园应与家庭、社区密切合作，与小学相互衔接，综合利用各种教育资源，共同为幼儿的发展创造良好的条件”。幼儿园与社区应发挥自身的优势，进行人力资源与物质资源的优化与互补，既有利于社区资源的有效整合与利用，弥补幼儿园条件上的不足，又有利于加深家长、社区居民对幼儿园教育的理解与支持。

第三节　幼儿园与小学的衔接及合作

《中华人民共和国学前教育法》

“幼小衔接”是幼儿园教育与小学教育的双向衔接。《中华人民共和国学前教育法》第五十九条规定：“幼儿园与小学应当互相衔接配

① 李丽华. 基于小场地的幼儿园投掷活动[J]. 学前教育，2021，686（23）：40-41.

合，共同帮助儿童做好入学准备和入学适应。幼儿园不得采用小学化的教育方式，不得教授小学阶段的课程，防止保育和教育活动小学化。小学坚持按照课程标准零起点教学。”为贯彻落实“建设高质量教育体系”的要求，教育部2021年颁布《关于大力推进幼儿园与小学科学衔接的指导意见》（本部分简称《指导意见》），围绕幼小的科学衔接对幼儿园和小学都做了明确要求。

一、幼儿园与小学衔接的意义

幼儿园与小学在学制体系中是上下承继的关系。一方面，幼儿园要为幼儿入小学积极做准备，使幼儿顺利地适应小学的生活；另一方面，小学也应以幼儿园保教目标为基础，引导孩子顺利从幼儿园向小学过渡。[①] 幼儿园应注重同小学的联系与合作，适当调整相互之间的关系，解决两者之间教育坡度过陡的问题，为幼儿适应小学生活创设良好的外部环境和条件。为此，幼儿园要为幼儿入小学积极做准备，使幼儿顺利地适应小学的学习生活。

二、幼小衔接的内容

明确幼小衔接内容有利于教育工作者更好地集中精力为幼儿角色转换提供支持，其中既包括园内的教育准备，也包括外界的制度保障。《指导意见》提出坚持儿童为本、坚持双向衔接、坚持系统推进和坚持规范管理的原则，这四个原则是实现科学幼小衔接的基本原则。在此基础上，幼儿园应当从以下三个方面推进幼小衔接工作。

（一）做好入学准备教育

《3—6岁儿童学习与发展指南》与《幼儿园教育指导纲要（试行）》都明确将幼小衔接作为幼儿园的主要工作，因此幼儿园应当在尊重幼儿身心发展规律的基础上，为幼儿提供合适的活动环境与经验刺激。因此，《指导意见》建议，幼儿园应当“要进一步引导教师树立科学衔接的理念，大班下学期要有针对性地帮助幼儿做好生活、社会和学习等多方面的准备，建立对小学生活的积极期待和向往。”值得注意的是，入学准备并非将小学的学习与生活模式提前带入幼儿园，应当防止幼儿园小学化的倾向。《3—6岁儿童学习与发展指南》指出，“严禁幼儿园提前学习小学教育内容，严禁小学举办各种形式的入学选拔考试，严禁小学一年级以任何理由压缩课程或加快课程进度”。

---

① 蔡迎旗. 学前教育原理[M]. 武汉：华中师范大学出版社，2017：258.

（二）建立联合教研制度

有效的衔接工作除了在园内开展适宜的入学适应工作，还应当积极与小学建立联合教研制度，组成学习共同体。《指导意见》指出，幼儿园与小学应当“加强教师在儿童发展、课程、教学、管理等方面的研究交流，及时解决入学准备和入学适应实践中的突出问题”。《幼儿园工作规程》也明确提到，“幼儿园和小学应当密切联系，互相配合”，从而实现两个阶段的科学衔接。

联合教研制度的建立除了幼儿园与小学之间的共同努力之外，也需要当地教研部门的积极推动，《指导意见》建议，“各级教研部门要把幼小衔接作为教研工作的重要内容，纳入年度教研计划，推动建立幼小学段互通、内容融合的联合教研制度。教研人员要深入幼儿园和小学，根据实践需要确定研究专题，指导区域教研和园（校）本教研活动，总结推广好做法好经验”。通过三方的共同努力，协同合作，建立有效的联合教研制度，能够为幼儿在两个阶段的科学衔接形成丰富的信息链，并基于此制订适宜的课程方案和指导计划，帮助幼儿更好地完成入学准备。

（三）完善家园校共育机制

《幼儿园教育指导纲要（试行）》明确指出，幼儿园应该与家庭密切合作。通过综合幼儿园与家庭的各种资源，帮助幼儿完成入学准备。《指导意见》强调，应当建立有效的“家园校协同沟通机制，引导家长与幼儿园和小学积极配合，共同做好衔接工作”。

此外，共育机制既要做好信息和资源上的整合，也要发挥幼儿园主导者的作用，要积极支持、帮助家长提高教育能力。《指导意见》建议，幼儿园应当“及时了解家长在入学准备和入学适应方面的困惑问题及意见建议，积极宣传国家和地方的有关政策要求，宣传展示幼小双向衔接的科学理念和做法，帮助家长认识过度强化知识准备、提前学习小学课程内容的危害，缓解家长的压力和焦虑，营造良好的家庭教育氛围”。通过多种渠道与幼儿家长建立合作伙伴关系，共同推进幼小衔接工作的顺利进行。

三、幼小衔接的指导要点

为了更好地帮助幼儿完成幼儿园与小学之间的过渡，幼儿园应当提供积极有效的保育与教育支持。进行这一系列工作的核心要点：第一，要把握整体原则，不应该片面强调幼儿某个或某些方面的发展，如将小学知识作为课程内容。合理的发展目标应当遵循幼儿的整体身心发展，既要着重生理心理的准备，同时也要兼顾生活、社会和学习上的准备。第二，把握阶段性的原则，幼小衔接过程不是一蹴而就，而是从小班开始就有所准备，如强健的体魄、积极的态度等。到了大班，则应当注重人际交往、规则意识等方面的培养，通过多方面循序渐进的方式，来帮助幼儿顺利完成幼小衔接。第三，把握幼儿的学习特点，不管是哪种经验或技能的习得，都不应该脱离幼儿的学习特点，强调直观性、感知性，用幼儿容易理解的方式来帮助他们理解并习得相应的技能。

在把握以上几个方面的内容之后，幼儿园可以从身心准备、生活准备、社会准备和学习准备四个方面开展入学准备教育。

（一）身心准备

身心准备是幼小衔接的首要任务。具体而言，包括以下三个方面：

第一，良好的情绪调节能力可以帮助幼儿更好地适应新环境。因此，教师在日常生活中应当关注这方面能力的提升，如通过角色扮演游戏、情绪体验故事等方式，让幼儿明白情绪的作用，并习得相应的调节方法，从而更好地掌控自己的情绪。

第二，幼儿应当对小学生活拥有积极的期待。这种积极的期待能够让幼儿在幼小衔接阶段更愿意去体验和掌握一些必备的技能与经验，减少不必要的焦虑情绪和压力。为形成积极期待，幼儿园可以通过组织参观小学、与小学生交流等活动，增加幼儿对小学生活的了解，从而形成对小学生活的积极期待。

第三，形成良好的运动习惯。健康的体魄是身心准备的重要组成部分。充足的运动可以帮助幼儿保持健康的身体，从而在学校能够更好地进行学习活动和社交活动。因此，幼儿园应当在园积极开展相应的户外运动，保证每天充足的活动强度和活动时间。同时，教师应当培养幼儿对运动的喜爱，通过在运动中体验到快乐，从而帮助幼儿形成良好的运动习惯。

（二）生活准备

新的生活习惯、作息是幼儿必须要面对的挑战，因此提前做好生活上的准备，能够帮助幼儿从容不迫地衔接小学生活。生活准备应当包含以下四个方面：

第一，培养幼儿良好的生活习惯，其中既包括作息习惯，也包括平时的卫生习惯。良好的作息习惯有助于幼儿保持身体健康和充足的精神，而良好的卫生习惯同样能够让幼儿减少生病的困扰。教师可以在一日生活中有目的地调整幼儿的作息安排，如减少午休时间等；还可以提醒家长监督幼儿在家的作息时间安排，养成良好的入眠习惯。在卫生习惯上，让幼儿意识到卫生保健的重要性，如勤洗手，减少使用电子产品等，更好地保护身体的健康。

第二，培养幼儿良好的生活自理能力。幼儿进入小学之后，面临许多要自行解决的生活问题，因此具备良好的生活自理能力能够帮助幼儿更好地适应小学生活，同时也避免遇到困难之后产生无法解决的挫败感。因此，教师可以在日常生活中帮助幼儿学习相应的生活技能，如让幼儿根据自己的需要喝水、如厕等。在生活物品的整理上，教师应当教导幼儿学习如何整理、归类和存放物件。同时，教师还应当帮助幼儿学会规划自己的时间，养成守时、不拖沓的习惯。

第三，培养幼儿良好的安全防护意识。安全保护是儿童保护的重要议题，幼儿进入小学之后便要开始尝试独自上学的问题，因此从幼小衔接阶段逐步培养幼儿的安全防护意识，有利于幼儿更好地适应小学生活。幼儿园可以开展社区知识普及或者街道参观活动，让幼儿了解自己所在的地区有哪些街道，外出需要关注哪些交通安全信息，从而培养良好的出行习惯。另外，教师还应该教授幼儿在面临危险时应该采取哪些举措，如保持平稳的情绪，向周围的成人求助等。

第四，培养幼儿良好的劳动习惯。积极参与劳动既能够帮助幼儿建立自立、自尊的态度，形成初步的责任感，也提高了幼儿的自理能力。特别是进入小学之后，幼儿要参与许多集体活动，良好的劳动习惯既能帮助幼儿解决实际遇到的问题，也能在人际网络中建立自信。因此，教师可以在日常生活中鼓励幼儿参与劳动，从制订计划、安排分工、积极参与到最后的相互鼓励，都能帮助幼儿意识到劳动的好处，形成对劳动的积极态度。

（三）社会准备

社会准备强调幼儿在集体生活中的一系列品质，包括与人交往的技能、对规则的遵守、任务意识和对集体的热爱。培养幼儿的这些品质，能够有效地帮助幼儿在进入小学生活之后融入大集体，养成良好的集体意识、培养自立自强的人格特质。因此，幼儿园应当积极为幼儿的社会准备提供帮助，主要包含以下四个方面：

第一，培养幼儿的交往合作能力。与人交往既包括了接纳别人的观点，也包含了表达自己的需求。良好的交往合作能力能够让幼儿与他人相处更为融洽，并合作完成学习任务。幼儿园可以通过多个方式来提高幼儿的交往合作能力，比如在不同年级间开展大型游戏，或者分享交流活动，在班级内可以创设小组活动，不同小组之间交换想法，鼓励幼儿倾听、与他人合作等，都能够很好地帮助幼儿提升交往合作能力。

第二，培养幼儿遵规守纪的品质。进入小学之后幼儿将要面临诸如班规、校规等多种规则。因此，培养幼儿遵规守纪的品质能够让其更好地适应小学生活。幼儿园可以多表扬遵守游戏规则的幼儿，有意识地引导违反纪律、不遵从游戏规则的幼儿倾听他人的观点，运用恰当的方式表达自己的需要与想法。

第三，培养幼儿的任务意识。幼儿进入小学之后将会面临许多新的学习任务，如何遵照要求完成任务是幼小衔接的重要内容。幼儿园可以从帮助幼儿理解成人的要求和自主完成任务两个方面去培养。一方面，教师可以在大班下学期布置一些与入学相关的任务，如整理小书包、将规定的材料按时带到幼儿园等；另一方面，提供充足的机会丰富幼儿自主完成任务的经验，对自主、独立完成任务的孩子要多加肯定。

第四，培养幼儿热爱集体的情感。进入小学阶段后，幼儿会进入一个更大的社会环境，如何对这个环境产生归属感、集体感和荣誉感，是小学阶段高质量学习和生活的重要部分。帮助幼儿从家庭、班级过渡到对学校、家乡甚至是国家产生归属感和认同感，也是幼儿园的重要工作。因此在日常生活中，幼儿园可以多开展集体的活动，鼓励幼儿参与活动的策划、组织和实施，肯定幼儿的劳动成果；开展一系列爱家乡、爱国主义教育，进一步加深幼儿对集体的了解和喜爱。

（四）学习准备

不同于幼儿园阶段的学习，进入小学之后幼儿将会以一种新的学习方式去学习。因此在幼小衔接阶段培养幼儿良好的学习习惯，形成良好的求知态度和求知兴趣，能够帮助幼儿更好地适应小学阶段的学习任务和内容。具体而言，学习准备可以从培养好奇好问、学习习惯、学习兴趣和学习能力四个方面展开。

第一，在好奇好问上，幼儿的求知欲能够推动幼儿的主动学习，提高幼儿的学习热情，这种内在驱动力能够帮助幼儿更好地应对小学阶段的学习任务。因此，幼儿园可以多提供有趣实用的知识，提高幼儿对自然世界和人类世界的探索欲，对于主动思考积极探索的幼儿，应当予以肯定，激发幼儿的学习兴趣。

第二，培养幼儿专注、有计划的学习习惯。专注有助于幼儿高效地应对小学生活中的学习任务，培养连续的思维能力，提高幼儿的学业水平。因此幼儿园可以在大班下学期开展一些专注力训练游戏。此外，在日常游戏中教师可以让孩子先做计划，比如玩什么、和谁玩、要准备什么材料等，培养幼儿的计划能力和整体思维。

第三，重视幼儿的学习兴趣。兴趣是幼儿学习最重要的老师。兴趣既包括对大自然的兴趣，也包括对学习的兴趣。鉴于此，幼儿园可以在一日生活中带领幼儿多接触大自然，让幼儿形成对自然世界的广泛兴趣，教师可以通过形象生动的语言或多媒体材料展示大自然的奥秘，让幼儿感受到自然的神奇，从而提高对自然的兴趣。除了自然世界之外，通过学习探究、发现解决问题的办法同样能够激起幼儿的兴趣。因此教师可以通过讲述各种探索发现的故事，提高幼儿学习的兴趣。

第四，幼小衔接阶段还应该培养幼儿的学习能力。即将进入小学的幼儿需要了解不同于幼儿园阶段的新知识，如何更好地在新环境中掌握并理解这些知识，是幼儿进入小学之后的重要课题。因此在幼小衔接阶段有意识地培养幼儿的学习能力，能够帮助幼儿在小学阶段更好、更快地成长。具体而言，学习能力应当包括前书写能力、理解能力、表达能力、对数的初步感知等。比如，幼儿园可以在大班下学期培养幼儿的前书写兴趣，让幼儿喜欢用符号来表达自己的想法。教师同时应该为幼儿的书写能力提供准备，如提供一些锻炼手部精细动作的活动，在幼儿想要书写的时候引导幼儿的正确坐姿，书写方式等。在此过程中也要强调不可要求幼儿写字，而应该顺应幼儿的意愿和兴趣去引导，防止小学化的现象出现。

政策聚焦

本章建议围绕幼儿园对外沟通与合作重点研读以下政策法规（表 7-4-1）。

表 7-4-1　本章重点研读的政策法规一览表

政策法规	颁布时间	颁布机构
《中华人民共和国家庭教育促进法》	2022 年	全国人大常委会
《全国家庭教育指导大纲》	2010 年	全国妇联、教育部等
《关于大力推进幼儿园与小学科学衔接的指导意见》	2021 年	教育部
《关于建立中小学幼儿园家长委员会的指导意见》	2012 年	教育部
《关于健全学校家庭社会协同育人机制的意见》	2023 年	教育部、中央宣传部、中央网信办等
《家校社协同育人"教联体"工作方案》	2024 年	教育部、中央宣传部、中央网信办等

思考与练习

（一）单选题

1. 幼儿园家长委员会由谁指导工作（　　）

A. 主班教师　　B. 教学主任　　C. 园长　　D. 自行负责

2. 面向 4—6 岁儿童的家庭教育指导不包括（　　）。

A. 感知训练　　B. 安全教育　　C. 社会适应性　　D. 人际交往能力

3. 教师鼓励幼儿积极与同伴、教师交往，从而培养幼儿（　　）方面的适应能力。

A. 主动性　　B. 独立性　　C. 人际交往　　D. 规则意识

4. 幼儿入学适应性问题包括（　　）。

A. 情绪低落　　B. 人际关系不佳

C. 睡眠不足　　D. 以上都是

（二）简答题

1. 简述家长委员会的主要任务，并说明其政策法规依据。
2. 简述幼儿园与幼儿家庭合作的具体措施。

3. 简述幼儿园与社区合作的内容与方式。

（三）论述题

1. 论述幼小衔接的内容。
2. 论述幼小衔接的指导要点。

（四）案例分析题

教师的责任

陈老师是一名小学一年级的教师，她发现有些新生入学之后存在明显的入学适应问题，上课经常坐得歪歪扭扭，不认真听讲。她向直属领导抱怨幼儿园教师没有做好幼小衔接工作，导致孩子入学之后无法正常学习。

请结合以上案例，从学前教育政策法规的角度分析以下两个问题：

1. 从政策层面分析幼儿园、小学教师在幼儿入学适应上的责任。
2. 从入学适应的角度为陈老师提供可行的建议。

第七章答案

第一节　幼儿园的设立
第二节　幼儿园的权利与义务
第三节　幼儿园内部管理
第四节　幼儿园园长专业发展

第八章 幼儿园开办与管理

8

本章要点

1. 幼儿园设立的要件和程序。
2. 幼儿园的权利与义务。
3. 幼儿园的内部管理。
4. 幼儿园园长的专业发展。

案例导入

幼儿园的数字化管理①

山东省潍坊市坊子区实验幼教集团通过“智慧幼儿园”项目，全面融入数字化技术，让家长放心、教师舒心、孩子开心，并为学前教育管理与质量提升开辟了新路径。

一是学校方便，家长放心。智慧平台将孩子的入园信息实时同步至教师、园长和家长端，涵盖健康监测、出勤记录、膳食管理等内容。晨检机器人快速完成健康检查，数据即时共享，确保安全无忧。电子班牌实时更新幼儿动态，家长随时通过手机掌握孩子在园表现。智能防侵入系统全天候监控，突发状况即时报警，让家长倍感安心。智慧化管理提高了家园互动效率，增强了家园的信任与协作。

二是教师减负，教育成长。智慧平台自动生成出勤报表，记录幼儿成长轨迹，为教育评价提供精准支持，大幅减轻教师负担。总园与分园通过平台实现资源共享与同步课堂，缩小城乡教育差距，让农村幼儿同享优质资源。教师从事务性工作中解放，更多精力专注于教育和幼儿成长。智慧化管理为学前教育均衡与高质量发展注入强劲动力。

我国实行学前教育、初等教育、中等教育、高等教育四级学校教育制度。幼儿园作为我国学前教育的主要办学形式，是提供学前教育公共服务的重要机构，其性质和地位决定了在开办与管理方面必须严格遵循法定程序和要求。同时，作为学前教育的核心载体，幼儿园的管理模式需要紧跟数字化发展的趋势，不断提升教育管理效能，优化服务质量，以更好地满足儿童、家长和社会的多元需求。本章将结合相关法规，重点围绕幼儿园的开办与管理展开介绍。

---

① 万景达，刘雪莹. 潍坊坊子区：“智慧园”里智慧多[N]. 中国教师报，2024-03-27(2).

第一节　幼儿园的设立

学前教育是指由幼儿园等学前教育机构对三周岁到入小学前的儿童实施的保育和教育，是国民教育体系的重要组成部分，是重要的社会公益事业。幼儿园作为我国学前教育公共服务体系的主要载体，承担着保教并重的职责。《幼儿园教育指导纲要（试行）》总则指出：“幼儿园教育是基础教育的重要组成部分，是我国学校教育和终身教育的奠基阶段。”

我国坚持“政府主导，社会参与，公办民办并举”的学前教育事业发展方针。政府及其职能部门、军队、企事业单位与个人等，都可以创办幼儿园。本节将依据《中华人民共和国教育法》、《中华人民共和国学前教育法》《中华人民共和国民办教育促进法》和《幼儿园管理条例》等相关规定，分析我国幼儿园设置的基本要求。同时，国务院《关于当前发展学前教育的若干意见》强调：“严格执行幼儿园准入制度。各地根据国家基本标准和社会对幼儿保教的不同需求，制定各种类型幼儿园的办园标准，实行分类管理、分类指导。”

《中华人民共和国民办教育促进法》

一、幼儿园设立的要件

《中华人民共和国教育法》

根据《中华人民共和国教育法》和《中华人民共和国学前教育法》的相关规定，幼儿园设立需要同时具备以下四个要件：

（一）完备的组织机构与章程

组织机构是为实现共同的目标、任务或利益，把人力、物力和智力等按一定的形式和结构有秩序、有成效地组合起来开展活动的社会单位。幼儿园组织机构是按学前教育目的和程序而组成的相互合作的层级、部门和个人所构成的系统。[①] 幼儿园组织机构起着协助幼儿园工作正常开展、促进幼儿园资源合理配置、提高家园合作效率、满足教职工生存与发展需要的作用。公办幼儿园和民办幼儿园通常具有不同的组织机构。幼儿园组织机构的建立要遵循设岗合理、分工协作、权责对等、合理统筹、民主管理等原则。图 8-1-1 展示了某民办幼儿园的组织机构。

① 邢利娅．幼儿园管理[M]. 北京：高等教育出版社，2010：66.

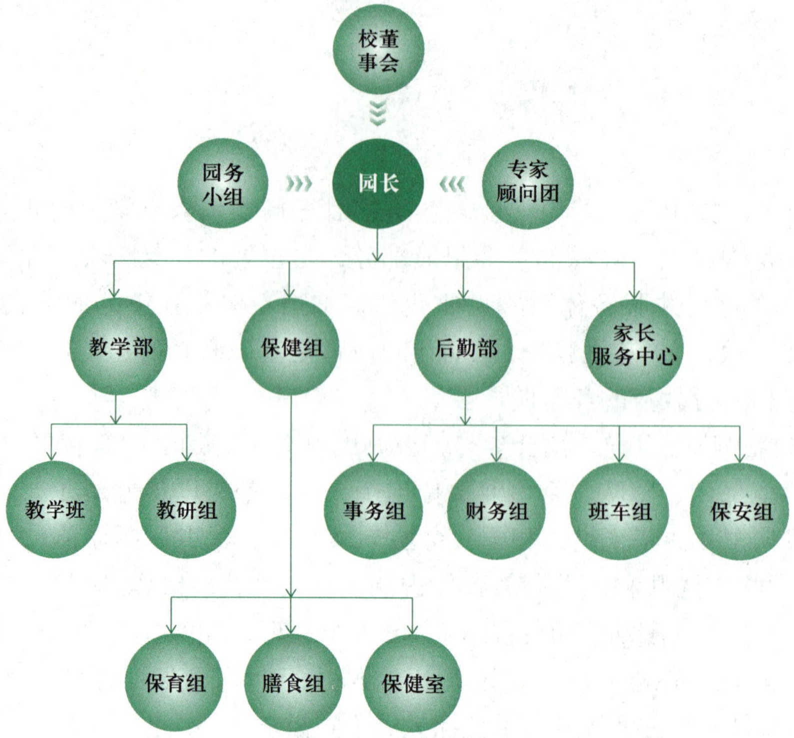

图8-1-1　某民办幼儿园组织机构图

章程是组织、社团经特定的程序制定的关于组织规程和办事规则的法规文书，是一种根本性的规章制度。幼儿园章程是幼儿园依法办学和有效管理的“指南针”，对幼儿园发展起着重要的指导作用。[①] 幼儿园的办园章程不仅要具有一定的规范性与全面性，以供幼儿园内部人员遵守执行，作为幼儿园运行与管理的基本依据，还要能够反映幼儿园的办园理念、办园目标、组织机构、课程设置、卫生保健、经费管理、教师权益、办园监督等基本情况。具体而言，幼儿园章程一般分为以下十个章节：

第一章总则，即幼儿园办学遵循的有关法律规定，办学的名称、地址，单位的性质（公办还是民办）、单位的登记机关和审批机关，办园宗旨等。

第二章举办者和业务范围，即明确举办者为个体、企业还是集体，开办资金为多少，招生区域范围以及举办的层次、学制及办学形式，如三年制的全日制幼儿园。

第三章幼儿园的组织管理体制，包括管理制度，如园长负责制；管理层行使的职权，如制定幼儿园的发展规划、业务活动计划、年度财务预算、决算方案、内部教职工的聘任与解聘等；日常会议制度和决议方式；对日常安全、教学、管理活动进行监督的制度等。

第四章法定代表人资格，即规定幼儿园的法人资格。

① 王利军. 基础教育学校章程存在的现实问题与解决路径[J]. 教学与管理，2017（24）：41-44.

第五章保育与教育管理，即幼儿园保教活动要求。

第六章资产管理、教职工招聘制度。如明确经费来源，与办学水平和教学质量有关的材料、财务状况报审批机关备案，明确办学经费的使用规定，建立财会、资产管理、员工薪资和保险、福利待遇等制度。

第七章幼儿园规章制度。即人事管理、教学管理、教师管理、学生管理、财务管理、安全管理等制度。

第八章幼儿园终止和终止后的资产处理，即按照幼儿园终止的条件与程序，向审批机关进行报案，并在登记管理机关、业务主管单位和有关机关的指导下成立清算组织，清理债权债务，处理剩余财产，完成清算工作等规定。

第九章章程的修改程序，即幼儿园章程修改的基本步骤和要求。

第十章附则，即章程经管理层决议通过的时间、章程生效时间等。

总之，幼儿园的组织机构与章程是幼儿园开办的前提条件，也是其内部运营的基础。

（二）合格的教职工队伍

幼儿园按照国家相关规定设园长、副园长、教师、卫生保健人员、保育员、炊事员和其他工作人员等岗位，配足配齐教职工。《幼儿园教职工配备标准（暂行）》明确规定："幼儿园教职工包括专任教师、保育员、卫生保健人员、行政人员、教辅人员、工勤人员。幼儿园保教人员包括专任教师和保育员。幼儿园应当按照服务类型、教职工与幼儿以及保教人员与幼儿的一定比例配备教职工，满足保教工作的基本需要。"幼儿园班级规模及专任教师、保育员配备标准，如表8-1-1所示。

《幼儿园教职工配备标准（暂行）》

表 8-1-1　幼儿园班级规模及专任教师和保育员配备标准 / 人

年龄班	班级规模	全日制		半日制	
		专任教师	保育员	专任教师	保育员
小班（3～4岁）	20～25	2	1	2	有条件的应配备1名保育员
中班（4～5岁）	25～30	2	1	2	
大班（5～6岁）	30～35	2	1	2	
混龄班	＜30	2	1	2～3	

全日制幼儿园教职工与幼儿比为1∶7～1∶5，专任保教人员与幼儿比为

1∶9 ~ 1∶7，半日制幼儿园全园教职工与幼儿比为 1∶10 ~ 1∶8，专任保教人员与幼儿比为 1∶13 ~ 1∶11。6 个班以下的幼儿园设园长 1 名，6 ~ 9 个班的幼儿园不超过 2 名园长，10 个班及以上的幼儿园可设 3 名园长。幼儿园其他人员，如卫生保健、炊事、财会、安保等人员的配备，可以根据国家和地方相关规定执行。

《托儿所、幼儿园建筑设计规范》

（三）符合规定标准的教学场所及设施、设备等

幼儿园的开办需要满足一定的场地、设施配备要求，2019 年国家修订的《托儿所、幼儿园建筑设计规范》对幼儿园的游戏场地、教学和生活用房等做了详细的规定。第七章介绍了相关内容，在此不再赘述。

案例　城镇小区配套幼儿园建设有新规

新疆维吾尔自治区住房和城乡建设厅发布《自治区城镇小区配套幼儿园建设管理办法》，对幼儿园选址、设计、建设及竣工验收等方面提出了严格要求，确保配套幼儿园建设质量和服务水平。

《办法》明确，城镇小区配套幼儿园必须严格执行《城市居住区规划设计规范》《幼儿园建设标准》等幼儿园相关规划建设标准。建筑面积超过 1 000 平方米的幼儿园应采用减隔震技术，并通过县级以上主管部门的消防设计审查。工程建设需依法招投标，施工、监理单位须具备相应资质，并落实工程质量责任制。竣工验收由建设单位组织，应邀请教育主管部门参加，确保项目符合规划和技术标准。

《办法》还要求，各级部门对幼儿园用途进行联合监督，严禁闲置或改变用途。该规定的实施，为提升幼儿园基础设施建设质量提供了重要保障。

该案例对小区配套幼儿园建设做出规定，有助于推动幼儿园建设的科学化、规范化。

（四）必备的办学资金和稳定的经费来源

《中华人民共和国教育法》第二十七条和《中华人民共和国学前教育法》第二十九条明确规定，设立幼儿园必须“有必备的办学资金和稳定的经费来源”。幼儿园必须具备一定的资金实力，保证幼儿园能够正常运行才能予以开办。幼儿园开办以后，可继续多方筹资。幼儿园的举办者、上级各类管理机构、社会组织与个人、来自家长的收费等都是幼儿园经费的后续来源。

二、幼儿园设立的程序

我国幼儿园的设置需要登记注册，遵循上级管理机构的审批程序和要求。《中华人民共和国学前教育法》第三十条规定："设立幼儿园经县级人民政府教育行政部门依法审批、取得办学许可证后，依照有关法律、行政法规的规定进行相应法人登记。"登记注册是主管部门对申请者提交的办学申请及材料进行审核，在一定期限内给予答复并通知申请者的过程。登记注册的实质是确认申请者所办教育机构的法律地位和事实。[①] 登记注册具有以下意义：

第一，设置门槛，督促幼儿园举办方保证办园条件和办园质量。幼儿园登记注册的过程实际上是对幼儿园举办方办学能力与资质的审核过程。国家鼓励多方办学，但并不是随意办学、违法办学。举办幼儿园同样需要审核幼儿园举办方的资质和实力。只有在举办方完全具备四个办园要件的情况下，主管部门才会批准办园；如还没有完全达到举办条件，主管部门会建议缓办或不予批准。

第二，有助于幼儿园完善内部管理体制，合法经营幼儿园。按照国家相关规定，幼儿园必须具备完善的组织机构和章程。也就是对幼儿园的行政管理、内部规章、人财物等管理要素的组织协调，都需要提前预设。举办者在理顺关系、确定办事原则和规范后才能办园，唯有如此，才能保证幼儿园开园后有序、合法地运行。

第三，有利于政府及时掌握动态并给予管理和督导，宏观调控辖区内学前教育事业的发展。登记注册包含幼儿园备案程序，这有利于当地政府及时了解各级各类学前教育机构发展情况；有利于当地政府整体规划，宏观调控当地学前教育事业发展；也有利于当地学前教育主管部门及时介入，为幼儿园提供必要的管理、督导和服务。

幼儿园设立的具体程序如下：

1. 举办者提交办园申请，并附相关材料

按照我国相关文件的规定，申请筹办（设）幼儿园和正式设立幼儿园所需的材料见表 8-1-2。

表 8-1-2　申请筹办（设）幼儿园和正式设立幼儿园所需的材料

申请筹办	申请正式设立
① 申办报告[②]	① 筹办批准书

① 杜燕红. 学前教育管理学[M]. 郑州：郑州大学出版社，2012：87.

② 内容应当包括举办者、培养目标、办学规模、办学层次、办学形式、办学条件、内部管理体制、经费筹措与管理使用等。

续表

申请筹办	申请正式设立
② 举办者的姓名、住址或名称、地址	② 筹办情况报告
③ 资产来源、资金数额及有效证明文件（载明产权）	③ 学校章程、首届决策机构[①]组成人员名单
	④ 学校资产的有效证明文件
④ 捐赠协议[②]	⑤ 园长、教师、财会人员资格证明文件

2. 审批机关对办园申请进行审批

幼儿园登记注册的机关应是县级以上人民政府教育行政部门，县级以上教育行政部门要建立幼儿园信息管理系统，对幼儿园实行动态监管。

筹办幼儿园和正式设立幼儿园审批程序和重点略有不同。如筹办幼儿园，审批机关应当自受理筹办幼儿园的申请之日起三十日内以书面形式作出是否同意的决定。同意筹办的，发给筹办批准书；不同意筹办的，应当说明理由。如申请正式设立幼儿园，审批机关应当自受理之日起三个月内以书面形式作出是否批准的决定，并送达申请人。审批机关对批准正式设立的幼儿园颁发办学许可证。审批机关对不批准正式设立的，应当说明理由。

正式批准幼儿园成立，审批关注的重点是幼儿园筹办的实际进展和情况与申请筹办时的承诺、申请书内容是否一致；另外，还要审查幼儿园的现实条件是否完全符合国家和地方的办学要求。为此，教育部门需要会同卫生、消防、公安、城建、民政等行政部门进行实地审核，全面检查与验收，验收合格才能给予注册，颁发办学许可证。幼儿园必须在取得办学许可证以后方可办学招生。

3. 举办者办理相关登记，正式成立幼儿园

幼儿园举办者取得办学许可证之后，应在规定期限内（一般 1 个月）到相关部门办理各种登记手续。具体而言，公办幼儿园和民办幼儿园申办者都需要凭办学许可证办理以下登记手续和办学事务。

第一，到民政部门或者人事部门登记。一般民办园到民政部门登记，公办园到人事部门登记。登记时需交验六项材料：登记申请书、办学许可证、场所使用权证明、验资报告、拟任法定代表人身份证明、章程。登记机关应当自收到材料后在规定的工作日内作出准予登记或不予登记的决定。作出不予登记决定的，应当向申请人说明理由；作出准予登记决定的，由民政部门依法核发《民办非企业单位（法人）登记证》；人事部门进行人事登记。

① 决策机构包括理事会、董事会或者其他形式的决策机构。

② 只有属于捐赠性质的校产才须提交。应载明捐赠人的姓名，所捐资产的数额、用途和管理方法及相关有效证明文件。

第二，举办者持《办学许可证》和《民办非企业单位（法人）登记证》等分别到地方税务、价格、质量技术监督部门办理《税务登记证》、《收费许可证》和《组织机构代码证》，并刻制印章。

第三，开立银行账户。幼儿园需要法人代表开设独立的银行账户，并保证所有的收支活动在该账户进行。

总之，幼儿园举办方必须依法办理所有登记注册手续后方能正式宣传和招生。幼儿园不得伪造、变造、买卖、出租、出借办学许可证。

国家高度重视无证园的治理问题，强调分类治理、妥善解决无证办园问题。2018 年 11 月，中共中央、国务院颁布的《关于学前教育深化改革规范发展的若干意见》强调，“各地要将无证园全部纳入监管范围，建立工作台账，稳妥做好排查、分类、扶持和治理工作。加大整改扶持力度，通过整改扶持规范一批无证园，达到基本标准的，颁发办园许可证。整改后仍达不到安全卫生等办园基本要求的，地方政府要坚决予以取缔，并妥善分流和安置幼儿”。

第二节　幼儿园的权利与义务

经过登记注册的合法幼儿园，即具备法人资格，具有受国家保护的诸多办学活动权利，但也必须履行国家有关教育机构应尽的义务。《中华人民共和国教育法》第三十二条规定：“学校及其他教育机构具备法人条件的，自批准设立或者登记注册之日起取得法人资格。学校及其他教育机构在民事活动中依法享有民事权利，承担民事责任。学校及其他教育机构中的国有资产属于国家所有。学校及其他教育机构兴办的校办产业独立承担民事责任。”《中华人民共和国学前教育法》第三十五条规定“社会资本不得通过兼并收购等方式控制公办幼儿园、非营利性民办幼儿园”。

一、幼儿园的基本权利

幼儿园的权利，是法律认定的幼儿园可以具有的正当的利益、主张、资格、力量或自由。也就是幼儿园有作为、不作为以及如何作为的自由。尊重幼儿园的合法权利，这是对学前教育规律的尊重，也是对幼儿园和学前教育相对独立性的尊重。幼儿园是社会公共教育机构，幼儿园的权利实际上是国家教育权的体现，是一种国家公共权力；幼儿园又是教育者对受教育者施加教育影响的场所，教师和幼儿之间存在民事关系，这样，幼儿园的权利又涉及公民的个人权利。

依据《中华人民共和国教育法》第二十九条的规定，幼儿园可以行使下列权利：

（一）依据章程的自主管理权

幼儿园举办者在申办幼儿园时就已提交组织机构与章程。国家对幼儿园办园申请的批准即是对幼儿园办园宗旨、原则、组织机构与管理、保教活动等方面规则的全面认可。幼儿园可以依法进行园内的人、财、物、保教等方面的管理。

（二）组织实施教育教学活动权

幼儿园有权选择合法教材，有权安排幼儿园的一日保教活动，有权选择不同的课程模式和内容，有权综合运用多样化的教育教学方式与方法，有权进行教育教学改革和研究；也有权拒绝任何组织和个人对教育教学活动的非法干涉。

（三）招收新生权

幼儿园每年秋季招生。平时如有缺额，可随时补招。幼儿园在法规限定招生规模、体检要求和招生范围内，有自主确定招生条件和程序的权利，可以独立完成幼儿园的招生和编班工作。

（四）学籍管理权

幼儿学籍管理主要包括两个方面：一方面，幼儿园要建立幼儿健康卡或档案。另一方面，幼儿园要建立有关幼儿学习与发展的档案袋。及时观察评价幼儿学习与发展的情况，客观评价幼儿，并依据评价结果调整保教活动，以便促进幼儿的最佳发展。

《托儿所幼儿园卫生保健工作规范》

1. 幼儿健康卡或档案

2012 年 5 月，卫生部颁布《托儿所幼儿园卫生保健工作规范》，其在“信息收集”部分特别提出以下要求：

第一，托幼机构应当建立健康档案，包括托幼机构工作人员健康合格证、儿童入园（所）健康检查表、儿童健康检查表或手册、儿童转园（所）健康证明。

第二，托幼机构应当对卫生保健工作进行记录，内容包括出勤、晨午检及全日健康观察、膳食管理、卫生消毒、营养性疾病、常见病、传染病、伤害和健康教育等记录。

第三，工作记录和健康档案应当真实、完整、字迹清晰。工作记录应当及时归档，至少保存 3 年。

第四，定期对儿童出勤、健康检查、膳食营养、常见病和传染病等进行统计分析，掌握儿童健康及营养状况。

第五，有条件的托幼机构可应用计算机软件对儿童体格发育评价、膳食营养评估等卫生保健工作进行管理。

2. 幼儿学习与发展的档案袋

幼儿学习与发展的档案袋的内容可以是保教人员的评价、医生的记录，也可以是幼儿的各种作品。《幼儿园教师专业标准（试行）》规定，教师要“有效运用观察、谈话、家园联系、作品分析等多种方法，客观地、全面地了解和评价幼儿”，教师应“有效运用评价结果，指导下一步教育活动的开展”。

（五）聘任和管理教师及其他职工权

幼儿园有权依据各级幼儿园教师法规和幼儿园内部规章开展人员的聘用与配备工作，为教师营造支持性的环境，依法依规对园内教职工进行人事管理和考核，并实行奖励与惩罚措施。幼儿园用好这项权利，有利于调动教职工的积极性，提高办园质量和效益。

（六）管理、使用本单位的设施和经费权

幼儿园可以在法规许可和幼儿园规章范围内，独立进行幼儿园经费预算、使用和结算活动；独立管理幼儿园各种资产；健全制度，做到专人负责；将财产分类管理；确定财产取用登记制度；定期检查维修物品等。

幼儿园还具有国家法律、法规规定的教育机构所具有的其他权利。国家保护学校及其他教育机构的合法权益不受侵犯。《中华人民共和国教育法》第七十二条指出，“结伙斗殴，寻衅滋事，扰乱学校及其他教育机构教育教学秩序或者破坏校舍、场地及其他财产的，由公安机关给予治安管理处罚；构成犯罪的，依法追究刑事责任。侵占学校及其他教育机构的校舍、场地及其他财产的，依法承担民事责任”。

二、幼儿园的基本义务

法律意义上的“义务”是与“权利”既对立又统一的一个概念，指法律对公民或法人必须作出或禁止作出一定行为的约束。教育机构的义务，是法律赋予教育机构必须作出或禁止作出一定行为的约束。《中华人民共和国教育法》第三十条对学校及其他教育机构应当履行的义务进行详细的规定。

（一）遵守法律、法规

幼儿园作为社会组织，必须服从我国宪法和各项法规。《中华人民共和国宪法》

第五条规定："中华人民共和国实行依法治国，建设社会主义法治国家。国家维护社会主义法制的统一和尊严。一切国家机关和武装力量、各政党和各社会团体、各企业事业组织都必须遵守宪法和法律。一切违反宪法和法律的行为，必须予以追究。"

幼儿园作为国家教育事业和公益事业的一部分，必须严格遵守国家的教育法规和福利事业相关法规，服从教育部门和民政部门的管理；幼儿园是对3—6岁儿童实施保育和教育的机构，所以，幼儿园还必须遵从国家卫生保健部门及其他相关部门的法规与管理。

（二）贯彻国家的教育方针，执行国家保教标准，保证保教质量

幼儿园作为教育机构具有选择和从事保教活动的权利，但其开展的各项保教活动必须贯彻国家的教育方针，执行我国各项有关幼儿保教活动的一切法规，要大力提高保教质量，为幼儿及其家长、社区提供高质量的教育服务。《中华人民共和国学前教育法》第二十三条规定"公办幼儿园和普惠性民办幼儿园为普惠性幼儿园，应当按照有关规定提供普惠性学前教育服务"。

（三）维护幼儿、教师及其他职工的合法权益

幼儿园作为幼儿接受保教的社会公共机构，一方面要强化自身的安全管理，做好卫生保健工作，爱护和尊重幼儿，维护幼儿合法权益；另一方面要尽可能免除外部干扰，使幼儿安心、安全地学习生活。幼儿园也要善待幼儿园教师，为幼儿园教师安心从教和专业化发展提供有利条件，帮助幼儿园教师维护合法权益，提高幼儿园教师的社会地位与声望。

（四）引导和支持幼儿家长参与幼儿园保教工作

国家要求教育机构要为受教育者的监护人了解受教育者情况提供便利条件。《中华人民共和国教育法》第三十条提出，学校及其他教育机构要"以适当方式为受教育者及其监护人了解受教育者的学业成绩及其他有关情况提供便利"。《中华人民共和国学前教育法》第五十八条规定："幼儿园应当主动与父母或者其他监护人交流学前儿童身心发展状况，指导家庭科学育儿。父母或者其他监护人应当积极配合、支持幼儿园开展保育和教育活动。"

（五）遵照国家有关规定收取费用并公开收费项目

《中华人民共和国学前教育法》第六十九条明确规定："幼儿园收取的费用应当主要用于保育和教育活动、保障教职工待遇、促进教职工发展和改善办园条件。学前儿童伙食费应当专款专用。幼儿园应当执行收费公示制度，收费项目和标准、服务内容、退费规则等应当向家长公示，接受社会监督。幼儿园不得违反

有关规定收取费用，不得向学前儿童及其家长组织征订教学材料，推销或者变相推销商品、服务等。”2011 年 12 月，国家发展改革委、教育部、财政部联合印发《幼儿园收费管理暂行办法》，要求各级各类幼儿园应按照相关要求收取费用并对外公开收费项目，不得违规乱收费。

《幼儿园收费管理暂行办法》

案例　陕西省出台《陕西省幼儿园收费管理实施细则》①

陕西省发展和改革委员会、省教育厅、省财政厅、省市场监督管理局四部门联合印发《陕西省幼儿园收费管理实施细则》，明确幼儿园收费管理细则，规范全省各类幼儿园及小学附设学前班、幼儿班的收费行为。

《细则》提出，学前教育属于非义务教育，幼儿园可向入园幼儿收取保育教育费、住宿费。幼儿园收费实行属地分类管理。公办园收取的保教费、住宿费实行政府定价；民办园的保教费、住宿费实行市场调节价。实行等级管理的公办园，不同等级的保教费标准可有所不同，但在同一县（市、区）域内相同等级的幼儿园保教费标准应统一。《细则》明确，幼儿园为在园幼儿的教育、生活提供方便可收取的服务性收费为伙食费（含餐点）一项；可收取的代收费包括体检费、保险费两项。服务性收费不得以营利为目的。伙食费（含餐点）专款专用，标准由幼儿园按照成本核定。代收费不得加收任何服务费用。除以上收费外，幼儿园不得擅自增设收费项目、扩大收费范围。幼儿园不得跨学期预收保教费，未开学不得提前收取保教费。

（六）依法接受监督

幼儿园要接受上级各管理机构的检查、督促和指导。幼儿园一般要接受来自教育、卫生、民政、物价等部门的检查和监督。另外，如果是附属幼儿园，也需要接受幼儿园所属机构的管理和监督。

第三节　幼儿园内部管理

幼儿园作为一个社会组织，具有内在结构、系统和运行方式，其机构和人员的职责分工直接影响幼儿园运行的有序和效率，并最终影响幼儿园的生存与发展。

① 冯丽. 陕西四部门联合发文 规范幼儿园收费[N]. 中国教育报，2021-04-18（1）.

一、幼儿园管理体制

幼儿园管理体制，即幼儿园的组织结构和制度。其核心是内部组织系统的设置、管理层级和各职能部门职权的分配及相互协调。2022 年 1 月，中共中央办公厅印发的《关于建立中小学校党组织领导的校长负责制的意见（试行）》明确规定，中小学校党组织全面领导学校工作，校长在学校党组织领导下，依法依规行使职权，并指出公办幼儿园参照执行。《幼儿园管理条例》第二十三条规定，“幼儿园园长负责幼儿园的工作”。2016 年修订的《幼儿园工作规程》第五十六条明确规定，“幼儿园实行园长负责制”。由此可见，我国幼儿园实行党组织领导的园长负责制，即园长是幼儿园的行政负责人和法人代表，对内全面领导保教工作和行政工作，向全体教职工和幼儿负责；对外代表幼儿园，与幼儿园的行政主管部门、举办者、幼儿家长、社区等进行协调、沟通与合作，处理幼儿园各种外部关系与事务。《中华人民共和国学前教育法》第三十八条规定“幼儿园园长由其举办者或者决策机构依法任命或者聘任，并报县级人民政府教育行政部门备案”。

《关于建立中小学校党组织领导的校长负责制的意见（试行）》

园长负责制是以园长全面负责为核心，与党支部监督、教职工民主参与管理有机结合的管理体制，它是个人负责与各方面制约关系的统一。[①] 园长要服从上级教育行政部门和直接隶属行政部门的领导，接受幼儿园党组织和教代会的监督，充分调动全园教职工的积极性，努力办好幼儿园。[②] 实行园长负责制的目的是增强幼儿园的办园自主权，使幼儿园成为独立的办园实体，建立起统一高效的园内指挥系统。

在园长的全面领导之下，许多幼儿园配有教学、行政和科研副园长、发展部主任、后勤主任、分园园长等中层领导岗位；再辅以各教研组长和年级组长，共同构成幼儿园的管理层级与结构。各幼儿园对内部各层管理岗位的职责分工各异。

二、幼儿园教职工参与民主管理

园长负责制不仅要明确园长对幼儿园工作全面负责的职权范围，更要明确党组织、教职工代表大会等组织的监督作用，突出权利与义务、负责与问责的统一，这也是管理理论所倡导的管理民主、权责一致的体现。我国虽然实行园长负责制，但幼儿园内部管理要坚持民主集中制原则，幼儿园教职工均有权参与民主管理。《中华

① 时康洁，秦旭芳. 园长负责制实施过程中的错位及其矫正[J]. 幼儿教育（教育科学），2016（1，2）：48–51.

② 张晓炎. 幼儿园管理[M]. 北京：航空工业出版社，2017：71.

人民共和国教师法》赋予教师参与学校民主管理的权利，其中第七条第五款规定，教师享有“对学校教育教学、管理工作和教育行政部门的工作提出意见和建议，通过教职工代表大会或者其他形式，参与学校的民主管理”的权利。《中华人民共和国学前教育法》第三十三条规定“幼儿园应当保障教职工依法参与民主管理和监督”。幼儿园教职工参与民主管理，有利于调动幼儿园教职工对教育教学工作的主动性和积极性，培养他们对幼儿园的归属感和责任意识。具体措施如下：

（一）设立园务委员会

幼儿园可以设立园务委员会，园务委员会由保教、卫生保健、财会等人员的代表以及家长的代表组成。园长任园务委员会主任。园长定期召开园务会议（遇重大问题可临时召集）对规章制度的建立、修改、废除，全园工作计划，工作总结，人员奖惩，财务预算和决算方案，以及其他涉及全园工作的重要问题进行审议。

（二）建立教职工会议制度

我国小型幼儿园如果不设园务委员会，遇到上述重大事项，应由园长召集全体教职工或者教职工代表进行商议。教职工会议集体商议、投票和决策更具民主特征，决策更能集中大家的智慧，反映大多数教职工的利益需求。

（三）发挥基层党组织、共青团、工会、业务小组等的作用

幼儿园基层党组织应当发挥政治核心作用。《中华人民共和国学前教育法》第三十二条规定“学前教育机构中的中国共产党基层组织，按照中国共产党章程开展党的活动，加强党的建设”。党组织应组织和领导教代会、工会、共青团等群众组织，发挥其在组织、团结、教育群众工作中的组带和助手作用。[①] 幼儿园一般设有各种业务小组，如按照年级分组，分为小班组、中班组、大班组等；按照职责分工，分为保教组、卫生保健组、行政组等，其中保教组又可分为健康组、语言组、社会组、科学组和艺术组，行政组可分为勤杂事务组、财务组、膳食组、资料组等。园长可以在宏观调控下，让幼儿园内部的这些“小组织”独立运行，职责分工到组、到人。

（四）教职工个人参与民主管理

园长应该允许教职工个人通过各种合适方式发表意见，表达情绪，珍惜教职工参与管理的热情，尊重他们的建议。

---

① 王瑜，贺燕丽. 幼儿园组织与管理[M]. 北京：高等教育出版社，2015：65.

三、成立家长委员会以促进家长参与

《关于建立中小学幼儿园家长委员会的指导意见》

《关于加强家庭教育工作的指导意见》

2012 年 2 月，教育部下发《关于建立中小学幼儿园家长委员会的指导意见》，要求中小学幼儿园必须成立家长委员会。提出，“建立家长委员会，对于发挥家长作用，促进家校合作，优化育人环境，建设现代学校制度，具有重要意义”。文件要求各地教育部门和中小学幼儿园要从办好人民满意的教育的高度，充分认识建立家长委员会的重要意义，把家长委员会作为建设依法办学、自主管理、民主监督、社会参与的现代学校制度的重要内容，作为发挥家长在教育改革发展中积极作用的有效途径，作为构建学校、家庭、社会密切配合的育人体系的重大举措，以更大的热情、更有效的措施，创造更好的条件，大力推进建立家长委员会的工作。

2015 年 10 月，教育部印发《关于加强家庭教育工作的指导意见》强调学校“发挥好家长委员会作用”，要求各地教育部门要采取有效措施加快推进中小学幼儿园普遍建立家长委员会，推动建立年级、班级家长委员会（图 8-3-1）。中小学幼儿园要将家长委员会纳入学校日常管理，制订家长委员会章程。

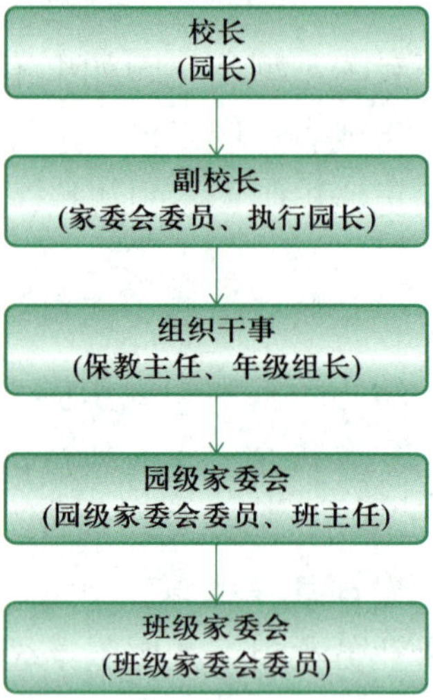

图8-3-1　某幼儿园家长委员会组织机构

家长委员会应在幼儿园的指导下履行职责。其职责包括参与学校管理、参与教育工作和沟通学校与家庭。《中华人民共和国学前教育法》第三十三条规定“家长委员会可以对幼儿园重大事项决策和关系学前儿童切身利益的事项提出意见和建议，对幼儿园保育教育工作和日常管理进行监督”。

四、幼儿园收费与财产管理

（一）幼儿园收费

2011 年 12 月，国家发展改革委、教育部、财政部联合印发的《幼儿园收费管理暂行办法》对幼儿园收费作出了明确规定。

1. 收费项目及标准

国家规定幼儿园的收费项目包括保教费、住宿费、服务性收费和代收费用。幼儿园的收费遵循“家长自愿、据实收取、及时结算、定期公布”的原则。《幼儿园收费管理暂行办法》第十二条对幼儿园的收费做出了规定：“幼儿园除收取保教费、住宿费及省级人民政府批准的服务性收费、代收费外，不得再向幼儿家长收取其他费用。幼儿园不得在保教费外以开办实验班、特色班、兴趣班、课后培训班和亲子班等特色教育为名向幼儿家长另行收取费用，不得以任何名义向幼儿家长收取与入园挂钩的赞助费、捐资助学费、建校费、教育成本补偿费等费用。”各地可根据国家相关规定制定本地幼儿园的收费管理实施细则。

案例　全面实行学前免费政策[①]

西藏自治区的学前教育资助政策，全面覆盖农牧区及城镇困难家庭的学前教育，惠及公办及承担学前教育任务的民办幼儿园。政策规定，农牧民子女每生每学年资助 3 120 至 3 320 元，城镇困难家庭子女每生每学年资助 3 600 元，覆盖保教费、交通费、杂费及学习材料费用；特殊教育学生每生每学年资助 6 000 元。此外，农牧区全面实行学前教育免费政策，免除保教费、交通费及杂费，并由自治区提供免费幼儿读物。资助资金由幼儿园统一管理，无需家长申请。该政策有效减轻家庭负担，推动学前教育公平普惠发展。

按照国家相关规定，公办园和民办园收费项目相同，但收费标准的制定和采纳各有不同。公办幼儿园保教费的标准根据年生均保育与教育成本的一定比例确定。保教成本包括以下项目：教职工工资、津贴、补贴及福利、社会保障支出、公务费、业务费、修缮费等正常办园费用支出。不包括灾害损失、事故、经营性费用支出等非正常办园费用支出。公办幼儿园住宿费标准按照实际成本确定，不得以营利为目的。公办幼儿园的服务性收费和代收费应遵循“家长自愿、据实收取、及时结算、定期公布”的原则，不得与保教费一并统一收取。

制定或调整公办幼儿园保教费、住宿费、服务性收费与代收费标准，都必须由省级教育行政部门根据当地城乡经济发展水平、办园成本和群众承受能力等实际情况提出意见，经省级价格主管部门、财政部门审核后，三部门共同报省级人民政府审定。提出制定或调整公办幼儿园保教费标准意见时，需考虑现行收费标准和申请制定的收费标准或拟调整收费标准的变化幅度，以及年度收费额和调整后的收费增减额；申请制定或调整收费标准的依据和理由；申请制定或调整收费标准对幼儿家长负担及幼儿园收支的影响等。

民办幼儿园保教费、住宿费、其他服务性收费与代收费等的标准，由幼儿园按照《中华人民共和国民办教育促进法》及其实施条例规定，根据保育、教育和住宿成本合理确定，报当地价格主管部门、教育行政部门备案后执行。民办幼儿园将各

---

① 拉萨市教育局. 西藏自治区学生资助政策简介[EB/OL].（2019-05-24）[2024-12-13]. 拉萨市教育局官网.

种费用报有关部门备案时，应提交下列材料：幼儿园有关情况，包括幼儿园名称、地址、法定代表人、法定登记证书以及教育行政部门颁发的办园许可证；制定收费标准的具体成本列支项目，包括教职工工资、津贴、补贴及福利、社会保障支出、公务费、业务费、修缮费、固定资产折旧费等正常办园费用支出，不包括灾害损失、事故、经营性经费支出等非正常办园费用支出。幼儿园教职工人数、在园幼儿人数、生均保教成本、固定资产购建情况等不计入考虑范围。

如果民办园享受政府财政补助（包括政府购买服务、减免租金和税收、以奖代补、派驻公办教师、安排专项奖补资金、优惠划拨土地等），由当地人民政府有关部门以合同约定等方式确定最高收费标准，由民办幼儿园在最高标准范围内制定具体收费标准，报当地价格、教育、财政部门备案。

2. 收费行为

收费行为，即幼儿园收费手续和过程。幼儿园收费行为也必须依法依规。幼儿园对入园幼儿按月或按学期收取保教费，不得跨学期预收。幼儿因故退（转）园的，幼儿园应当根据已发生的实际保教成本情况退还幼儿家长一部分预收费用。对家庭经济困难的幼儿、孤儿和残疾幼儿，应酌情减免收取保教费。幼儿园应通过设立公示栏、公示牌、公示墙等形式，向社会公示收费项目、收费标准等相关内容。幼儿园招生简章应写明幼儿园性质、办园条件、收费项目和收费标准等内容。公办幼儿园收取保教费、住宿费，应到价格主管部门办理收费许可证，按规定进行收费许可证年审，并按照财务隶属关系使用财政部或省级财政部门印（监）制的财政票据；民办幼儿园收取保教费、住宿费，要按规定使用税务机关统一印制的税务发票。幼儿园接受价格、教育、财政部门的收费监督检查时，要如实提供监督检查所必需的账簿、财务报告、会计核算等资料。

案例　幼儿园主动关怀资助困难儿童[①]

山东省安丘市 ××× 幼儿园在教体局的指导下，主动关注并资助家庭经济困难的适龄儿童。小小（化名）是该园的一名小班幼儿，因家庭经济困难，父亲一度放弃送她入园。母亲因病常年服药，家庭收入微薄，大女儿还在上小学，经济负担让一家人难以承受。

在教体局组织的适龄儿童入园调查中，幼儿园了解到小小的情况后，主动伸出援手，为她免除了保教费，并协助申请了政府助学金，最终帮助她顺利入园。如今，小小已融入幼儿园的生活，教师的悉心关怀让她对幼儿园的生活充满了信任与期待。

近年来，安丘市各幼儿园在教体局的指导下，不断强化资助工作，通过减免

---

① 魏海政. 政策全覆盖 资助更精准[N]. 中国教育报，2023-08-28（1）.

费用、协助申请助学金等形式，帮助困难家庭的适龄儿童顺利入园。近三年来，全市累计发放资助资金 3 400 余万元，资助学前儿童及学生 5.3 万人次，幼儿园的主动作为为教育公平注入了新的活力。

3. 收费监管

我国各级价格、教育、财政部门具有对幼儿园收费进行管理和监督检查，督促幼儿园建立健全收费管理制度，自觉执行国家制定的幼儿园教育收费政策的职责。如，制定实施细则，加强对幼儿园收费监督检查，将幼儿园收费作为全国治理教育乱收费和每年开展的全国教育收费专项检查重点内容之一，督促幼儿园依法经营，建立健全收费管理制度，自觉执行国家制定的幼儿园教育收费政策；加强社会监督和依法查处乱收费行为，对违反国家教育收费法律、法规、政策和本办法规定的行为，依据《中华人民共和国价格法》《价格违法行为行政处罚规定》等法律法规以及行政事业性收费管理制度的相关规定严肃查处；加强幼儿园收费许可证年审，对违反规定的，将不再核发收费许可证。

（二）幼儿园财产管理

《中小学校财务制度》

幼儿园财产管理主要包括幼儿园经费管理以及幼儿园资产管理。2022 年 8 月，财政部和教育部修订印发《中小学校财务制度》，进一步规范中小学校财务行为。本部分将主要参照最新修订的《中小学校财务制度》总结幼儿园经费和资产管理的相关法规。

1. 幼儿园经费管理

幼儿园经费管理主要包括幼儿园收入管理、幼儿园支出管理和幼儿园结转与结余管理。

（1）幼儿园收入管理

根据《中小学校财务制度》，幼儿园收入是幼儿园通过开展保教活动或其他活动依法取得的偿还性资金。不同性质的幼儿园收入的内容也不同。

公立幼儿园的收入主要有：来自上级主管部门的补助收入、幼儿园依法开展保教及其他活动取得的事业收入（如保教费、伙食费等）以及幼儿园租赁、社会捐助等其他收入。与公办幼儿园相比，民办幼儿园和公立民办幼儿园主要依靠家长缴费维持运转。

根据《中小学校财务制度》和《事业单位财务规则》中的相关规定：幼儿园各项收入应当合法合规，并严格执行国家规定的收费范围、收费项目和收费标准，使用国家合法票据，各项收入应全部纳入预算，统一核算、统一管理。

（2）幼儿园支出管理

根据《中小学校财务制度》，幼儿园支出是幼儿园开展保教及其他活动时，其资金的耗费和损失。不同性质的幼儿园在支出的内容上存在差异。

公办幼儿园的支出包括：人工费用支出（如教职工工资、奖金、福利、社会保障等）、事业支出（办公费、教学材料费、公务费、园舍修缮费、折旧费等）以及幼儿园用于建筑设施方面的建设性支出。民办幼儿园的支出也包括人工费用支出、事业支出、建设性支出，以及场地使用费。其中，场地使用费指个人租用园舍、场地办园的情况下，需支付给对方的场地使用费。公立民办幼儿园的支出也包括人工费用支出、事业支出，但由于园舍与场地为国家所有，因此，支出中不含建设性支出。

幼儿园应将各项支出全部纳入预算，建立健全管理制度。在开展非独立核算的经营活动中发生的开支，应正确归集实际发生的费用数额，不能归集的应按照规定的比例合理分摊。从主管部门与财政部门取得的专项资金应单独核算，并定期向上级汇报，项目完成后应报送资金支出决算和使用效果书面报告，接受上级检查验收。幼儿园要加强各类票据管理，确保票据来源合法，内容真实，使用正确，不得使用虚假票据。

（3）幼儿园结转与结余管理

幼儿园的经费结转与结余是幼儿园年度收入与支出相抵后的余额。结转资金指幼儿园当年预算已执行但未完成或因故未执行，下一年度需要按原用途继续使用的资金。结余资金指当年预算目标已完成或因故终止后剩余的资金。

根据相关规定，幼儿园的经营收支结转、结余应单独反映。幼儿园非财政拨款结转应按规定结转下一年度继续使用。对于非财政拨款结余，幼儿园可以按照国家相关规定提取职工福利基金，剩余部分应作为用于弥补以后年度单位收支差额的事业基金和幼儿园进一步提升规模和质量的发展基金。

案例　规范幼儿园伙食费的管理①

成都市教育局发布《成都市幼儿园膳食管理办法（试行）》，对幼儿园伙食费管理提出了系统化要求，旨在保障儿童伙食费的使用透明、专款专用。

《办法》规定，幼儿园须设立儿童伙食费专用科目，实行单独核算，由园长负责监督管理。伙食费应全部足额用于在园幼儿伙食开支，不得截留、挤占和挪用。幼儿园伙食费支出应有合法票据凭证，支出项目包括采购制作在园幼儿餐（点）饮的主辅材料费（粮油、肉类、蛋类、乳制品、豆制品、调味品）、其他食品费（蔬菜、水果等）和水电气费。其中，已列入公用经费的水电气费，或者未安装分表的水电气费不得列入幼儿伙食费支出。幼儿园教职工伙食费不得从幼儿伙食费中占用、列支。

---

① 成都市教育局.《成都市幼儿园膳食管理办法（试行）》[EB/OL].（2022-01-27）[2024-12-12]. 成都市教育局官网.

在退费方面，《办法》明确提出，幼儿园应据实核算伙食成本，确定合理的收费标准，按月收取，按月结清，多退少补，据实结算，不得营利。在园幼儿因故退园、转园，伙食费按当月剩余天数退费。

民办幼儿园是民办教育事业的一部分，我国法律将民办教育事业定性为公益性事业，因此，民办幼儿园应着重强调社会效益，民办幼儿园不能像一般企业那样，将营利作为最高宗旨和终极目的，而是应将营利控制在一定比例之内，而且结余部分应主要用于幼儿园保育、教育活动和改善办园条件。根据《幼儿园收费管理暂行办法》第二十四条规定，“幼儿园取得的合法收费收入应主要用于幼儿保育、教育活动和改善办园条件，任何单位和部门不得截留、平调”。

2. 幼儿园资产的保管和运行

幼儿园资产是指幼儿园占有或者使用的能以货币计量的经济资源。

（1）幼儿园资产的分类

按资产价值与形态划分，幼儿园资产包括流动资产、固定资产、无形资产、对外投资等。流动资产指在一年内变现或耗用的资产，如现金、存款、应收款、借出款、存货等。固定资产是使用期限超过一年，单位价值在 1 000 元以上（专用设备价值在 1 500 元以上），并在使用过程中基本保持物质形态的资产，通常包括幼儿园房屋建筑、专用设备、文物与陈列品、家具、用具等。无形资产是不具有实物形态而能为使用者提供某种权利的资产，如幼儿园商标权、著作权、土地使用权、非专利技术等。对外投资是幼儿园依法利用货币资金、实物、无形资产等方式向其他单位的投资，如出租、出借资产等。

按资产所有权，幼儿园资产分为国有资产和私有资产。国有资产是国家所有，幼儿园具有使用权的资产。公办幼儿园的财产都是国有资产，公立民办幼儿园的固定资产（如园舍、住房、大型设备等）属于国有资产。私有资产是由社会团体或个人投入资金购置的幼儿园财产，这是民办幼儿园的主要资产。

（2）幼儿园资产的分类管理

幼儿园应依法对不同类别的资产进行管理，主要包括流动资产管理、固定资产管理、无形资产管理、对外投资管理、国有资产管理、私有资产管理。

第一，流动资产管理。根据相关规定，流动资产要建立账簿，及时记录一切资金往来情况，包括应收款、借出款、暂付款等，及时清理结算，不得长期挂账。对存货要定期或不定期进行盘点，保证账实相符，遇有盈亏，及时调账。同时，要严格遵守银行相关规定，库存现金超过限额的部分应及时送存银行。大量资金往来应使用支票或转账手续。幼儿园不得在自己的收入中擅自支取现金，工作人员领取现金支票，需有上级主管签字、批示。报销单据，一律使用财务发票，且有经手人和主管领导签字。

第二，固定资产管理。固定资产的出入库都要及时登记入账，同时，要制定明细目录规定专人负责或专人监管，定期检查、维修、盘点。固定资产的租赁要经过相关部门批准，租赁收入计入经营收入。固定资产的报废或转让应经由幼儿园负责人批准，大型、贵重的设备报废或转让应由有关部门鉴定，固定资产的变价收入应计入修购基金。

第三，无形资产管理。幼儿园的无形资产主要有商标权、著作权、土地使用权等，无形资产的转让应事先按规定进行资产评估，所得收入应计入事业收入，为取得无形资产所发生的支出应计入事业支出。

第四，对外投资管理。凡以实物和无形资产对外投资的，应该按国家相关规定进行资产评估。对园办企业和勤工俭学项目投资取得的收益，应计入附属单位上缴收入，对其他单位投资取得的收益，应计入其他收入。

第五，国有资产管理。国有财产属于公益性财产，不得任意改变其所有权。公办幼儿园的资金投入和固定资产等都属国家所有，公立民办幼儿园的部分投入和固定资产属国家所有，民办幼儿园中国家出租给举办者办园的园舍和其他固定资产同样归国家所有。幼儿园终止时，其资产应以公益事业的性质和属性进行清算。任何部门、组织和个人都不得侵犯、挪用、截取，甚至破坏、私占，违者要依法承担民事责任和刑事责任。

第六，私有资产管理。民办幼儿园存续期间，可以依法管理和使用财产，但不得转让或担保。举办者的财产应与幼儿园财产分离，任何组织和个人都不得侵占其财产。幼儿园解散时，应依法进行财产清算。清算时，应首先支付教职工的拖欠工资，清算剩余财产返还举办者，幼儿园发生的债务应按《中华人民共和国民法典》规定，以举办者投入的资产及幼儿园所有资产负担。

五、教职工的职责分工

幼儿园工作人员的选用是幼儿园人事管理的重要内容。《中华人民共和国学前教育法》第四十四条规定：“幼儿园聘任（聘用）园长、教师、保育员、卫生保健人员、安全保卫人员和其他工作人员时，应当向教育、公安等有关部门查询应聘者是否具有虐待、性侵害、性骚扰、拐卖、暴力伤害、吸毒、赌博等违法犯罪记录；发现其有前述行为记录，或者有酗酒、严重违反师德师风行为等其他可能危害儿童身心安全情形的，不得聘任（聘用）。”根据《幼儿园工作规程》幼儿园不仅要选择合适的分部门、分年级组负责人，还应该考虑各工作人员的岗位职责分配合理，责权利分明。

（一）幼儿园教师的职责

幼儿园教师对本班工作全面负责，主要职责如下：

（1）观察了解幼儿，依据国家有关规定，结合本班幼儿的发展水平和兴趣需要，制订和执行教育工作计划，合理安排幼儿一日生活。

（2）创设良好的教育环境，合理组织教育内容，提供丰富的玩具和游戏材料，开展适宜的教育活动。

（3）严格执行幼儿园安全、卫生保健制度，指导并配合保育员管理本班幼儿生活，做好卫生保健工作。

（4）与家长保持经常联系，了解幼儿家庭的教育环境，商讨符合幼儿特点的教育措施，相互配合共同完成教育任务。

（5）参加业务学习和保育教育研究活动。

（6）定期总结评估保教工作实效，接受园长的指导和检查。

（二）保育员的职责

保育员应当具备高中毕业及以上学历，并受过幼儿保育职业培训。保育员的主要职责如下：

（1）负责本班房舍、设备、环境的清洁卫生和消毒工作。

（2）在教师指导下，科学照料和管理幼儿生活，并配合本班教师组织教育活动。

（3）在卫生保健人员和本班教师指导下，严格执行幼儿园安全、卫生保健制度。

（4）妥善保管幼儿衣物和本班的设备、用具。

（三）卫生保健人员职责

从事幼儿园卫生保健工作的人员，医师应当取得卫生行政部门颁发的《医师执业证书》，护士应当取得《护士执业证书》，卫生保健人员应当具有高中毕业及以上学历，经过卫生保健专业知识培训。卫生保健人员对全园幼儿身体健康负责，其主要职责如下：

（1）协助园长组织实施有关卫生保健方面的法规、规章和制度，并监督执行。

（2）负责指导调配幼儿膳食，检查食品、饮水和环境卫生。

（3）负责晨检和健康观察，做好幼儿营养、生长发育的监测和评价；定期组织幼儿健康体检，做好幼儿健康档案管理。

（4）密切与当地卫生保健机构的联系，协助做好疾病防控和计划免疫工作。

（5）向幼儿园其他教职工和幼儿家长进行卫生保健宣传和指导。

（6）妥善管理医疗器械、消毒用具和药品。

幼儿园其他工作人员，如门卫及保安、汽车司机、清洁工、物资保管员、计算机人员、采购员、食堂管理员、食堂主配班人员、食堂保管员等，依据国家和地方相关规定确定岗位职责。

六、宣传与招生

随着我国教育事业的蓬勃发展，学前教育的发展也呈现积极态势，各地幼儿园的总量不断上升；家长对幼儿园也提出了更多、更高的要求。这些因素在某种程度上加剧了幼儿园之间的竞争。适当的宣传可以提高幼儿园的知名度，使幼儿园在竞争中处于有利地位。

（一）宣传

通过各种宣传，扩大社会影响，家长了解幼儿园的基本情况和特色，这是无可厚非的，但幼儿园在宣传中应注意以下几点。

1. 宣传的内容

幼儿园招生宣传的主要内容包括幼儿园的办学宗旨、办学优势、办园性质、主要成绩和特色。幼儿园在制作宣传材料时，应当真实地宣传自己，不得夸大其词或无中生有，不得在招生宣传中贬低其他学前教育机构。不得使用国家级、最高级、最佳等用语。虚假宣传会损害家长及幼儿的权益，造成恶劣的社会影响。各地方政府应根据实际情况制定法规，严格规范幼儿园招生宣传。

2. 宣传的形式

幼儿园可以运用报纸、杂志、期刊、网络、海报、展板、宣传册等媒介进行宣传。幼儿园的招生宣传方式可以多种多样，各幼儿园可根据实际需要灵活选择、组合运用，信息化时代更要创新招生宣传方式。

3. 宣传的备案

按照国家相关规定，幼儿园招生宣传内容的审核、备案机关是县级以上教育行政部门。学前教育机构招生宣传的监督管理机关是县（区）级以上的教育主管部门。幼儿园在进行招生宣传工作时要积极回应监管机构的要求，严格规范自己的招生行为，不做违法违规的事情。各级监管机构也要加强对招生宣传的监督管理，对虚假宣传并造成不良社会影响的违法招生行为要依法查处。

（二）招生

国家赋予学校及其他教育机构招生的权利。《中华人民共和国教育法》第二十九条规定，学校及其他教育机构具有招收学生或其他受教育者的权利。生源是幼儿园生存与发展的保障，招生工作是幼儿园工作非常重要的组成部分。

1. 招生对象

我国幼儿园一般招收 3—6 周岁的儿童，有条件的地区可将入园年龄适当向下延伸。《中华人民共和国学前教育法》第十七条规定“普惠性幼儿园应当接收能够适应幼儿园生活的残疾儿童入园，并为其提供帮助和便利”。我国幼儿园的办园形式多种多样，包括政府机关办园、企事业单位办园、小区配套幼儿园、街道和村办幼儿园、个人独立出资办园等。各幼儿园原则上应该在所属县（市、区）范围内就近招生，按规定控制班额。

案例　普通幼儿园招收特殊儿童①

河南省郑州市管城区 ××× 幼儿园是一所普通幼儿园，却率先迈出了招收特殊需要儿童的步伐。1996 年，×× 园长决定对外开放 8 个特殊需要儿童学位。然而，这一举措引发了不少家长的抵触，担忧特殊儿童会对普通孩子产生“负面影响”，导致幼儿园生源大幅减少。尽管面临压力，××× 幼儿园坚持接收特殊儿童，并摸索出一套融合教育的初步模式。园内设立特教部，为特殊儿童设计个别化支持方案，同时通过游戏活动，让特殊儿童逐渐融入普通儿童的学习和生活环境。老师们记录特殊儿童的成长，为他们量身定制支持计划，帮助他们适应集体生活。

这一模式不仅为特殊儿童提供了良好的教育支持，也促进了普通儿童的包容意识和社会性发展。随着经验的积累，××× 幼儿园的融合教育实践逐步得到认可，并成为河南省学前融合教育的样本。该省已开展融合教育试点，以便为更多特殊儿童提供了公平入园的机会。

2. 招生时间

我国幼儿园一般集中在秋季招生，平时各幼儿园也可以根据实际情况补招幼儿。一般来说，许多地方的教育主管部门在招生前都会发布有关招生的工作通知，对招生工作进行统一的部署和安排。幼儿家长可以根据实际情况，在规定时间范围内，携带相关材料到幼儿园办理入园手续。

3. 招生程序和办法

当前，我国公立幼儿园多采用划学区、适龄幼儿就近入学的形式。《中华人民共和国学前教育法》第十五条规定“地方各级人民政府应当采取措施，推动适龄儿童在其父母或者其他监护人的工作或者居住的地区方便就近接受学前教育”。幼儿入园除进行体格检查外，禁止任何形式的考试或测查。

4. 招生监管

《中华人民共和国学前教育法》第七十八条规定：“擅自举办幼儿园或者招收学前儿童实施半日制、全日制培训的，由县级人民政府教育等有关部门依照《中华人民共和国教育法》《中华人民共和国民办教育促进法》的规定予以处理；对非法举办

---

① 张利军，靳建辉. 河南：特殊儿童入园不再难[N]. 中国教育报，2020-12-20（1）.

幼儿园的单位和个人，根据情节轻重，五至十年内不受理其举办幼儿园或者其他教育机构的申请。”《幼儿园管理条例》第六条规定：“幼儿园的管理实行地方负责、分级管理和各有关部门分工负责的原则。”根据我国现有规定，幼儿园招生的主要监管机构是幼儿园的审批机关，即县级以上教育主管部门。同时公安、工商、物价、民政等部门要紧密配合、依法行政、各司其职、互助协作、整体推进，对违规招生坚决查处。我国幼儿园招生监管要坚决杜绝以下乱象：

（1）无证招生

按照《幼儿园管理条例》第二十七条规定：“未经登记注册，擅自招收幼儿的，教育行政部门可以视情节轻重，给予限期整顿、停止招生、停止办园的行政处罚。”

（2）捆绑招生

幼儿园不得以培养幼儿某种技能、组织或参与某种竞赛为由另外收取费用，更不能以优先录取为噱头进行以营利为目的的活动。如规定幼儿必须提前参加幼儿园的亲子班等不当做法。

案例　辽宁规定不得以面试测试等形式招生①

辽宁省教育厅近日发布通知，要求进一步规范幼儿园招生、管理等办园行为，严禁任何形式的面试测试、虚假宣传、恶性竞争等违规招生行为。

通知规定，幼儿园不得以任何名义向家长收取与入园挂钩的赞助费等费用；不得以未入本园托班或亲子班为由拒收符合入园条件的适龄幼儿入园；不得开办以营利为目的的特色（兴趣）活动，未经属地教育行政部门同意不得擅自停课放假。

（3）超额招生

《幼儿园管理条例》第十四条提到，“幼儿园的招生、编班应当符合教育行政部门的规定”。我国规定幼儿园小班一般为25人，中班30人，大班35人，混合班30人。规模过大不利于教师开展教育活动，也给幼儿园埋下了安全隐患。

七、新生入园与编班

幼儿入园是幼儿从以自我为中心的小家庭进入有组织、有纪律的集体生活的开始，也是离开主要照料者培养独立生活能力的第一步。在幼儿报名后，幼儿园会对新接收的幼儿进行分班。对于幼儿园来说，接待幼儿入园并对其进行编班也是一项

① 刘玉. 辽宁规定不得以面试测试等形式招生[N]. 中国教育报，2019-09-15（1）.

重要的工作。为了规范幼儿的入园与编班，我国制定了相关法律法规。

（一）新生入园

幼儿在正式入园前，还需要办理一定的手续，缴纳相应的费用。按照我国现有法规、政策，大致包括以下几个流程：

1. 发布招生通知和简章

幼儿园在招生前要发布招生简章。《幼儿园收费管理暂行办法》第十七条规定，“幼儿园招生简章应写明幼儿园性质、办园条件、收费项目和收费标准等内容”。幼儿家长根据幼儿园的招生简章及自身情况选择目标幼儿园，在规定的报名时间内前往幼儿园登记报名。

2. 入园体检

《托儿所幼儿园卫生保健工作规范》规定：“儿童入托幼机构前应当经医疗卫生机构进行健康检查，合格后方可入园（所）。儿童入园（所）体检中发现疑似传染病者应当暂缓入园（所），及时确诊治疗。”幼儿入园前须根据规定到卫生医疗机构进行体格检查，并向幼儿园递交体检报告。

3. 交验材料

幼儿入园需要向幼儿园交验必要的资料，这些资料包括健康检查表、出生证、户口簿等。不同的地区有不同的要求，如 2020 年江苏省苏州市教育局下发的《2020 年苏州市幼儿园招生工作意见》规定：“具有本地户籍的幼儿，父母或其他监护人出具婴幼儿出生医学证明原件、有效预防接种证明原件、体检健康证明（体检健康证明于开学初收取）、户口簿原件、合法固定住所的产权证明原件或购房合同原件（无合法固定住所的提供实际居住证明）、家长身份证原件到幼儿园登记、报名，填写苏州市幼儿报名登记表；非本地户籍的幼儿，父母或其他监护人出具婴幼儿出生医学证明原件、有效预防接种证明原件、体检健康证明（体检健康证明于开学初收取）、户口簿原件、在苏合法固定住所产权证明原件或购房合同原件；同时父母或者其他监护人还应提供外来人口有效居住证原件、本人身份证明（身份证）原件、就业证明原件或其他合法经营（营业执照）原件、依法缴纳社会保险费一年以上记录证明到幼儿园登记、报名，填写苏州市幼儿报名登记表。”江苏省扬州市《关于做好 2022 年全市幼儿园招生工作的通知》规定：“适龄幼儿父母或其他法定监护人根据幼儿园发布的有关招生方案，凭儿童出生医学证明、户口簿（居住证）等在规定时间到幼儿园登记报名。”幼儿家长应根据目标幼儿园的要求提供相应的材料，确保材料真实、可靠。

4. 收取费用

幼儿园可以向家长收取一定的费用。《幼儿园管理条例》第二十四条规定：“幼儿园可以依据本省、自治区、直辖市人民政府制定的收费标准，向幼儿家长收取保育费、教育费。”在我国当前学前教育公共经费不足的情况下，幼儿家长作为幼儿园经费来源主渠道，承担了幼儿在园保教的大部分费用。幼儿园属于非义务教育，国家对于学前教育事业的财政拨款有限，向家长收取一定的费用可以维持幼儿园的正常运转，调动幼儿园的办园积极性，促进幼儿园发展。有关收费的相关法规在前面第四部分“幼儿园收费与财产管理”已经详述，这里不再赘述。

5. 建立学籍档案

幼儿被接收入园后，幼儿园应该按照相关规定登记相关信息。幼儿基本信息包括：姓名、性别、民族、出生日期、入园时间、身份证号码、健康状况、户口所在派出所、户口类别、籍贯、家庭住址、父母基本情况等。完善的学籍档案有利于掌握幼儿入园的情况，有利于保障在园幼儿的合法权益，有利于加强幼儿园的管理。幼儿园应该按照国家的法律法规建立学籍档案。

（二）编班

班级是幼儿园的基本单位，是幼儿生活的小集体。为便于幼儿入园后顺利生活和教育活动的有效开展，便于保教人员开展教育活动，幼儿园需要对招收的幼儿按规定分班。

1. 幼儿园规模

幼儿园规模应当有利于幼儿身心健康，便于管理，满足幼儿在园生活、游戏和学习的需要，不宜过大。适宜的规模能够确保幼儿接受基本的、有质量的学前教育，促进幼儿健康成长。

2. 编班依据

幼儿园可以根据幼儿年龄分别编班或混合编班，不能按缴费多少、父母社会地位等标准区别对待幼儿。编班除了要考虑幼儿年龄、性别等因素外，还应适当考虑幼儿园的环境承载力、教师的工作负荷量、幼儿园的办园目标等。

3. 班级规模

适度的班级规模有利于教育活动的展开。《幼儿园教职工配备标准（暂行）》提出：“幼儿园每班幼儿人数一般为：小班（3 周岁至 4 周岁）20 ~ 25 人，中班（4 周岁至 5 周岁）25 ~ 30 人，大班（5 周岁至 6 周岁）30 ~ 35 人，混合班不超过 30 人。”另外，根据《幼儿园教职工配备标准（暂行）》《关于开展残疾儿童少年随班就读工作的试行办法》等相关规定，在有特殊需要幼儿就读的班级，为了保证教育质量，班级人数应酌情减少。

4. 班级保教人员配备

《幼儿园教职工配备标准（暂行）》规定：“幼儿园应根据服务类型、幼儿年龄和班级规模配备数量适宜的专任教师和保育员，使每位幼儿在一日生活、游戏和学习中都能得到成人适当的照顾、帮助和指导。”当前全日制幼儿园班级人员的配备大致遵循“两教一保”的原则，即一个班级配备两位教师（其中一位是主班教师，一位是配班教师）和一名保育员。寄宿制的幼儿园还应增加“一教一保”。幼儿园班级的正常运转离不开“人”的合理配备。班级人员配备应遵循精简高效、从严从紧的原则，既要能够满足每一个班级的基本需求，促进幼儿园的健康发展，也要与幼儿园发展水平和财政承受能力相适应。

幼儿园要高度重视每一个班级的人员配备，将《幼儿园教职工配备标准（暂行）》作为办园的基本标准之一，补足配齐幼儿园教职工。

第四节　幼儿园园长专业发展

为促进幼儿园园长专业发展，建设高素质幼儿园园长队伍，深入推进学前教育改革与发展，2015 年 1 月，教育部印发《幼儿园园长专业标准》（本部分简称《园长专业标准》）。《园长专业标准》是对幼儿园合格园长专业素质的基本要求，是引领幼儿园园长专业发展的基本准则，是制订幼儿园园长任职资格标准、培训课程标准、考核评价标准的重要依据。

一、幼儿园园长的专业素质

《园长专业标准》提出了“以德为先、幼儿为本、引领发展、能力为重、终身学习”五大专业理念和“规划幼儿园发展、营造育人文化、领导保育教育、引领教师成长、优化内部管理、调适外部环境”六大专业要求。美国学者斯佩克认为校长要扮演三种角色：领导者、教育者、管理者[①]，领导者角色体现价值引领，教育者角色体现教学领导，管理者角色体现组织管理，三种角色需要相应的专业素质支撑，规划幼儿园发展、营造育人文化构成价值引领素质，领导保育教育、引领教师成长构成教学领导素质，优化内部管理、调适外部环境构成组织管理素质。[②]其中，组织管理素质是基础，教学领导素质是核心，价值引领素质是园长领导素质的最高表现。[③]其结构如表 8-4-1 所示。

---

① 黄家骅. 教育力与领导力[M]. 厦门：厦门大学出版社，2011：序.

② 洪秀敏，朱文婷，刘鹏，等. 新时代幼儿园园长专业素养的调查与思考[J]. 教育学报，2018，14（5）：82-91.

③ 秦金亮. 教育领导专业化背景下的《幼儿园园长专业标准》[J]. 幼儿教育（教育科学），2015（11）：3-9.

表 8-4-1　幼儿园园长专业标准

专业素质	专业要求
价值引领（最高表现）	规划幼儿园发展
价值引领（最高表现）	营造育人文化
教学领导（核心）	领导保育教育
教学领导（核心）	引领教师成长
组织管理（基础）	优化内部管理
组织管理（基础）	调适外部环境

（一）价值引领素质

《幼儿园园长专业标准》

作为领导者，园长的任务是进行价值引领。所谓价值引领就是运用核心价值理念，激励、团结幼儿园的全体员工，通过构建幼儿园发展愿景，创建幼儿园教育价值目标，使全体员工（乃至幼儿家长）认同这一价值目标，自觉接受幼儿园价值目标的规范，按照幼儿园价值目标评价保教行为，完成幼儿园教育任务的过程。[①] 作为领导者，园长需具备价值引领素质，包括规划幼儿园发展和营造育人文化。

1．规划幼儿园发展

园长是幼儿园发展的领导者和设计师，应该为幼儿园发展设计蓝图。《园长专业标准》提出，“园长作为幼儿园改革与发展的带头人，担负引领幼儿园和教师发展的重任。把握正确办园方向，坚持依法办园，建立健全幼儿园各项规章制度，实施科学管理、民主管理，推动幼儿园可持续发展”。具体而言，幼儿园园长规划幼儿园发展的专业要求包括以下方面。

专业理解与认识：坚持学前教育的公益性、普惠性，充分认识学前教育对幼儿身心健康、习惯养成、智力发展具有重要意义；重视幼儿园发展规划的制订和实施，凝聚教职工智慧，建立共同发展愿景，明确发展目标，形成办园合力；尊重幼儿教育规律，继承优良办园传统，立足幼儿园实际，因地制宜办好幼儿园。

专业知识与方法：掌握国家的教育方针和相关的法律法规，熟悉《幼儿园工作规程》《幼儿园教育指导纲要（试行）》《3—6 岁儿童学习与发展指南》等学前教育的相关政策；了解国内外学前教育改革发展的基本趋势，学习优质幼儿园的成功经验；掌握幼儿园发展规划制订、实施与测评的理论、方法与技术。

专业能力与行为：把握幼儿园发展现状，分析幼儿园发展面临的问题和挑战，

---

① 王小英．幼儿园园长的三种角色与六项专业职责：对《幼儿园园长专业标准》内容框架的解读[J]．幼儿教育·教育科学，2015（10）：3-7.

形成幼儿园发展思路；组织专家、教职工、家长、社区人士等多方力量参与制订幼儿园发展规划；依据发展规划指导教职工制订并落实学年、学期工作计划，提供人、财、物等条件支持；监测幼儿园发展规划实施过程与成效，根据实施情况修正幼儿园发展规划，调整工作计划，完善行动方案。

2. 营造育人文化

文化在本质上是人类的一种生存方式，人创造了文化，文化也在塑造人。① 同时，文化也是幼儿园发展的软实力，是幼儿园可持续发展的强大内驱力。②《园长专业标准》提出，幼儿园园长应“将社会主义核心价值观融入幼儿园工作”“主动维护儿童合法权益”“关爱幼儿，尊重教职工”。具体而言，幼儿园园长营造育人文化的专业要求包括以下方面。

专业理解与认识：把文化育人作为办园的重要内容与途径，促进幼儿德智体美劳各方面的协调发展；重视幼儿园文化潜移默化的教育功能，将中华优秀传统文化融入幼儿园文化建设；将尊重和关爱师幼、体现人格尊严、感受和谐快乐作为幼儿园育人文化建设的核心，陶冶幼儿情操、启迪幼儿智慧。

专业知识与方法：具备一定的自然科学、人文社会科学知识，具有良好的品德和艺术修养；了解幼儿园文化建设的基本理论，掌握促进优秀文化融入幼儿园教育的方法和途径；掌握幼儿身心发展特点，理解和欣赏幼儿的特有表达方式。

专业能力与行为：营造体现办园理念的自然环境和人文环境，形成积极向上、宽容友善、充满爱心、健康活泼的园风园貌；营造陶冶教师和幼儿情操的育人氛围，向教师推荐优秀的精神文化作品和幼儿经典读物，防范不良文化的负面影响。根据幼儿身心发展特点和接受能力，将爱学习、爱劳动、爱祖国教育融入幼儿园一日生活和游戏活动之中；凝聚幼儿园文化建设力量，鼓励幼儿积极参与，发挥教师的主导作用，鼓励社会（社区）和家庭参与幼儿园文化建设。

（二）教学领导素质

作为教育者，园长的基本任务就是进行教学领导。所谓教学领导是指园长为实现幼儿园的教育目标，优化教育教学系统，通过规划保教发展远景，制订课程标准，管理课程教学，视导评价保教活动等，以提升教师的保教品质和幼儿的学习成效的动态过程。③ 作为教育者，园长需具备教学领导素质，包括领导保教活动和引领教师成长。

1. 领导保教活动

保教结合也是幼儿园教育的任务和原则，领导保育教育是园长专业领导的重中

---

① 朱毅峰. 古村落教育习俗的文化内涵与当代价值[J]. 当代教育与文化，2019（4）：7-12.

② 张海红. 文化建设：幼儿园可持续发展的内驱力[J]. 教育导刊，2009（5）：38-40.

③ 王小英. 幼儿园园长的三种角色与六项专业职责：对《幼儿园园长专业标准》内容框架的解读[J]. 幼儿教育·教育科学，2015（10）：3-7.

之重。具体而言，幼儿园园长领导保育教育的专业要求包括以下方面。

专业理解与认识：坚持保教结合的基本原则，把幼儿的安全与健康放在首位，对幼儿发展有合理期望；珍视游戏和生活的独特价值，尊重和保护幼儿的好奇心和学习兴趣，重视幼儿良好的学习品质培养。将人际交往和社会适应作为幼儿良好社会性发展的重要内容。不得以任何形式提前教授小学内容，防止和克服幼儿园教育“小学化”倾向；尊重教师的保教经验和智慧，积极推进保教改革；

专业知识与方法：掌握国家关于幼儿不同年龄阶段的发展目标和幼儿园保教目标；熟悉幼儿园环境创设、幼儿园一日生活、游戏活动等教育活动组织与实施的知识和方法；了解国内外幼儿园保教的发展动态和改革经验，了解教育信息技术在幼儿园管理和保教活动中应用的一般原理和方法。

专业能力与行为：落实国家关于保育和教育的相关规定，立足本园实际，组织制订并科学实施保教活动方案；具备较强的课程领导和管理能力，指导幼儿园教师根据每个幼儿的发展需要，制定个性化的教育方案，组织开展灵活多样的教育活动；建立园长深入班级指导保教活动制度，利用日常观察、观摩活动等方式，及时了解、评价保教状况并给予建设性反馈；领导和保障保教研究活动的开展，提升保教水平。

2. 引领教师成长

园长作为幼儿园改革与发展的带头人，应当引领幼儿园和教师的发展。《园长专业标准》提出，幼儿园园长应“尊重教师专业发展规律，激发教师自主成长的内在动力”。具体而言，幼儿园园长引领教师成长的专业要求包括以下方面。

专业理解与认识：尊重、信任、团结和赏识每一位保教人员，促进保教人员的团结合作；重视园长在教师专业发展过程中的引领作用，积极创造条件，激励教师专业发展；具有明确的建立教师专业发展共同体的意识。

专业知识与方法：把握保教人员的职业素养要求，明确幼儿园教师的权利和义务；熟悉幼儿园教师专业发展各阶段的规律和特点，掌握指导教师开展保育教育实践与研究的方法；掌握园本教研、合作学习等学习型组织建设的方法以及激励教师主动发展的策略。

专业能力与行为：了解教师专业发展的需求，鼓励支持教师积极参加在职能力提升培训，为教师创造并提供专业发展条件和环境；建立健全教师专业发展激励和评价制度，构建教研训一体的机制，落实每位教师五年一周期不少于360学时的培训要求。培养优良的师德师风，落实教师职业道德规范要求和违反职业道德行为处理办法，引导支持教师坚定理想信念、提高道德情操、掌握扎实学识、秉持仁爱之心，不断提升教师的精神境界。增强保教人员法治意识，严禁歧视、虐待、体罚和变相体罚等损害幼儿身心健康的行为；维护和保障教职工合法权益和待遇，关爱教职工身心健康，建立优教优酬的激励制度。

（三）组织管理素质

作为管理者，园长应当担负起组织管理的任务。所谓组织管理，是指园长为了组织的利益和实现组织制订的目标，把幼儿园全体教职工凝聚成一个和谐向上的集体，使大家朝着一个共同的目标去努力奋斗的过程。① 作为管理者，园长需具备组织管理素质，包括优化内部管理和调适外部环境。

1. 优化内部管理

有效的内部管理是幼儿园发展的重要保障，因此园长要提高幼儿园内部管理能力。《园长专业标准》提出，幼儿园园长应当“秉承先进教育理念和管理理念，突出园长的领导力和执行力”“不断提升专业发展水平，努力成为学前教育和幼儿园管理专家”。具体而言，幼儿园园长优化内部管理的专业要求包括以下方面。

专业理解与认识：坚持依法办园，自觉接受教职工、家长和社会的监督；崇尚以德治园，注重园长榜样示范、人格魅力、专业引领在管理中的积极作用；尊重幼儿园管理规律，实行科学管理与民主管理。

专业知识与方法：掌握国家对幼儿园管理的法律法规、政策要求和园长的职责定位；熟悉幼儿园管理的基本知识，了解国内外幼儿园管理的先进经验；掌握幼儿园园舍规划、卫生保健、安全保卫、教职工管理、财务资产等管理方法与实务。

专业能力与行为：形成幼儿园领导班子的凝聚力，认真听取党组织对幼儿园重大决策的意见，充分发挥党组织的政治核心作用；建立健全幼儿园管理的各项规章制度，严格落实教师、保育员、保健医、保安、厨师等岗位职责，提高幼儿园管理规范化、科学化水平；建立教职工大会或教职工代表会议制度，推行园务公开，尊重和保障教职工参与幼儿园管理的民主权利，有条件的幼儿园可根据需要建立园务委员会；建立和完善幼儿园应急机制，制定相应预案，定期实施安全演练，指导教职工正确应对和妥善处置各类自然灾害、公共卫生、意外伤害等突发事件。

2. 调适外部环境

良好的学前教育需要家庭、幼儿园、社区等多方合作，形成教育合力。《园长专业标准》解释了外部环境对幼儿园发展的重要性，对幼儿园园长提出了相应的知识能力要求，也为幼儿园园长如何调适外部环境提出了具体的途径和方法。具体而言，幼儿园园长调适外部环境的专业要求包括以下方面。

专业理解与认识：充分认识家庭是幼儿园重要的合作伙伴，积极争取家长的理解、支持和主动参与，促进家园共育；重视利用自然环境和社会（社区）的教育资源，扩展幼儿生活和学习的空间；注重引导幼儿适当参与社会生活，丰富生活经验，

---

① 王小英．幼儿园园长的三种角色与六项专业职责：对《幼儿园园长专业标准》内容框架的解读[J]．幼儿教育·教育科学，2015（10）：3-7.

发展社会性。

专业知识与方法：掌握幼儿园与家长、相关社会机构及部门有效沟通的策略与方法；熟悉社会（社区）教育资源的功能与特点；指导教师了解幼儿家庭教育的基本情况，掌握家园共育的知识与方法。

专业能力与行为：建立幼儿园对外合作与交流机制，开放办园，形成幼儿园与家庭、社会（社区）及园际间的良性互动；面向家庭和社会（社区）开展公益性科学育儿的指导和宣传，利用家长学校、家长会、家长开放日等形式，帮助家长了解幼儿园保教情况。开展家庭教育指导，注重通过多种途径，转变家长教育观念，提高家长科学育儿能力；加强幼儿园与社会（社区）的联系，利用文化、交通、消防等部门的社会教育资源，丰富幼儿园的教育活动；引导家长委员会及社会有关人士参与幼儿园教育、管理工作，吸纳合理建议。

二、幼儿园园长任职条件、资格与职责

2017 年 1 月，中共中央组织部和教育部印发《中小学校领导人员管理暂行办法》，对包括幼儿园园长在内的领导人员的任职条件和资格进行了细化。

（一）园长任职条件

《中小学校领导人员管理暂行办法》

（1）具有较高的思想政治素质，重视政治理论学习，坚持马克思主义指导思想，坚定共产主义远大理想和中国特色社会主义共同理想，坚持社会主义办学方向，认真贯彻党的教育方针，忠诚于党和人民的教育事业，牢固树立政治意识、大局意识、核心意识、看齐意识，在思想上政治上行动上同以习近平同志为核心的党中央保持高度一致。

（2）具有胜任岗位职责所必需的专业知识、职业素养和实践经验，熟悉幼儿园教育工作和相关政策法规，坚持全面实施素质教育的质量观和人才观，了解和掌握学前儿童健康成长规律，业界声誉好。

（3）具有较强的教育教学管理和组织协调能力，自觉贯彻执行民主集中制，富有改革创新精神，善于规划幼儿园发展、营造育人文化、领导保育教育、引领教师成长、优化内部管理、调适外部环境。

（4）具有较强的事业心和责任感，爱岗敬业，乐于奉献，淡泊名利，甘为人梯，富有教育情怀，能够全身心投入工作，实绩突出。

（5）具有良好的品行修养，带头践行社会主义核心价值观，恪守职业道德，立德树人，为人师表，尊师重教，关爱幼儿，严于律己，廉洁从业。

（二）园长任职资格

《中华人民共和国学前教育法》第三十八条规定“幼儿园园长由其举办者或者决策机构依法任命或者聘任，并报县级人民政府教育行政部门备案”。任职幼儿园园长应同时具备以下条件：

（1）担任幼儿园教师应当取得幼儿园教师资格；已取得其他教师资格并经县级以上地方人民政府教育行政部门组织的学前教育专业培训合格的，可以在幼儿园任教。

（2）具备大学专科以上学历。

（3）有五年以上幼儿园教师或者幼儿园管理工作经历。

（三）园长职责

依据2016年3月修订的《幼儿园工作规程》，幼儿园园长全面负责幼儿园内外的各项工作，其主要职责如下：

（1）贯彻执行国家的有关法律、法规、方针、政策和地方的相关规定，负责建立并组织执行幼儿园的各项规章制度。

（2）负责保育教育、卫生保健、安全保卫工作。

（3）负责按照有关规定聘任、调配教职工，指导、检查和评估教师以及其他工作人员的工作，并给予奖惩。

（4）负责教职工的思想工作，组织业务学习，并为他们的学习、进修、教育研究创造必要的条件。

（5）关心教职工的身心健康，维护他们的合法权益，改善他们的工作条件。

（6）组织管理园舍、设备和经费。

（7）组织和指导家长工作。

（8）负责与社区的联系和合作。

三、幼儿园园长培养培训

幼儿园园长应主动参加园长培训，积极寻求专业发展，努力成为学前教育和幼儿园管理专家。《园长专业标准》指出，幼儿园园长要“主动参加园长培训和自主研修，不断提升专业发展水平”。各级教育行政部门要建立幼儿园园长培养培训质量保障体系，形成科学有效的幼儿园园长队伍建设与管理机制，为促进学前教育发展提供制度保障。要将《园长专业标准》作为幼儿园园长队伍建设和管理的重要依据。根据学前教育改革发展的需要，充分发挥《园长专业标准》的引领和导向作用，制订幼儿园园长队伍建设规划。严格幼儿园园长任职资格标准，完善幼儿园园长选拔任用制度。

《教育部财政部关于实施中小学幼儿园教师国家级培训计划（2021—2025年）的通知》指出，幼儿园园长培训要统筹思想政治、师德师风、业务能力培训，将思想政治和师德师风作为必修内容，将国家安全、法治教育、生态教育、国家通用语言文字、幼小衔接等内容纳入园长培训；园长要升华教育思想、生成标志性成果、提升引领能力，着重提升园长的战略思维能力、教育创新能力和引领幼儿园可持续发展能力，培养一批实施素质教育、推进教育改革发展的带头人。总体来看，思想政治、师德师风、引领能力、战略思维等是幼儿园园长培训的重点内容。

中共中央、国务院《关于全面深化新时代教师队伍建设改革的意见》和《关于学前教育深化改革规范发展的若干意见》等法规均强调要创新幼儿园园长培训模式，转变培训方式。支持师范院校与优质幼儿园协同建立培训基地，强化专业学习与跟岗实践相结合，增强培训针对性和实效性，切实提高幼儿园园长的专业水平。推动信息技术与园长培训的有机融合，实行线上线下相结合的混合式研修，不断提高培训质量。

政策聚焦

本章建议围绕幼儿的开办与管理重点研读以下政策法规（表8-5-1）。

表8-5-1 本章重点研读的政策法规一览表

政策法规	颁布时间	颁布机构
《中华人民共和国教育法》	1995年颁布，2021年第3次修正	全国人大
《中华人民共和国学前教育法》	2024年	全国人大常委会
《中华人民共和国民办教育促进法》	2002年颁布，2018年第3次修正	全国人大常委会
《关于建立中小学校党组织领导的校长负责制的意见（试行）》	2022年	中共中央办公厅
《中小学校领导人员管理暂行办法》	2017年	中共中央组织部、教育部
《幼儿园园长专业标准》	2015年	教育部
《中小学校财务制度》	2012年颁布，2022年修订	财政部、教育部
《幼儿园收费管理暂行办法》	2011年	国家发展改革委、教育部、财政部
《幼儿园教职工配备标准（暂行）》	2013年	教育部

续表

政策法规	颁布时间	颁布机构
《托儿所幼儿园卫生保健工作规范》	2012 年	卫生部
《幼儿园管理条例》	1989 年	国务院

思考与练习

（一）单选题

1. 以下关于幼儿园教育的性质和任务表述有误的是（　　）。
   A. 幼儿园教育是基础教育的重要组成部分
   B. 幼儿园教育是我国学校教育和终身教育的奠基阶段
   C. 幼儿园教育是我国义务教育的基础组成部分
   D. 幼儿园教育的根本任务是为幼儿的一生打好基础
2. 关于幼儿园教师的主要职责，以下表述有误的是（　　）。
   A. 参加业务学习和学前教育研究活动
   B. 负责本班房舍设备和环境的清洁卫生工作
   C. 与家长保持经常联系
   D. 观察了解幼儿，结合本班情况，制订和执行教育工作计划，完成教育任务
3. 对于目前存在的无证办园，根据国务院《关于当前发展学前教育的若干意见》，下列说法正确的是（　　）。
   A. 坚决取缔　　B. 保护支持
   C. 排查整改　　D. 不闻不问
4. 以下不属于政府发展学前教育职责的是（　　）。
   A. 任免幼儿园教师　　B. 财政投入
   C. 制定收费标准　　D. 规划学前教育发展

（二）简答题

1. 简述幼儿园设立的要件。
2. 简述幼儿园的权利与义务。
3. 简述幼儿园经费管理的主要内容。

（三）论述题

1. 论述幼儿园教职工参与民主管理的意义和举措。

2. 论述幼儿园园长的专业素质。

（四）案例分析题

结余的钱到底该不该用？

某幼儿园是一所由李某私人投资的民办幼儿园。这个学期结束时进行了财务核算，结余经费8万元。李某想将这笔钱全拿去开一家美容店。但帮他管理幼儿园的郭园长却认为这样违反了幼儿园管理的相关规定，不主张他这么做。钱是李某自己的钱，他到底可不可以这么做呢？

第八章答案

9

第九章 学前教育事业发展与管理体制

第一节 学前教育的地位与性质

第二节 学前教育事业发展目标与方针

第三节 学前教育财政投入

第四节 学前教育管理体制与综合治理

本章要点

❶ 学前教育在我国的重要地位与性质。
❷ 当前我国学前教育事业的发展目标。
❸ 我国各级政府对学前教育的投入。
❹ 我国各级政府及其职能部门对学前教育的管理。

案例导入

中国式学前教育现代化道路的十年回眸与未来展望①

经过十年的建设，2021年，我国普惠性幼儿园（包括公办园和普惠性民办园）达到24.5万所，占幼儿园总量的83%。我国学前教育发展取得了历史性成就，“入园难”“入园贵”问题得到根本解决，创造了中国特色的学前教育发展经验，也为世界学前教育发展贡献了中国方案。如果说普惠意味着“公平而有质量”，那么优质则指向“公平且高质量”，优质已经成为中国式学前教育现代化道路的重要目标。近两年来我国政府在健全幼儿园质量评估体系等方面的重要举措进一步推动了学前教育优质发展。

展望未来，中国式学前教育现代化道路，应是在党对学前教育事业的全面领导下，完善普惠性学前教育公共服务体系，推进学前教育优质发展。

学前教育是国民教育体系的重要组成部分，是终身学习的开端。学前教育事业的发展关系亿万儿童健康成长，关系社会和谐稳定，关系党和国家事业未来。学前教育发展离不开经费支持，财政投入是学前教育经费的重要来源，学前教育财政投入与管理对我国学前教育发展至关重要。学前教育的发展更需要健全的管理体制。政府、社会、家长、学前教育机构在学前教育管理中均扮演着重要角色。

了解学前教育事业发展与管理有助于把握我国学前教育发展的宏观环境，将其运用于分析学前教育发展实践中的具体问题，思考如何推动学前教育的进一步发展。

① 杨晓萍，尹国宾. 中国式学前教育现代化道路的十年回眸与未来展望[J]. 教育与教学研究，2023，37（5）：12-22. 有删改。

第一节　学前教育的地位与性质

根据《中华人民共和国宪法》《中华人民共和国教育法》《中华人民共和国学前教育法》的相关规定，学前教育是我国学校教育制度的起始阶段，是国民教育体系的重要组成部分，同时也是终身教育体系的组成部分，是终身学习的开端。学前教育在国民教育体系中的重要地位表明其具有教育性，此外，我国学前教育还具有福利性、公益性和普惠性等特性。

《中华人民共和国教育法》

一、学前教育的地位

学前教育是人生发展的奠基性教育，是基础教育的基础、终身教育的开端，是国民教育体系的重要组成部分。①

学前教育是国民教育体系的重要组成部分，是我国四级学制的第一级，是学校教育制度的起始阶段。《中华人民共和国宪法》第十九条规定："国家举办各种学校，普及初等义务教育，发展中等教育、职业教育和高等教育，并且发展学前教育"。《中华人民共和国教育法》第十七条规定："国家实行学前教育、初等教育、中等教育、高等教育的学校教育制度"。《中华人民共和国学前教育法》第二条规定："在中华人民共和国境内实施学前教育，适用本法。本法所称学前教育，是指由幼儿园等学前教育机构对三周岁到入小学前的儿童（以下称学前儿童）实施的保育和教育。"

学前教育还是终身学习的开端。国务院《关于当前发展学前教育的若干意见》和中共中央、国务院《关于学前教育深化改革规范发展的若干意见》均指出："学前教育是终身学习的开端"。

《关于当前发展学前教育的若干意见》

二、学前教育的性质

我国学前教育具有教育性、福利性和公益性、普惠性。

（一）教育性

教育性是我国学前教育的根本属性之一。② 学前教育的教育性体现在学前教育在

① 范国睿，等. 教育政策与教育改革：上卷　本土探索[M]. 北京：教育科学出版社，2016：39.

② 庞丽娟，王红蕾，贺红芳，等. 加快立法 为学前教育发展提供法律保障[J]. 中国教育学刊，2019（1）：1-6.

国民教育体系中的重要地位与实施学前教育应坚持保教结合原则以促进幼儿全面协调发展两方面。

我国法律规定学前教育是社会主义教育事业的重要组成部分。实施学前教育须遵循幼儿身心发展规律，坚持保教结合的原则，促进幼儿健康快乐成长，为培养德智体美劳全面发展的社会主义建设者和接班人奠定坚实基础。国务院《关于当前发展学前教育的若干意见》指出，发展学前教育“必须坚持科学育儿，遵循幼儿身心发展规律，促进幼儿健康快乐成长”。中共中央、国务院《关于学前教育深化改革规范发展的若干意见》指出，发展学前教育以“满足人民群众对幼有所育的美好期盼，为培养德智体美劳全面发展的社会主义建设者和接班人奠定坚实基础”。幼儿园作为实施学前教育的最主要机构须遵循保教结合原则，促进幼儿德智体美劳全面发展。《幼儿园管理条例》第三条规定：“幼儿园的保育和教育工作应当促进幼儿在体、智、德、美诸方面和谐发展。”《幼儿园工作规程》第三条规定：“幼儿园的任务是贯彻国家的教育方针，按照保育与教育相结合的原则，遵循幼儿身心发展特点和规律，实施德、智、体、美等方面全面发展的教育，促进幼儿身心和谐发展。”

《幼儿园管理条例》

（二）福利性和公益性

我国学前教育以福利性质为起源，是重要的社会公益事业，是社会公共服务体系的重要组成部分，具有福利性和公益性。国务院《关于当前发展学前教育的若干意见》指出：“学前教育是终身学习的开端，是国民教育体系的重要组成部分，是重要的社会公益事业”“发展学前教育，必须坚持公益性和普惠性”。

福利性指“为了改善和提高全体社会成员的物质生活和精神生活的各种社会服务措施”[①]。学前教育的福利性主要体现在国家和政府对学前教育责任的分担上。国务院《关于当前发展学前教育的若干意见》指出，“各级政府要充分认识发展学前教育的重要性和紧迫性，将大力发展学前教育作为贯彻落实教育规划纲要的突破口，作为推动教育事业科学发展的重要任务，作为建设社会主义和谐社会的重大民生工程，纳入政府工作重要议事日程，切实抓紧抓好”。中共中央、国务院《关于学前教育深化改革规范发展的若干意见》也强调“落实各级政府在学前教育规划、投入、教师队伍建设、监管等方面的责任”。

“公益”是与“私利”相反的概念，即“公共利益”，学前教育能为受教育的适龄儿童之外的其他社会成员带来收益，并为大多数或所有公民无排他性地享有。[②]所

---

① 全昌国. 社会福利学概论[M]. 北京：线装书局，2015：3.

② 刘鸿昌，徐建平. 履行政府职责，强化学前教育公益性[N]. 中国教育报，2011-06-01（8）.

有适龄儿童都有权利接受基本的、有质量的学前教育，我国政府资助家庭经济困难儿童、孤儿和残疾儿童接受普惠性学前教育。

（三）普惠性

普惠性有面向大众、就近便利、质平价优之意。[①②]学前教育发展应进一步明确其普惠性，坚持普惠基本方向。中共中央、国务院《关于学前教育深化改革规范发展的若干意见》指出，要“加快推进学前教育立法，进一步明确学前教育在国民教育体系中的地位和公益普惠属性”“牢牢把握公益普惠基本方向，坚持公办民办并举，加大公共财政投入，着力扩大普惠性学前教育资源供给”。具体而言，普惠性表现为以下几个方面：

第一，推动普及学前教育，确保所有适龄幼儿基于其公民身份而非地位获得基本的、有质量的学前教育，实施学前教育资助制度，通过弱势补偿，使处境不利幼儿也能接受学前教育。《中华人民共和国教育法》第十八条规定，“加快普及学前教育，构建覆盖城乡，特别是农村的学前教育公共服务体系。各级人民政府应当采取措施，为适龄儿童接受学前教育提供条件和支持”。国务院《关于当前发展学前教育的若干意见》提出：“保障适龄儿童接受基本的、有质量的学前教育”。《加大力度推动社会领域公共服务补短板强弱项提质量促进形成强大国内市场的行动方案》指出，要“落实学前教育资助制度，确保普惠性幼儿园的家庭经济困难儿童、孤儿和残疾儿童得到资助”。

《加大力度推动社会领域公共服务补短板强弱项提质量促进形成强大国内市场的行动方案》

第二，学前教育服务具有可及性。城镇建设的小区配套幼儿园，农村乡镇公办中心园、村级幼儿园、流动幼儿园、季节班应就近提供学前教育服务。国务院《关于当前发展学前教育的若干意见》指出，“必须坚持因地制宜，从实际出发，为幼儿和家长提供方便就近、灵活多样、多种层次的学前教育服务”“乡镇和大村独立建园，小村设分园或联合办园，人口分散地区举办流动幼儿园、季节班等”。中共中央、国务院《关于学前教育深化改革规范发展的若干意见》要求：“大力发展农村学前教育，每个乡镇原则上至少办好一所公办中心园，大村独立建园或设分园，小村联合办园，人口分散地区根据实际情况可举办流动幼儿园、季节班等，配备专职巡回指导教师，完善县乡村三级学前教育公共服务网络。”

第三，发展公办园、城镇小区配套幼儿园等普惠性幼儿园，扩大普惠性学前教育资源。《加大力度推动社会领域公共服务补短板强弱项提质量促进形成强大国内市

① 冯晓霞. 大力发展普惠性幼儿园是解决入园难入园贵的根本[J]. 学前教育研究，2010（5）：4–6.

② 姜勇，李芳，庞丽娟. 普惠性学前教育的内涵辨析与发展路径创新[J]. 学前教育研究，2019（11）：13–21.

场的行动方案》指出，应“扩大城乡普惠性学前教育资源”。中共中央、国务院《关于学前教育深化改革规范发展的若干意见》指出，要“坚持公办民办并举，加大公共财政投入，着力扩大普惠性学前教育资源供给”。

案例　学前教育这十年：同在蓝天下，共享普惠园①

刚刚懂事的娃娃，带着对家人的依恋，来到一个新的大家庭——幼儿园。这里是孩子们终身学习的开端，是迈入社会的第一步；这里是国民教育体系的起点，是重要的社会公益事业。

普及又普惠。新学期伊始，北京市东城区永外实验幼儿园小班的孩子们迎来了丰富多样的新游戏。3年来，这家创办于2019年的普惠性民办幼儿园，成为周边居民托幼的“新宠”——“幼儿园离家近，对上班族来说，真的很方便”“让我最心动的是，幼儿园寒暑假都可以送，真是太人性化了”。

农村增量大。家在贵州省毕节市威宁彝族回族苗族自治县黑石头镇的杨芳琴，是两个孩子的妈妈。她对比县城和镇上的幼儿园，发现两者差别不大，于是决定将小儿子送到镇中心幼儿园。杨芳琴算了这样一笔账：每月保教费280元；营养餐由国家补贴4元，按实际用餐次数补足差额，家长每月再交一百元左右。“孩子在幼儿园吃得好，收费也不高。”杨芳琴说。“十三五”期间，贵州投入近50亿元新建、改扩建易地扶贫搬迁点配套幼儿园近300所，提供8万个学位。截至2020年年底，全省在园幼儿从2010年的76万人增加到158万人，翻了一番，入园率从50%增加到90.3%，已实现每个乡镇都有一所公办园的发展目标。

普惠不普通。一个小房间，一块小黑板，一些小板凳，挤满小脑袋……10年前的江西省萍乡市芦溪县，遍布这样的学前班、家庭园。与落后的办园条件相伴随，还有陈旧的保育教育理念和活动。芦溪县对学前教育的重视，不仅仅是解决“有园上”，更旨在追求让幼儿“上好园”。在幼儿园引导下，家长们的教育理念发生了变化：“听了老师的讲解，我们才知道，培养孩子就跟种庄稼一样，什么季节种什么，什么年龄干什么事情，不能违背规律。”

坚持学前教育的普惠性，有助于实现人民群众“幼有所育”“幼有优育”的美好期盼。继解决“入园难”问题之后，我国政府又致力于办人民满意的教育，解决“入园贵”“入好园难”的问题，让广大人民群众共享教育改革发展成果，促进社会公平正义。

---

① 柴如瑾. 学前教育这十年：同在蓝天下 共享普惠园[N]. 光明日报，2022-03-17（5）. 有删减。

第二节　学前教育事业发展目标与方针

发展目标与方针为学前教育事业发展提供了发展指南与结果参照标准。在一定时期内发展目标与方针是稳定的，但同时也会随着学前教育发展的状况、人们对学前教育的需求等发生变化。目前，我国教育已转向高质量发展阶段，开始加快建设高质量教育体系，学前教育作为国民教育体系的重要组成部分，必然也要转向高质量发展，即强化学前教育普惠发展。

一、学前教育事业发展目标

学前教育事业的发展目标即对学前教育事业发展结果的预期。根据《中华人民共和国学前教育法》，中共中央、国务院《关于学前教育深化改革规范发展的若干意见》和《中国儿童发展纲要（2021—2030 年）》，我国学前教育事业的发展目标是推进普及学前教育，构建覆盖城乡、布局合理、公益普惠、安全优质的学前教育公共服务体系。

（一）提高学前教育普及、普惠水平

提高学前教育普及、普惠水平即提高学前三年毛入园率和普惠性幼儿园覆盖率。学前三年毛入园率指的是学前教育在园幼儿数占适龄幼儿人口数的百分比，普惠性幼儿园覆盖率指的是公办园和普惠性民办园在园幼儿数占在园幼儿总数的百分比。公办园和普惠性民办园都是普惠性幼儿园，面向大众提供价平质优、就近便利的学前教育服务。提高学前教育普及、普惠水平使适龄幼儿能就近接受可获得的、有质量的学前教育，体现了我国学前教育的公益性和普惠性。我国多项政策法规均提出普及学前教育、提高学前教育普惠水平。《中华人民共和国教育法》第十八条规定："加快普及学前教育"。中共中央、国务院《关于学前教育深化改革规范发展的若干意见》提出："到 2035 年，全面普及学前三年教育""为幼儿提供更加充裕、更加普惠、更加优质的学前教育"。《中国教育现代化 2035》提出 2035 年的主要发展目标之一是"普及有质量的学前教育"。《中国儿童发展纲要（2021−2030）》提出："逐步推进学前教育全面普及"。

《中国教育现代化 2035》

为实现学前教育普及普惠的发展目标，继续扩大学前教育资源供给特别是普惠性资源的供给、调整办园结构、提高幼儿园保教质量。根据中共中央、国务院《关于学前教育深化改革规范发展的若干意见》，扩大普惠性学前教育资源的途径有：

通过实施学前教育专项新建普惠性幼儿园，利用闲置场地设施举办公办园，鼓励支持街道、村集体、有实力的国有企事业单位举办公办幼儿园，小区配套幼儿园办成公办园或委托办成普惠性民办园，鼓励社会力量举办普惠性幼儿园；在办园体系中，普惠性幼儿园应占据主体；提高公办园在园幼儿占比，扶持民办园提供普惠性服务；可通过改善办园条件、加强保教结合、发挥学前教育教研的引领作用、加强质量评估方面提升幼儿园保教质量。

（二）建成覆盖城乡、布局合理的学前教育公共服务体系

公共服务体系主要是指以政府为主导的供给主体，为公民及其组织提供基本而有保障的公共服务为主要目的而研究建立的一系列有关服务内容、服务形式、服务机制、服务政策等的制度安排。[①] 学前教育公共服务体系在这里侧重指由政府主导的、向公民提供的学前教育服务。《中华人民共和国教育法》第十八条规定要“构建覆盖城乡，特别是农村的学前教育公共服务体系”，中共中央、国务院《关于学前教育深化改革规范发展的若干意见》指出，“到 2035 年，全面普及学前三年教育，建成覆盖城乡、布局合理的学前教育公共服务体系”。

覆盖城乡主要指发展农村学前教育，特别是扩大农村地区的普惠性学前教育资源，实现学前教育公共服务体系全覆盖。中共中央、国务院《关于学前教育深化改革规范发展的若干意见》提出“大力发展农村学前教育”。《中国儿童发展纲要（2021—2030 年）》则提出要补齐农村的普惠性学前教育资源短板。

布局合理则是在学前教育资源布局时要考虑学前教育资源的供给与学前教育需求的平衡，根据入园需求合理规划并进行动态调整，避免学前教育资源供给的过剩或不足。在布局时，要测算乡村振兴、城镇化发展导致的人口变化，也要考虑户籍人口的入园需求，还要考虑流动人口。中共中央、国务院《关于学前教育深化改革规范发展的若干意见》提出：“各地要充分考虑人口变化和城镇化发展趋势，结合实施乡村振兴战略，制定应对学前教育需求高峰方案。以县为单位制定幼儿园布局规划，切实把普惠性幼儿园建设纳入城乡公共管理和公共服务设施统一规划。”

二、学前教育事业发展方针

学前教育事业发展方针即学前教育事业发展的方向与指南。我国学前教育事业发展坚持“两条腿走路”的方针，即政府主导、社会参与、公办民办并举。

政府主导指的是国务院和地方各级人民政府承担发展学前教育的责任，包括学前教育规划、投入、教师队伍建设、监管等方面的责任。学前教育是国民教育体系

---

① 杨宜勇，等. 无障碍与社会公共服务[M]. 沈阳：辽宁人民出版社，2019：14.

的重要组成部分，也是我国社会公共服务体系的重要组成部分，具有教育性、福利性，政府承担发展学前教育事业的责任并起着主导作用。《中华人民共和国学前教育法》第五条规定“发展学前教育坚持政府主导，以政府举办为主，大力发展普惠性学前教育，鼓励、引导和规范社会力量参与”。中共中央、国务院《关于学前教育深化改革规范发展的若干意见》指出坚持政府主导是学前教育深化改革规范发展的基本原则之一。学前教育事业的发展目标、学前教育的财政投入、学前教育的资源布局、幼儿园的办园结构等都需要政府的规划；学前教育事业的发展也离不开政府的财政支持，特别是普惠性幼儿园的发展；各级政府及其职能部门也承担着幼儿园教师的培养、培训、待遇保障等职责；政府需要对幼儿园办园审批、教职工资质和配备、收费行为、安全防护、卫生保健、保教质量、经费使用以及财务管理等方面进行监管。

社会参与是指政府在举办一定数量的幼儿园的同时，积极鼓励和动员社会力量办园。除了政府及其职能部门，军队、企事业单位、个人等都能以捐赠、出资、投资、合作等方式举办或者参与举办法律法规允许的幼儿园。国务院《关于鼓励社会力量兴办教育促进民办教育健康发展的若干意见》提出，政府通过财政投入、实行资助、减免税费、保障用地等方式扶持社会力量办学。中共中央、国务院《关于学前教育深化改革规范发展的若干意见》提出，“政府加大扶持力度，引导社会力量更多举办普惠性幼儿园”。

《关于鼓励社会力量兴办教育促进民办教育健康发展的若干意见》

公办民办并举是指既举办公办园也举办民办园，大力发展公办幼儿园，积极扶持普惠性民办园。中共中央、国务院《关于学前教育深化改革规范发展的若干意见》提出“大力发展公办园，充分发挥公办园保基本、兜底线、引领方向、平抑收费的主渠道作用”“积极扶持民办园提供普惠性服务，规范营利性民办园发展”。

第三节　学前教育财政投入

学前教育是国民教育体系的重要组成部分，是重要的社会公益事业。我国各级政府重视学前教育，以不同方式特别是财政投入方式支持学前教育事业发展。按照相关法规，学前教育应该纳入我国各级政府的财政投入范围。《中华人民共和国学前教育法》第六十条规定：“学前教育实行政府投入为主、家庭合理负担保育教育成本、多渠道筹措经费的投入机制。各级人民政府应当优化教育财政投入支出结构，加大学前教育财政投入，确保财政性学前教育经费在同级财政性教育经费中占合理比例，保障学前教育事业发展。”自 2011 年起，我国开始建立学前教育资助制度，保障家庭经济困难幼儿接受普惠性学前教育。

一、我国学前教育财政投入体制

我国现有的学前教育财政投入体制实际由主体部分和辅助部分，即明线和暗线两部分构成。其主体部分（明线），是我国各级财政部门对教育部门划拨学前教育财政经费路线及相关政策；其辅助部分（暗线），是我国其他非教育部门的各级财务部门划拨学前教育财政经费路线及相关政策，即国家允许其他非教育部门，如各机关、部队、企事业单位以职工福利形式资助其附属托幼机构，如图 9-3-1 所示。

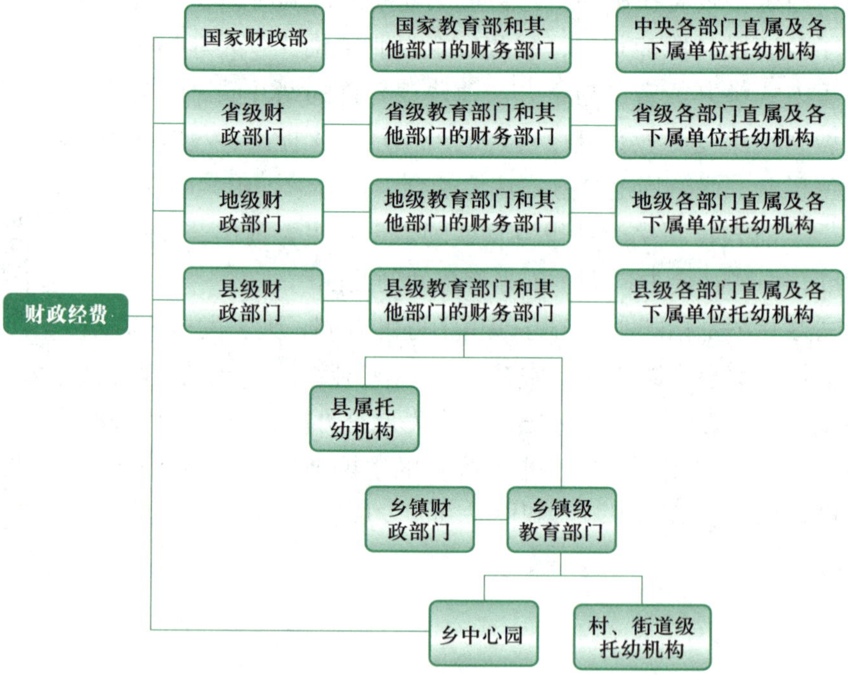

图9-3-1　我国当前学前教育财政经费划拨路线示意图

这种主辅双线并存、高度分散的学前教育财政投入体制的缺陷如下：

第一，学前教育资金不能实现自由流动。在中央、省、地、县四级财政部门之间一般没有学前教育财政经费的纵向转移支付关系和活动，同级的各财政部门之间、不同部门的财政机构之间也缺乏横向联系。尽管各部门内部和有的区县之内，县（区）级与乡镇和村财政之间存在财政经费的转移活动，但这种向下的纵向转移数额微小。

第二，财政资金分散，不能实现资源的有效整合。安排国家拨付的有限的学前教育经费由妇联、教育、卫生和其他部门多个“条条”下达，多个条条之间调剂困难，学前教育资源被条块分割、部门占有，具有分散性和封闭性，不利于国家统筹安排和管理，也不利于发挥学前教育资源的整体效益。

第三，影响学前教育的公平和平稳发展。在这种高度分散的投入体制下，由于学前教育资源分配具有明显的不平衡性和差异性，各地、各类托幼机构的办学条件和质量参差不齐。另外，各种附属幼儿园对其所属部门的福利资金依赖明显，缺乏独立性，这为学前教育事业的稳定和持续发展埋下了隐患。各托幼机构的财权、物权、人事权和行政管理归其所属部门，业务管理又归教育和卫生部门，容易形成“权、利大家抢，责任无人担”的局面。

鉴于以上学前教育财政投入体制的弊端，未来我国可以尝试对幼儿园进行归属调整，建立各级教育和财政部门相互贯通的财政投入体制。

二、各级政府对学前教育的财政投入

我国大力发展学前教育，促进学前教育全面普及、普惠和安全优质，将学前教育纳入地方发展规划，要求各地制订学前教育三年行动计划。当前，我国学前教育财政投入呈现良好的发展态势：

第一，财政投入单独列支，不再与中小学经费混合在一起。

第二，投入总量增加，无论中央还是地方，各级政府都大幅提高学前教育投入总量，甚至增幅大于其他各类教育。

第三，财政投入重点向农村地区、革命老区、民族地区、边疆地区和欠发达地区倾斜。

第四，投入方式改变，政府可以通过幼儿园、幼儿园教师、幼儿及其家长、社区等多种主体投入。

第五，受惠面扩大，政府不仅资助办园，还扶持企事业单位园、城镇街道园、农村集体园、民办园等，受惠幼儿从幼儿园拓展到社区里未入园的幼儿，从公办园幼儿拓展到其他非公办园幼儿，从城镇常住幼儿拓展到流动家庭中的幼儿和农村留守幼儿。

三、学前教育资助

《中华人民共和国学前教育法》第六十五条规定：“国家建立学前教育资助制度，为家庭经济困难的适龄儿童等接受普惠性学前教育提供资助。”自 2011 年开始，我国开始建立并落实学前教育资助制度，资助家庭经济困难儿童、孤儿和残疾儿童接受普惠性学前教育。财政部、教育部《关于建立学前教育资助制度的意见》对建立该制度作出

《关于建立学前教育资助制度的意见》

了详细规定。

1. 基本原则

地方先行，中央补助。省级政府制定资助方式和资助标准，中央财政根据地方出台的资助政策、经费投入及实施效果等因素，予以奖补。

2. 资助对象

学前教育资助制度的资助对象为经县级以上教育行政部门审批设立的普惠性幼儿园在园家庭经济困难儿童、孤儿和残疾儿童。

3. 资金来源

普惠性学前教育资助的主要资金来源是地方政府，中央给予补助，此外，幼儿园从事业收入中提取 3%—5% 比例的资金，用于减免收费、提供特殊困难补助等，积极引导和鼓励企业、社会团体及个人等捐资。

第四节　学前教育管理体制与综合治理

学前教育作为国民教育体系的重要组成部分，必须接受我国各级政府及其职能部门的管理。学前教育的健康发展离不开政府、社会、家长、学前教育机构多方协同治理。《中华人民共和国学前教育法》、国务院《关于当前发展学前教育的若干意见》和中共中央、国务院《关于学前教育深化改革规范发展的若干意见》等法规对学前教育管理与综合治理作出了细致规定。

一、我国各级政府及其职能部门对学前教育的管理

我国实行“国务院领导、省市统筹、以县为主”的学前教育管理体制。国务院通过完善法规制度、制定发展规划等方式实现对学前教育的领导，省级和设区的市级政府统筹本地学前教育规章及规划制定、完善和落实政策措施等工作，县级政府承担本县域学前教育发展主体责任。各级政府及其职能部门对学前教育进行管理时，应坚持教育部门主管、有关部门分工负责的工作机制。根据《中华人民共和国学前教育法》、国务院《关于当前发展学前教育的若干意见》和中共中央、国务院《关于学前教育深化改革规范发展的若干意见》等法规，我国学前教育的管理体制具体如下。

（一）各级政府的职责分工

各级政府都有维护幼儿园的治安、安全和合法权益，动员和组织家长参与早期教育活动，指导家庭学前教育的责任。各级政府的具体职责分工如下：

第一，国务院完善学前教育法规制度，制定有关学前教育的方针、政策及发展规划。

第二，省级和设区的市级政府负责统筹本行政区域学前教育工作，推动出台地方性学前教育法规，制定相关规章和本地学前教育发展规划，健全投入机制，明确分担责任，完善相关政策措施并组织实施。

第三，县级政府对本县域学前教育发展负主体责任，负责制定学前教育发展规划和幼儿园布局、公办园的建设、教师配备补充，工资待遇及幼儿园运转，面向各类幼儿园进行监督管理，指导幼儿园做好保教工作，在土地划拨等方面对幼儿园予以优惠和支持，确保县域内学前教育规范有序健康发展。

第四，乡镇人民政府、街道办事处应当支持本辖区内学前教育发展。

（二）各职能部门的职责分工

我国对学前教育的管理，坚持各级政府统筹，教育部门主管，有关部门协调配合，社区内各类幼儿园和家长共同参与的学前教育管理机制；发挥城市社区居委会和农村村民自治组织的作用，综合协调、动员并利用各种社会资源，促进学前教育事业健康发展。依据《中华人民共和国学前教育法》、国务院《关于当前发展学前教育的若干意见》和中共中央、国务院《关于学前教育深化改革规范发展的若干意见》，我国各职能部门有关学前教育的职责分工如下：

第一，教育部门是学前教育的主管部门，要认真贯彻学前教育的方针、政策，拟订有关行政法规、重要规章制度和学前教育事业发展规划并组织实施；承担对幼儿园的业务领导，配备相应的管理和教研人员；制定相关标准，实行分类定级管理，向有关部门提出对幼儿园收费标准的意见；建立学前教育督导和评估制度；培养和培训各类幼儿园的园长、教师，建立园长、教师考核和资格审定制度；具体指导和推动家庭学前教育；与卫生部门合作，共同开展幼儿家长的科学育儿指导。

第二，卫生健康行政部门、疾病预防控制部门要监督指导幼儿园卫生保健工作。负责拟订有关幼儿园卫生保健方面的法规和规章制度，监督和指导幼儿园卫生保健业务工作，负责对幼儿家长进行卫生保健、营养、生长发育等方面的指导。

第三，机构编制部门要结合实际合理确定公办幼儿园教职工编制。编制部门会同教育部门、财政部门制定幼儿园教职工的编制标准，加强幼儿园教师编制的管理和教职工队伍的建设，保证学前教育事业发展的基本需要。

第四，发展改革部门要把学前教育纳入当地经济社会发展规划，支持幼儿园建设发展。

第五，财政部门要加大投入，支持扩大普惠性学前教育资源。

第六，自然资源部门落实城镇小区和新农村配套幼儿园的规划、用地。建设部门要会同教育部门合理规划幼儿园的布局和位置，在城镇改造和城市小区建设的过程中，要建设与居住人口相适应的幼儿园。新区建设和旧区改造的幼儿园由当地政府统筹规划，利用各种资源安排，配合教育部门加强对小区配套幼儿园的管理。

第七，人力资源和社会保障部门要制定幼儿园教职工的人事（劳动）、工资待遇、社会保障和技术职称（职务）评聘政策。在研究探索农村养老保险制度时，要统筹研究农村幼儿园教师的养老保险问题；按照国家有关规定给城市幼儿园教师购买城镇职工社会保险，要保障幼儿园教师队伍的稳定和幼儿园教师的合法权益。

第八，价格、财政、教育部门要根据职责分工，加强幼儿园收费管理。教育部门会同财政部门和价格主管部门，制定幼儿园（班）收费管理办法。党委政法委组织协调公安、司法部门加强对幼儿园安全保卫工作的监督指导，整治、净化周边环境，依法严厉打击侵害幼儿人身安全的违法犯罪行为。

第九，民政、市场监管部门要分别对取得办学许可证的非营利性幼儿园和营利性幼儿园依法办理法人登记手续。

第十，金融监管部门要对民办园并购、融资上市等行为进行规范监管。

第十一，妇联、残联等单位要积极开展对家庭教育、残疾儿童早期教育的宣传指导。

第十二，充分发挥城市社区居委会和农村村民自治组织的作用，建立社区和家长参与幼儿园管理和监督的机制。

二、学前教育综合治理

学前教育治理不仅是政府的责任，也需要全社会的共同参与。学前教育综合治理指的是国家、社会、学前教育机构、家庭等主体完善学前教育法律法规体系，实施规范监管、安全保障等。《中国教育现代化 2035》部署了面向教育现代化的十大战略任务，其中第八条和第十条分别为“加快信息化时代教育变革”和“推进教育治理体系和治理能力现代化”。在信息化时代，应加快学前教育治理方式变革，提升信息服务治理手段的运用能力和水平，推进学前教育综合治理现代化。

（一）家长参与

幼有善育是家长的美好期盼，家长是最关心学前教育发展的群体之一，应充分发挥家长在学前教育治理中的监督、管理、支持、沟通作用。《中华人民共和国学前教育法》第三十三条规定“幼儿园应当设立家长委员会，家长委员会可以对幼儿园重大事项决策和关系学前儿童切身利益的事项提出意见和建议，对幼儿园保育教育工作和日常管理进行监督”。教育部《关于建立中小学幼儿园家长委员会的指导意见》和中共中央、国务院《关于学前教育深化改革规范发展的若干意见》指出家长参与学前教育治理工作的途径：一是通过教育、民政、市场监管等部门提供的家长投诉渠道，反映学前教育发展中存在的问题；二是通过家长委员会和家长志愿者驻园值守参与学前教育管理，对幼儿园等学前教育机构的重大事项决策和日常管理提出意见和建议；三是通过发挥自身的专业和资源优势参与教育工作，为幼儿园保教活动和园外活动提供支持。

《关于建立中小学幼儿园家长委员会的指导意见》

（二）社会监督

监督是社会参与学前教育治理的重要方式。社会监督的主体包括各类群团组织、行业组织、媒体、个人等。社会监督的顺利实施不仅与各类主体积极承担社会责任密切相关，还离不开信息公示制度的完善和信息化手段的运用。

建立和完善信息公示制度。一是幼儿园基本信息的备案与公示。幼儿园园长的任命和专任教师的聘用及时报送教育主管部门备案并向社会公开；幼儿园的教职工配备、收费标准、质量评估等方面信息定期向社会公布。二是政府履行对学前教育普及普惠落实情况的督导检查职责，其结果向社会公示。《中华人民共和国学前教育法》第七十二条规定：“县级人民政府教育行政部门应当建立健全各类幼儿园基本信息备案及公示制度，利用互联网等方式定期向社会公布并更新政府学前教育财政投入、幼儿园规划举办等方面信息，以及各类幼儿园的教师和其他工作人员的资质和配备、招生、经费收支、收费标准、保育教育质量等方面信息。”

将信息化手段应用于社会监督。一是加快学前教育信息平台的建设，促进数据流动。升级学前教育数据库，形成幼儿园教师、幼儿、幼儿园等权威数据源，推进跨部门、跨地域、跨层级的数据流动，依托一体化政务服务平台，将学前教育信息纳入政务信息系统。中共中央、国务院《关于学前教育深化改革规范发展的若干意见》提出，“建设全国学前教育管理信息系统，提高学前教育信息化管理水平”，“各地建立幼儿园基本信息备案及公示制度，充分利用互联网等信息化手段”。二是建设智慧幼儿园。通过幼儿园公共安全视频网络、幼儿饮食卫生监测系统，加强对幼儿安全与饮食健康的监督。《中国教育现代化 2035》指出，要“建设智能化校园，统筹建设一体化智能化教学、管理与服务平台”。

（三）教育督导

教育督导包括上级人民政府对下级人民政府落实法律、法规、规章和国家教育方针、政策情况的督导，县级以上地方人民政府对本行政区域内的学校和其他教育机构教育教学工作的督导。各级人民政府教育督导机构负责对学前教育工作执行法律法规情况、普及普惠状况、幼儿园办园行为等实施督导。《中华人民共和国学前教育法》第七十三条规定：“县级以上人民政府教育督导机构对学前教育工作执行法律法规情况、保育教育工作等进行督导。督导报告应当定期向社会公开。”在此，以政府对幼儿园督导评估、幼儿园保育教育质量评估、普及普惠督导评估为例进行说明。在此，以政府对幼儿园督导评估、普及普惠督导评估、幼儿园保育教育质量的评估为例进行说明。

《县域学前教育普及普惠督导评估办法》

1. 幼儿园督导评估

幼儿园督导评估由教育督导部门会同教育管理部门组织实施，是对幼儿园办园中存在的问题进行外部监督和督促整改，以推动学前教育普及普惠安全优质发展的手段。《幼儿园督导评估办法》对幼儿园督导评估的主体和对象、内容、程序等作出规定。

《幼儿园督导评估办法》

（1）督导评估的实施主体和对象

督导评估由县级教育督导部门具体组织实施，督导评估对象为县级辖区内经教育行政部门审批，取得办园资格的各级各类幼儿园。

（2）督导评估内容

幼儿园督导评估内容主要包括以下六个方面：第一，办园方向。幼儿园要加强党组织建设，重视思想政治工作，落实立德树人根本任务，坚持五育并举。第二，保育与安全，包括膳食营养、疾病防控、安全管理等。第三，教育过程。幼儿园应以游戏为基本活动，凸显幼儿主体地位，营造和谐的师幼关系，强化家园共育，不断提高保育教育水平。第四，环境条件。幼儿园要合理控制园所规模和班额，配备符合安全质量标准、种类丰富、数量充足的玩教具和图书，满足幼儿发展的多样化需求。第五，队伍建设。要落实教师待遇，加强师德师风建设，着力打造一支数量足、专业强、素质高的学前教育教师队伍。第六，内部管理。幼儿园应进一步规范财务制度和招生制度，不断完善内部管理，依法依规办园。

（3）督导评估程序

幼儿园督导评估工作按照国家统筹指导、省市抽查、县级具体组织的程序组织实施。具体流程如下：一是日常自评。幼儿园建立常态化的自评机制，每年提交一次自评报告。二是实地督导。县级教育督导部门会同教育管理部门成立督导组，对幼儿园进行实地督导评估。三是结果反馈。县级教育督导部门形成督导意见书，发送幼儿园。四是问题整改。幼儿园根据督导意见书进行整改，并将整改情况报县级教育督导部门和教育管理部门。五是及时复查。县级教育督导部门建立问题整改台账，督促幼儿园整改，并视情对整改情况进行复查。

2. 幼儿园保育教育质量评估

为健全质量评估检测体系，提升幼儿园保育教育质量，推进学前教育高质量发展，政府教育督导部门牵头组织实施幼儿园保育教育质量评估。幼儿园保育教育质量评估指的是根据国家制定的《幼儿园保育教育质量评估指南》和各省（自治区、直辖市）幼儿园保育教育质量自评指导手册，幼儿园、各级政府开展的督导、评估。幼儿园每学期开展一次自我评估，县级督导评估每3～5年一个周期，省、市适当开展抽查。教育部出台的《幼儿园保育教育质量评估指南》对幼儿园保育教育质量评估的主体、对象、内容与评估方式作出了详细规定。

《幼儿园保育教育质量评估指南》

幼儿园保育教育质量评估的最终目的是提高幼儿园保育教育质量，应摒弃不科学的教育评价导向，避免重复评估，发挥评估的引导、诊断、改进和激励功能，引导办好每一所幼儿园，促进幼儿园安全优质发展，真正实现以评促建。

3. 普及普惠督导评估

《县域学前教育普及普惠督导评估办法》对县域学前教育普及普惠督导评估的内容、程序作出了详细规定。

（1）督导评估对象

督导评估的对象为县级人民政府（含不设区的市、市辖区和功能区等国家划定的其他县级行政区划人民政府）。

（2）督导评估内容

第一，普及普惠水平。学前三年毛入园率达到85%，普惠性幼儿园覆盖率达到80%，公办园在园幼儿占比达50%。第二，政府保障情况。县委县政府加强对学前教育事业的领导，幼儿园党的组织和党的工作实现全覆盖；发展规划合理；学前教育公共服务网络基本完善；小区配套幼儿园管理规范；财政投入到位；收费合理；教师工资待遇有保障；安全风险防控机制健全；监督制度比较完善。第三，幼儿园保教质量保障情况。园舍条件、玩教具和幼儿园图书配备等办园条件合格；班额普遍达标；教师配齐配足；教师管理制度严格；落实科学保教要求，无“小学化”现象。

（3）督导评估流程

县域学前教育普及普惠的督导评估经过四道程序：第一，县级自评。县级人民政府自评，达到要求后于当年4月底前报市级初审；第二，市级初审。市级教育督导机构和学前教育管理机构进行初审，达到要求后于当年5月底前提请省级督导评估；第三，省级评估。省级教育督导机构对申报县进行实地督导评估，通过评估的县在当年9月底前将材料报送至国务院教育督导委员会办公室；第四，国家认定。国务院教育督导委员会办公室对各省（区、市）督导评估工作进行认定。

（四）年终检查

中共中央、国务院《关于学前教育深化改革规范发展的若干意见》提出："强化对幼儿园教职工资质和配备、收费行为、安全防护、卫生保健、保教质量、经费使用以及财务管理等方面的动态监管，完善年检制度。"这是我国地方教育职能部门针对幼儿园工作的年度"大考"，有利于幼儿园自始至终地坚持办园方向，规范办园。

幼儿园的年检制度指幼儿园登记注册后，举办者要每年办理年审手续，以接受审批部门的总体检查与审核。年检不合格者需要进行整改，整改无效或连续年审不合格则会被取消办学资格，终止办学行为。另外，年检制度实质上也是对幼儿园的建筑设施、日常教学、幼儿园管理等进行全面评估与检查。各省市的幼儿园年检内容与程序大体相同。

1. 年检的实施主体和对象

幼儿园年检工作一般坚持"属地管理"原则，由所在地区教育行政部门负责。年检对象是经教育行政部门审批，取得办园资格的各级各类幼儿园。

2. 年检内容

各地区依据国家和省里有关标准、规定和要求，结合本地实际自行确定年检的内容。各省年检内容一般如下：第一，依法办园，即执行有关学前教育的法律、法规、规章、政策情况和依法取得办园资质等。第二，办园条件，即园舍条件、设施设备、人员配备、教玩具配备等。第三，保育教育，即保教工作遵循幼儿身心发展规律，符合国家有关要求，促进幼儿健康成长等。第四，组织管理，即幼儿园管理机构设置、章程制定与实施情况等。第五，财务管理，即收支管理和资产使用管理等。第六，办园行为，即招生、办班、学习材料征订、安全管理及教职工聘任等。

3. 年检程序

幼儿园年检一般包括自检和上级检查两道程序。幼儿园自检包括：幼儿园需要对本园一年以来的办园情况自行进行审查，并写出自查报告，或者依据年检自查表格自我评定打分。上级检查包括：待幼儿园递交自查报告或者自查评分表以后，所在教育行政部门组织力量，对辖区内所有合法幼儿园逐一进行检查，评定打分，并给予是否合格的评定。

政策聚焦

本章建议围绕学前教育事业发展与管理体制重点研读以下政策法规（表 9-5-1）。

表 9-5-1　本章重点研读政策法规一览表

政策法规	颁布时间	颁布机构
《中华人民共和国宪法》	1982 年颁布，2018 年第 5 次修正	全国人大
《中华人民共和国教育法》	1995 年颁布，2021 年第 3 次修正	全国人大
《中华人民共和国学前教育法》	2024 年颁布	全国人大常委会
《中国教育现代化 2035》	2019 年	中共中央、国务院
《关于学前教育深化改革规范发展的若干意见》	2018 年	中共中央、国务院
《幼儿园管理条例》	1989 年	国务院
《关于当前发展学前教育的若干意见》	2010 年	国务院
《关于鼓励社会力量兴办教育促进民办教育健康发展的若干意见》	2016 年	国务院
《中国儿童发展纲要（2021—2030 年）》	2021 年	国务院
《加大力度推动社会领域公共服务补短板强弱项提质量促进形成强大国内市场的行动方案》	2019 年	国家发展改革委、财政部、商务部等 18 部门
《关于建立学前教育资助制度的意见》	2011 年	财政部、教育部
《幼儿园督导评估办法》	2023 年	教育部
《县域学前教育普及普惠督导评估办法》	2020 年	教育部
《幼儿园保育教育质量评估指南》	2022 年	教育部

思考与练习

（一）单选题

1. 国家实行（　　）、初等教育、中等教育、高等教育的学校教育制度。

A. 基础教育　　B. 学前教育　　C. 终身教育　　D. 职业教育

2. 我国推进普及学前教育，构建覆盖城乡、布局合理、（　　）、安全优质的学前教育公共服务体系。

A. 公益普惠　　B. 高质量　　C. 就近便利　　D. 收费合理

3. 以下不属于普惠性学前教育的是（　　）。

A. 高校附属幼儿园　　B. 普惠性民办幼儿园

C. 营利性民办幼儿园　　D. 街道办幼儿园

4. 我国学前教育管理体制以（　　）为主。

A. 中央人民政府　　　　B. 省（市、自治区）人民政府

C. 县级人民政府　　　　D. 乡人民政府

（二）简答题

1. 我国学前教育具有哪些性质？
2. 当前我国学前教育事业的发展目标是什么？
3. 我国实施学前教育资助以哪份政策为依据，其主要内容是什么？

（三）论述题

1. 简要论述我国学前教育管理体制。
2. 简要论述如何实现学前教育综合治理。

（四）案例分析题

普惠落地 公办扩容——全国学前教育稳步发展①

党的十八大以来，我国学前教育事业快速发展，资源迅速扩大、普及水平大幅提高、管理制度不断完善，“入园难”问题得到有效缓解。

北京海淀区未来五年将新增学前学位两千多个。北京市海淀区在“回顾‘十三五’ 展望‘十四五’”教育专题新闻发布会上指出，“十四五”时期，海淀区总计可新增学前学位 2 280 个。

沈阳新建小区配套幼儿园“一律公办”。辽宁省沈阳市教育局等七部门联合出台《沈阳市城镇居住小区配套幼儿园规划建设管理办法》，为全市小区配套园规划建设提供了重要依据和制度保障。小区配套园将成为今后沈阳市公办园扩增的主渠道。与此同时，沈阳市将规划配建起点的居住小区规模，由原来的 6 000 人下调为 3 000 人。

深圳公办园建设加速，在园幼儿占比跃升至 50%。近年来，随着大量人口流入和“全面二孩”政策的激励，深圳适龄幼儿逐年增加。各区政府履行公办园建设主体责任，区政府主要领导牵头挂帅，将建设任务细分到各街道、社区和相关单位。自 2019 年 5 月至今，深圳新增 777 所公办园，公办园在园幼儿占比跃升至 50%。

请结合我国学前教育事业发展目标相关知识，分析以下两个问题：

1. 以上各地的做法体现了我国学前教育的什么发展目标？
2. 结合以上各地的做法谈谈应该如何实现学前的发展目标？

第九章答案

① 本刊编辑. 普惠落地 公办扩容：全国学前教育稳步发展[J]. 今日教育（幼教金刊），2021（01）：4–7. 有删减。

第一节　托育机构的设置与管理
第二节　托育机构的保育
第三节　托育机构人员
第四节　托育机构建筑、环境与资源
第五节　托育服务事业发展与管理

第十章　0—3岁婴幼儿托育

10

本章要点

1. 托育机构设置的要件、程序。
2. 托育机构的收托管理、保育管理、健康管理等六个方面。
3. 托育机构保育原则、保育目标与要求、保育活动规范。
4. 托育机构人员的配置、资格和行为准则。
5. 托育机构的物质环境与设施。
6. 托育机构的事业发展与方针。

案例导入

让“最柔软群体”得到更优质照护①

3岁以下婴幼儿托育服务面向“最柔软群体”，事关千家万户。2023年初，上海市教卫工作党委、上海市教委将完善3岁以下婴幼儿托育服务体系列为主题教育专题调研和整改整治的重点内容。

一是大力增加普惠性托育资源，缓解更多家庭带娃之忧。不仅公办幼儿园在市教委指导下发掘潜力开办托班，不少托儿所也充分盘活资源增开托班，部分企业也开办为员工和周边居民服务的托班，尤其是在一些托育资源紧张的人口聚居地区。

二是开展托育师资培训和家长育儿指导，提升保教服务质量。市教委指导16个区完成各类托育机构带班教师、保育员的全员再培训，并开展点位指导巡访和验收工作，确保优质托育师资的供给。为帮助新手家长营造更好的家庭环境和氛围，上海市正将3岁以下儿童家庭科学育儿指导服务纳入“15分钟社区生活圈”，推动嵌入式、标准化的家门口服务点建设。3岁以下儿童的家庭每年可在家门口的科学育儿指导服务站点免费参加指导活动。

三是开展信息化赋能托育服务，精准对接家长的需求。市教委运用信息化工具赋能托育服务，搭建家长需求与资源精准供给对接的桥梁。“托育服务随心查”应用平台，幼儿园托班、托育机构、社区托育“宝宝屋”、科学育儿指导服务站等信息全部收入平台。“托育服务随心查”使家长找得到托位，机构收得下孩子，孩子得到优质照护。

近年来，我国不断健全促进婴幼儿托育服务发展的政策法规体系，使婴幼儿托育服务逐步走上法治化、规范化道路。

---

① 王星，张鹏. 全市新增托额7 000余个，让“最柔软群体”得到更优质照护[N]. 文汇报，2023-09-19（8）. 有删改。

第一节 托育机构的设置与管理

托育机构是指经有关部门登记、卫生健康部门备案，为 3 岁以下婴幼儿提供全日托、半日托、计时托、临时托等托育服务的机构。托育机构是我国婴幼儿照护服务体系中的重要组成部分，承担着支持家庭育儿、提升婴幼儿照护质量的重要使命。国家大力倡导多种形式创办托育机构，以满足社会多样化需求。《中华人民共和国学前教育法》第八十四条明确提出“鼓励有条件的幼儿园开设托班，提供托育服务”。2019 年 4 月，国务院办公厅印发《关于促进 3 岁以下婴幼儿照护服务发展的指导意见》，指出 3 岁以下婴幼儿照护服务是生命全周期服务管理的重要内容，事关婴幼儿健康成长，事关千家万户。婴幼儿照护服务是保障和改善民生的重要内容，国家高度重视“幼有所育”，重视托育机构的建设及其服务质量，并逐步完善相关政策法规和标准体系。[①]2019 年 10 月，国家卫健委印发《托育机构设置标准（试行）》和《托育机构管理规范（试行）》，加强托育机构专业化、规范化建设。2019 年 12 月，国家卫健委、中央编办等四部门印发《托育机构登记和备案办法（试行）》，对托育机构的登记和备案进行了规定，明确了托育机构设置的程序。2023 年 10 月，国家卫健委发布行业标准《托育机构质量评估标准》，适用于半日托、计时托、临时托等照护服务的托育机构。

本节将参照《中华人民共和国教育法》、国务院办公厅《关于促进 3 岁以下婴幼儿照护服务发展的指导意见》、《托育机构设置标准（试行）》、《托育机构管理规范（试行）》、《托育机构登记和备案办法（试行）》等相关规定，分析我国托育机构设置与管理的要求。

《关于促进 3 岁以下婴幼儿照护服务发展的指导意见》

一、托育机构设置

以下将从托育机构设置的要件和程序两个方面介绍托育机构设置的要求。

（一）托育机构设置的要件

依据《托育机构设置标准（试行）》的规定，我国托育机构的设置需要同时具备以下两个要件。

《托育机构设置标准（试行）》

1. 场地设施

托育机构的开办需要满足一定的场地、设施设备要求，《托育机

① 丛中笑，郑党，杨印，等. 当前托育机构质量建设的现状和影响因素分析：基于9省市43所托育机构的实地调研[J]. 早期儿童发展，2022（2）：32−43.

构设置标准（试行）》对托育机构的场地、各类用房、设施设备和游戏材料等做了详细的规定，在此不再赘述。

案例　山西省印发托育机构设置标准

2021年12月，山西省卫健委印发的本省托育机构设置标准有以下要求。

托育机构房屋建筑由婴幼儿生活用房、服务管理用房、供应用房三部分组成。婴幼儿生活用房指供婴幼儿生活单元及公共活动的空间，包括睡眠区、活动区等。服务管理用房指供对外联系，对内为婴幼儿保健、教育管理和服务管理的空间，包括警卫室、晨检室（厅）等。供应用房指供人员饮食、饮水、洗衣等后勤服务使用的空间，包括厨房、消毒室等。

托育机构室外活动场地周围应设置防止婴幼儿攀爬和穿过的安全隔离设施，防止婴幼儿走失、失足、物体坠落等风险。托育机构应安装紧急报警装置，宜设置入侵报警系统，且与区域报警中心联网。实施全封闭管理，办公室内应设有监控视频观察区，对托育机构内所有场所（成人厕所及更衣间除外）进行无死角监控。

山西省根据本省实际情况规定了托育机构的各类用房标准，严格遵守国家《托育机构设置标准（试行）》中的基本规定，对室内外活动场地的安全防护、报警和监控体系做出了明确规定，保证婴幼儿的生命安全。

2. 工作人员

托育机构应按照国家规定配置管理人员、保育人员、保健人员和保安人员等，《托育机构设置标准（试行）》规定："托育机构应当根据场地条件，合理确定收托婴幼儿规模，并配置综合管理、保育照护、卫生保健、安全保卫等工作人员。"

托育机构应合理配备保育人员，保育人员与婴幼儿的比例应当不低于以下标准：乳儿班1∶3，托小班1∶5，托大班1∶7。托育机构一般设置乳儿班（6—12个月，10人以下）、托小班（12—24个月，15人以下）、托大班（24—36个月，20人以下）三种班型。18个月以上的婴幼儿可混合编班，每个班不超过18人。按照有关托儿所卫生保健规定配备保健人员、炊事人员。独立设置的托育机构应当至少有1名保安人员在岗。

《托育机构登记和备案办法（试行）》

（二）托育机构设置的程序

我国托育机构的设置需要登记备案，遵循上级管理机构的审批程序和要求。《中华人民共和国教育法》第二十八条规定："学校及其他教育机构的设立、变更和终止，应当按照国家有关规定办理审核、批准、注册或者备案手续。"2019年12月，国家卫健委、中央编办等四部门联合印发《托育机构登记和备案办法（试行）》，对托育机构的登记和备案进行了明确规定。托育机构设置的程序如下：

1. 举办者向有关部门申请登记

举办不同性质托育机构的登记部门不一样，举办事业单位性质的托育机构的，向县级以上机构编制部门申请审批和登记；举办社会服务机构性质的托育机构的，向县级以上民政部门申请注册登记；举办营利性托育机构的，向县级以上市场监督管理部门申请注册登记。

托育机构申请登记时，应当在业务范围（或经营范围）中明确托育服务内容。托育机构申请登记的名称中可包含“托育”字样。登记机关应当及时将托育机构登记信息通过共享、交换等方式推送至同级卫生健康部门。

2. 举办者向所在地的县级卫生健康部门备案

举办者办理托育机构登记后，应当及时向机构所在地的县级卫生健康部门备案，登录托育机构备案信息系统，在线填写托育机构备案书、备案承诺书，并提交以下材料扫描件：

（1）营业执照或其他法人登记证书；

（2）托育机构场地证明；

（3）托育机构工作人员专业资格证明及健康合格证明；

（4）评价为“合格”的《托幼机构卫生评价报告》；

（5）消防安全检查合格证明；

（6）法律法规规定的其他相关材料。

提供餐饮服务的，应当提交《食品经营许可证》。

卫生健康部门在收到托育机构备案材料后，应当在5个工作日内提供备案回执和托育机构基本条件告知书。卫生健康部门发现托育机构备案内容不符合设置标准和管理规范的，应当自接收备案材料之日起15个工作日内通知备案机构，说明理由并向社会公开。托育机构举办者必须依法办理所有登记备案手续并审核通过后方能正式宣传招生，开展托育服务活动。

另外，托育机构变更登记、注销登记后，应当及时登录托育机构备案信息系统向卫生健康部门变更备案信息或报送注销信息。卫生健康、编制、民政、市场监管等部门应当将托育服务有关政策规定、托育机构登记和备案要求、托育机构有关信息在官方网站公开，接受社会查询和监督。

二、托育机构的管理

国务院办公厅《关于促进3岁以下婴幼儿照护服务发展的指导意见》指出，我国3岁以下婴幼儿照护服务坚持“属地管理”“分工负责”原则。在纵向管理上，我国坚持“属地管理”原则，地方政府对婴幼儿照护服务的规范发展和安全监管负主要责任，制定婴幼儿照护服务的规范细则，各相关部门按照各自职责负监管责任。在横向管理上，我国坚持“分工负责”原则，婴幼儿照护服务发展工作由卫生健康部门牵头，发展改革、教育、公安、民政、财政、人力资源和社会保障、自然资源、住房城乡建设、应急管理、税务、市场监管等部门要按照各自职责，加强对婴幼儿照护服务的指导、监督和管理。同时，还应积极发挥工会、共青团、妇联、计划生育协会、宋庆龄基金会等群团组织和行业组织的作用，加强社会监督，强化行业自律，大力推动婴幼儿照护服务的健康发展。在托育机构内部管理上，《托育机构设置标准（试行）》明确规定，“托育机构负责人负责全面工作”，综合管理托育机构各项工作。

《托育机构管理规范（试行）》

《托育机构管理规范（试行）》指出，加强托育机构管理，坚持儿童优先的原则，尊重婴幼儿成长特点和规律，最大限度地保护婴幼儿，确保婴幼儿的安全和健康，并从收托、保育、健康、安全、人员、监督六个方面对托育机构的管理内容进行了规定。

（一）收托管理

（1）明确收托要求。婴幼儿监护人应当主动向托育机构提出入托申请，并提交真实的婴幼儿及其监护人的身份证明材料。婴幼儿进入托育机构前，应按要求完成适龄的预防接种，经医疗卫生机构健康检查合格后方可入托。托育机构应当与婴幼儿监护人签订托育服务协议，明确双方的责任、权利和义务。

（2）建立信息制度。托育机构应当建立收托婴幼儿信息管理制度，及时采集、更新，定期向备案部门报送。托育机构应当建立信息公示制度，定期公示收费项目和标准、保育照护、膳食营养、卫生保健、安全保卫等情况，接受监督。

（3）加强家托社联系。托育机构应当建立与家长联系的制度，定期召开家长会议，应当成立家长委员会，加强与家长的联系与合作。同时，托育机构应当加强与社区的联系与合作，面向社区宣传科学育儿知识，开展多种形式的服务活动，促进婴幼儿早期发展。

（二）保育管理

（1）合理安排婴幼儿的活动。托育机构应当科学合理安排婴幼儿的生活；顺应喂养，科学制定食谱；保证婴幼儿每日户外活动不少于 2 小时；坚持以游戏为主要活动形式，合理安排游戏活动。

（2）遵循托育规律。托育机构应当提供适宜刺激，丰富婴幼儿的直接经验，支持婴幼儿主动探索、操作体验、互动交流和表达表现。

（3）完善记录和反馈制度。托育机构应当建立照护服务日常记录和反馈制度，定期与婴幼儿监护人沟通婴幼儿发展情况。

（三）健康管理

（1）做好环境卫生。托育机构应当完善相关制度，切实做好婴幼儿和工作人员的健康管理，做好室内外环境卫生。

（2）坚持健康观察。托育机构应当坚持晨午检和全日健康观察，发现婴幼儿身体、精神、行为异常时，应当及时通知婴幼儿监护人；托育机构发现婴幼儿遭受或疑似遭受家庭暴力的，应当依法及时向公安机关报案。

（3）坚持健康检查。托育机构工作人员上岗前，应当经医疗卫生机构进行健康检查，合格后方可上岗；托育机构应当组织在岗工作人员每年进行1次健康检查。

（四）安全管理

（1）健全安全制度。托育机构应当建立健全安全防护措施和检查制度，配备必要的安保人员和物防、技防设施；建立完善的婴幼儿接送制度。

（2）加强安全教育。托育机构应当制订重大自然灾害、传染病等突发事件的应急预案，定期对工作人员进行安全教育和突发事件应急处理能力培训；明确专兼职消防安全管理人员及管理职责，加强消防设施维护管理，确保用火用电用气安全；工作人员应当掌握急救的基本技能和防范、避险、逃生、自救的基本方法，在紧急情况下必须优先保障婴幼儿的安全。

（3）建立监控体系。托育机构应当建立照护服务、安全保卫等监控体系。监控报警系统确保24小时设防，婴幼儿生活和活动区域应当全覆盖。

（五）人员管理

（1）严格准入资格。托育机构工作人员应当具有完全民事行为能力和良好的职业道德，热爱婴幼儿，身心健康，无虐待儿童记录，无犯罪记录，并符合国家和地方相关规定要求的资格条件。

（2）建立培训制度。托育机构应当建立工作人员岗前培训和定期培训制度，不断提高工作人员的专业能力、职业道德和心理健康水平，增强法治意识。

（3）签订劳动合同。托育机构应当依法与工作人员签订劳动合同，保障工作人员的合法权益。

（六）监督管理

（1）加强民主管理。托育机构应当加强党组织建设，积极支持工会、共青团、妇联等组织开展活动；建立工会组织或职工代表大会制度，依法加强民主管理和监督。

（2）制订工作计划。托育机构应当制订年度工作计划，每年年底向卫生健康部门报告工作，必要时随时报告。

（3）加强社会监督。建立托育机构信息公示制度和质量评估制度，实施动态管理，加强社会监督。各级妇幼保健、疾病预防控制、卫生监督等机构应当按照职责加强对托育机构卫生保健工作的业务指导、咨询服务和监督执法。

《家庭托育点管理办法（试行）》

为规范家庭托育点发展，满足人民群众多样化服务需求，2023 年 10 月，我国颁布的《家庭托育点管理办法（试行）》规定了家庭托育点的登记备案、服务内容、人员资质、房屋设施、安全健康、监督管理等内容。

在登记备案、服务内容、监督管理等方面，该办法要求“家庭托育点是指利用住宅为 3 岁以下婴幼儿提供全日托、半日托、计时托、临时托等托育服务的场所，收托婴幼儿数不得超过 5 人”“家庭托育点名称中应当注明‘托育’字样，在服务范围及经营范围中明确‘家庭托育服务’”“家庭托育点应当为婴幼儿提供生活照料、安全看护、平衡膳食和早期学习机会，促进婴幼儿身心健康发展”“家庭托育点由卫生健康部门主管，住房城乡建设、市场监管等相关部门按照各自职责，加强对家庭托育点的指导、监督和管理”。

在人员资质方面，家庭托育点的照护人员应具备四个方面的条件：一是具有保育教育、卫生健康等婴幼儿照护经验或相关专业背景；二是受过婴幼儿保育、心理健康、食品安全、急救和消防等培训；三是身体健康，无精神病史；四是无性侵害、虐待、拐卖、暴力伤害等违法犯罪记录。每 1 名照护人员最多看护 3 名婴幼儿。家庭托育点照护人员“不得歧视、侮辱、虐待、体罚、变相体罚婴幼儿或者实施其他侵害婴幼儿权益的行为”。

在房屋设施和安全管理方面，该办法规定家庭托育点应“通风良好、日照充足、温度适宜、照明舒适”“婴幼儿人均建筑面积不得小于 9 m^2”“房屋结构、设施设备、装饰装修材料、家具用具等，应当符合国家相关安全质量标准和环保标准，符合抗震、防火、疏散等要求”“应当设置视频安防监控系统，对婴幼儿生活和活动区域进行全覆盖监控”。

第二节　托育机构的保育

党的二十大报告将托育列为当前工作的难题之一，体现了新时代党和政府对这一问题的高度重视。托育服务是儿童福利体系的重要内容，也是提升人力资源禀赋的关键机制。婴幼儿保教服务及其质量对儿童发展、国民素质整体提升、国家经济与社会和谐发展具有重要战略意义。[1] 托育机构保育是婴幼儿照护服务的重要组成部分，包括生活照料、安全看护、平衡膳食、早期学习活动等，用以促进婴幼儿身体和心理的健康和谐发展。

一、托育机构保育基本原则

托育机构保育基本原则，指托育机构从业人员必须遵循的基本规范和要求。它既是托育机构从业人员保育活动的指导，也是婴幼儿在托育机构中能够接受科学保育服务的保证。我国托育机构保育强调在遵循婴幼儿身心发展规律和教育规律的基础上进行生活照护、回应支持和早期学习。3 岁以下婴幼儿托育机构保育应遵循四大基本原则：尊重儿童、安全健康、积极回应和科学规范。

（一）尊重儿童

尊重儿童，就是要尊重儿童成长的自主性，遵守成长的自然规律，把儿童当做一个完整的生命个体。《托育机构保育指导大纲（试行）》指出，“坚持儿童优先，保障儿童权利。尊重婴幼儿成长特点和规律，关注个体差异，促进每个婴幼儿全面发展”。

（二）安全健康

托育机构的主要照顾对象是婴幼儿，在这个阶段，婴幼儿生活的依附性最强，自主能力较弱，环境的刺激会影响婴幼儿的健康成长，一个稳定、支持性的环境对婴幼儿的发展至关重要。《托育机构保育指导大纲（试行）》指出，“最大限度地保护婴幼儿的安全和健康，切实做好托育机构的安全防护、营养膳食、疾病防控等工作”。

（三）积极回应

充满尊重与回应的照料，对于婴幼儿建立安全的依恋关系，培养其对成人的信任和积极的“自我”至关重要。通过为婴幼儿提供温暖的、具有支持性的、敏感发现婴幼儿需求并及时给予积极回应的良好养育照护环境，帮助其建立对保育人员的信任感，促使其养成良好的性格与习惯。《托育机构保育指导大纲（试行）》指出，“提供支持性环境，敏感观察婴幼儿，理解其生理和心理需求，并及时给予积极适宜的回应”。

---

① 庞丽娟，王红蕾，冀东莹，等. 有效构建我国0—3岁婴幼儿教保服务体系的政策思考[J]. 北京师范大学学报（社会科学版），2019（6）：5-11.

（四）科学规范

科学规范是指按照儿童优先的准则，科学、规范、合理地最大限度保护婴幼儿。《托育机构保育指导大纲（试行）》指出，“按照国家和地方相关标准和规范，合理安排婴幼儿的生活和活动，满足婴幼儿生长发育的需要”。

案例　普惠托育破解年轻人“带娃难”①

如今，针对婴幼儿托育服务的不同需求，全国各地因地制宜进行有的放矢的探索。为了帮助年轻父母实现“带娃、上班两不误”的“理想态”，江苏无锡将托育园开到了办公楼门口。江苏无锡太科城（新安）某托育中心负责人表示，托育园刚“亮相”太科城产业园时，在园内上班的年轻职工纷纷前来“围观”，并主动“带娃体验”。

在北京市西城区椿树街道某托育园，附近的家长们实现了“家门口寄娃”，享受到高质量的托育服务。北京市西城区椿树街道办事处副主任分享了发生在托育园里的一件趣事，“刚开园时，一些孩子的爷爷奶奶担心托育园里的老师带不好娃，常常背着宝爸宝妈们来‘抢孩子’。但隔了几周后，看到孩子们被带得很好，有了成长变化，他们放心了，主动把孩子送到托育园里来”。

在北京，一些各具特色的托育新模式正不断涌现出来。北京市西城区椿树街道香炉营社区的居民自发成立了共享妈妈互助成长驿站，针对小区周末、假期及临时无法照料孩子的家庭，打造共享妈妈互助托管班，实现“互助带娃”。北京、广东、浙江等地在试点老幼共托模式，一站式解决居民养老、托育两大难题，帮助“上有老下有小”家庭缓解后顾之忧。

山东烟台办的“楼上楼下”家庭托育点，被附近不少家长点赞。山东济宁在企业开办托育班，黑龙江发展起家庭托育点，上海形成以幼儿园托班为主体、普惠性资源为主导的托育服务体系……这些探索让宝爸宝妈的带娃“心结”逐渐解开。

看到全国各地蓬勃展开的托育服务创新实践，北京一位宝妈深受触动，她感到从国家政策层面到各地都在努力解决“带娃难”，推动建设生育友好型社会，给年轻父母更多助力，这让她感到更有信心、更踏实了。

二、托育机构保育目标与要求

为指导托育机构为 3 岁以下婴幼儿提供科学、规范的照护服务，按照国务院

---

① 温维娜，朱仪杰. 普惠托育破解年轻人“带娃难”[N]. 中国青年报,2024-12-03（3）.

办公厅《关于促进 3 岁以下婴幼儿照护服务发展的指导意见》的要求，国家卫健委组织制定了《托育机构保育指导大纲（试行）》，对提高婴幼儿照护服务规范化水平，促进婴幼儿健康成长具有重要意义。《托育机构保育指导大纲（试行）》表明，“托育机构保育工作应当遵循婴幼儿发展的年龄特点与个体差异，通过多种途径促进婴幼儿身体发育和心理发展”。保育重点涵盖生活和发展两部分，具体包括营养与喂养、睡眠、生活与卫生习惯、动作、语言、认知、情感与社会性发展等。

《托育机构保育指导大纲（试行）》

（一）生活目标及要求

1. 营养与喂养

（1）目标

获取安全、营养的食物，达到正常生长发育水平；养成良好的饮食行为习惯。

（2）内容

7—12 个月：继续母乳或配方奶喂养，及时添加辅食，引入新食物时观察是否有不良反应，不强迫喂食，鼓励婴儿尝试自己进食。

13—24 个月：继续母乳或配方奶喂养，提供多种食物；鼓励和协助幼儿自己进食，顺应喂养。

25—36 个月：提供多种类食物，培养幼儿专注进食习惯；鼓励幼儿参与协助分餐、摆放餐具。

（3）指导建议

制定膳食计划和科学食谱，为婴幼儿提供与年龄发育特点相适应的食物，规律进餐，为有特殊饮食需求的婴幼儿提供喂养建议。

为婴幼儿创造安静、轻松、愉快的进餐环境，协助婴幼儿进食，并鼓励婴幼儿表达需求、及时回应，顺应喂养，不强迫进食。

有效控制进餐时间，加强进餐看护，避免发生伤害。

2. 睡眠

（1）目标

获得充足睡眠，养成独自入睡和作息规律的良好睡眠习惯。

（2）内容

7—12 个月：识别婴儿困倦信号，培养婴儿独自入睡；帮助婴儿调整入睡姿势；观察婴儿睡眠状态，减少安抚行为。

13—24 个月：固定幼儿睡眠和唤醒时间；坚持开展睡前活动，确保幼儿进入较安静状态；培养幼儿独自入睡的习惯。

25—36 个月：规律作息，每日有充足的午睡时间；引导幼儿自主做好睡眠准备。

（3）指导建议

为婴幼儿提供良好的睡眠环境和设施，温湿度适宜，白天睡眠不过度遮蔽光线，设立独立床位，保障安全、卫生。

加强睡眠过程巡视与照护，注意观察婴幼儿睡眠时的面色、呼吸、睡姿，避免发生伤害。

关注个体差异及睡眠问题，采取适宜的照护方式。

3. 生活与卫生习惯

（1）目标

学习盥洗、如厕、穿脱衣服等生活技能；逐步养成良好的生活卫生习惯。

（2）内容

7—12 个月：及时更换尿布，保持身体干爽清洁；生活照护过程中，与婴儿互动交流；识别及回应婴儿的需求。

13—24 个月：帮助幼儿形成排便规律，学坐便盆；帮助幼儿洗手、穿脱衣服；引导学会咳嗽和打喷嚏。

25—36 个月：培养幼儿主动如厕；引导餐后漱口，正确洗手、擦手；鼓励幼儿自己穿脱衣服。

（3）指导建议

保持生活场所的安全卫生，预防异物吸入、烧烫伤、跌落伤、溺水、中毒等伤害发生。

在生活中逐渐养成婴幼儿良好习惯，做好回应性照护，引导其逐步形成规则和安全意识。

注意培养婴幼儿良好的用眼习惯，限制屏幕时间。

注意培养婴幼儿良好的口腔卫生习惯，预防龋齿。

在各个生活环节中，做好观察，发现有精神状态不良、烦躁、咳嗽、打喷嚏、呕吐等表现的婴幼儿，要加强看护，必要时及时隔离，并联系家长。

（二）发展目标及要求

1. 动作

（1）目标

掌握基本的大运动技能，达到良好的精细动作发育水平。

（2）内容

7—12 个月：鼓励身体活动；鼓励婴儿自主探索从躺位变成坐位，从坐位转为爬行，逐渐到扶站、扶走；提供适宜的玩具，促进精细动作发育。

13—24 个月：鼓励形式多样的身体活动，为幼儿提供参加活动的机会；提供多种类活动材料，促进精细动作发育；鼓励幼儿自己喝水、用小勺吃饭、自己翻书等。

25—36 个月：为幼儿提供参加走直线、跑、跨越低矮障碍物、双脚跳等活动的机会；提供多种类活动材料，促进精细动作发育；鼓励幼儿自己用水杯喝水、用勺吃饭、协助收纳等。

（3）指导建议

在各个生活环节中，创造丰富的身体活动环境，确保活动环境和材料安全、卫生。

充分利用日光、空气和水等自然条件，进行身体锻炼，保证充足的户外活动时间。

安排类型丰富的活动和游戏，并保证每日有适宜强度、频次的大运动活动。做好运动中的观察及照护，避免发生伤害。

关注患病婴幼儿。处于急慢性疾病恢复期的婴幼儿，及时调整活动强度和时间；发现运动发育迟缓的婴幼儿，给予针对性指导，及时转介。

2. 语言

（1）目标

对声音和语言感兴趣，学会正确发音；学会倾听和理解语言，逐步掌握词汇和简单的句子；学会运用语言进行交流，表达自己的需求；愿意听故事、看图书，初步发展早期阅读的兴趣和习惯。

（2）内容

7—12 个月：引导婴儿对发音产生兴趣，模仿和学习简单的发音；向婴儿复述生活中常见物品和动作；引导婴儿表达自己的需求；为婴儿选择合适的图画书，朗读简单的故事或儿歌。

13—24 个月：逐步将语言与实物或动作建立联系；鼓励幼儿模仿和学习使用词语或短句表达自己的需求；引导幼儿学会倾听，积极使用语言进行交流；提供机会让幼儿多读绘本、多听故事、学念儿歌。

25—36 个月：指导幼儿正确地运用词语说出简单的句子；鼓励幼儿用语言表达自己的需求和感受；使幼儿多听、多看、多说、多问、多想，谈论生活中的所见所闻；培养幼儿阅读的兴趣和能力。

（3）指导建议

创设丰富和应答的语言环境，提供正确的语言示范，保持与婴幼儿的交流与沟通，引导其倾听、理解和模仿语言。

为不同月龄婴幼儿提供和阅读适合的儿歌、故事和图画书，培养早期阅读兴趣和习惯。

关注语言发展迟缓的婴幼儿，并给予个别指导。

3. 认知

（1）目标

运用各种感官探索周围环境，有好奇心和探索欲；逐步发展注意、观察、记忆、思维等认知能力；学会想办法解决问题，有初步的想象力和创造力。

（2）内容

7—12 个月：提供材料，激发婴儿的观察兴趣；鼓励婴儿调动各种感官，感知物体；引导婴儿观察周围的事物，模仿所看到的某些事物的声音和动作。

13—24 个月：引导幼儿运用各种感官探索周围环境；鼓励幼儿辨别生活中常见物体的明显特征；鼓励幼儿在操作、摆弄、模仿等活动中想办法解决问题。

25—36 个月：引导幼儿运用各种感官反复持续探索周围环境；启发幼儿进行简单的分类，并感受生活中的数学；培养幼儿的专注力；鼓励幼儿主动思考、积极提问并大胆猜想。

（3）指导建议

创设环境，促进婴幼儿通过视、听、触摸等多种感觉活动与环境充分互动，丰富认识和记忆经验。

保护婴幼儿对周围事物的好奇心和求知欲，耐心回应婴幼儿的问题，鼓励自己寻找答案。

在确保安全健康的前提下，支持和鼓励婴幼儿的主动探索。

4. 情感与社会性

（1）目标

能够理解和表达情绪，逐步发展情绪和行为的自我控制，发展初步的社会交往能力。

（2）内容

7—12 个月：把握婴儿的情绪变化，尊重和满足其情感需求；引导婴儿理解和辨别高兴、喜欢、生气等不同情绪；理解婴儿的情感需求并及时回应；创设温暖、愉快的情绪氛围，促进婴儿交往的积极性。

13—24 个月：引导幼儿表达自己的情绪；培养幼儿愉快的情绪，及时肯定和鼓励幼儿适宜的态度和行为；引导幼儿认识他人不同的想法和情绪；引导幼儿理解并遵守简单的规则。

25—36 个月：引导幼儿通过语言和行为等方式表达情绪情感；指导其学会简单的情绪调节策略；创设人际交往的机会和条件，使幼儿感受与人交往的愉悦；帮助幼儿理解和遵守简单的规则。

（3）指导建议

观察了解每个婴幼儿独特的沟通方式和情绪表达特点，正确判断其需求，并给予及时、恰当的回应。

与婴幼儿建立信任和稳定的情感联结，使其有安全感。

建立一日生活和活动常规，开展规则游戏，帮助婴幼儿理解和遵守规则，逐步发展规则意识，适应集体生活。

创造机会，支持婴幼儿与同伴和成人的交流互动，体验交往的乐趣。

三、托育机构的保育活动规范

保育活动是托育机构照护婴幼儿的重要工作，发挥着保障婴幼儿人身安全，促进婴幼儿身心健康发展的重要作用。为了规范托育机构有效地开展相关保育活动，国家卫健委、教育部等多部门发布了相关文件，对托育机构卫生保健、喂养与营养等各个方面做出了明确的规定。

（一）卫生保健

卫生保健工作不仅仅是为了防止婴幼儿疾病的发生、增强婴幼儿体质，还包括帮助幼儿建立良好的生理、心理状态和社会适应能力。因此，托育机构保育人员应注重从儿童的身心两个方面进行卫生保健工作。基于此，国家卫健委印发了《托儿所幼儿园卫生保健工作规范》对相关行为进行指导，文件中明确指出卫生保健工作的主要任务是“为集体儿童创造良好的生活环境，预防控制传染病，降低常见病的发病率，培养健康的生活习惯，保障儿童的身心健康”。

《托儿所幼儿园卫生保健工作规范》

具体而言，卫生保健工作的重点内容应当从一日生活安排、儿童膳食、体格锻炼、健康检查、卫生与消毒、传染病预防与控制、常见病预防与管理、伤害预防、健康教育、信息收集十个方面展开。

比如，托育机构应当保证婴幼儿的饮用水源符合国家《生活饮用水卫生标准》，每日上下午各 1 ~ 2 次集中饮水，每次 50 ~ 100 毫升，并根据季节进行适当调整。在食品安全上，托幼机构不得提供冷荤凉菜，食堂应该每日清扫消毒，保证进餐环境卫生整洁。餐后应当保留不少于 100 克的留样便于检查，留样时长至少 48 小时。

（二）喂养与营养

婴幼儿的健康发展离不开科学的喂养和均衡的营养供给。因此，托育机构应结合婴幼儿的生理特点和成长需求，制定科学的喂养制度。针对不同年龄段的婴幼儿，需明确喂养与营养的重点，同时在食育、喂养及膳食管理方面做出规范化要求。此外，科学喂养与营养的实施离不开完善的管理制度。托育机构应严格依据《中华人民共和国食品安全法》《中华人民共和国食品安全法实施条例》等相关法规，建立健全相关制度，如喂养管理制度、供餐管理制度、食品安全培训制度等，确保喂养与膳食工作的安全性和科学性。同时，国家卫健委印发的《托育机构婴幼儿喂养与营养指南（试行）》，中国营养学会发布的《中国婴幼儿膳食指南（2022）》也

《托育机构婴幼儿喂养与营养指南（试行）》

为托育机构在膳食设计与管理中提供了科学依据。这些规范和指导不仅能够保障婴幼儿的营养需求，也为其健康成长奠定了良好基础。

四、托育机构的伤害防护

《托育机构婴幼儿伤害预防指南（试行）》

保障婴幼儿的人身安全是托育机构工作的核心内容之一。由于婴幼儿安全意识不足，容易因不当行为导致意外伤害，托育机构的从业人员必须在一日生活流程的各个环节中全方位关注并保障婴幼儿的安全，重点开展五个方面的工作：第一，根据现有法律和相关规定要求，落实安全管理的主体责任，健全细化安全防护制度，认真执行各项安全措施；第二，排查并去除托育机构内环境安全隐患，提升环境安全水平；第三，规范和加强对婴幼儿的照护；第四，开展针对工作人员、家长以及幼儿的伤害预防教育和技能培训；第五，加强对工作人员的急救技能培训，配备基本的急救物资。针对窒息、跌倒伤、烧烫伤、溺水、中毒、异物伤害、道路交通伤害等 3 岁以下婴幼儿常见的伤害类型，托育机构应以最大限度保护婴幼儿的安全与健康为目标，制定详细且可操作的伤害防护规定，从安全管理、改善环境、加强防护等方面制定涵盖多种常见伤害的预防措施。例如，针对窒息风险，制定和落实预防婴幼儿窒息的管理细则，做好婴幼儿生活环境和娱乐运动设备导致窒息风险的定期排查和清除，婴幼儿睡眠、喂养照护与管理等；防止跌倒伤害，定期排查和清除婴幼儿生活环境和娱乐运动设备跌倒伤风险，同时做好婴幼儿玩耍娱乐、上下楼、睡眠等活动的安全照护与管理等。

《关于优化生育政策促进人口长期均衡化发展的决定》

五、托育机构质量监测与评估

高质量托育能促进婴幼儿的发展，为人的终身发展奠定良好基础。《关于优化生育政策促进人口长期均衡化发展的决定》明确了发展普惠托育服务体系的目标，并提出了建立健全支持政策和标准规范体系、大力发展多种形式的普惠服务、加强综合监管三项重要措施。补齐托育政策短板，构建系统完善的托育服务体系成为“幼有所育”目标能否实现的关键。[①]

《托育机构质量评估标准》

参与高质量照护是“社会公平性”和“打破代际贫困传递”的有效手段。为促进托育机构的规范化和高质量发展，我国颁布《托育机构质量评估标准》，对托育机构的办托条件、托育队伍、保育照护、

---

① 胡马琳，蔡迎旗. 我国0—3岁婴幼儿托育政策的价值取向变迁研究[J]. 教育学术月刊，2021(10)：40-48.

卫生保健、养育支持、安全保障、机构管理等内容进行了规定。

（一）办托条件

办托条件是保障托育机构质量的物质基础。根据《托育机构质量评估标准》规定，托育机构的办托条件包括“托育机构资质、环境空间、设备设施和玩具材料”等方面。托育机构“应取得提供托育服务的营业执照，营业范围中应明确注明‘托育服务’或‘3岁以下婴幼儿照护服务’”，应有《食品经营许可证》、消防安全检查合格证明等。环境空间条件和设施设备的配备应该能够满足婴幼儿的一日生活、游戏的需求，房屋空气质量合格，符合《室内空气质量标准》。婴幼儿用房明亮，天然采光。窗洞开口面积不少于该房间面积的20%。设施设备的配备应该安全健康，符合国家标准，婴幼儿生活用房布置在3层及以下，不布置在地下室或半地下室，有区域划分。在设备设施上，托育机构应配备适合婴幼儿的家具与洁具及安全防护措施。玩教具的配备应符合婴幼儿年龄特点，满足、支持婴幼儿的发展需要，如“配有符合不同月龄段婴幼儿动作、认知、语言、情感与社会性等各个领域发展特点的玩具”“玩具不少于5类”“且玩具有安全标识或符合安全卫生要求”。

（二）托育队伍

托育队伍是托育质量的基础和核心要素，托育队伍的素质水平直接影响托育机构的保育照护质量。根据《托育机构质量评估标准》规定，托育机构的托育队伍包括人员配备、队伍建设、权益保障等方面。在人员配备上，要求：负责人具有大专及以上学历，有从事儿童保育教育、卫生健康等相关管理工作3年以上的经历；保育人员具备中专或普通高中及以上学历，并具有婴幼儿照护经验或相关专业背景，具备良好职业道德；卫生保健人员应具有高中以上学历，经过妇幼保健机构组织的卫生保健专业知识培训合格等。在队伍建设上，对理论培训学时、实践培训学时、培训总时间有具体要求，并提出通过建立制度、组织培训、监测、心理评估等方式，确保托育工作人员具有良好的职业道德修养。在权益保障方面，“应依法与所有托育工作人员签订劳动合同”“为所有符合条件的托育工作人员办理缴纳社会保险费”。

（三）保育照护

保育照护是托育机构的质量核心。[①] 托育机构要创设适宜环境，合理安排一日生活和活动，提供生活照料、安全看护、平衡膳食和早期学习机会，促进婴幼儿身心全面发展。根据《托育机构质量评估标准》规定，托育机构保育照护包括“情感氛围、生活照护、发展支持”等部分。在情感氛围上，要求“保育人员以温暖、尊

---

① 丛中笑，郑党，杨印，等.当前托育机构质量建设的现状和影响因素分析：基于9省市43所托育机构的实地调研[J].早期儿童发展，2022（2）：32-43.

重的态度与婴幼儿积极交流互动，尽可能及时回应婴幼儿的情感需求”；在生活照护上，要求“根据婴幼儿的生理节律科学安排哺喂、饮水、进餐、换尿布、如厕、盥洗、睡眠、活动等一日生活，各项内容时间安排相对固定，保证作息的规律性”等；在发展支持上，要求“制定多种形式的活动计划”“为婴幼儿提供丰富的感知环境和操作材料”等。

（四）卫生保健

卫生保健是托育机构的一项重点工作，其主要任务是贯彻预防为主、保教结合的工作方针。托育机构应该建立完善的卫生保健制度，加强健康管理，根据婴幼儿年龄特点和身体发育需求，做好相应的照护工作。根据《托育机构质量评估标准》规定，托育机构卫生保健包括“卫生保健工作制度、健康管理、膳食营养、传染病管理、常见病管理”等内容。在卫生保健工作制度上，要求有一日生活制度、膳食管理制度、体格锻炼制度、卫生与消毒制度、健康检查制度、传染病预防与控制制度、常见病预防与管理制度、伤害预防制度、健康教育制度、卫生保健信息收集制度等；在健康管理方面，要求“收托时查验全体入托婴幼儿‘预防接种证’和入托体检表”，每名婴幼儿有健康档案等；在膳食营养方面，“食物烹调方式、食材加工大小等符合婴幼儿发育特点”；在传染病管理方面，“应做好日常卫生和预防性消毒工作”等；在常见病管理方面，需要“对贫血、营养不良、超重肥胖的婴幼儿进行登记和管理，并提供相应的照护”等。

（五）养育支持

家庭和社区是婴幼儿养育的重要主体，托育机构开展保育活动要合理依托社区、服务家庭，通过多种途径做好家长信息交流，赋能家庭做好科学育儿。根据《托育机构质量评估标准》规定，养育支持包括“与家长合作、与社区联动”两方面。在与家长合作方面，通过“与家长签订协议，明确双方责任、权利义务、服务项目、收费标准以及争议纠纷处理方法”等措施加强与家长的合作交流；在社区联动方面，需要“积极与社区联动，为社区婴幼儿及家长提供科学育儿支持（如亲子活动、育儿宣传活动、入户指导、早期干预等），充分利用社区资源，支持托育机构照护服务”。

（六）安全保障

安全是托育机构生存与发展的生命线。托育机构的安全保障工作应以制度化、规范化建设为核心，突出预防为主的原则，明确责任分工、确保责任落实到人。根据《托育机构质量评估标准》规定，安全保障分为安全领导组织建设、安全制度建设、安全隐患排查、安全防控体系建设、应急管理、安全教育与风险防控等部分。

在安全领导组织建设方面，要求“机构法定代表人或机构负责人是机构安全第一责任人，负责托育机构的安全管理工作”等；在安全制度建设方面，要“建立外来人员出入登记制度”“建立消防设备检查制度、设施设备安全检查制度及维护检修制度、监控视频存储和调取制度、食品安全检查制度”等；在安全隐患排查方面，要安排专人进行设备设施隐患排查、食品安全隐患排查、消防设备检查”等；在安全防控体系建设方面，建立起“人防建设”“物防建设”“技防建设”；在应急管理方面，做好应急预案、应急演习、应急救护等；在安全教育与风险防控方面，要做好“安全教育工作计划”和“安全教育”。

（七）机构管理

机构管理是有效保障托育机构规范运行的基础。托育机构进行管理的重点在于设置合理、规范、健全的组织架构，并明确人员的岗位职责。根据《托育机构质量评估标准》规定，托育机构管理包括文化建设、组织架构与岗位职责、人事管理、费用公示”等方面。在文化建设方面，要“有明确的办托理念以及正确的照护理念，理念符合国家的婴幼儿照护工作方针和相关法律法规”；在组织架构与岗位职责方面，要“设置合理、规范、健全的组织架构，组织架构包括但不限于保育照护、卫生保健、后勤保障与安全等”；在费用公示方面，要“对家长公开收费项目、收退费标准及膳食费专款专用情况”。

第三节　托育机构人员

优质的托育服务离不开高素质的托育从业人员，其专业水平与职业素养直接关系到托育机构服务质量的高低。因此，加强托育机构从业人员队伍建设，既是提升托育服务水平的关键举措，也是满足家庭和社会对高品质托育需求的重要保障。在《托育机构设置标准（试行）》和《托育机构管理规范（试行）》等政策文件中，针对托育从业人员的配置要求、资格认定以及职业规范等方面，均进行了更加明确和具体的规定，为托育行业的规范化、专业化发展提供了制度支持。2021 年 7 月，中共中央、国务院《关于优化生育政策促进人口长期均衡发展的决定》提出要“加大专业人才培养力度，依法逐步实行从业人员职业资格准入制度”。2022 年 4 月，十三届全国人大常委会颁布的《中华人民共和国职业教育法》明确规定加快培养托育等方面技术技能人才。

一、托育机构人员职业资格

国务院办公厅颁布的《关于促进 3 岁以下婴幼儿照护服务发展的指导意见》指出，“依法逐步实行工作人员职业资格准入制度，对虐童等行为零容忍，对相关个人和直接管理人员实行终身禁入”。

《托育机构设置标准（试行）》和《托育机构管理规范（试行）》对托育机构人员的资格做出了明确规定：托育机构负责人应当具有大专以上学历、有从事儿童保育教育、卫生健康等相关管理工作 3 年以上的经历，且经托育机构负责人岗位培训合格；保育人员应当具有婴幼儿照护经验或相关专业背景，受过婴幼儿保育相关培训和心理健康知识培训；保健人员应当经过妇幼保健机构组织的卫生保健专业知识培训合格；保安人员应当取得公安机关颁发的“保安员证”，并由获得公安机关“保安服务许可证”的保安公司派驻。这些政策文件大多是对托育机构人员基本的硬件进行规定，对人员应当具有的专业资质并未明确要求。

二、托育从业人员职业行为准则

《托育从业人员职业行为准则（试行）》

为深入贯彻党的二十大精神，认真落实中共中央、国务院《关于优化生育政策促进人口长期均衡发展的决定》和《国务院办公厅关于促进 3 岁以下婴幼儿照护服务发展的指导意见》，建设一支品德高尚、富有爱心、敬业奉献、素质优良的托育服务队伍，2022 年 11 月，国家卫生健康委制定出台了《托育从业人员职业行为准则（试行）》（本部分以下简称《职业准则》），以进一步增强托育从业人员的责任感、使命感和荣誉感，规范职业行为。

《职业准则》提出了托育从业人员十项行为准则，既有正面倡导、高线追求，也有负面禁止、底线要求。例如，“注重情感呵护”是对托育从业人员的一项准则要求，其内容中的“敏感观察，积极回应，尊重个体差异，关心爱护每一位婴幼儿，形成温暖稳定的关系”是正面倡导、高线追求；相应的负面禁止、底线要求是“不得忽视、歧视、侮辱、虐待婴幼儿”。《职业准则》是国家在新时代背景下结合新要求、新形势和新问题制定的托育从业人员职业行为规范，不仅规范托育从业人员职业道德行为，还对托育从业人员提高政治素质、传播优秀文化、积极奉献社会等方面提出要求，其内容涉及“个体与国家的关系”“个体与幼儿的关系”“个体与家长的关系”“个体与职业的关系”“个体与同事的关系”五个维度。其结构如表 10-3-1 所示。

表 10-3-1 《托育从业人员职业行为准则（试行）》结构

处理的关系	准则内容
个体与国家的关系	坚定政治方向
	自觉爱国守法
	传播优秀文化
个体与婴幼儿的关系	注重情感呵护
	提供科学照护
	保障安全健康
个体与家长的关系	践行家托共育
	坚守诚信自律
个体与职业的关系	提升专业素养
个体与同事的关系	加强团队协作

三、托育机构人员培养与培训

国务院办公厅《关于促进 3 岁以下婴幼儿照护服务发展的指导意见》提出要加强婴幼儿照护相关专业人才队伍建设。高等院校和职业院校（含技工院校）要根据需求开设婴幼儿照护相关专业，结合行业发展动态优化专业设置，完善教学标准，加大培养力度。将婴幼儿照护服务人员作为急需紧缺人员纳入培训规划，切实加强婴幼儿照护服务相关法律法规培训，大力开展职业道德和安全教育、职业技能培训，提高婴幼儿照护服务能力和水平。要注重培训内容的适宜性、引领性和培训方式的实践性、现场性。[①] 为深入贯彻国务院办公厅《关于促进 3 岁以下婴幼儿照护服务发展的指导意见》精神，切实加强托育服务人才队伍建设，2021 年 8 月，国家卫生健康委印发《托育机构负责人培训大纲（试行）》《托育机构保育人员培训大纲（试行）》，对托育机构负责人和保育人员培训进行规范。

《托育机构负责人培训大纲（试行）》《托育机构保育人员培训大纲（试行）》

（一）托育机构负责人培训

1. 培训对象

拟从事或正在从事托育机构管理工作的负责人。

① 蔡迎旗，陈志其. 我国早期教育专业师资培养中亟需厘清的基本问题[J]. 现代教育管理，2020（6）：48–55.

2. 培训目标

使参训托育机构负责人端正办托思想，正确理解贯彻党和国家的托育服务方针政策；规范办托行为，具备履行岗位职责必备的基本知识与能力；增强管理能力，能够科学组织与管理托育机构。

3. 培训方式和内容

培训采取理论和实践相结合、线上与线下相结合的方式。培训内容包含理论培训和实践培训两大类，其中理论培训包含法律法规和政策文件、职业道德、专业理念、规范发展、卫生保健知识、安全防护、保育管理、人员队伍管理、外部关系等9个方面，实践培训包含机构规范设置、日常管理制度、保育活动组织、应急管理训练4个方面。

4. 培训原则和考核

培训坚持岗位胜任、需求导向、多元方式三大原则。在培训考核上，考核内容分为理论考试和实践技能考核两部分，要求各级卫生健康部门负责对培训效果进行抽查。

（二）托育机构保育人员培训

1. 培训对象

拟从事或正在从事托育机构保育工作的保育人员。

2. 培训目标

使参训托育机构保育人员熟悉托育服务法规与政策，树立法治意识，规范保育思想；学习保育工作的基本技能与方法，强化安全保育意识；掌握婴幼儿早期发展与回应性照护的知识与策略，提升科学保育素养。

3. 培训内容

培训内容包含理论培训和实践培训两大类，其中理论培训包含法律法规和政策文件、职业道德、专业理念、卫生保健知识、安全防护、生活照料、早期发展支持、沟通与反思等8个方面，实践培训包含卫生消毒、健康管理、疾病防控、安全防护、饮食照护、睡眠照护、清洁照护、活动组织与支持8个方面。

4. 培训方式和学时

培训采取理论和实践相结合、线上与线下相结合的方式。培训总时间不少于120学时，其中理论培训不少于60学时，实践培训不少于60学时。

5. 培训原则和考核

培训坚持岗位胜任、需求导向、多元方式三大原则。在培训考核上，考核内容分为理论考试和实践技能考核两部分，要求各级卫生健康部门负责对培训效果进行抽查。

第四节　托育机构建筑、环境与资源

构建高质量托育机构是优化人口发展战略，建立生育支持的重要组成部分，也是深入实施人才强国战略的重要内容。托育机构的建筑、环境、与资源直接关乎托育服务的质量，影响儿童早期发展。本节主要依据《托育综合服务中心建设指南（试行）》《托儿所、幼儿园建筑设计规范》《托育机构建设标准（征求意见稿）》《城市居住区规划设计标准》等相关文件介绍0—3岁婴幼儿托育机构的建筑与环境要求。为加快普惠托育建设，指导地方做好公办托育服务能力建设项目申报工作，国家卫健委发布了《托育综合服务中心建设指南（试行）》。托育综合服务中心是我国“1+N”托育服务体系的枢纽，本节将以托育综合服务中心为例来介绍托育机构的选址、规划布局和房屋建筑。

《托儿所、幼儿园建筑设计规范》

一、托育机构的选址与规划布局

托育机构设置应当综合考虑城乡区域发展特点，根据经济社会发展水平、工作基础和群众需求，科学规划，合理布局。合理的规划布局能为托育服务带来更大的便利性、安全性与适宜性，更可能合理利用空间，形成教育合力，促进婴幼儿协调发展。

《城市居住区规划设计标准》将托儿所列为五分钟生活圈居住区配套设施之一，强调就近入托、方便接送，并规定“服务半径不宜大于300 m”。《托育综合服务中心建设指南（试行）》要求托育综合服务中心的选址应符合城乡总体发展规划要求，结合人口发展、群众需求等因素，合理布点，保障安全。托育综合服务中心的选址在交通环境、基础设施、周边配套等方面的要求如下：“宜交通便利、环境安静、符合卫生和环保要求；宜远离对婴幼儿成长有危害的建筑、设施及污染源；应具有较好的工程地质条件和水文地质条件；周边应有便利的供水、供电、排水、通信及市政道路等公用基础设施；宜有良好的自然通风和采光条件”。

《托育综合服务中心建设指南（试行）》从位置设置、资源利用、户外场地、绿化等多方面对托育机构的规划布局进行了规定。在位置设置上，“托育综合服务中心宜独立设置，当与其他建筑合并设置时，宜设置在低层区域，自成一区，并应设置独立的出入口”，“托育综合服务中心主入口不宜直接设在城市主干道或过境公路干道一侧，机构外宜设置人流缓冲区和安全警示标志，独立园区周围宜设置围墙”。

《托育综合服务中心建设指南（试行）》

在资源利用上，强调“托育综合服务中心的规划布局应功能分区明确、方便管理、节约用地”。在户外场地规定上，建议“托育综合服务中心应设置婴幼儿室外活动场地，室外活动场地面积每托位宜为 2 m^2 ~ 5 m^2”。

二、托育机构的房屋建筑

根据《托育综合服务中心建设指南（试行）》，托育综合服务中心建设项目由场地、房屋建筑和建筑设备组成。场地包括建筑占地、道路、室外活动场地、绿地等。房屋建筑包括托育服务用房、托育从业人员培训用房、托育产品研发和标准设计用房、婴幼儿早期发展用房、监督管理用房和设备辅助用房等。建筑设备由给排水系统、暖通空调系统、电气系统、智能化系统及电梯等组成。以下将重点介绍托育机构的房屋建筑。

（一）房屋建筑的总体要求

《托育综合服务中心建设指南（试行）》对托育综合服务中心建筑与建筑设备提出了明确要求，“应贯彻安全、适用、经济、节能、环保的原则，应功能完善、分区明确”。首先，托育综合服务中心建筑设计在平面空间的布局以及立面空间的设计上应符合抗震设计的要求。《建筑工程抗震设防分类标准（局部修订条文征求意见稿）》将“儿童福利机构建筑纳入重点保护范围，明确其抗震设防类别不应低于重点设防类”作为新增规定。其次，托育综合服务中心建筑要达到防火规范。《建筑设计防火规范》指出，托儿所的吊顶，“应采用不燃材料；当采用难燃材料时，其耐火极限不应低于 0.25 h”。当托儿所“采用一、二级耐火等级的建筑时，不应超过 3 层；采用三级耐火等级的建筑时，不应超过 2 层；采用四级耐火等级的建筑时，应为单层”。附设在建筑内的托儿所，“应采用耐火极限不低于 2.00 h 的防火隔墙和 1.00 h 的楼板与其他场所或部位分隔，墙上必须设置的门、窗应采用乙级防火门、窗”。为进一步加强托育机构消防安全管理工作，确保婴幼儿的安全和健康，2021 年 1 月，国家卫健委、应急管理部组织发布了《托育机构消防安全指南（试行）》，从消防安全基本条件、消防安全管理、用火用电用气安全管理、易燃可燃物安全管理、安全疏散管理、应急处置管理六个方面明确规范托育机构的消防安全工作。

《托育机构消防安全指南（试行）》

（二）各类用房与建造要求

以下将主要介绍六类用房及其建造要求。

1. 托育服务用房

托育服务用房主要包括婴幼儿活动用房、服务管理用房和附属用房等，托育服务用房应适合婴幼儿身心健康发展。《托育综合服务中心建设指南（试行）》从位置和室内装修、设施上对托育服务用房进行了规定。在位置上，“托育服务用房应为独立区域，宜有良好朝向”，并且“托育服务用房应设置在二层及以下部分，应设独立出入口，婴幼儿活动用房不应设在地下室、半地下室，应满足婴幼儿生活、活动等功能需要”。在室内装修和设施上，《托育综合服务中心建设指南（试行）》从晨检接待厅、床位、房间高度、卫生间、母婴室、隔离室和餐食区进行了详细的规定，如“入口晨检接待厅应宽敞明亮”“每个婴幼儿应有一张床位，不应设双层床，床侧不宜紧靠外墙布置”“婴幼儿活动区域的室内房间高度和走廊宽度应符合婴幼儿活动和照护的要求，楼梯扶手、栏杆、踏步高度和宽度应满足婴幼儿使用、保护婴幼儿安全的要求”。

2. 婴幼儿活动区域

在门窗的设置上，宜设双扇平开门，不应设置弹簧门、推拉门、旋转门，不宜设置门槛，宜设置门扇固定装置。门应设置观察窗，采用安全玻璃。在建筑材料上，宜采用柔性、易清洁的楼地面材料；有水房间地面应采用防滑材料；墙面宜选用环保、耐久、易清洁和美观的材料；宜选用吸声降噪材料，色彩适合婴幼儿心理特点；内墙阳角、柱子及窗台宜做成小圆角。在窗地高度上，婴幼儿活动区域窗台距楼地面不宜高于 0.6 m，当窗台面距楼地面高度低于 0.9 m 时，应采取防护措施，防护高度应从可踏部位顶面起算，不应低于 0.9 m。在采光上，婴幼儿活动用房应有直接天然采光，并应满足相应的日照要求。卫生间、未设外窗的房间等宜设置通风设施。

3. 托育从业人员培训用房

托育从业人员培训用房可包括实训室、培训室、教师办公室等，并可根据需要设置绘画室、手工室、辅食制作室、讨论室、报告厅、教研室、远程教室等。《托育综合服务中心建设指南（试行）》规定，托育从业人员培训用房总建筑面积宜为 1 000 m^2 ~ 2 000 m^2，可按 10 m^2/ 学员（同期学员数量）计算。此外，托育从业人员培训用房宜自成一区。实训室应按照睡眠、活动、饮食、如厕等婴幼儿活动内容分设不同的区域，在每个区域配置不同的家具和相应设施。主要培训用房室内采光宜均匀明亮，采光应符合建筑采光设计标准的要求，严禁使用有色玻璃，并应防止眩光。

4. 托育产品研发和标准设计用房

托育产品研发和标准设计用房可根据研发业务需要设置，可包括研发室、标准设计室、教具制作室、从业人员培训教材编写室、绘本创作室、影音制作室、模拟体验室、产品展示厅等，建筑面积宜为 600 m^2 ~ 800 m^2。《托育综合服务中心建设指南（试行）》指出，托育产品研发和标准设计用房需要符合“有相应的隔声措施，避免对周边用房的干扰”，“有标准化教具、器材展示、存放的空间”等规定。

5. 婴幼儿早期发展用房

婴幼儿早期发展用房可包括养育照护指导室、早期发展指导室、营养膳食指导室、婴幼儿情景体验区、互联网家长课堂、工作人员办公室等，建筑面积宜为1 000 m^2 ~ 1 200 m^2，宜自成一区。《托育综合服务中心建设指南（试行）》规定，“应按照活动类别，动静分区”，“应设置母婴室，使用面积不应低于10 m^2；母婴室应设置洗手盆、婴儿尿布台及桌椅等必要的家具”，“灯具的选择和照度应满足各区域活动要求”。

6. 监督管理用房

监督管理用房可根据业务需要设置，可包括监控管理室、信息机房、资料存储室、办公室等，建筑面积宜为400 m^2 ~ 600 m^2。《托育综合服务中心建设指南（试行）》规定，监督管理用房“应相对独立、自成一区，宜设置在相对安静的区域”，“设备布置应满足机房管理、人员操作和安全、设备散热、安装维护要求”，“机房的温度、相对湿度应满足电子信息设备的使用要求”。

（三）各类用房的建筑面积

根据《托育综合服务中心建设指南（试行）》，托育综合服务中心建筑面积宜为3 000 m^2以上（根据项目建设的实际情况和具体要求，可调整相应建筑面积）。托育综合服务中心的托位数可根据当地实际需要设置相应的托位，原则上建设托位规模在150个以内为宜，可相应设置乳儿班（6 ~ 12个月，10人以下）、托小班（12 ~ 24个月，15人以下）、托大班（24 ~ 36个月，20人以下）三种班型。18个月以上的婴幼儿可混合编班，每个班不超过18人。结合《托儿所、幼儿园建筑设计规范》《托育机构建设标准（征求意见稿）》要求，乳儿班级活动单元宜包括睡眠区、活动区、配餐区、清洁区、储藏区等；托小班班级活动单元宜包括睡眠区、活动区、配餐区、清洁区、卫生间、储藏区等；托大班班级活动单元宜包括睡眠区、活动区、配餐区、清洁区、卫生间、储藏区等。各类班级活动单元各区最小使用面积指标参考表10-4-1至表10-4-3。

表10-4-1　乳儿班各区最小使用面积 /m^2

各区名称	最小使用面积
睡眠区	30
活动区	15
配餐区	6
清洁区	6
储藏区	4

表 10-4-2　托小班各区最小使用面积 /m^2

各区名称	最小使用面积
睡眠区	35
活动区	35
配餐区	6
清洁区	6
卫生区	8
储藏区	4

表 10-4-3　托大班各区最小使用面积 /m^2

各区名称	最小使用面积
睡眠区	40
活动区	46
配餐区	8
清洁区	8
卫生区	12
储藏区	9

注：睡眠区与活动区合用时，其使用面积不宜小于 50 m^2。

三、托育机构的室内环境

婴幼儿发展过程中需要有适宜的环境支持，而他们与环境的互动能够有效促进婴幼儿的健康快乐成长。托育机构的物质环境包括室内环境和室外环境，两者相辅相成，共同影响婴幼儿的发展。其中，室内环境主要指生活用房的设计和布置。

（1）生活用房面积。按照《托儿所、幼儿园建筑设计规范》要求，托儿所生活用房应由乳儿班、托小班、托大班组成，各班应为独立使用的生活单元。宜设公共活动空间。托大班生活用房的使用面积及要求宜与幼儿园生活用房相同。乳儿班活动区最小使用面积应不少于 15 m^2，托小班活动区最小使用面积应不少于 35 m^2，当睡眠区与活动区合用时，其使用面积不应小于 50 m^2。

（2）生活用房内部环境要求。《托儿所、幼儿园建筑设计规范》将“托儿所、幼儿园的活动室、寝室及具有相同功能的区域，应布置在当地最好朝向，冬至日底层满窗日照不应小于 3 h”，“托儿所、幼儿园中的生活用房不应设置在地下室或半地下室”作为强制性条文。在基本布置方面，托儿所活动区室内最小净高不应低于 2.8 m（改、扩建的托儿所活动区室内净高不应小于 2.6 m）。单侧采光的活动室进深不宜大于 6.6 m，同一个班的活动室与寝室应设置在同一楼层内。活动室地面、采光、窗地面积、噪声控制和环境氛围的营造等方面的要求可参照幼儿园活动室的规定。

四、托育机构的室外环境

托育机构的室外环境主要包括室外活动场地、绿地等。

（1）室外活动场地的面积。充足的室外活动场地面积有利于婴幼儿各项活动的展开，促进其身心的和谐发展。《托儿所、幼儿园建筑设计规范》规定，“托儿所、幼儿园应设室外活动场地”，其中，“托儿所室外活动场地人均面积不应小于 3 m^2；城市人口密集地区改、扩建的托儿所，设置室外活动场地确有困难时，室外活动场地人均面积不应小于 2 m^2”。《托育综合服务中心建设指南（试行）》进一步明确，“托育综合服务中心应设置婴幼儿室外活动场地。室外活动场地面积每托位宜为 2 m^2 ~ 5 m^2”。

（2）室外活动场地的生态环境。托育机构室外活动场地生态环境是托育质量重要的一环，对促进婴幼儿全面发展起着重要的作用，托育机构室外活动场地的设计既应该遵循生态原则，又应该保证婴幼儿活动安全和遵循婴幼儿身心发展规律。《托育综合服务中心建设指南（试行）》指出，室外活动场地“宜有良好的日照和通风条件，并应设置安全防护设施。当与其他设施共用活动场地时，应考虑共用时的安全防护措施，并方便照护”，托育综合服务中心场地内设汽车库（场）时，“应与婴幼儿室外活动场地分开，并宜设置家长接送临时停车区域”。托育综合服务中心绿化用地也需符合当地有关规定，“绿化用地面积每托位不宜低于 1.5 m^2 ~ 3 m^2，绿地中严禁种植有毒、有刺、有飞絮、病虫害多、有刺激性的植物”。此外，《托儿所、幼儿园建筑设计规范》表明，托儿所室外活动场地“地面应平整、防滑、无障碍、无尖锐突出物，并宜采用软质地坪”，“室外活动场地应有 1/2 以上的面积在标准建筑日照阴影线之外”。

五、托育机构的数字化资源

随着时代的迅猛发展，信息化、智能化社会正全面重新定义着我们的生活方式和教育形态。在传统托育服务模式的基础上，数字化改革成为智慧托育的突破口，通过对托育机构硬件设备、技术领域及互动参与等方面的数字赋能，推动发展智慧托育新业态，提高托育服务质量和效率。

党和政府高度重视婴幼儿照护服务的发展，先后发布一系列文件助力数字化资源推进托育服务高质量普惠发展。《关于推进教育新型基础设施建设构建高质量教育支撑体系的指导意见》明确指出，要“以教育新基建壮大新动能、创造新供给、服务新需求，促进线上线下教育融合发展，推动教育数字转型、智能升级、融合创新，支撑教育高质量发展”。《关于促进“互联网 + 社会服务”发展的意见》鼓励促进教育等社会服务数字化、网络化、智能化、多元化、协同化，更好惠及人民群众，助力新动能成长。该文件明确指出，“以数字化转型扩大社会服务资源供给”，“以网络化融合实现社会服务均衡普惠”，“以智能化创新提高社会服务供给质量”。《关于促进养老托育服务健康发展的意见》强调推进“信息技术和智能硬件的深度应用，促进养老托育用品制造向智能制造、柔性生产等数字化方式转型”，“培育智慧养老托育新业态”，“发展互联网直播互动式家庭育儿服务，鼓励开发婴幼儿养育课程、父母课堂等”。中共中央、国务院《关于优化生育政策促进人口长期均衡发展的决定》也再次强调“发展智慧托育等新业态”。

《关于促进养老托育服务健康发展的意见》

《关于优化生育政策促进人口长期均衡发展的决定》

第五节　托育服务事业发展与管理

托育服务指的是托育机构、家庭托育点、幼儿园、社区等各类机构或组织为 3 岁以下婴幼儿提供的照护服务。发展托育服务事关千家万户，是改善民生福祉的重要举措。近年来，为促进托育事业发展，我国陆续出台了多项政策文件，如《关于促进 3 岁以下婴幼儿照护服务发展的指导意见》、《加大力度推动社会领域公共服务补短板强弱项提质量　促进形成强大国内市场的行动方案》、《关于促进养老托育服务健康发展的意见》、《支持社会力量发展普惠托育服务专项行动实施方案（试行）》、《关于进一步完善和落实积极生育支持措施的指导意见》、《“十四五”积极应对人口老龄化工程和托育建设实施方案》（2024 年修订）等。这些政策法规是我国托育服务事业发展与管理的重要依据。

《支持社会力量发展普惠托育服务专项行动实施方案（试行）》

《关于进一步完善和落实积极生育支持措施的指导意见》

一、托育服务事业的发展目标

婴幼儿托育服务的发展目标是对托育服务事业发展结果的预期，为托育服务事业发展指明方向，并提供发展结果的参照依据，它随着托育服务供需的变化而不断调整。根据以上政策法规，我国托育服务事业的发展目标可以概括为以下三个方面。

《“十四五”积极应对人口老龄化工程和托育建设实施方案》（2024年修订）

第一，健全政策法规和标准规范体系。为确保托育服务的质量和安全，建立和完善婴幼儿照护服务的政策法规体系和标准规范体系，制定行业准入标准、管理规范和监管标准，明确服务对象、内容、从业要求、设施设备和技术流程等。做好托育服务法立法工作，明确托育服务的政府职责、保障措施、法律责任等，依法推动托育服务发展。做好相关政策法规的衔接，推动完善配套措施，明晰政府、社会、机构、家庭的责任和义务，进一步健全托育服务标准和规范。

第二，多渠道增加托育服务有效供给。构建多元化、多样化、覆盖城乡的婴幼儿照护服务体系，根据出生人口变化情况和区域间人口流动特征，合理确定托育基础设施建设投入，支持建设托育综合服务中心、公办托育服务网络、普惠示范性托育机构。引导地方大力发展社区托育服务，落实新建住宅小区与配套托育服务设施同步规划、同步建设、同步验收、同步交付“四同步”要求，在既有居住区中多措并举补充托育服务设施，加强存量闲置房屋和设施改造利用。鼓励有条件的幼儿园招收2—3岁幼儿，提供托育服务。通过支持用人单位办托、社区嵌入式托育、家庭托育点等方式，发展多种模式托育服务，多渠道增加供给。

第三，积极发展普惠托育服务体系。加大对普惠托育服务的支持力度，提高公建托位占比，同时激发社会力量参与积极性，着力增加3岁以下婴幼儿普惠性托育服务有效供给。国家相继出台的系列政策文件中均明确提出发展普惠托育服务体系，完善普惠托育支持政策，增加普惠性服务供给的目标。开展托育综合服务中心和公办托育服务网络建设，着力增加公建托位供给，优先实现托育综合服务中心地市级全覆盖。完善普惠托育服务价格政策，鼓励有条件的地方结合实际对普惠托育机构给予适当运营补助。

二、托育服务事业的指导思想和基本原则

婴幼儿照护服务是生命全周期服务管理的重要内容，事关婴幼儿健康成长，事关千家万户。国务院办公厅《关于促进3岁以下婴幼儿照护服务发展的指导意见》明确了我国托育服务事业的指导思想和基本原则。

（一）指导思想

以习近平新时代中国特色社会主义思想为指导，坚持以人民为中心的发展思想，以需求和问题为导向，推进供给侧结构性改革，建立完善促进婴幼儿照护服务发展的政策法规体系、标准规范体系和服务供给体系，充分调动社会力量的积极性，多

种形式开展婴幼儿照护服务，逐步满足人民群众对婴幼儿照护服务的需求，促进婴幼儿健康成长、广大家庭和谐幸福、经济社会持续发展。

（二）基本原则

我国托育服务事业的发展应遵循以下四项基本原则：

一是家庭为主，托育补充。儿童监护抚养是父母的法定责任和义务，家庭对婴幼儿照护负主体责任。发展婴幼儿照护服务的重点是为家庭提供科学养育指导，并对确有照护困难的家庭或婴幼儿提供必要的服务。

二是政策引导，普惠优先。将婴幼儿照护服务纳入经济社会发展规划，加快完善相关政策，强化政策引导和统筹引领，充分调动社会力量积极性，大力推动婴幼儿照护服务事业发展，优先支持普惠性托育服务机构。

三是安全健康，科学规范。按照儿童优先的原则，最大限度地保护婴幼儿，确保婴幼儿的安全和健康。遵循婴幼儿成长特点和规律，促进婴幼儿在身体发育、动作、语言、认知、情感与社会性等方面的全面发展。

四是属地管理，分类指导。在地方政府领导下，从实际出发，综合考虑城乡、区域发展特点，根据经济社会发展水平、工作基础和群众需求，有针对性地开展托育服务。

三、我国政府及其职能部门对托育服务事业的管理

托育服务是我国的一项公共服务事业，需要接受政府及其职能部门的管理。我国政府对托育服务的管理坚持地方为主、中央支持，由卫生健康部门主管，相关部门分工负责。地方政府履行发展托育服务的主体责任，中央政府通过预算内投资引导和带动托育服务发展。在政府职能部门的分工方面，托育服务发展工作由卫生健康部门牵头，发展改革、教育、公安等部门按照各自职责加强对托育服务的指导、监督和管理。国务院办公厅《关于促进 3 岁以下婴幼儿照护服务发展的指导意见》《关于促进养老托育服务健康发展的意见》等文件对我国政府及其各职能部门职责分工作出了规定。

（一）政府的职责分工

各级政府都有引导、支持、监督托育服务发展的责任。通过出台规划、土地、住房、财政、投资、融资、人才等支持政策，调动社会力量发展托育服务的积极性，特别是支持与引导普惠托育服务发展，强化政府保基本、兜底线职能，另外政府承担托育服务的监管责任。各级政府的具体职能如下：

第一，中央预算内投资引领，实施公办托育服务能力建设项目和普惠托育服务

专项行动。

第二，地方政府履行发展托育服务的主体责任，系统规划建设本行政区域内托育服务体系。规划托育服务设施和场地建设布局，建设与改造托育服务设施及配套安全设施，为托育服务的开展创设良好环境；通过提供场地、减免租金等措施支持和引导社会力量提供托育服务；创新托育政务服务管理、提升服务效能水平，为开展托育服务创造有利条件、提供便捷服务；对托育机构进行监督管理，防范各类风险。

（二）各职能部门的职责分工

托育服务的管理由卫生健康部门主管，有关部门协调配合，并积极发挥群团组织和行业组织的作用，加强对婴幼儿照护服务的指导、监督和管理。各部门有关托育服务的职责分工如下：

（1）发展改革部门负责将托育服务纳入经济社会发展相关规划。

（2）教育部门负责各类托育服务人才培养。高等院校和职业院校（含技工院校）要根据需求开设托育相关专业，加快培养托育相关专业人才。

（3）公安部门负责监督指导各类托育服务机构开展安全防范工作。

（4）民政部门负责非营利性托育服务机构法人的注册登记，推动有条件的地方将托育服务纳入城乡社区服务范围。

（5）财政部门负责利用现有资金和政策渠道，对托育服务行业发展予以支持。

（6）人力资源社会保障部门负责对托育服务从业人员开展职业技能培训，按规定予以职业资格认定，依法保障从业人员各项劳动保障权益。

（7）自然资源部门负责优先保障托育服务机构和设施建设的土地供应，完善相关规划规范和标准。

（8）住房城乡建设部门负责规划建设托育服务机构和设施，完善相关工程建设规范和标准。

（9）卫生健康部门负责组织制定托育服务的政策规范，协调相关部门做好对托育服务机构的监督管理，负责婴幼儿照护卫生保健和婴幼儿早期发展的业务指导。

（10）应急管理部门负责依法开展各类托育服务场所的消防监督检查工作。

（11）税务部门负责贯彻落实有关支持托育服务发展的税收优惠政策。

（12）市场监管部门负责营利性托育服务机构法人的注册登记，对各类托育服务机构的饮食用药安全进行监管。

（13）工会组织负责推动用人单位为职工提供福利性托育服务。

（14）计划生育协会负责参与托育服务的宣传教育和社会监督工作。

（15）宋庆龄基金会负责利用公益机构优势，多渠道、多形式参与托育服务。

政策聚焦

本章建议围绕 0 ~ 3 岁婴幼儿托育重点研读以下政策法规（表 10-6-1）。

表 10-6-1 本章重点研读的政策法规一览表

政策法规	颁布时间	颁布机构
《关于优化生育政策促进人口长期均衡发展的决定》	2022 年	中共中央、国务院
《关于促进养老托育服务健康发展的意见》	2020 年	国务院
《关于促进 3 岁以下婴幼儿照护服务发展的指导意见》	2019 年	国务院
《“十四五”积极应对人口老龄化工程和托育建设实施方案》（2024 年修订版）	2024 年	国家发展改革委、民政部、国家卫生健康委
《关于进一步完善和落实积极生育支持措施的指导意见》	2022 年	国家卫健委、国家发展和改革委等 17 部门
《家庭托育点管理办法（试行）》	2023 年	国家卫健委、住房和城乡建设部等
《支持社会力量发展普惠托育服务专项行动实施方案（试行）》	2023 年	国家发展改革委、国家卫生健康委
《托育机构登记和备案办法（试行）》	2019 年	国家卫健委
《托育机构设置标准（试行）》和《托育机构管理规范（试行）》	2019 年	国家卫健委
《托育机构质量评估标准》	2023 年	推荐性卫生行业标准，国家卫健委
《托育机构保育指导大纲（试行）》	2021 年	国家卫健委
《托育机构婴幼儿喂养与营养指南（试行）》	2021 年	国家卫健委
《托育机构婴幼儿伤害预防指南（试行）》	2021 年	国家卫健委
《托儿所幼儿园卫生保健工作规范》	2012 年	卫生部
《托育从业人员职业行为准则（试行）》	2022 年	国家卫健委
《托育机构负责人培训大纲（试行）》《托育机构保育人员培训大纲（试行）》	2021 年	国家卫健委
《托儿所、幼儿园建筑设计规范》（2019 年版）	2016 年颁布，2019 年修订	行业标准，住房和城乡建设部
《托育综合服务中心建设指南（试行）》	2021 年	国家卫健委
《托育机构消防安全指南（试行）》	2022 年	国家卫健委、应急管理部

思考与练习

（一）单选题

1. 下列不属于我国托育机构班型的是（　　）

A. 乳儿班　　B. 婴儿班　　C. 托小班　　D. 托大班

2. 托育机构应当保证婴幼儿每日户外活动不少于（　　）个小时，寒冷、炎热季节或特殊天气情况下可酌情调整。

A. 1　　B. 2　　C. 3　　D. 4

3. 托小班活动区最小使用面积应不少于（　　）。

A. 35 m^2　　B. 40 m^2　　C. 45 m^2　　D. 50 m^2

4. 托育综合服务中心建设项目由场地、（　　）和建筑设备组成。

A. 活动用房　　B. 生活用房

C. 房屋建筑　　D. 建筑设计

5. 事业单位性质的托育服务机构应该向以下（　　）申请登记。

A. 机构编制部门　　B. 民政部门

C. 市场监管部门　　D. 卫生健康部门

（二）简答题

1. 简述我国托育机构管理的内容。
2. 简述托育机构保育工作的基本原则。
3. 简述我国托育服务事业的发展的目标。

（三）论述题

1. 论述《托育从业人员职业行为准则（试行）》的内容。
2. 不同性质托育机构的登记手续有何不同？

（四）案例分析题

普惠创新让“安心托幼”更暖心[①]

学前教育关系亿万儿童健康成长，也关系国家发展和民族未来。安徽省宣布实施“安心托幼”工程。近一年时间以来，从全日托、半日托的多元化服务，到农忙时节探索新的托管服务路径，一个个创新举措兼顾了城乡不同家长群体的需求。全省教育工作者以“爱心、用心、细心、耐心、放心”的“五心”教育让家长们托得

① 张晓嵘. 普惠创新让“安心托幼”更暖心[N]. 安徽日报，2023-04-11（12）.

安心、放心。

在“安心托幼”方面，安徽省持续扩大普惠托育服务供给，新建和改扩建的公办幼儿园将全部开设普惠性托班，并鼓励有条件的民办幼儿园开设普惠性托班。

淮北市则通过增加托位供给的方式保障民生，以“幼儿园托幼一体式”为主，“独立式”“家庭式”“企业式”“家政式”为辅，5种模式并举构建多元化托育服务供给体系。

请回答：

1. 论述如何发展普惠托育服务体系。
2. 请结合托育机构质量监测与评估的内容，分析如何提升托育服务的质量。

第十章答案

主要参考文献

[1] 马克思，恩格斯．马克思恩格斯选集：第3卷[M]. 中共中央马克思恩格斯列宁斯大林著作编译局，编译．北京：人民出版社，2012.

[2] 习近平．高举中国特色社会主义伟大旗帜　为全面建设社会主义现代化国家而团结奋斗：在中国共产党第二十次全国代表大会上的报告[M]. 北京：人民出版社，2022.

[3]《习近平法治思想概论》编写组．习近平法治思想概论[M]. 2版．北京：高等教育出版社，2024.

[4] 本书编写组．习近平总书记教育重要论述讲义[M]. 北京：高等教育出版社，2020.

[5]《法理学》编写组．法理学[M]. 2版．北京：人民出版社，2021.

[6] 蔡迎旗．学前教育原理[M]. 武汉：华中师范大学出版社，2017.

[7] 蔡军，路娟．学前教育政策法规[M]. 北京：科学出版社，2020.

[8] 程杰．中国0—3岁托育服务需求与政策体系研究[M]. 北京：中国社会科学出版社，2021.

[9] 范国睿，等著．教育政策与教育改革：上卷　本土探索[M]. 北京：教育科学出版社，2016.

[10] 方芳．中小学校园安全风险规制研究[M]. 北京：中国法制出版社，2019.

[11] 冯婉桢．幼儿园教师职业道德[M]. 北京：高等教育出版社，2021.

[12] 国务院法制办公室《校车安全管理条例》起草小组．校车安全管理条例释义[M]. 北京：中国法制出版社，2012.

[13] 黄人颂．学前教育学[M]. 北京：人民教育出版社，2015.

[14] 洪秀敏．0—3岁婴幼儿发展与照护[M]. 北京：中国人民出版社，2022.

[15] 康松玲，许晨宇．0—3岁婴幼儿抚育与教育[M]. 北京：北京师范大学出版社，2020.

[16] 李红霞，朱萍，周玲玲．幼儿教育政策法规[M]. 北京：高等教育出版社，

2015.

[17] 姜勇，严婧，徐利智. 国际学前教师教育政策研究 [M]. 上海：华东师范大学出版社，2012.

[18] 姜露. 托育服务从业人员职业规范 [M]. 上海：上海教育出版社，2020.

[19] 李季湄，冯晓霞.《3—6 岁儿童学习与发展指南》解读 [M]. 北京：人民教育出版社. 2013.

[20] 李克建，等. 中国托幼机构教育质量评价研究 [M]. 北京：北京师范大学出版社，2021.

[21] 李春根. 社会保障理论与政策 [M]. 上海：复旦大学出版社，2018.

[22] 李敬，区绮云，刘中勋. 托育机构组织管理导论 [M]. 北京：中国人口出版社，2022.

[23] 李敬，区绮云，刘中勋. 托育服务政策法规与职业伦理 [M]. 北京：中国人口出版社，2022.

[24] 刘毓航，朱平. 教育法规 [M]. 南京：南京大学出版社，2018.

[25] 刘士国. 民法典必修课 [M]. 上海：上海人民出版社，2021.

[26] 黎志涛. 幼儿园建筑设计 [M]. 2 版. 北京：中国建筑工业出版社，2018.

[27] 倪娟. 教育风险治理通论 [M]. 北京：中国社会科学出版社，2021.

[28] 庞丽娟. 中国教育改革 30 年：学前教育卷 [M]. 北京：北京师范大学出版社，2009.

[29] 钱雨. 公平质量反思，全球化视野下的学前教育政策研究 [M]. 南京：南京师范大学出版社，2015.

[30] 王雪梅. 儿童权利论：一个初步的比较研究 [M]. 北京：社会科学文献出版社，2005.

[31] 王瑜，贺燕丽. 幼儿园组织与管理 [M]. 北京：高等教育出版社，2015.

[32] 张文显. 法理学 [M]. 5 版. 北京：高等教育出版社，2018.

[33] 张原震，邓卫东，王晖. 托育服务政策法规与职业伦理 [M]. 北京：中国人口出版社，2022.

[34] 中国学前教育研究会. 中华人民共和国幼儿教育重要文献汇编 [M]. 北京：北京师范大学出版社，1999.

[35] 中国学前教育研究会. 百年中国幼教：1903—2003[M]. 北京：教育科学出版社，2003.

[36] 中共中央宣传部宣传教育局，全国人大常委会法制工作委员会民法室，司法部普法与依法治理局.《中华人民共和国民法典》人格权编学习读本 [M]. 北京：中国民主法制出版社，2021.

[37] 蔡迎旗，冯晓霞. 论我国幼儿教育政策的公平取向及其实现 [J]. 教育与经

济，2004（2）：33-36.

［38］蔡迎旗，陈志其．我国早期教育专业师资培养中亟需厘清的基本问题 [J]. 现代教育管理，2020（6）：48-55.

［39］蔡迎旗，王翌．欧洲国家 0 ~ 3 岁婴幼儿保教服务质量提升行动及其启示 [J]. 学前教育研究，2020（12）：3-15.

［40］丛中笑，郑党，杨印，等．当前托育机构质量建设的现状和影响因素分析：基于 9 省市 43 所托育机构的实地调研 [J]. 早期儿童发展，2022（2）：32-43.

［41］程秀兰，赵炎朋．幼儿园安全管理的现状、问题及解决对策 [J]. 学前教育研究，2018（12）：3-13.

［42］冯晓霞．大力发展普惠性幼儿园是解决入园难入园贵的根本 [J]. 学前教育研究，2010（5）：4-6.

［43］高健．幼儿园安全管理也应专业化 [J]. 人民教育，2015（22）：40-41.

［44］姬生凯，步社民．幼儿园教师专业伦理规范的作用与特点：兼论我国《新时代幼儿园教师职业行为十项准则》[J]. 早期教育，2021（4）：20-24.

［45］郭林，董玉莲．0—3 岁婴幼儿托育服务：国际比较与中国选择 [J]. 中共中央党校（国家行政学院）学报，2021，25（5）：109-118.

［46］胡福贞，覃莉，宋蓉．当代发达国家学前教育保教政策演变及启示 [J]. 教育科学，2016，32（6）：87-93.

［47］胡小勇，许婷，曹宇星，等．信息化促进新时代基础教育公平理论研究：内涵、路径与策略 [J]. 电化教育研究，2020，41（9）：34-40.

［48］胡马琳，蔡迎旗．我国 0—3 岁婴幼儿托育政策的价值取向变迁研究 [J]. 教育学术月刊，2021（10）：40-48.

［49］胡马琳，蔡迎旗．学前教育现代化的中国维度：内涵、特征与路径 [J]. 教育研究与实验，2022（2）：95-100.

［50］黄瑾，熊灿灿．我国“有质量”的学前教育发展内涵与实现进路 [J]. 华东师范大学学报（教育科学版），2021，39（3）：33-47.

［51］侯丽．幼儿园与家庭合作关系的重构 [J]. 学前教育研究，2020（10）：89-92.

［52］洪秀敏，陶鑫萌．改革开放 40 年我国 0 ~ 3 岁早期教育服务的政策与实践 [J]. 学前教育研究，2019（2）：3-11.

［53］洪秀敏，赵思婕，朱文婷．托育服务供给模式及其普惠成效的国际比较与启示 [J]. 教育与经济，2021，37（4）：81-88.

［54］江夏．OECD 国家儿童早期照顾政策取向差异及其对我国的启示 [J]. 学前教育研究，2021（5）：3-14.

［55］李召存，李琳．迈向高质量教育时代的幼小衔接 [J]. 学前教育研究，2022

（5）：1-10.

[56] 李敏谊，郭宴欢，陈肖琪. 北欧国家幼儿教育和保育政策话语的新变迁[J]. 比较教育研究，2018，40（5）：89-97.

[57] 李雨霏，马文舒，王玲艳. 1949年以来中国0—3岁托育机构发展变迁论析[J]. 教育发展研究，2019，39（24）：68-74.

[58] 刘颖. 学前教育财政政策价值取向的规范分析：基于儿童权利的视角[J]. 基础教育，2018，15（6）：46-53.

[59] 劳凯声. 受教育权新论[J]. 教育研究，2021，42（8）：23-34.

[60] 庞丽娟，王红蕾，冀东莹，等. 有效构建我国0—3岁婴幼儿教保服务体系的政策思考[J]. 北京师范大学学报（社会科学版），2019（6）：5-11.

[61] 彭军，刘泳杏，魏春雨，等. 国内学前教育建筑研究历程分析：基于知网中文期刊数据[J]. 建筑学报，2020（S2）：202-208.

[62] 张斌，虞永平. 基本立场的回归与内在本质的高扬：改革开放40年我国学前教育观念的流变[J]. 学前教育研究，2019（1）：3-8.

[63] 钟秋菊，张一春，兰国帅. 国际学前教师队伍建设：样态透视与经验启示：基于OECD《建设高素质幼儿教育和保育队伍报告》的解读[J]. 现代教育管理，2022（1）：75-82.

读者意见反馈

为收集对教材的意见建议，进一步完善教材编写并做好服务工作，读者可将对本教材的意见建议通过如下渠道反馈至我社。

咨询电话　400-810-0598

反馈邮箱　gjdzfwb@pub.hep.cn

通信地址　北京市朝阳区惠新东街4号富盛大厦1座　高等教育出版社总编辑办公室

邮政编码　100029